Öffentliche Wissenschaft und gesellschaftlicher Wandel

Reihe herausgegeben von
S. Selke, Furtwangen, Deutschland
A. Treibel, Karlsruhe, Deutschland

Die Suche nach neuen Produktionsformen gesellschaftlich relevanten Wissens ist hochaktuell. Sinnvolle Partizipation zwischen Wissenschaft und Öffentlichkeit benötigt sowohl eine neue Wissenschaftsauffassung als auch neue Konzepte der Ko-Produktion sozial robusten Wissens. Für beide Herausforderungen gibt es bislang wenig verlässliche Orientierungen – die geplante Buchreihe „Öffentliche Wissenschaft im Wandel" will daher als publizistisches „Reallabor" Theorien, Modelle, Konzepte, Erfahrungen sowie Anleitungen für eine neue Wissenschaft und eine neue Soziologie mit Bezug auf öffentliche Themen, Problemlagen und Akteure erproben und zur Vernetzung Interessierter einladen.

Weitere Bände in der Reihe http://www.springer.com/series/13498

Nils B. Heyen · Sascha Dickel
Anne Brüninghaus
(Hrsg.)

Personal Health Science

Persönliches Gesundheitswissen
zwischen Selbstsorge
und Bürgerforschung

Herausgeber
Nils B. Heyen
Karlsruhe, Deutschland

Anne Brüninghaus
Hamburg, Deutschland

Sascha Dickel
München, Deutschland

Gedruckt mit freundlicher Unterstützung des Bundesministeriums für Bildung und Forschung.

ISSN 2569-7048 ISSN 2569-7056 (electronic)
Öffentliche Wissenschaft und gesellschaftlicher Wandel
ISBN 978-3-658-16427-0 ISBN 978-3-658-16428-7 (eBook)
https://doi.org/10.1007/978-3-658-16428-7

Die Deutsche Nationalbibliothek verzeichnet diese Publikation in der Deutschen Nationalbibliografie; detaillierte bibliografische Daten sind im Internet über http://dnb.d-nb.de abrufbar.

Springer VS
© Springer Fachmedien Wiesbaden GmbH, ein Teil von Springer Nature 2019
Das Werk einschließlich aller seiner Teile ist urheberrechtlich geschützt. Jede Verwertung, die nicht ausdrücklich vom Urheberrechtsgesetz zugelassen ist, bedarf der vorherigen Zustimmung des Verlags. Das gilt insbesondere für Vervielfältigungen, Bearbeitungen, Übersetzungen, Mikroverfilmungen und die Einspeicherung und Verarbeitung in elektronischen Systemen.
Die Wiedergabe von Gebrauchsnamen, Handelsnamen, Warenbezeichnungen usw. in diesem Werk berechtigt auch ohne besondere Kennzeichnung nicht zu der Annahme, dass solche Namen im Sinne der Warenzeichen- und Markenschutz-Gesetzgebung als frei zu betrachten wären und daher von jedermann benutzt werden dürften.
Der Verlag, die Autoren und die Herausgeber gehen davon aus, dass die Angaben und Informationen in diesem Werk zum Zeitpunkt der Veröffentlichung vollständig und korrekt sind. Weder der Verlag noch die Autoren oder die Herausgeber übernehmen, ausdrücklich oder implizit, Gewähr für den Inhalt des Werkes, etwaige Fehler oder Äußerungen. Der Verlag bleibt im Hinblick auf geografische Zuordnungen und Gebietsbezeichnungen in veröffentlichten Karten und Institutionsadressen neutral.

Verantwortlich im Verlag: Cori A. Mackrodt

Springer VS ist ein Imprint der eingetragenen Gesellschaft Springer Fachmedien Wiesbaden GmbH und ist ein Teil von Springer Nature
Die Anschrift der Gesellschaft ist: Abraham-Lincoln-Str. 46, 65189 Wiesbaden, Germany

Inhalt

Autorinnen und Autoren VII

Was ist Personal Health Science? 1
Nils B. Heyen und Sascha Dickel

I Formen und Felder

Von der Selbstvermessung zur Selbstexpertisierung.
Zur Produktion von selbstbezogenem Wissen durch Personal Science 23
Nils B. Heyen

Mikrobiomische Selbstwirksamkeit. Nehmen PatientInnen mit
chronischen Darmerkrankungen ihre Darmgesundheit mithilfe
von DIY Stuhltransplantationen in die eigene Hand? 43
Dana Mahr

Die Erfindung des Anlageträger-Screenings. Von der Selbsthilfe-
Initiative zum *Direct-to-consumer*-Angebot 67
Peter Wehling

Zukünftige Datendoppel. Digitale Körpervermessungsgeräte
in Kohortenstudien 91
Ute Kalender und Christine Holmberg

II Prägung und Veränderung

Gesundheitspädagogische Ansprüche des Self-Trackings.
Was schreiben EntwicklerInnen in Apps und Geräte ein und
wie gehen NutzerInnen damit um? 109
Denise Klinge und Franz Krämer

Entscheidungsmaschinen. Die epistemischen Überholmanöver
‚intelligenter' Lebensassistenten 133
Stefan Selke

Zwischen Sorge, Normierung und Expertise. *Personal Health Knowledge*
im Feld der Gendiagnostik und die Bedeutung des Affektiven 155
Katharina Liebsch

III Kontexte und Bezüge

Gesundheitsbezogene virtuelle (Selbst)Hilfe und soziale Unterstützung
in Laienzusammenschlüssen am Beispiel von Depressions-Online-Foren .. 175
Christoph Karlheim

Conceptual and Ethical Considerations for Citizen Science
in Biomedicine 195
Amelia Fiske, Lorenzo Del Savio, Barbara Prainsack and Alena Buyx

Infrastruktur, Interface, Intelligenz. Zur medientechnologischen
Bedingung digitaler Vergesellschaftung 219
Sascha Dickel

Autorinnen und Autoren

Anne Brüninghaus, Dipl.-Päd., wissenschaftliche Mitarbeiterin im Forschungsschwerpunkt Biotechnik, Gesellschaft und Umwelt (FSP BIOGUM) der Universität Hamburg. Arbeitsschwerpunkte: Diskurs über biotechnologische Innovationen in Öffentlichkeit und Politik; individuelle Entscheidungsfindung im Kontext prädiktiver Diagnostik. Kontakt: anne.brueninghaus@uni-hamburg.de

Alena Buyx, Dr. phil., Dr. med., Professor of Biomedical Ethics in the Institute for Experimental Medicine at the Christian-Albrechts-University in Kiel. Research areas: medical ethics; research ethics; public health ethics; justice and solidarity in health care; participatory medicine and research; data-rich medicine; antibiotic resistance. Contact: a.buyx@iem.uni-kiel.de

Lorenzo Del Savio, Dr. phil., Philosoph und ehemaliger wissenschaftlicher Mitarbeiter des BMBF-Projektes „Social, ethical and regulatory aspects of citizen science in biomedicine and health care" an der Christian-Albrechts-Universität zu Kiel. Arbeitsschwerpunkte: Bioethik; politische Philosophie. Kontakt: lorenzodelsavio@gmail.com

Sascha Dickel, Dr. phil., Juniorprofessor für Mediensoziologie an der Johannes Gutenberg-Universität Mainz. Arbeitsschwerpunkte: Gesellschaftstheorie; Digitalisierung; Partizipation; Technologische Zukunftsentwürfe. Kontakt: dickel@uni-mainz.de

Amelia Fiske, Dr. phil., Anthropologist and Senior Research Fellow in the Institute for Experimental Medicine at the Christian-Albrechts-University in Kiel. Research areas: medical anthropology; cultural anthropology; science and technology studies;

political ecology; citizen science and participatory research in medicine; gender studies. Contact: a.fiske@iem.uni-kiel.de

Nils B. Heyen, Dr. phil., Soziologe und Projektleiter am Fraunhofer-Institut für System- und Innovationsforschung ISI in Karlsruhe. Arbeitsschwerpunkte: Innovationen in Medizin und Gesundheitswesen; Wissenschafts-, Technik- und Innovationsforschung; Wissens-, Medizin- und Professionssoziologie. Kontakt: nils.heyen@isi.fraunhofer.de

Christine Holmberg, Dr. phil., M.P.H., ist Professorin für Sozialmedizin und Epidemiologie an der Medizinischen Hochschule Brandenburg Theodor Fontane. In ihren Forschungsarbeiten untersucht sie den Einfluss neuer medizinischer und statistischer Technologien auf Patient*innen, Erfahrungen und Entscheidungsfindung. Sie ist Mit-Herausgeberin des kürzlich erschienenen Buches *The politics of vaccination: a global history (Manchester University Press)*. Kontakt: christine.holmberg@mhb-fontane.de

Ute Kalender, Dr. phil., Soziologin und Mitarbeiterin am Institut für Public Health der Charité Universitätsmedizin. Arbeitsschwerpunkte: Medizinsoziologie, Gender and Diversity in der Public Health und Epidemiologie, Recruitmentologie, Wissenschaftsepistemologie. Kontakt: ute.kalender@charite.de

Christoph Karlheim, Dr. PH, Soziologe und Gesundheitswissenschaftler, Leiter der Stabstelle Innovation & Forschung am Evangelischen Klinikum Bethel (EvKB) in Bielefeld. Arbeits- und Forschungsschwerpunkte: e/mHealth, Technikentwicklung in der Medizin und Pflege, Digitalisierung im Gesundheitswesen, Qualitative Methoden der Sozialforschung, Medizinsoziologie und Versorgungsforschung. Kontakt: christoph.karlheim@evkb.de

Denise Klinge, Dr. phil., Erziehungswissenschaftlerin und wissenschaftliche Mitarbeiterin an der Universität der Bundeswehr München. Arbeitsschwerpunkte: elterliche Schulentscheidungen, dokumentarische Methode, Praktiken der Technikentwicklung, digitale Medien. Kontakt: denise.klinge@unibw.de

Franz Krämer, Dipl.-Päd., wissenschaftlicher Mitarbeiter an der Universität der Bundeswehr München am Lehrstuhl für Erwachsenenbildung/Weiterbildung. Arbeitsschwerpunkte: Praktiken der Selbstvermessung in erziehungswissenschaftlicher Perspektive; Soziologie pädagogischer Technik und Technologie; Methoden,

Methodologien und Digitalisierung qualitativer Sozialforschung, insbesondere der dokumentarischen Methode. Kontakt: franz.kraemer@unibw.de

Katharina Liebsch, Dr. phil. habil., Professorin für Soziologie unter besonderer Berücksichtigung der Mikrosoziologie an der Helmut Schmidt Universität / Universität der Bundeswehr Hamburg. Arbeitsschwerpunkte: Subjektivität und Identität, Körpersoziologie, Biopolitik, neue soziale Leiden. Kontakt: k.liebsch@hsu-hh.de

Dana Mahr, Dr. phil., Historikerin und Soziologin an der Universität Genf, Mitglied des Management Komitees der COST Action „Citizen Science" (Brüssel und Berlin) und Young Fellow am Zentrum für interdisziplinäre Forschung (Bielefeld). Arbeitsschwerpunkte: Geschichte und Soziologie der öffentlichen Partizipation an Medizin und Gesundheitswesen; Historische Wissenschafts- und Technikforschung; Medical Humanities. Kontakt: dana.mahr@unige.ch

Barbara Prainsack, Dr. phil., Mag. phil., Professor in the Department of Political Science, University of Vienna, and in the Department of Global Health & Social Medicine at King's College London. Research areas: health policy; practices, institutions and politics of solidarity; political, social and ethical aspects of personalised medicine; data-rich practices in science and medicine; regulation of DNA technologies in medicine and forensics; comparative science & technology policy. Contact: barbara.prainsack@univie.ac.at

Stefan Selke, Prof. Dr., Soziologe mit dem Lehrgebiet „Gesellschaftlicher Wandel" und Inhaber der Forschungsprofessur „Transformative und öffentliche Wissenschaft" an der Hochschule Furtwangen. Arbeitsschwerpunkte: Armutsforschung, Digitalisierung, Utopien und Öffentliche Wissenschaft. Kontakt: ses@hs-furtwangen.de

Peter Wehling, Dr. phil., Privatdozent und Projektleiter am Institut für Soziologie der J.W. Goethe-Universität, Frankfurt am Main. Arbeitsschwerpunkte: Soziologie des Wissens und Nichtwissens; Wissenschafts- und Technikforschung; Soziologie der Biomedizin und Biopolitik; Kritische Gesellschaftstheorie. Kontakt: wehling@em.uni-frankfurt.de

Was ist Personal Health Science?

Nils B. Heyen und Sascha Dickel

Zusammenfassung

Dieses Kapitel führt in die Thematik des Sammelbandes ein. Zunächst wird der titelgebende Begriff *Personal Health Science* (PHS) erläutert. Er fasst Aktivitäten und Praktiken einer von Bürgern oder Laien initiierten oder betriebenen wissenschaftsbasierten Produktion von Wissen zusammen, welches sich auf die eigene persönliche Gesundheit bezieht. Diese Wissensproduktion steht in einem Spannungsfeld von Selbstbezug und Wissenschaftsbezug. Mit Selbstsorge, Bürgerforschung, Digitalisierung und Prosumtion werden vier besonders relevante Kontexte von PHS skizziert. Anschließend werden drei Aktivitätstypen vorgestellt, die sich durch das Ausmaß der Orientierung an einer wissenschaftlichen Vorgehensweise und damit einhergehend durch das Ausmaß des Engagements in die Erkenntnisproduktion unterscheiden. Danach wird der Umstand problematisiert, dass die PHS betreibenden Personen in zwei professionelle Kontexte oder gesellschaftliche Teilbereiche involviert sind, nämlich in das Wissenschaftssystem einerseits und das Gesundheitssystem andererseits, was zu einer doppelten Responsibilisierung führt. Ein Überblick über die im Band versammelten Beiträge schließt das Kapitel ab.

Schlüsselbegriffe

Gesundheit, Digitalisierung, Citizen Science, Wissensproduktion, Self-Tracking, Direct-to-Consumer, Selbsthilfe, Prosumtion, Responsibilisierung

1 Mehr Daten, mehr Wissen, mehr Gesundheit!

Die Gesundheit durch neue technische Werkzeuge in die eigenen Hände nehmen zu können, ist ein zentrales Versprechen der Gegenwartsgesellschaft. Smartphone-Apps und Fitness-Armbänder erlauben eine digital strukturierte Vermessung unserer täglichen Aktivitäten, die auch Self-Tracking genannt wird. Auf Online-Plattformen kann man entsprechende Daten über sich einspeisen, sich mit anderen vergleichen und austauschen. Als zentrale Wissensquelle fungieren dabei zahlenförmige Daten, die eine Quantifizierung des Selbst verheißen. Oft werden dadurch bereits etablierte Praktiken – wie etwa das Kalorienzählen – transparenter gestaltet, standardisiert und vereinfacht. Ein prominentes Beispiel dafür ist die Webseite und App FDDB (Fooddatabase). In der Datenbank werden Nährwertangaben von Lebensmitteln gesammelt. Die Nutzer/innen können die Datenbank durch das Eintragen neuer Produkte ständig erweitern. Dafür genügt oft schon das Scannen eines Barcodes mit dem Smartphone. Mit Hilfe von FDDB lässt sich der eigene Konsum von Kalorien (und anderen Nährstoffen) über den Tag verfolgen. Die App informiert, wie weit man vom selbstgesteckten Tageskalorienziel noch entfernt ist. Körperliche Aktivitäten – wie Spazierengehen, Joggen oder Sex – werden von der aufgenommenen Kalorienzahl subtrahiert und lassen sich durch die Verknüpfung mit einem Schrittzähler oder anderen gesundheitsbezogenen Applikationen automatisiert erfassen, um so die angestrebte optimale Tagesbalance herzustellen.

Während Self-Tracking die Aktivitäten der Subjekte standardisiert erfassbar macht, erlauben andere Praktiken einen Informationsgewinn über die biologische Konstitution des Selbst auf genetischer Ebene. Direct-to-Consumer (DTC) Gentests verheißen, bislang nur schwer verfügbares Wissen über den eigenen Körper zu erhalten: datenförmig, nichtinvasiv, preiswert – und ohne die Konsultation eines Arztes. Ein Pionierunternehmen auf diesem Gebiet ist 23andMe aus den USA. Es verspricht einen Zugang zum eigenen „genetic report" in drei einfachen Schritten. Schritt 1: Bestelle ein „saliva collection kit" auf der Website des Unternehmens; Lieferzeit drei bis fünf Tage („Express shipping is available"). Schritt 2: Spucke in ein Behältnis des Kits und sende die Spucke an 23andMe. Schritt 3: Logge dich nach dem Erhalt einer Bestätigungsmail auf der Website ein und nehme deine Resultate in Empfang (23andMe 2018a). Während der Informationsgehalt der Daten, die 23andMe bereitstellt, derzeit in vielen Ländern aus regulatorischen Gründen auf die Ahnenforschung beschränkt ist, bietet die Firma in anderen Staaten wesentlich umfassendere Auswertungen an. Dazu zählen neben genetischen Gesundheitsrisiken auch Informationen zu Erbkrankheiten, Intoleranzen und körperlichen Eigenschaften (23andMe 2018b). Diese sollen einen Ausgangspunkt für das Erforschen des eigenen Körpers bilden: „[S]tart discovering what your DNA says about you" (23andMe 2018a).

Self-Tracking und DTC-Gentests sind nur zwei exemplarische Fälle zeitgenössischer Aktivitäten und Praktiken, die für das sich wandelnde Verhältnis von Wissenschaft, Medizin und Gesellschaft instruktiv sind. Gesundheitsbezogene Daten können durch digitale Werkzeuge leicht generiert, übertragen und abgefragt werden. Einzelne beginnen diese Werkzeuge zu nutzen, um Wissen über ihren Körper und ihr Selbst zu produzieren. Die Demokratisierung des Wissens, welche nun seit mehreren Jahren von der Digitalisierung erhofft wird – sie ist längst zu einem Desiderat in einem Wissensbereich geworden, der uns alle existenziell betrifft: das persönliche gesundheitliche Wohlergehen. Klassische Arzt-Patient-Beziehungen, die auf einer klaren Asymmetrie von Experte und Laie basieren, werden dabei rekonfiguriert, überformt und zum Teil auch verdrängt. Dafür treten Unternehmen stärker als zuvor mit Individuen in Kontakt und bieten sich als Plattformen des Informationstransfers und der kollaborativen Wissensproduktion an. Ihr Versprechen: Mehr Daten, mehr Wissen, mehr Gesundheit! Das Programm einer personalisierten Medizin erscheint unter diesen Vorzeichen als technologisierte Sorge um sich. Der eigene Körper wird dabei mitunter zum Objekt einer strukturierten wissenschaftsähnlichen Selbsterforschung.

Die diesen Entwicklungen zugrundeliegenden Aktivitäten und Praktiken fassen wir unter dem Begriff *Personal Health Science* zusammen. Von ihren Formen und Feldern, Bedingungen und Dynamiken, Kontexten und Bezügen handelt dieser Sammelband. Zu seiner Einführung erläutern wir zunächst den Begriff Personal Health Science und skizzieren vier besonders relevante Kontexte (2). Im Anschluss beleuchten wir den Wissenschaftsbezug näher und stellen drei Aktivitätstypen vor, die sich durch das Ausmaß der Orientierung an einer wissenschaftlichen Vorgehensweise unterscheiden (3). Wir problematisieren sodann die Rollenverschiebungen, die mit diesen Aktivitäten und Praktiken einhergehen (4), und geben abschließend einen Überblick über die weiteren Kapitel des Bandes (5).

2 Zum Begriff Personal Health Science

Sprachlich gesehen ist Personal Health Science (PHS) eine gezielte Wortbildung qua Kopplung von drei Begriffen: Personal Health, Health Science(s) und Personal Science. Damit ist PHS zunächst einmal ein assoziativer Begriff, der auf die (Neu-)

Kombination seiner Teile verweisen will.[1] Mit *Personal Health* ist – im Englischen gängig – die individuelle Gesundheit einer oder jeder einzelnen Person angesprochen. Gleichzeitig deutet der Begriff eine persönliche Sichtweise auf die eigene Gesundheit an, also auf sich selbst, und damit eine gemeinhin von Professionellen und Experten unterschiedene (laienhafte) Perspektive. *Health Science(s)* lässt sich problemlos mit Gesundheitswissenschaft(en) übersetzen, bezieht sich also auf das interdisziplinäre Feld der professionell betriebenen Forschung zur menschlichen Gesundheit, ihren Einflussfaktoren und Behandlungsmöglichkeiten. *Personal Science* schließlich meint einerseits die Erforschung der eigenen Person, also des Selbst, der persönlichen Lebenswelt, des eigenen Körpers oder eben der eigenen Gesundheit; andererseits lässt sie sich als spezifische Form von Citizen Science (Bürgerforschung) begreifen, da es in der Regel Laien und nicht Berufswissenschaftler sind, die hier wissenschaftlich tätig werden und sich selbst beforschen (vgl. Heyen 2016, 2017 und in diesem Band). Bereits auf Grundlage dieser einfachen Begriffskette lässt sich PHS an der Schnittstelle von Gesundheit(ssystem), Wissenschaft(ssystem) und Gesellschaft verorten: Bürger/innen oder Lai/innen erforschen und sorgen für ihre Gesundheit (selbst).

Die beiden eingangs skizzierten Beispiele zeigen freilich, dass diese Selbsterforschung und Selbstsorge in der Praxis sehr verschieden ausgestaltet sein kann. Auf der einen Seite gibt es immer mehr kommerziell betriebene (Direct-to-Consumer) Angebote, die es prinzipiell jedem ermöglichen, auf wissenschaftlicher Grundlage produziertes Wissen zu seiner konkreten Person und insofern individualisiertes Wissen zu bestellen und zu erhalten (z. B. über Gentests). Auf der anderen Seite verbessern sich die Möglichkeiten, selbstbezogenes Wissen wissenschaftsbasiert und technikunterstützt selbst zu produzieren (z. B. durch Self-Tracking). Meistens geschieht diese Wissensproduktion weitgehend außerhalb der etablierten medizinischen oder wissenschaftlichen Institutionen. Immer aber gibt es sowohl einen *Wissenschaftsbezug*, da die Wissensproduktion mindestens eine wissenschaftliche oder wissenschaftlich-technische Basis hat, als auch einen *Selbstbezug*, da das Wissen die Gesundheit einer konkreten, und zwar der wissbegierigen Person betrifft. All diese (nicht immer, aber oftmals neuen) Aktivitäten und Praktiken der von Bürgern oder Laien initiierten oder betriebenen wissenschaftsbasierten Produktion von Wissen, welches sich auf die eigene persönliche Gesundheit bezieht, bezeichnen wir als *Personal Health Science*.

---

1 Das Englische hat den Vorteil, dass sprachlich offenbleibt, worauf sich „Personal" bezieht. Im Deutschen hingegen müsste man sich entscheiden, ob man von „Persönlicher Gesundheitswissenschaft" oder von einer „Wissenschaft der persönlichen Gesundheit" sprechen will.

Von den vielfältigen Kontexten, in denen sich PHS bewegt, stechen vier heraus, die hier mit Selbstsorge, Bürgerforschung, Digitalisierung und Prosumtion benannt werden sollen. *Selbstsorge* knüpft an vielfältige, in der Bewertung sehr ambivalente Diskursstränge und -traditionen in Soziologie und Sozialwissenschaften an. Erinnert sei an die in den 1970er Jahren aufkommende, besonders auf die Medizin gemünzte Expertenkritik, zum Beispiel von Ivan Illich (1977, 1979), der eine expansive Expertenkultur und einen damit einhergehenden Autonomieverlust von Laien ausmacht und sich für eine Wiedergewinnung der Herrschaft über den eigenen Körper und das eigene Leben stark macht. Zeitgleich wird eine Selbstsorge kritisch gesehen, da sie in eine apparative Selbstüberwachung des Körpers münden könnte (Attali 1981). Tatsächlich dominiert in vielen Diskursen bis heute die auf Michel Foucault (v. a. [1979]2006) zurückgehende Perspektive, wonach gerade bezüglich Körper und Gesundheit der Einzelne durch die Anwendung von Technologien der Selbstführung ein sozial erwünschtes Verhalten verinnerlicht und so in eine quasi selbstgewählte Abhängigkeit gerät (vgl. Lemke 2007).[2] Vor diesem konzeptionellen Hintergrund wird Vieles, was in Diskussionen zum Gesundheitswesen als Stärkung von Eigenverantwortung und Selbstsorge, also als Empowerment (Ermächtigung) von Patient/innen und Gesunden präsentiert wird („Der Einzelne kann mit Mittel xy seine Gesundheit selbst in die Hand nehmen!"), als Privatisierung von zuvor institutionell behandelten Risiken kritisiert (vgl. Bröckling et al. 2000). Im gesundheitswissenschaftlichen Diskurs hingegen stellt der „souveräne" oder „mündige Patient" ein absolut positives Ziel- und Leitbild dar (vgl. Reibnitz et al. 2001). Nicht zuletzt verweist der Begriff der Selbstsorge auf das empirisch weite Feld der Selbsthilfegruppen, -organisationen und -bewegungen im Gesundheitsbereich (vgl. Borgetto 2004; Brown und Zavestoski 2004).

Unter *Bürgerforschung*, im Englischen Citizen Science, werden Forschungsaktivitäten unter Beteiligung von Personen verstanden, die keine professionellen (Berufs-)Wissenschaftler/innen sind. Der Ansatz findet aktuell im wissenschaftspolitischen Diskurs großen Anklang (vgl. European Commission 2014), denn mit ihm verbunden sind Hoffnungen auf eine Demokratisierung von Wissen, eine Emanzipation von Laien und eine Dezentralisierung der Wissensproduktion. Diese Hoffnungen spiegeln den zeitgenössischen utopischen Diskurs über partizipative (digitale) Kultur im Allgemeinen wider (vgl. Dickel und Schrape 2017). Dabei kann der Grad der Beteiligung in Citizen Science-Projekten stark variieren, beispielsweise „from active participation in hypothesis-led science through to passive movement of sensors; [...] from using people as data collectors to participants forming the

---

2   Die voranstehenden Schlaglichter zur Selbstsorge gehen auf eine mündliche Darstellung von Günter Feuerstein zurück.

projects, assessing the data and using the information themselves" (Roy et al. 2012, S. 10). Der Wissenschaftstheoretiker Peter Finke (2014) unterscheidet zwei Pole dieses breiten Spektrums, die er als Citizen Science „light" und „proper" bezeichnet. Im ersten Fall ist Citizen Science eher eine spezifische, Laien bei der Datenerhebung oder -auswertung involvierende Methode „normaler" Wissenschaft. Citizen Science „proper" dagegen meint ein letztlich eigenständiges Wissenschaftsformat, in dem entweder Bürgerwissenschaftler/innen komplett selbständig oder mit Berufswissenschaftler/innen in allen Phasen des Forschungsprozesses auf Augenhöhe zusammenarbeiten. Zwar hat Bürgerforschung auch in vergangenen Jahrhunderten immer wieder eine Rolle gespielt (vgl. Miller-Rushing et al. 2012; Mahr 2014), durch digitale Technologien erweitern sich aber ihre Einsatzmöglichkeiten und senken sich die Partizipationshürden. Dementsprechend wird Citizen Science derzeit vor allem in solchen Forschungsfeldern diskutiert, in denen es um die Bearbeitung großer Datenmengen geht, wie etwa Astronomie, Geographie, Umwelt und Biodiversität (für prominente Beispiele siehe Xue 2014).

Auch in den Lebenswissenschaften und der Medizin trägt die *Digitalisierung* zu einer Explosion von in Forschung und Versorgung potenziell nutzbaren gesundheits- und körperbezogenen Daten bei, die (wie üblich) unter Big Data verhandelt wird (vgl. Nature Outlook 2015; Langkafel 2015). Gleichzeitig sind Formen des lange als Web 2.0 bezeichneten „Mitmach-Internet[s]" (Gscheidle und Fisch 2007, S. 398) inzwischen auch im Gesundheitsbereich weit verbreitet, was zu entsprechenden Wortschöpfungen wie Health 2.0 oder Medicine 2.0 geführt hat (vgl. Belt et al. 2010). Gerade in der Kombination dieser Entwicklungen sehen manche erhebliches disruptives Potenzial für das Gesundheitssystem insgesamt (Topol 2013). Darüber hinaus prägt die Digitalisierung mittlerweile so gut wie alle Lebensbereiche. Digitale Technologien werden in zunehmenden Maße ubiquitär, mobil, personalisiert und durch Miniaturisierung zugleich unsichtbar (Miller 2014, S. 107). Insbesondere erleichtern und verändern sie die Produktion und Rezeption von Daten und Informationen. So soll eine zentrale normative Erwartung digitaler Vergesellschaftung eingelöst werden: Eine Beteiligung der Vielen an bislang eher Expert/innen und Professionellen vorbehaltenen sozialen Bereichen (vgl. Dickel und Franzen 2015).

Dies führt zum vierten Kontext von PHS: der *Prosumtion*. Der Begriff – ein Neologismus aus Produktion und Konsumtion – wurde maßgeblich vom Zukunftsforscher Alvin Toffler geprägt. In seinem Buch „The Third Wave" (Toffler 1980) beschreibt er, wie bis zur Industriellen Revolution die Produktion von Gütern vorrangig zur Selbstversorgung erfolgte („production for self-use"), sich dann aber zunehmend auf einen Massenmarkt ausrichtete („production for exchange"), so dass die beiden Rollen des Produzenten und Konsumenten erstmals auseinandertraten (vgl. Hellmann 2010, S. 14ff.). Erst gegen Ende des 20. Jahrhunderts, im Zuge der titelgebenden „third wave", würde diese Trennung zunehmend wieder aufgehoben, weshalb er vom (Wieder-)Aufstieg des Prosumers spricht. „[W]hether we look at self-help movements, do-it-yourself trends, or new production technologies, we find the same shift toward a much closer involvement of the consumer in production" (Toffler 1980, S. 275). War die Rezeption von Tofflers Überlegungen lange Zeit eher bescheiden, hat sich dies mit dem Aufkommen digitaler Partizipationstechnologien wie Web 2.0 und Social Software stark geändert (vgl. Blättel-Mink und Hellmann 2010). Zu gut scheint der dem Begriff zugrundeliegende Gedanke auf Phänomene wie Wikipedia (vgl. Bruns 2008) oder die vielzitierte „wisdom of crowds" (Surowiecki 2004) zu passen. Die tendenziell ökonomische Referenz, die für Tofflers Überlegungen noch kennzeichnend ist, gerät damit in den Hintergrund, im Fokus stehen vielmehr Daten, Informationen, Erfahrungen und Wissen. Dementsprechend bezieht sich Prosumtion in diesen Feldern, und also auch im Hinblick auf PHS, auf die Produktion und Konsumtion von Wissen. Prosumer zu sein, bedeutet hier Wissensproduzent/in und Wissenskonsument/in zugleich sein zu können.

3 Der Wissenschaftsbezug von Personal Health Science

Die Wissensproduktion von PHS steht in einem Spannungsfeld von Wissenschaftsbezug und Selbstbezug. Da PHS auf Aktivitäten und Praktiken von Bürgern oder Laien abstellt, ist es der Wissenschaftsbezug, der im Vergleich zu herkömmlichen Selbstsorge-Aktivitäten auffällt. Dieser bezieht sich nämlich nicht auf den Einfluss, den Patienten- oder Selbsthilfeorganisationen auf die Wissenschaft ausüben können (vgl. dazu Wehling et al. 2015), sondern auf die (zugleich selbstsorgenden) Aktivitäten einzelner Bürger/innen oder Lai/innen. Untersucht man derartige Aktivitäten in den beiden eingangs skizzierten Beispielfeldern DTC-Gentests und Self-Tracking bzw. Quantified Self genauer,[3] lassen sich feldübergreifend drei *Aktivitätstypen* rekonstruieren, die hinreichend allgemein sind, dass eine Generalisierung auf alle Formen und Felder von PHS (zumindest auf die in diesem Band versammelten) naheliegt. Die drei Aktivitätstypen unterscheiden sich durch das Ausmaß der Orientierung an einer *wissenschaftlichen Vorgehensweise* und damit

---

3   Ebendies geschah im Rahmen des vom Bundesministerium für Bildung und Forschung (BMBF) 2014 bis 2016 geförderten Verbundprojekts „Wissenstransfer 2.0", siehe Brüninghaus und Heyen (2014). Entsprechend gehen die folgenden, auf DTC-Gentests bezogenen Ausführungen auf Arbeiten von Anne Brüninghaus, der Abschnitt insgesamt auf gemeinsame Überlegungen zurück.

einhergehend durch das Ausmaß des Engagements in die Erkenntnisproduktion. Dabei impliziert der Begriff der wissenschaftlichen Vorgehensweise die Methodologie und Methodik bei der Datenerhebung und -auswertung, die Explikation von Erkenntnisinteresse, Auswertungsziel und Forschungshypothesen, das Anknüpfen an den wissenschaftlichen Wissensstand und entsprechende Diskurse sowie das Design von ganzen Forschungsprojekten.

Der Aktivitätstypus mit der geringsten Orientierung an einer wissenschaftlichen Vorgehensweise und dem geringsten Engagement in die Erkenntnisproduktion ist durch eine reine Datensammlung ohne bestimmtes Erkenntnisinteresse charakterisiert. Hier wird also zum Beispiel allein aus Neugierde über die Aussagekraft von DTC-Gentests dem Unternehmen 23andMe eine Speichelprobe zur Verfügung gestellt oder aus Spaß eine Self-Tracking-App ausprobiert. Die über das Datensammeln hinausgehenden Aktivitäten beschränken sich auf das Lesen oder Konsumieren der durch Unternehmen oder Technik erstellten Analyseergebnisse. Gleichwohl kann auch bei diesem mit *„Reine Datensammlung"* benannten Typus auf Initiative von Bürger/innen oder Lai/innen wissenschaftsbasiertes Wissen generiert werden, das sich auf die eigene persönliche Gesundheit bezieht.

Eine stärkere Orientierung an einer wissenschaftlichen Vorgehensweise und auch ein gewisses Erkenntnisinteresse weist der Aktivitätstypus *„Datensammlung mit persönlichem Ziel"* auf. In Health Social Networks etwa (vgl. Swan 2009), in denen DTC-Gentests, ihre Ergebnisse und Bedeutung für den Einzelnen diskutiert werden, stellen viele Nutzer/innen bereits sehr spezifische, die eigene Gesundheit betreffende Fragen oder identifizieren zuweilen auch Forschungslücken. Selbstvermesser/innen wiederum, die beispielsweise ihre Ernährungsweise verbessern wollen, konsultieren wissenschaftliche oder wissenschaftsbasierte Quellen und setzen diese in Beziehung zu den gesammelten Daten und den Ergebnissen verschiedener Gesundheits-Apps. Auch das auf Health Social Networks wie PatientsLikeMe betriebene Sammeln, Austauschen und Auswerten von Krankheitssymptomen und Erfahrungen mit bestimmten Medikamenten und Behandlungen lässt sich hierunter fassen.

Der dritte Typus *„Design und Durchführung von Forschung"* umfasst tendenziell alle genannten Aspekte einer wissenschaftlichen Vorgehensweise, zudem wird ein explizites Erkenntnisinteresse verfolgt. Hier fangen Nutzer/innen von DTC-Gentests an, wissenschaftliche Informationen zu sammeln, um bestehende Forschungslücken zu bearbeiten, sie stellen eigene Hypothesen auf oder versuchen gleich über den Kontakt mit Berufswissenschaftler/innen wissenschaftliche Forschung zu initiieren. Auch Self-Tracker formulieren Hypothesen, setzen Selbstexperimente auf, erheben mit Hilfe von Selbstvermessungstechnologien die notwendigen Daten, werten sie aus und beantworten so ihre selbstbezogenen Forschungsfragen.

Empirisch allerdings wird dieser dritte Typus im Vergleich zu den beiden anderen eher selten zu finden sein.

Ein besonders seltener und auch inhaltlich extremer Fall ist der von Kim Goodsell (vgl. Yong 2014), bei der zu verschiedenen Zeitpunkten ihres Lebens jeweils eine genetische Störung oder Erkrankung diagnostiziert wurde, die nach dem damals aktuellen Forschungs- und Wissensstand nicht miteinander zusammenhängen. Obwohl wissenschaftliche und genetische Laiin, schafft sie es, sich in klassischer Do-It-Yourself-Manier über intensivste Internetrecherchen ein hochspezialisiertes genetisches Wissen anzueignen, das sie in die Lage versetzt, die wissenschaftliche Hypothese zu formulieren, dass die Mutation eines ganz bestimmten Gens (LMNA) in ursächlichem Zusammenhang mit beiden Erkrankungen steht (und sie Trägerin dieser Mutation ist). Zunächst stößt sie mit ihren auf 36 Seiten zusammengefassten Analysen bei professionellen Humangenetiker/innen auf viel Skepsis, am Ende aber bestätigt sich ihre Hypothese und der Zusammenhang wird auch von professionellen Forscher/innen festgestellt. Selten scheinen Aktivitäten von Laien einen dermaßen großen Selbst- und Wissenschaftsbezug zugleich aufzuweisen wie in diesem Fall.

Im Vordergrund der voranstehenden Überlegungen stand der Wissenschaftsbezug einzelner PHS-Aktivitäten von Bürger/innen oder Lai/innen. Er lässt sich aber auch von der anderen Seite beleuchten, das heißt von Seiten der Wissenschaft. In dieser Perspektive fällt auf, dass – auf den ersten Blick kontraintuitiv – das *Interesse der Wissenschaft* an den PHS-Aktivitäten mit zunehmender Wissenschaftsorientierung dieser Aktivitäten abzunehmen scheint, sich beides also zueinander diametral entgegengesetzt verhält. Das liegt daran, dass PHS-Aktivitäten nicht nur Wissen, sondern – teilweise sogar primär – Daten produzieren und sich die professionelle Wissenschaft für diese Daten in der Regel mehr interessieren dürfte als für das Wissen.[4] Die Gründe hierfür sind vielfältig und betreffen natürlich nicht zuletzt auch soziale Distinktions- und Autonomiebestrebungen seitens der Wissenschaft. Ein eher epistemischer Grund besteht aber vermutlich – und damit schließt sich der Kreis – im Selbstbezug der produzierten Daten und Wissensbestände. Während ein einzelnes Datum immer individuell ist und der diesbezügliche Selbstbezug für eine wissenschaftliche Verwendung völlig unproblematisch ist oder sogar explizit gewollt sein kann, ist selbstbezogenes Wissen für die Wissenschaft generell schwer anschlussfähig, insbesondere wenn es über kein Generalisierungspotenzial verfügt. Allenfalls kann sie das Wissen selbst als ein individuelles Datum behandeln. Die Wissenschaft kann daher mit den vor allem im Zuge der ersten beiden Aktivitätstypen produzierten Daten deutlich mehr anfangen als mit dem vor allem durch den dritten Typus produzierten Wissen. Und das tut sie auch, wie man an Publikati-

---

4   Zur Unterscheidung von Daten und Wissen siehe Willke (2001, S. 7ff.).

onen in wissenschaftlichen Fachzeitschriften ablesen kann, die zum Beispiel auf Datensätze von 23andMe (etwa Do et al. 2011) oder PatientsLikeMe (etwa Frost et al. 2011; Nakamura et al. 2012) zurückgehen. Umgekehrt ist ein Fall wie der von Kim Goodsell, in dem auch das selbstproduzierte Wissen in der Wissenschaft Resonanz hervorruft, wohl eher die Ausnahme, zumal das Wissen in diesem Fall ja trotz Selbstbezugs einen starken Generalisierungsanspruch aufweist. Was PHS für die professionelle Wissenschaft interessant macht, ist also eher die *Datenproduktion* als die Wissensproduktion.

4 Doppelte Responsibilisierung durch Personal Health Science

Wer als Bürger oder Laie PHS betreibt, ist tendenziell in zwei *professionelle* Kontexte involviert: Wissenschaft (im Sinne wissenschaftlicher Forschung) und Gesundheit (im Sinne medizinischer Versorgung). Dies lässt sich system- und rollentheoretisch explizieren (vgl. Stichweh 1988): Indem Prosument/innen ihren eigenen Körper erforschen, ordnen sie sich in den kommunikativen Horizont des Wissenschaftssystems ein und übernehmen eine Tätigkeit, die normalerweise der sogenannten *Leistungsrolle* des professionellen Wissenschaftlers zugeschrieben wird. Sie agieren dann nicht mehr nur als Wissenskonsument/innen, sondern auch als Wissensproduzent/innen. Im Gegensatz zu einem (professionellen) Wissenschaftler (verstanden als primäre Leistungsrolle des Wissenschaftssystems) sind sie direkt von dem von ihnen selbst erzeugten Wissen betroffen. Das gleiche gilt analog für den Sinnhorizont des Gesundheitssystems: Die Verantwortung für die Gewährleistung oder Wiederherstellung von Gesundheit wird in der Moderne üblicherweise Ärzt/innen (den primären Leistungsrollenträgern im Gesundheitssystem) zugeschrieben. Diese sollen auf der Basis professionellen Expertenwissens Diagnosen stellen und Therapien vorschlagen (vgl. Abbott [1988]2007, S. 35-58). Wer an PHS partizipiert, übernimmt jedoch selbst Verantwortung für seine Gesundheit, ordnet sich so in den kommunikativen Horizont des Gesundheitssystems ein und ist (im Gegensatz zum professionellen Arzt) von seinen diagnostischen und therapeutischen Maßnahmen auch selbst betroffen.

Die Personen, die PHS betreiben, sind folglich nicht mehr nur Publikum des Wissenschaftssystems oder Patient/Klient des Gesundheitssystems, sie verlassen die ihnen in der Regel zugeschriebene *Publikums- bzw. Klientenrolle*, werden aber dennoch nicht Wissenschaftler oder Arzt im Sinne einer beruflichen Leistungsrolle. Typisch ist vielmehr ein Oszillieren zwischen Leistungs- und Publikumsrolle (bzw. Klientenrolle). In PHS-Praktiken werden Datenerhebung und -auswertung, Diagnose und Behandlung zur Angelegenheit der Betroffenen selbst. Selbst in den Fällen, wo es ‚nur' um das Sammeln von Daten geht, weisen die Aktivitäten über die Passivität der reinen Publikums- und Klientenrolle hinaus. Denn auch hier werden Wissen und Technologien genutzt, um etwas über sich selbst zu erfahren und/oder Daten für Forschungszwecke zur Verfügung zu stellen. Menschen, die sich sogar in dem Design und der Durchführung von Forschung engagieren, erfüllen noch expliziter solche „sekundären Leistungsrollen" (Stichweh 1988, S. 281ff.) – und zwar in *doppeltem* Sinne, sowohl in der wissenschaftlichen Forschung als auch im Gesundheitssystem.

Wie verschiedene Beiträge des Bandes zeigen, hat diese Form der Partizipation nicht nur demokratisierende, sondern auch responsibilisierende Wirkungen (vgl. Lemke 2001). Dies muss jedoch nicht als *Privatisierung* von Verantwortlichkeiten interpretiert werden. Reine Privatisierung würde bedeuten, dass Institutionen die Verantwortung auf Einzelne übertragen und soziale Probleme in individuelle Probleme verwandeln. In Anbetracht der PHS-Praktiken wäre diese Interpretation nicht ausreichend, da sie die subtilen Transformationen, die durch digitale Technologien ermöglicht werden, unterschätzt und die spezifischen Adoptionsverfahren der Nutzer/innen nicht ausreichend widerspiegelt. Vielmehr zeichnen sich PHS-Praktiken durch technosoziale Netzwerke aus, die die Sammlung und Analyse von Körperdaten, den Austausch von Informationen und die Dezentralisierung von Wissen untereinander ermöglichen. Damit wird der Raum des Privaten und Individuellen überschritten. Das heißt, digitale Technologien individualisieren nicht nur, sie verbinden auch. Sie verbinden Prosument/innen untereinander und mit professionellen Akteuren und Institutionen. So werden Probleme nicht nur auf einzelne Personen verlagert, sondern zugleich auch in sozial eingebettete Gesundheits- und Forschungsprobleme zurückverwandelt. Wissensproduktion wird so zugleich *vergesellschaftet*.

Damit stellt PHS eine Form der Wissensproduktion dar, die nicht mehr vollständig von professionellen Gemeinschaften kontrolliert wird, aber auch nicht vollständig isoliert von diesen operiert. Über technosoziale Netzwerke reisen die „matters of concern" (Latour 2004) zwischen Professionellen und Laien hin und her. Wer im Modus von PHS in Forschung und Medizin involviert wird, lernt, den Körper auf eine Weise zu sehen, die dem objektivierenden Blick von Wissenschaftler/innen und Ärzt/innen ähnelt. Er oder sie übernimmt damit (doppelte) Verantwortung, entsprechende epistemische Praktiken ein- und auszuüben.

5 Zu diesem Band und seinen Beiträgen

Der vorliegende Band geht auf eine von den drei Herausgeber/innen organisierte und im Juni 2016 in Hamburg durchgeführte Tagung mit demselben Titel zurück. Die Tagung, auf der ausschließlich eingeladene Beiträge präsentiert wurden, bildete zugleich den Abschluss des vom Bundesministerium für Bildung und Forschung (BMBF) im Rahmen der Fördermaßnahme „Wissenstransfer zwischen den modernen Lebenswissenschaften und der Gesellschaft" geförderten Verbundprojekts „Wissenstransfer 2.0" (siehe dazu Brüninghaus und Heyen 2014). Während sich das Forschungsprojekt für das in den beiden Beispielfeldern DTC-Gentests und Quantified Self produzierte Wissen von Bürgern oder Laien sowie für den vermuteten Transfer dieses Wissens in Wissenschaft und Medizin interessierte, anstelle eines Wissenstransfers jedoch vor allem einen Datentransfer ausmachen konnte, war es das Ziel der Tagung, den Horizont zu weiten und nach weiteren Formen, Implikationen und Produktionskontexten dieses neu anmutenden persönlichen Gesundheitswissens zu fragen.

Entsprechend ist auch der Band strukturiert. Im auf die Einleitung folgenden ersten Teil „*Formen und Felder*" sind vier Beiträge versammelt, die mit Forschungsaktivitäten von Selbstvermesser/innen, ambitionierten gesundheitlichen Do-It-Yourself-Praktiken, genetischen DTC-Angeboten sowie Körpervermessungen im Rahmen wissenschaftlicher Kohortenstudien vier durchaus heterogene Formen (und Felder) von PHS näher beleuchten. Der zweite Teil „*Prägung und Veränderung*" nimmt dann drei zentrale Aspekte in den Blick, die in die Wissensproduktion und -arbeit von PHS einfließen oder sie beeinflussen: Zielvorstellungen und Vorannahmen der Entwickler/innen von Selbstvermessungstechnologien, der Einsatz künstlicher Intelligenz und seine Implikationen sowie die in der Regel vernachlässigte Rolle des Affektiven. Im Fokus des dritten Teils „*Kontexte und Bezüge*" stehen schließlich drei Bereiche, zu denen PHS starke Berührungspunkte aufweist, nämlich die gesundheitsbezogene virtuelle Selbsthilfe, Bürgerforschung im Feld der Biomedizin sowie die allgemeine digitale Partizipationskultur.

Der erste Teil „Formen und Felder" beginnt direkt mit der Wissensproduktion von Self-Trackern, da diese Praxis als paradigmatisch für PHS gelten kann und auch prägend für die Begriffsbildung war. Der Beitrag von *Nils B. Heyen* „Von der Selbstvermessung zur Selbstexpertisierung. Zur Produktion von selbstbezogenem Wissen durch Personal Science" fragt denn auch nach der Produktion und Art des im Zuge digitaler Selbstvermessung gewonnenen Wissens und seiner Implikationen für das Verhältnis von Wissenschaft und Gesellschaft. Anhand von Interviews mit Anhängern der Quantified-Self-Bewegung zeigt er, dass sich das Wissen als ein dem Anspruch nach gesichertes und handlungspraktisch relevantes Selbstwissen charakterisieren lässt und Wissenschaft in Form von wissenschaftlichen Quellen, Methoden und auch Gütekriterien bei der Wissensproduktion eine zentrale Rolle spielt. Dieses selbstbezogene Wissen, so wird argumentiert, kann begrifflich als Selbstexpertise und seine Produktion als Personal Science gefasst werden. Im Gegensatz zu den Daten der Selbstvermessung habe es in Wissenschaft und Medizin bislang kaum Resonanz hervorgerufen, obwohl sich die Wissenschaft aktuell prinzipiell offen für Erkenntnisse aus selbst- oder einzelpersonenbezogener Forschung zeigt. Insofern scheint das, was von Personal Science bleibt, in erster Linie die individuelle Selbstexpertisierung zu sein.

Auch *Dana Mahr* widmet sich einer Variante des selbstbezogen-realexperimentellen Handelns. Sie geht dem „Biohacking" des eigenen Körpers am Beispiel von Stuhltransplantationen nach, das heißt der Anreicherung oder Ersetzung der Darmflora eines kranken Menschen durch diejenige eines gesunden Menschen. Ihr Beitrag „Mikrobiomische Selbstwirksamkeit. Nehmen PatientInnen mit chronischen Darmerkrankungen ihre Darmgesundheit mithilfe von DIY Stuhltransplantationen in die eigene Hand?" untersucht, wie Stuhltransplantationen diskutiert und praktiziert werden, und beschreibt, wie im Fall der Darmgesundheit ein regelrechter Do-It-Yourself-Markt (DIY) entsteht. Stuhltransplantationen werden in Internetforen und sozialen Gesundheitsnetzwerken breit diskutiert. Mit ihnen werden nicht nur Hoffnungen auf Heilung verbunden, sondern auch Ideen, wie man jenseits von etablierten Gesundheitsinstitutionen und Regulierungsinstanzen die Darmgesundheit „in die eigene Hand" nehmen kann. Inwiefern das Wissen über das eigene Mikrobiom sowie DIY-Praktiken wie die Stuhltransplantation tatsächlich zu mehr gesundheitspraktischer Selbstwirksamkeit führen, wird abschließend problematisiert.

Im Kapitel „Die Erfindung des Anlageträger-Screenings: Von der Selbsthilfe-Initiative zum Direct-to-consumer-Angebot" von *Peter Wehling* stehen ebenfalls Erwartungen an eine individuell maßgeschneiderte Medizin im Vordergrund – hier aber im Zusammenhang mit professionellen DTC-Angeboten. Beim erweiterten Anlageträger-Screening werden Paare mit Kinderwunsch daraufhin untersucht, ob beide Partner die genetische Anlage für die gleiche rezessiv vererbbare seltene Erkrankung tragen. Der Beitrag beleuchtet die Entwicklung und Vermarktung von diesbezüglichen DTC-Tests, die Rolle, die Selbsthilfe-Initiativen dabei gespielt haben, und die zugrundeliegende Rhetorik einer personalisierten Medizin. Er kommt zu dem Schluss, dass genetisches Wissen das Versprechen einer individualisierten Präzisions-Medizin nur sehr begrenzt erfüllen kann und zudem eine transindividuelle Dimension aufweist, die schnell in normative Konflikte führen kann. Denn im Gegensatz zu Daten, die durch Self-Tracking und Selbstexperimente gewonnen werden, ist genetisches Wissen niemals vollständig individuell, sondern ermöglicht immer auch Vermutungen über die genetische Ausstattung naher Verwandter.

Den Bogen von der persönlichen Selbstsorge hin zur professionellen Wissenschaft schlägt danach der Beitrag „Zukünftige Datendoppel. Digitale Körpervermessungsgeräte in Kohortenstudien" von *Ute Kalender und Christine Holmberg*. Sie machen darauf aufmerksam, dass digitale Selbstvermessungstechnologien nicht nur von Anhängern der Quantified-Self-Bewegung, in der Sportarztpraxis oder für die private Fitness genutzt werden, sondern auch im Rahmen von wissenschaftlichen Gesundheitsstudien zum Einsatz kommen. Während es jedoch in den zuerst genannten Fällen oftmals um eine erwünschte Verhaltensänderung der Nutzer/innen geht, wird im Kontext einer epidemiologischen Kohortenstudie eine Datenerhebung angestrebt, die möglichst keine Auswirkungen auf das Verhalten der Studienteilnehmer/innen hat. In der im Beitrag geschilderten, im Zuge ethnographischer Feldforschung protokollierten Untersuchungssituation soll eine Teilnehmerin daher keine Ergebnisse aus der Körpervermessung erhalten. Dies stößt bei ihr auf Unverständnis, denn die Aussicht auf ein persönliches Gesundheitswissen war offenbar wichtig für ihre Motivation an der Studie teilzunehmen. An die beschriebene Szene anknüpfend erörtern die Autorinnen die Frage, inwiefern digitale Körpervermessungsgeräte als Manifestationen einer Kontrollgesellschaft zu betrachten sind, und schlagen eine Erweiterung des im Diskurs zur Selbstvermessung prominenten Begriffs des „Data Double" um ein zukünftiges Datendoppel vor.

Den Anfang des zweiten Teils „Prägung und Veränderung" machen *Denise Klinge und Franz Krämer* mit ihrem Beitrag „Gesundheitspädagogische Ansprüche des Self-Trackings: Was schreiben EntwicklerInnen in Apps und Geräte ein und wie gehen NutzerInnen damit um?". Anhand von narrativen Interviews mit Entwickler/innen und Nutzer/innen digitaler Selbstvermessungstechnologien zeigen sie, dass Entwickler/innen auf rationalistische Weise wissenschaftlich-medizinisches Wissen in die Programme hineinschreiben und sich bei der Sichtbarmachung und Kontextualisierung von Körperdaten an einem implizit pädagogischen Selbstermächtigungsanspruch orientieren. Die Nutzer/innen auf der anderen Seite gehen divers mit diesen Vorgaben und Ansprüchen um, indem einige affirmierend ihren Alltag nach den Maßstäben ausrichten, andere die Selbstvermessungstechnologien für eigene Zielsetzungen instrumentalisieren und wieder andere sich von den Gesundheitsnormen der Apps und Geräte abwenden. Daraus ergibt sich den beiden Autor/innen zufolge ein widersprüchliches Verhältnis zwischen der aufklärerisch-rationalistischen Agenda der Entwickler/innen und den daraus folgenden impliziten gesundheitspädagogischen Ansprüchen einerseits und den Self-Tracking-Praktiken der Nutzer/innen andererseits.

Die jüngsten Fortschritte im Bereich kognitiver Computer und die damit abzusehende Erweiterung digitaler Selbstvermessungstechnologien durch diese Form künstlicher Intelligenz nimmt *Stefan Selke* zum Anlass, um in seinem Beitrag „Entscheidungsmaschinen. Die epistemischen Überholmanöver ‚intelligenter' Lebensassistenten" langfristige und unterschwellige Veränderungen im Verhältnis von Mensch und kognitiven Computern auszuloten. Er bezeichnet letztere als Entscheidungsmaschinen, mit denen der Mensch neue Wissenspartnerschaften eingehe. Aufbauend auf eine Darstellung verschiedener Heuristiken über Subjekt-Objekt-Verhältnisse werden zwei Thesen erörtert: zum einen die der assistiven Kolonialisierung, die davon ausgeht, dass „intelligente" Computer in menschliches Denken, Fühlen und Handeln eindringen; und zum anderen die These des epistemischen Überholmanövers, die besagt, dass eine zunehmende Orientierung an den Angeboten kognitiver Computer erfolgt, was zu einer Entgrenzung von Selbstbildern, gesellschaftlich geteilter Subjektivität und sozialer Integration führt. Im Extremfall einer einseitigen Ökonomisierungsperspektive auf das Soziale befürchtet der Autor die Einrichtung „ethischer Freihandelszonen".

Angesichts dieses Dispositivs zunehmender Technologisierung stellt sich die Frage nach der Rolle und Bedeutung von Körperlichkeit und Gefühlen in der Konstruktion von gesundheitsbezogener Expertise. Dies thematisiert der Beitrag „Zwischen Sorge, Normierung und Expertise. Personal Health Knowledge im Feld der Gendiagnostik und die Bedeutung des Affektiven" von *Katharina Liebsch*. Sie beleuchtet zunächst den Begriff des Expertenwissens in der Medizin, um dann am Fall der Gendiagnostik zu Cystischer Fibrose Facetten der Wissensgenerierung von Laien zu veranschaulichen. Die Autorin zeigt, wie das neue Wissen, das mit der Gendiagnostik in den Alltag einzieht, von den Beteiligten angeeignet und umgearbeitet wird und wie es dabei zu einer Art Selbst-Expertisierung kommt, in der dieses Wissen bewältigt wird. Die Organisation von Affekten bestimmt, so die Autorin weiter, wie mit den Angeboten von Diagnose und Vorsorge umgegangen wird und inwiefern das Rationalitätsschema prädiktiver Gendiagnostik eher als Zumutung und Zwang oder aber als Chance und Rettung erfahren wird.

Im dritten Teil „Kontexte und Bezüge" geht es im Beitrag von *Christoph Karlheim* zunächst um die „Gesundheitsbezogene virtuelle (Selbst)Hilfe und soziale Unterstützung in Laienzusammenschlüssen am Beispiel von Depressions-Online-Foren". Selbsthilfe ist nämlich keineswegs an Face-to-Face-Formate gebunden, sondern organisiert sich zunehmend auch virtuell über das Internet. Anhand einer empirischen Untersuchung von Depressions-Online-Foren legt der Autor dar, wie diese den Nutzer/innen einen Schutzraum vor Stigmatisierung und einen Zufluchtsort für ihre ansonsten schwer zu äußernden Gedanken und Gefühle bieten. Darin spiegelt sich ein Leitgedanke der Selbsthilfe wider. Durch die Archivierung der Nutzerbeiträge haben die Foren zudem eine Erinnerungs- und Reflexionsfunktion und bieten darüber hinaus informationelle Unterstützung an. Die Nutzer/innen agieren dabei zugleich als Produzent/innen von Informationen und Gesundheitswissen, etwa indem sie subjektiv erfahrbare Erkrankungszusammenhänge mit medizinisch und wissenschaftlich relevanten Wissensbeständen in Beziehung setzen.

Das Kapitel „Conceptual and Ethical Considerations for Citizen Science in Biomedicine" von *Amelia Fiske, Lorenzo Del Savio, Barbara Prainsack und Alena Buyx* fragt nach den politischen und ethischen Herausforderungen partizipativer Praktiken im Gesundheitsbereich. Es bietet zunächst einen fundierten Überblick über die verschiedenen Formen und Partizipationsgrade von Citizen Science in der Biomedizin (vom Datensammeln bis hin zum Biohacking) sowie über die dabei verfolgten unterschiedlichen Ziele (von der Demokratisierung bis zur Kostenreduktion). Durch diese enorme Vielfalt der Ansätze wird klar, dass auch die politischen und ethischen Fragen höchst differenziert betrachtet werden müssen. Die Autor/innen erörtern einige ethische Aspekte von Citizen Science und argumentieren, dass politische und ethische Richtlinien zu entwickeln sind, die einerseits hinreichend flexibel sein müssen, um der Heterogenität des Feldes Rechnung zu tragen, andererseits aber strikt genug sein müssen, um potenzielle Risiken und ethische Grenzüberschreitungen adäquat adressieren zu können.

Den Abschluss des Bandes bildet der Beitrag „Infrastruktur, Interface, Intelligenz. Zur medientechnologischen Bedingung digitaler Vergesellschaftung" von *Sascha Dickel*. Der Autor reflektiert PHS medien- und gesellschaftstheoretisch und erweitert den sozialwissenschaftlichen Blick über das spezifische Phänomen von PHS hinaus. Er begreift PHS als Teil einer Partizipationskultur, die durch digitale Technologien charakterisiert ist. Unter diesen medientechnologischen Bedingungen lassen sich Prototypen einer Symmetrisierung von Sendern und Empfängern, Experten und Laien, Menschen und Maschinen beobachten. Damit erscheint die These einer Entkopplung gesellschaftlicher Kommunikation von anwesenden Körpern, von institutionalisierten Rollen und sogar von menschlichen Akteuren plausibel. Doch kann, so der Autor, digitale Vergesellschaftung nicht als einseitiger Entkopplungsprozess gedacht werden. Vielmehr lassen sich – gerade im Gesundheitsbereich – zugleich intensivierte Kopplungen von Mensch, Technik und Sozialität beobachten, die sich als kontingente Kontrollprojekte realisieren.

Der Band *Personal Health Science* beleuchtet die Formen, Bedingungen und Kontexte solcher Kontrollprojekte, und wie diese zwischen Privatisierung und Vergesellschaftung oszillieren.

Literatur

23andMe (2018a). How it Works. https://www.23andme.com/en-int/howitworks/. Zugegriffen: 16. Februar 2018.
23andMe (2018b). Our Health + Ancestry DNA Service. https://www.23andme.com/en-eu/dna-health-ancestry/. Zugegriffen: 16. Februar 2018.
Abbott, A. ([1988]2007). *The system of professions. An essay on the division of expert labor.* Chicago: Univ. of Chicago Press.
Attali, J. (1981). *Die Kannibalische Ordnung.* Frankfurt: Campus.
Belt, T. v. d., Engelen, L., Berben, S. & Schoonhoven, L. (2010). Definition of Health 2.0 and Medicine 2.0: A Systematic Review. *Journal of Medical Internet Research* 12 (2), e18.
Blättel-Mink, B. & Hellmann, K.-U. (Hrsg.). (2010). *Prosumer Revisited. Zur Aktualität einer Debatte.* Wiesbaden: VS.
Borgetto, B. (2004). *Selbsthilfe und Gesundheit. Analysen, Forschungsergebnisse und Perspektiven in der Schweiz und in Deutschland.* Bern: Huber.
Bröckling, U., Krasmann, S. & Lemke, T. (2000). *Gouvernementalität der Gegenwart. Studien zur Ökonomisierung des Sozialen.* Frankfurt a. M.: Suhrkamp.
Brown, P. & Zavestoski, S. (2004). Social movements in health. An introduction. *Sociology of Health & Illness* 26 (6), 679–694.
Brüninghaus, A. & Heyen, N. (2014). Wissenstransfer von der Gesellschaft in die Wissenschaft? Formen und Potenziale nicht-zertifizierter Expertise für Lebenswissenschaften und Medizin. *Technikfolgenabschätzung – Theorie und Praxis* 23 (2), 63–66.
Bruns, A. (2008). *Blogs, Wikipedia, Second Life, and Beyond. From Production to Produsage.* New York u. a.: Peter Lang.
Dickel, S. & Franzen, M. (2015). Digitale Inklusion: Zur sozialen Öffnung des Wissenschaftssystems. *Zeitschrift für Soziologie* 44 (5), 330–347.
Dickel, S. & Schrape, J.-F. (2017). The Logic of Digital Utopianism. *NanoEthics* 11 (1), 47–58.
Do, C. B., Tung, J. Y., Dorfman, E., Kiefer, A. K., Drabant, E. M., Francke, U., Mountain, J. L., Goldman, S. M., Tanner, C. M., Langston, J. W., Wojcicki, A. & Eriksson, N. (2011). Web-based genome-wide association study identifies two novel loci and a substantial genetic component for Parkinson's disease. *PLoS Genetics* 7 (6), e1002141.
European Commission (2014). White Paper on Citizen Science. http://www.socientize.eu/sites/default/files/white-paper_0.pdf. Zugegriffen: 27. Februar 2018.
Finke, P. (2014). *Citizen Science. Das unterschätzte Wissen der Laien.* München: Oekom.
Foucault, M. ([1979]2006). *Die Geburt der Biopolitik. Geschichte der Gouvernementalität II. Vorlesung am Collège de France 1978-1979.* Frankfurt a. M.: Suhrkamp.
Frost, J., Okun, S., Vaughan, T., Heywood, J. & Wicks, P. (2011). Patient-reported outcomes as a source of evidence in off-label prescribing: analysis of data from PatientsLikeMe. *Journal of Medical Internet Research* 13 (1), e6.
Gscheidle, C. & Fisch, M. (2007). Onliner 2007: Das „Mitmach-Netz" im Breitbandzeitalter. *Media Perspektiven* 8/2007, 393–405.
Hellmann, K.-U. (2010). Prosumer Revisited: Zur Aktualität einer Debatte. In B. Blättel-Mink & K.-U. Hellmann (Hrsg.), *Prosumer Revisited. Zur Aktualität einer Debatte* (S. 13–48). Wiesbaden: VS.
Heyen, N. B. (2016). Selbstvermessung als Wissensproduktion. Quantified Self zwischen Prosumtion und Bürgerforschung. In S. Selke (Hrsg.), *Lifelogging. Digitale Selbstver-*

messung und Lebensprotokollierung zwischen disruptiver Technologie und kulturellem Wandel (S. 237–256). Wiesbaden: Springer VS.

Heyen, N. B. (2017). Quantified Self as Personal (Citizen) Science. *Havard Bill of Health Blog.* http://blogs.harvard.edu/billofhealth/2017/05/11/quantified-self-as-personal-citizen-science/. Zugegriffen: 11. Januar 2018.

Illich, I. (1977). *Die Nemesis der Medizin. Von den Grenzen des Gesundheitswesens.* Reinbek: Rowohlt.

Illich, I. (Hrsg.). (1979). *Entmündigung durch Experten. Zur Kritik der Dienstleistungsberufe.* Reinbek: Rowohlt.

Langkafel, P. (2015). Auf dem Weg zum Dr. Algorithmus? Potenziale von Big Data in der Medizin. *Aus Politik und Zeitgeschichte* 65 (11-12), 27–32.

Latour, B. (2004). Why Has Critique Run out of Steam? From Matters of Fact to Matters of Concern. *Critical Inquiry* 30 (2), 225–248.

Lemke, T. (2001). 'The birth of bio-politics'. Michel Foucault's lecture at the Collège de France on neo-liberal governmentality. *Economy and Society* 30 (2), 190–207.

Lemke, T. (2007). *Gouvernementalität und Biopolitik.* Wiesbaden: VS.

Mahr, D. (2014). *Citizen Science. Partizipative Wissenschaft im späten 19. und frühen 20. Jahrhundert.* Baden-Baden: Nomos.

Miller, J. (2014). Intensifying Mediatization: Everyware Media. In A. Hepp & F. Krotz (Hrsg.), *Mediatized Worlds* (S. 107–122). London: Palgrave Macmillan.

Miller-Rushing, A., Primack, R. & Bonney, R. (2012). The history of public participation in ecological research. *Frontiers in Ecology and the Environment* 10 (6), 285–290.

Nakamura, C., Bromberg, M., Bhargava, S., Wicks, P. & Zeng-Treitler, Q. (2012). Mining online social network data for biomedical research: a comparison of clinicians' and patients' perceptions about amyotrophic lateral sclerosis treatments. *Journal of Medical Internet Research* 14 (3), e90.

Nature Outlook (2015). Big data in biomedicine. *Nature* 527 (7576), Supplement, S1–S19.

Reibnitz, C. v., Schnabel, P.-E. & Hurrelmann, K. (Hrsg.). (2001). *Der mündige Patient. Konzepte zur Patientenberatung und Konsumentensouveränität im Gesundheitswesen.* Weinheim & München: Juventa.

Roy, H. E., Pocock, M. J. O., Preston, C. D., Roy, D. B., Savage, J., Tweddle, J. C. & Robinson, L. D. (2012). Understanding Citizen Science and Environmental Monitoring. Final Report on behalf of UK Environmental Observation Framework: NERC Centre for Ecology & Hydrology and Natural History Museum. http://nora.nerc.ac.uk/id/eprint/20679/1/N020679CR.pdf. Zugegriffen: 27. Februar 2018.

Stichweh, R. (1988). Inklusion in Funktionssysteme der modernen Gesellschaft. In R. Mayntz (Hrsg.), *Differenzierung und Verselbständigung. Zur Entwicklung gesellschaftlicher Teilsysteme* (S. 261–293). Frankfurt & New York: Campus.

Topol, E. J. (2013). *The creative destruction of medicine. How the digital revolution will create better health care.* New York: Basic Books.

Surowiecki, J. (2004). *The wisdom of crowds. Why the many are smarter than the few and how collective wisdom shapes business, economies, societies, and nations.* New York: Doubleday.

Swan, M. (2009). Emerging patient-driven health care models: an examination of health social networks, consumer personalized medicine and quantified self-tracking. *International Journal of Environmental Research and Public Health* 6 (2), 492–525.

Toffler, A. (1980). *The Third Wave. The Classic Study of Tomorrow.* New York u. a.: Bantam.

Wehling, P., Viehöver, W. & Koenen, S. (Hrsg.). (2015). *The Public Shaping of Medical Research. Patient associations, health movements and biomedicine.* London: Routledge.
Willke, H. (2001). *Systemisches Wissensmanagement.* Stuttgart: Lucius & Lucius.
Xue, K. (2014). Popular Science. *Havard Magazine* (January/February), 54–59.
Yong, E. (2014). DIY diagnosis: how an extreme athlete uncovered her genetic flaw. https://mosaicscience.com/story/diy-diagnosis-how-extreme-athlete-uncovered-her-genetic-flaw/. Zugegriffen: 11. Januar 2018.

I
Formen und Felder

Von der Selbstvermessung zur Selbstexpertisierung
Zur Produktion von selbstbezogenem Wissen durch Personal Science

Nils B. Heyen

Zusammenfassung

Ausgehend von Aktivitäten der digitalen Selbstvermessung, die primär Erkenntnisziele verfolgen und besonders bei Anhängern der Quantified-Self-Bewegung zu beobachten sind, fragt der Beitrag nach der Produktion und Art des dabei gewonnenen Wissens und seiner Implikationen für das Verhältnis von Wissenschaft und Gesellschaft. Anhand von Interviews mit Selbstvermesser/innen wird gezeigt, dass sich das Wissen als ein dem Anspruch nach gesichertes und handlungspraktisch relevantes Selbstwissen charakterisieren lässt und Wissenschaft in Form von wissenschaftlichen Quellen, Methoden und auch Gütekriterien bei der Wissensproduktion eine zentrale Rolle spielt. Dieses selbstbezogene Wissen, so wird argumentiert, kann begrifflich als Selbstexpertise und seine Produktion als Personal Science gefasst werden. In Wissenschaft und Medizin hat es im Gegensatz zu den Daten der Selbstvermessung bislang kaum Resonanz hervorgerufen, obwohl sich die Wissenschaft aktuell prinzipiell offen für Erkenntnisse aus selbst- oder einzelpersonenbezogener Forschung zeigt. Was von Personal Science bleibt, ist in erster Linie die individuelle Selbstexpertisierung.

Schlüsselbegriffe

Selbstvermessung, Quantified Self, Self-Tracking, Expertise, Selbstexpertisierung, Personal Science, Wissensproduktion, Wissenstransfer, Wissenssoziologie

Digitale Selbstvermessung, auch Self-Tracking genannt, meint die ständige Sammlung und Auswertung von selbstbezogenen Daten im Alltag, seien es Schritte, Herzfrequenz, Kalorien, Schlafphasen oder Stimmungen. Sie ist spätestens mit der Omnipräsenz von Smartphones, in die zunehmend entsprechende Sensorik eingebaut wird, und den dazugehörigen Apps, die die erhobenen Daten analysieren, zusammenführen, auswerten und visualisieren, zum Massenphänomen geworden. Vor allem im Gesundheitsbereich werden immer mehr Apps über die großen Stores angeboten und heruntergeladen (Research2Guidance 2016), und auch in den großen Sport-Geschäften und Elektronik-Fachmärkten sind die ausgestellten Fitness-Tracking-Geräte nicht zu übersehen. *Vor* diesem seit ein paar Jahren andauernden Boom des mHealth-Marktes (mHealth steht für Mobile Health) war Self-Tracking noch die Sache von relativ wenigen Menschen, die sich unter dem Label „Quantified Self" (QS) versammelten und der gleichnamigen, aus dem Silicon Valley der USA kommenden Bewegung zugehörig fühlten. Unter dem Motto „Self knowledge through numbers" verbindet sie nicht zuletzt das Bestreben, durch das Sammeln von selbst- und körperbezogenen Daten Erkenntnisse über die eigene Gesundheit oder Leistungsfähigkeit im Alltag zu gewinnen.

Der vorliegende Beitrag nimmt diesen Anspruch ernst und fragt nach der Produktion und Art dieses persönlichen Wissens und seiner Implikationen. Dabei wird auf empirisches Material zurückgegriffen, das im Rahmen einer explorativen Studie zur QS-Bewegung in Deutschland erhoben worden ist:[1] erstens und zentral eine Reihe qualitativer Interviews mit Selbstvermesser/innen, teilnehmende Beobachtungen von örtlichen Treffen der QS-Community in Berlin, Köln, München und Zürich sowie der globalen QS-Konferenz 2015 in San Francisco, außerdem Social-Media-Diskurse auf Facebook und im internationalen webbasierten QS-Forum; zweitens eine Reihe von Experteninterviews mit Wissenschaftler/innen und Mediziner/innen; und drittens ein beide Seiten zusammenführender Workshop zur Folgenabschätzung und Szenarioentwicklung. Die Auswertung des Materials zeigt, dass sich das im Zuge digitaler Selbstvermessung gewonnene Wissen als ein dem Anspruch nach gesichertes und handlungspraktisch relevantes Selbstwissen charakterisieren lässt und Wissenschaft in Form von wissenschaftlichen Quellen, Methoden und auch Gütekriterien bei der Wissensproduktion eine zentrale Rolle

---

1 Die Studie wurde von 2014 bis 2016 vom Bundesministerium für Bildung und Forschung (BMBF) gefördert, siehe https://www.isi.fraunhofer.de/isi-de/t/projekte/hen-qs-wissenstransfer.php. Zugegriffen: 07. März 2017. Ich danke den studentischen Mitarbeiterinnen Marcia Nißen und Julia Sellig für ihre hilfreiche Unterstützung insbesondere bei der Auswertung des Materials und der Literaturanalyse.

spielt. Dieses selbstbezogene Wissen, so wird argumentiert, kann begrifflich als Selbstexpertise und seine Produktion als Personal (Health) Science gefasst werden.[2]

Im Folgenden werden zunächst vier Typen von Self-Tracking-Aktivitäten unterschieden, um klarer die auf Erkenntnisproduktion zielenden Aktivitäten in den Blick nehmen zu können (1). Daraufhin werden einige empirische Beispiele für Selbstwissen und seine auf Selbstvermessung basierende Produktion vorgestellt und anhand von Auszügen aus dem Interviewmaterial illustriert (2). Sodann werden die gebildeten Begrifflichkeiten Selbstwissen, Selbstexpertise und Personal Science erörtert (3), bevor abschließend einige weitere Überlegungen zur Bedeutung von Personal Science zwischen Wissenschaft und Gesellschaft zur Diskussion gestellt werden (4).

1 Aktivitätstypen der Selbstvermessung

Je nachdem, welche Bedeutung der Erkenntnisproduktion zukommt, können Aktivitäten der Selbstvermessung recht unterschiedlich ausfallen. Inspiriert von einer Typologie von Citizen Science Projekten (Haklay 2013) lassen sich vier Stufen bzw. Grade des „Engagements" in die Erkenntnisproduktion bei der Selbstvermessung unterscheiden, also vier Typen von Self-Tracking-Aktivitäten (vgl. ausführlich Heyen 2016b). Zu betonen ist, dass sich ein Selbstvermesser als Person in den meisten Fällen nicht einer Stufe allein zuordnen lässt, sondern nur seine einzelnen, untereinander womöglich sehr verschiedenen Self-Tracking-Aktivitäten – und nur auf diese zielt die Typologie.

Stufe 1 „Ohne konkrete Ziele": Hierzu zählen solche Aktivitäten, die weitgehend planlos, also ohne spezifische Absicht und Ziel durchgeführt werden – gewissermaßen „just for fun". Dabei stehen in der Regel Motive wie Neugier, Unterhaltung, Spiel und Spaß im Vordergrund. Durch die zunehmend verbreiteten Vorinstallationen und Voreinstellungen, etwa beim iPhone, kann das Self-Tracking sogar ablaufen,

---

2 Es versteht sich von selbst, dass mit der hier eingenommenen wissenssoziologischen Perspektive keine allgemeine gesellschaftstheoretische oder kultursoziologische Einordnung des Phänomens Quantified Self bzw. Self-Tracking angestrebt wird oder geleistet werden kann. Der Fokus liegt bewusst eng auf dem produzierten Selbstwissen. Für darüber hinaus gehende sozialwissenschaftliche Deutungen siehe für den deutschsprachigen Raum Duttweiler et al. (2016) und Selke (2016a); für die englischsprachige Diskussion zum Beispiel Abend und Fuchs (2016); Lupton (2016); Neff und Nafus (2016); Rettberg (2014); Selke (2016b); Sharon und Zandbergen (2016); für eine kurze Zusammenstellung von Potenzialen und Risiken für Nutzer/innen und Gesellschaft siehe Heyen (2016a).

ohne dass der Nutzer etwas davon weiß. Zur ersten Stufe gehört aber auch das Self-Tracking im Dienst von wissenschaftlichen Studien (vgl. Kalender und Holmberg in diesem Band), wenn der Self-Tracker also in erster Linie als Proband fungiert, ohne an den von ihm erhobenen Daten ein explizites Eigeninteresse zu haben.

Stufe 2 „Monitoring und Optimierung": Im Gegensatz zur ersten Stufe werden mit dem Self-Tracking hier konkrete persönliche Ziele verfolgt. Entweder dient die Selbstvermessung einer regelmäßigen Überwachung bestimmter Daten, zum Beispiel des Körpergewichts oder von Blutdruckwerten, die aufgrund einer Krankengeschichte in einem bestimmten Bereich liegen sollten; oder sie dient einer explizit angestrebten Verhaltensverbesserung oder Leistungssteigerung, etwa bei der Ernährung oder bei Fitness-Aktivitäten wie dem täglichen Joggen. Hier (und auf der ersten Stufe) spielt sich der oben genannte Massenmarkt ab. Den meisten Anhängern der QS-Bewegung allerdings ist das zu wenig. Sie verfolgen zusätzlich Aktivitäten, bei denen Erkenntnisziele im Mittelpunkt stehen, wie die folgenden.

Stufe 3 „Forschung": Hier werden die Self-Tracking-Aktivitäten gewissermaßen projektifiziert und erhalten oftmals die Form von kleinen Forschungsstudien. Ziel ist zunächst der Erkenntnisgewinn, aus dem dann freilich auch Schlussfolgerungen für den Alltag gezogen werden (können). Entsprechend geht es hier häufig um mögliche Zusammenhänge verschiedener Größen und Variablen, beispielsweise um den Einfluss bestimmter Nahrungs- und Konsummittel auf die Schlafqualität oder um den Zusammenhang von Leistungsfähigkeit und Stimmung. Dabei gibt es prinzipiell zwei mögliche Vorgehensweisen, eine hypothesengeleitete und eine ungerichtete. Die erste formuliert explizit und ex ante Vermutungen zum anvisierten Zusammenhang und richtet das Untersuchungsdesign entsprechend aus. Darunter fallen auch Selbstexperimente, in denen ein bestimmter Faktor gezielt verändert und anschließend die Auswirkung auf die abhängige Variable beobachtet wird. Die zweite Vorgehensweise nimmt dagegen ihren Ausgangspunkt von einem bereits vorliegenden Datensatz, der dann nach bestimmten Gesichtspunkten untersucht oder allgemein nach Korrelationen durchforstet wird, um herauszufinden, welche Variablen miteinander zusammenhängen.

Stufe 4 „Forschung und Entwicklung": Zusätzlich zu den Forschungsaktivitäten der dritten Stufe werden hier eigene Apps, Software oder gar Vermessungsgeräte entwickelt. Hintergrund kann sein, dass es nach Einschätzung des Selbstvermessers für die Bearbeitung seiner Forschungsfrage keine zufriedenstellenden Technologien gibt. Will er an seiner Forschungsfrage bzw. seinem generellen Erkenntnisziel festhalten, muss er die technischen bzw. methodischen Voraussetzungen erst selber schaffen. Das wiederum geht nicht ohne eigenes Self-Tracking, denn für das Testen der verschiedenen Versionen und deren Weiterentwicklung werden Daten benötigt. In Verbindung mit einem Geschäftsmodell können solche Forschungs- und

Entwicklungsprojekte zu entsprechenden Start-ups von Self-Trackern führen, die in der QS-Bewegung tatsächlich stark präsent sind.

Auch wenn sich die Typologie von Self-Tracking-Aktivitäten an der Frage der Erkenntnisproduktion orientiert, ist offensichtlich, dass bei allen vier Typen erst einmal und vor allem *Daten* produziert werden. Und diese sind von Informationen und Wissen zu unterscheiden (vgl. etwa Willke 2001, S. 7ff.; Schmoch 2003, S. 138ff.). „Aus Daten werden Informationen durch Einbindung in einen ersten Kontext von Relevanzen" und aus „Informationen wird Wissen durch Einbindung in einen zweiten Kontext von Relevanzen" (Willke 2001, S. 8 bzw. 11). Der erste Kontext besteht nach Willke aus Relevanzkriterien, auf deren Grundlage einem Datum eine spezifische Relevanz zugeschrieben wird, während der zweite Kontext aus „bedeutsamen Erfahrungsmustern" besteht (Willke 2001, S. 11). In dieser Perspektive sind also gemessene Blutdruck- oder Kalorienverbrauchswerte als Daten anzusehen, die Beobachtung, dass ein bestimmter Wert in einem kritischen Bereich liegt, als Information und die Erkenntnis, dass dies immer dann der Fall ist, wenn ein spezifischer Umstand gegeben ist, als Wissen. Vereinfacht ausgedrückt ergeben Daten für sich noch keinen Sinn, Informationen dagegen schon, während Wissen tendenziell Erkenntnischarakter hat.

Während Daten auf allen vier Stufen der Typologie produziert werden, findet eine Wissensproduktion vor allem bei den Aktivitätstypen „Forschung" und „Forschung und Entwicklung" statt. Zwar ist nicht ausgeschlossen, dass auch bei den anderen beiden Typen Wissen entsteht, dann allerdings eher als Neben- oder Zufallsprodukt. So werden auch bei Aktivitäten der ersten Stufe die erhobenen Rohdaten zumeist mit Software-Tools so aufbereitet und analysiert, dass sie einen Informationswert erhalten, zum Beispiel an welchem Wochentag die Stimmung am besten war oder ob ein Wert unter oder über einem bestimmten Durchschnitt liegt. Obwohl es gar nicht beabsichtigt gewesen sein mag, kann hieraus Wissen entstehen, etwa die Erkenntnis, dass immer donnerstags beim Tanzen die Stimmung am besten ist oder dass ein Wert immer unter dem der Freunde liegt, egal was man macht. Explizit angestrebt wird Wissen aber nur auf den Stufen drei und vier, also bei den *Forschungsaktivitäten* der Self-Tracker. Im Folgenden werden nun einige Beispiele für dieses durch Selbstvermessung gewonnene Wissen aus dem Interviewmaterial vorgestellt.

2 Selbstwissen durch Selbstvermessung: empirische Beispiele

Ausgangspunkt für das erste Beispiel ist eine auf den Menstruationszyklus bezogene Monitoringaktivität einer Selbstvermesserin zum Zwecke der Schwangerschaftsverhütung. Im Zuge einer Zufallsbeobachtung entsteht die Frage oder Vermutung, ob die im Alltag bisher als unregelmäßig auftauchend wahrgenommenen Tage betrübter Stimmung nicht doch regelmäßiger sind als angenommen und etwas mit dem Menstruationszyklus zu tun haben könnten. Unter Rückgriff auf populärwissenschaftliche Ratgeber-Literatur zu Hormonschwankungen geht die Selbstvermesserin – nun im Sinne einer Forschungsaktivität – dieser Vermutung nach und beobachtet über einen längeren Zeitraum gezielt Zyklus und Stimmung, bis sich augenscheinlich eine Art Validierung des Befunds einstellt:

> „*I also learned that I was – I would have a dip right after ovulation too which was about ten days before my period I would get really sad and that was because my hormones were shifting but I never knew why. I just thought there was some days I was getting really sad.*" *(Selbstvermesserin A)*

Die produzierte Erkenntnis der Abhängigkeit eines regelmäßig wiederkehrenden Traurigkeitstages von Menstruationszyklus und Hormonspiegel wird zunächst handlungspraktisch genutzt, indem die Alltagsgestaltung diesen bestimmten Tag stärker berücksichtigt (z. B. durch den Verzicht auf die Teilnahme an einer auf diesen Tag fallenden Party) und mit den entsprechenden Emotionen anders umgegangen wird. Darüber hinaus hat die Selbstvermesserin angefangen, ein Multivitamin-/Multimineral-Präparat (Optivite PMT) zu nehmen, um den Hormonspiegel zu beeinflussen.

> „*Now that I've taken this supplement I am like maybe I won't get that sad anymore. But what I've done – I guess what I've done in the past knowing that I would be potentially sad within that period because I could see when it would be coming: I think I would just be nicer to myself. [...] So I mean it's very much like self-care, emotional self-care. [...] If I am really upset, just having the awareness of like okay this is rooted in real issues but the severity of my emotions is probably hormonal and so you know just – it helps me NOT identify with them so much. [...] It's helped my relationship with myself too like I feel very in touch with my body in a different way.*" *(Selbstvermesserin A)*

Von der Selbstvermessung zur Selbstexpertisierung

Auch das zweite Beispiel hat seinen Ausgangspunkt in einer Monitoringsaktivität. Der Self-Tracker hatte in der Vergangenheit einen Schlaganfall, so dass es aus medizinischer Sicht ratsam ist, den Blutdruck zu beobachten und darauf zu achten, dass dieser nicht zu hoch ist, sich also immer unter einer bestimmten Obergrenze bewegt. Die so gut wie täglich gemessenen Blutdruckwerte ergeben über die Wochen, Monate und Jahre einen Datensatz, den der Selbstvermesser mittlerweile regelmäßig analysiert und mit Umweltdaten und anderen Parametern in Beziehung setzt. Im Zuge dieser Forschungsaktivität hat er unter anderem folgende Beobachtungen gemacht bzw. Erkenntnisse gewonnen (a bis d, von mir eingefügt):

> *„[a] Blutdruck und Gewicht, also in Phasen, wo ich schwerer bin, ist der Blutdruck dann höher, das kann man auch n bisschen sehen. [...] [b] Da habe ich gemerkt, dass Kaffeekonsum hatte fast quasi keinen Effekt auf meinen Blutdruck, das war ne flache Linie. Und das wollte ich mir immer mal wieder angucken, weil ich gerade auch in den letzten zwei drei Monaten, schätze ich mal, gefühlt zumindest mehr wieder Kaffee wieder trinke. [...] [c] Zum Beispiel sieht das bei mir so [aus] – ja, [dass] der Blutdruck im Lauf der [Arbeits-] Woche ansteigt. [...] [d] Wenn ich jetzt ne Woche auf Reisen war, dann sehe ich schon, dass der Blutdruck dann tendenziell höher ist."* (Selbstvermesser B)

Gerade den letzten Punkt hat der Self-Tracker, der beruflich viel auf Reisen ist, mit seinem Arzt besprochen und ihm dabei die entsprechenden Daten und Kurvenverläufe vorgelegt – mit Folgen für die Medikation:

> *„Das mit den Reisen haben wir mehrfach besprochen. [...] Der hat mir auch schon dann ganz klar den Tipp gegeben, wenn ich jetzt mal längere Zeit am Stück unterwegs bin und viel rumreise, was ab und zu mal vorkommt, zwei-, dreimal im Jahr, Multi-Trip-Reisen mache zu mehreren Städten gerade noch in Asien und den USA oder so, dann soll ich zum Beispiel auch mal von der einen Tablette eine mehr nehmen oder ne halbe mehr, je nachdem wie dann die Werte sind, ne? Das sind dann ganz klare Handlungsempfehlungen auch vom Hausarzt, aus der Erfahrung, wie das so ist bei meinen – bei meinen Reisen."* (Selbstvermesser B)

Auch in einem anderen Bereich hat die Analyse von Selbstvermessungsdaten, hier der täglich gelaufenen Schritte, und Körperempfindungen zu einer selbstbezogenen Erkenntnis geführt. Der auf diese Weise festgestellte Zusammenhang von täglicher Bewegung und körperlichen Schmerzen ist Grundlage und Legitimation für eine (angestrebte) veränderte Alltagspraxis:

„Was ich da zum Beispiel festgestellt habe ganz konkret, ist, dass wenn ich jetzt unter ner bestimmten Grenze von Schritten bin über Tage oder Wochen, dann steigen zum Beispiel meine Kniebeschwerden an. Ich habe halt so Meniskusbeschwerden und da is es ja ganz gut, wenn man das Knie bewegt und das quasi geschmiert ist, das Gelenk, das ist eigentlich ganz gut. Und da merke ich so, wenn ich so unter siebentausend Schritten bin über mehrere Tage hintereinander, dass dann das Knie mehr wehtut. [...] Das Minimumziel ist halt zehntausend Schritte pro Tag, und mein eigentliches Ziel ist fünfzehntausend Schritte. Das wäre halt super und das versuche ich eigentlich zu erreichen. Und rein aus Eigeninteresse, dass mein Knie jetzt nicht schmerzt oder so und ich da nicht irgendwann wieder so ne Operation machen muss, da versuche ich dann in jedem Fall dann über diese siebentausend Schritte, das ist jetzt so n Wert, der sich so herausgestellt hat, da also in jedem Fall darüber zu bleiben."
(Selbstvermesser B)

Beim dritten Beispiel liegt der Ausgangspunkt nicht in einer ohnehin praktizierten, selbstvermessenden Monitoringsaktivität, sondern in einer im Alltag gewonnenen Einsicht, dass nämlich der Schlaf ein zentraler Einflussfaktor für das eigene Wohlbefinden ist. Dies veranlasst den Self-Tracker direkt, forschend aktiv zu werden.

„Ich hatte mal eine Phase, da ging's oder da hatte ich beruflich sehr viel Stress und da hab ich schlecht geschlafen und da hab ich dann gemerkt, dass der – oder für mich herausgefunden, dass der Stress den Schlaf beeinflusst hat und dann wiederum die schlechte Schlafqualität mein Wohlbefinden negativ beeinflusst hat. Und da hab ich gesagt, okay, das guckst du dir mal an, wie ist da der Zusammenhang?" (Selbstvermesser C)

Er befasst sich zunächst mit Literatur zum Thema Schlaf und beginnt dann „verschiedene Tests", indem er seine Schlafdauer variiert und in Beziehung setzt zu der per Selbstvermessungs-App analysierten Schlafqualität einerseits und seinem subjektiven Gefühl direkt nach dem Aufwachen und während des Tages andererseits.

„Und dann habe ich gemerkt, sieben Stunden – das war über ein paar Wochen hinweg – sieben Stunden ist für mich das Beste. Ob das jetzt nun genau sieben Stunden sind, so minutengenau hab ich's nicht gemacht, aber sieben Stunden, ja? Und dann hat sich durch meine – durch die Nebenbedingung, dass ich morgens noch n bisschen Training gemacht habe, hat sich dann dadurch ein Schlafzeitpunkt, also ein Ins-Bett-geh-Zeitpunkt ergeben." (Selbstvermesser C)

Darauf aufbauend hat der Selbstvermesser „*weiter experimentiert damit*" und den Einfluss seines Alkohol- und Kaffeekonsums auf den Schlaf untersucht. Seine diesbezüglichen Erkenntnisse sind folgende:

> „*Bis zu einem Glas [Wein] sehe ich gar keinen Unterschied im Schlaf. Und je mehr das wird, desto unruhiger schlaf ich, desto mehr verschiebt sich die Quali- der Schlaf zum Leichtschlaf hin. Und das entspricht auch meinem Gefühl. [...] Und dasselbe mit Kaffee hab ich auch gemacht. [...] Hab das dann alles getestet und meine pseudowissenschaftliche Erkenntnis zum Thema Kaffee ist eigentlich die, dass der Kaffee, dass das Koffein an sich selber gar nichts macht, sondern nur als Verstärker der jeweils vorhandenen Disposition des Organismus dient. Sprich, wenn ich aufgekratzt bin oder aufgeregt bin, nervös bin, dann werde ich dann noch nervöser. Oder wenn ich ganz ruhig bin, dann hat das keine Auswirkungen.*" (Selbstvermesser C)

Diese selbstbezogenen Erkenntnisse werden vom Selbstvermesser in seiner Alltagsgestaltung entsprechend berücksichtigt und tragen so, seiner eigenen Wahrnehmung nach, zu seinem (verbesserten) Wohlbefinden bei.

Das vierte und letzte Beispiel hat seinen Ausgangspunkt in einer im Alltag an sich selbst beobachteten und als problematisch empfundenen ständigen „*Nachmittagsmüdigkeit*" eines Self-Trackers. Sensibilisiert durch eine Fehlinformation seiner Krankenkasse, die ihn fälschlicherweise als Diabetiker einordnete, fragt er sich, ob die Müdigkeit etwas mit seinem Blutzuckerspiegel zu tun haben könnte und welche Faktoren diesen beeinflussen. Er konsultiert ernährungswissenschaftliche Studien, Ratgeber-Literatur und Blogs zum Thema. Dann plant er seine Forschungsaktivität, misst fünf Tage lang jede (wache) Stunde seinen Blutzuckerspiegel und erhebt – technisch nicht mit einem Smartphone, sondern mit einem an sich selbst adressierten Online-Fragebogen – zu jedem Messzeitpunkt weitere Daten, die unter anderem sein jeweils aktuelles Müdigkeitsgefühl, seine Stimmung, Tätigkeit, Nahrungsaufnahme und soziale Kontakte betreffen. Seine Analyse des in eine Excel-Tabelle übertragenen Datensatzes kommt schließlich zu dem Ergebnis,

> „*dass wenn ich mittags halt irgendwie viel gegessen hab, vor allem eben irgendwie kohlenhydratreich beziehungsweise irgendwelche Sachen, die der Körper schnell in Energie – in verwertbare Energie umgewandelt hat, dass ich dann so ne Spitze im Blutzuckerspiegel hatte, und als der Blutzuckerspiegel wieder abgesunken ist, egal wie hoch oder nieder er war, hatte ich so ne Müdigkeitsphase. Und das war ne Erkenntnis für MICH, die ich so genutzt hab tatsächlich dann in der Folge, dass ich mittlerweile mittags weniger ess, aber halt fünf Mal am*

> *Tag ess, also ich frühstück und vormittags, wenn der erste Hunger kommt, ess ich halt irgendwie ne Semmel oder nen kleinen Snack oder hab irgendwelche Nüsse oder so was am Schreibtisch stehen, ess mittags weniger, ess dafür am Nachmittag wieder was und bin quasi konstant gleich gefüllt – und hab diese Müdigkeitsphase nicht."* (Selbstvermesser D)

Die Selbstbezogenheit der Erkenntnis, dass die empfundene Müdigkeit von Art und Menge der mittags aufgenommenen Nahrung und der dadurch ausgelösten Schwankungen im Blutzuckerspiegel abhängt, ist für den Selbstvermesser der entscheidende Punkt. Explizit grenzt er allgemeine Empfehlungen („*Volksweisheiten*"), die es ja durchaus in Bezug auf die Anzahl von Mahlzeiten im Tagesverlauf gibt, von seinen „*individualisierte[n] Informationen*" ab:[3]

> „Und insofern hat's halt nachhaltig auch was am Verhalten geändert, weil ich einfach statt ‚Geh mal zehntausend Schritte, das ist gesund für Dich!' die Information hatte: ‚Wenn ich jetzt noch den Schöpflöffel mehr nehm, dann weiß ich, dass ich persönlich, nur ich für mich weiß, dass ich am Nachmittag dann irgendwie n Müdigkeitsloch habe.' Und das war für mich das Spannende und das Nachhaltige auch an der ganzen Sache." (Selbstvermesser D)

---

3   Zur Erläuterung führt er ein weiteres Beispiel eines anderen Selbstvermessers an: „*Es sind individualisierte Informationen, die qua- glaub ICH den Unterschied ausmachen zu diesen Volksweisheiten ‚Rauchen kann tödlich sein'. Ja, wie tödlich kann's denn für MICH sein? Das ist ja eigentlich die wichtige Information, die ich brauch. Also mein Kollege hat aufgehört zu rauchen, der hat [...] rausgefunden, dass sein Blutdruck deutlich runtergegangen ist, nur durchs Rauchen aufhören, und sein Herz, also sein Ruhepuls runtergegangen ist. Das heißt, sein Herz hat oder schlägt jetzt mittlerweile tausend Mal weniger in der Stunde. Und das war für ihn einfach quantifiziert n Argument oder ne relevante Information, die auf ihn persönlich bezogen war. Und wenn jetzt auf seiner Packung stehen würde ‚Dein Herz schlägt jetzt tausend Mal weniger und dein Blutdruck ist so und so viel runtergegangen, das senkt dein Herzinfarktrisiko um so und so viele Prozentpunkte und damit ist die Wahrscheinlichkeit, dass du 75 wirst statt 55, so und so hoch.' Ist halt doch ne andere Qualität, als wie wenn da draufsteht ‚Rauchen kann tödlich sein'. Genau und des ist der Punkt.*" (Selbstvermesser D)

3 Selbstwissen, Selbstexpertise und Personal Science

Die exemplarisch vorgestellten, durch Selbstvermessung gewonnenen Erkenntnisse lassen sich begrifflich als eine Wissensform fassen, die sich im Wesentlichen durch drei Aspekte auszeichnet: Das Wissen ist erstens selbstbezogen, bezieht sich also auf den eigenen Körper und/oder die eigene Lebenswelt des Wissensproduzenten; es ist zweitens handlungspraktisch relevant, also für die Alltagspraxis und -bewältigung des Selbstvermessers von Bedeutung; und es gilt diesem drittens als gesichert, andernfalls könnte es ihm nicht ohne Weiteres als Grundlage und Legitimation für Verhaltensänderungen dienen. Das durch Selbstvermessung gewonnene Wissen lässt sich folglich als ein dem Anspruch nach *gesichertes und handlungspraktisch relevantes Selbstwissen* charakterisieren.[4]

An den skizzierten empirischen Beispielen wird auch deutlich, dass dieses Selbstwissen im Zuge von Forschungsaktivitäten produziert wird, die sich in vielerlei Hinsicht an *wissenschaftliche* Vorgehensweisen anlehnen. Das betrifft in erster Linie die aus der Wissenschaft bekannten Verfahren und Methoden selbst, von einem experimentellen Versuchsaufbau als Forschungsdesign über die eingesetzten Messverfahren (technische Sensorik, Beobachtungsprotokolle, standardisierte Befragungen), deskriptive Statistik (automatisiert per App oder manuell errechnet) bis hin zu mehr oder weniger komplexen Signifikanztests und Korrelationsanalysen. Zudem dient Wissenschaft nicht nur als methodologisches Vorbild, auch das jeweils inhaltlich relevante wissenschaftliche Wissen – sei es populärwissenschaftlich aufbereitet oder in Form originärer Fachartikel – wird von den forschenden Selbstvermessern nachgefragt und beispielsweise zur Hypothesengenerierung oder als Prüffolie für die eigenen Schlussfolgerungen genutzt.

Darüber hinaus spielen klassische wissenschaftliche Gütekriterien der empirischen Forschung eine Rolle, wenn auch oftmals implizit. Vor allem der Reliabilität und Validität von Messgeräten und -operationen wird Bedeutung beigemessen. Entsprechende Fragen werden insbesondere auf örtlichen Treffen von Selbstvermessern sowie auf Blogs, die die eigenen Self-Tracking-Aktivitäten vorstellen, verhandelt: Wie zuverlässig sind die Messungen? Und inwiefern messen die Geräte überhaupt das, was sie messen sollen? Nicht selten werden in diesem Zusammenhang verschiedene Geräte über einen bestimmten Zeitraum gleichzeitig verwendet, um Daten und Analyseergebnisse miteinander zu vergleichen. Dagegen ist Objektivität nur insoweit Thema, als die Self-Tracker ihre selbst erhobenen Daten zumeist von

---

4 Aus wissenssoziologischer Perspektive versteht sich von selbst, dass es für die vorgenommene Begriffsbildung unerheblich ist, ob das Selbstwissen einer professionell-wissenschaftlichen Überprüfung im Einzelnen standhalten würde oder nicht.

subjektiver Beeinflussung freisprechen – ob immer zu Recht, sei dahingestellt, zumal es ja auch um die Erfassung explizit subjektiver Größen wie Stimmung oder Glück gehen kann. Objektivität im Sinne von intersubjektiver Überprüfbarkeit oder Replizierbarkeit der Messung spielt in den Diskussionen jedenfalls so gut wie keine Rolle. Und in der Tat kann ja nur der Selbstvermesser die Forschungsstudie *an sich selbst* reproduzieren, schließlich sind Forscher und Versuchsperson hier eins. Entsprechend hat der forschende Self-Tracker auch gar kein Interesse daran, die Studie eines anderen zu wiederholen, es sei denn an sich selbst, was in der Regel wiederum zu anderen Ergebnissen führen wird. Mit anderen Worten: In den Forschungsaktivitäten der Selbstvermesser gilt nicht nur „$n = 1$", sondern „$n =$ me" (Swan 2012, S. 108). Gleichwohl ist die Wissensproduktion selbst durchaus intersubjektiv nachvollziehbar: prinzipiell, weil sie auf methodisch kontrollierte Art und Weise abläuft; und oftmals auch faktisch, wenn Daten, Vorgehen und Erkenntnisse auf örtlichen Treffen oder Blogs explizit und öffentlich vorgestellt werden.

Die Selbstbezogenheit und handlungspraktische Relevanz des produzierten Wissens einerseits und die Anlehnung an die Produktionsweise wissenschaftlichen (gesicherten) Wissens andererseits lässt es gerechtfertigt erscheinen, die Forschungsaktivitäten der Selbstvermesser als *Personal Science* zu bezeichnen (vgl. Heyen 2016b). „Science", weil hier versucht wird, gesichertes Wissen mit wissenschaftlichen Methoden und nach wissenschaftlichen Kriterien zu produzieren; „Personal", nicht nur weil die Selbstvermesser Forscher und Versuchsperson zugleich sind, sondern auch weil sie allein für den Eigenbedarf forschen, also für ihre eigene alltägliche Handlungspraxis.[5]

Das durch Personal Science, also *methodisch kontrolliert* produzierte Selbstwissen ist zugleich ein Sonderwissen, über das die forschenden Selbstvermesser verfügen. Wird einer Person ein wie auch immer geartetes Sonderwissen zugeschrieben, gilt sie gemeinhin als Experte. Auch aus wissenssoziologischer Perspektive sind damit bereits die beiden zentralen Aspekte des Expertise-Begriffs angesprochen: Expertise wird erstens sozial zugeschrieben und bezieht sich zweitens auf ein bestimmtes Sonderwissen oder eine spezielle Kompetenz (vgl. Hitzler et al. 1994; früh schon Schütz 1972). Insofern lässt sich auch im Hinblick auf das Sonderwissen der forschenden Selbstvermesser von Expertise sprechen. Wie das Sonderwissen bezieht sich diese Expertise auf das Selbst, den eigenen Körper und/oder die eigene Lebenswelt, kann also als *Selbstexpertise* bezeichnet werden. Sie ist vom üblichen (selbstbezogenen) Erfahrungswissen, das ein jeder im Zuge der Bewältigung seines Alltags zwangs-

---

5 Indem sie das Wissen konsumieren, das sie selbst produzieren, lassen sie sich auch als Prosumer beschreiben (ein Neologismus aus Producer und Consumer; vgl. Blättel-Mink und Hellmann 2010; Heyen 2016b).

läufig erwirbt, klar zu trennen, denn im Gegensatz zum Erfahrungswissen ist das hier fokussierte Selbstwissen methodisch kontrolliert produziert. Das muss nicht zwangsläufig bedeuten, dass – nach welchen Beurteilungskriterien auch immer – das Selbstwissen dem Erfahrungswissen überlegen ist, es kann sich auch anders herum verhalten. Entscheidend ist, dass das Selbstwissen prinzipiell anders produziert und erworben wurde als das Erfahrungswissen und damit von anderer Art ist. In diesem Begriffsverständnis ist also gerade nicht jedermann qua selbstbezogenem Erfahrungswissen „Experte seiner selbst". Vielmehr ist jemand (ein forschender Selbstvermesser) dann *Selbstexperte*, wenn sie/er über ein methodisch kontrolliert produziertes und insofern gesichertes Selbstwissen verfügt bzw. ihr/ihm ein solches Sonderwissen zugeschrieben werden kann.[6] Weil diese Selbstexpertise von keiner gesellschaftlichen Institution zertifiziert und entsprechend anerkannt wird, lässt sie sich als Fall von *nicht-zertifizierter Expertise* begreifen (vgl. zum Begriff Collins und Evans 2002; siehe auch Brüninghaus und Heyen 2014).

In Bezug auf die Self-Tracker ist klarzustellen, dass es sich bei der Rede von Selbstexpertise um eine soziologische Fremdzuschreibung handelt. In den Selbstbeschreibungen des empirischen Materials jedenfalls sehen sich die Selbstvermesser eher nicht als Experten. Wenn dort überhaupt anderen Self-Trackern eine Art Sonderwissen zugeschrieben wird, dann scheint es sich entweder um ein Überblickswissen (z. B. über das Feld Quantified Self) oder um ein inhaltliches oder methodisches Spezialwissen (z. B. eine bestimmte Ernährungsweise oder Schlaf-Tracking-Methodik) zu handeln. Eine explizite Zuschreibung von Expertise geht damit in der Regel nicht einher.

4   Personal Science zwischen Wissenschaft und Gesellschaft

Bevor abschließend einige weitere Beobachtungen und Überlegungen zum Verhältnis von Personal Science, Wissenschaft und Gesellschaft angeführt werden, sei zunächst daran erinnert, dass es sich hierbei empirisch nach wie vor um ein

---

6   Es geht hier um die Abgrenzung zwischen methodisch kontrolliert produziertem Selbstwissen und *mittels gewöhnlicher Alltagsbewältigung gewonnenem* Erfahrungswissen. Damit wird nicht ausgeschlossen, dass auch Erfahrungswissen unter bestimmten Bedingungen ein Sonderwissen darstellen kann, welches die Zuschreibung von (Selbst-)Expertise rechtfertigt. Gerade in der Medizinsoziologie ist dies mit Blick auf Personen diskutiert worden, die von einer Erkrankung betroffen sind und sich über Jahre entsprechend intensiv mit dieser auseinandersetzen (vgl. nur Epstein 1995; Prior 2003).

Nischenphänomen handelt. Längst nicht alle, die in irgendeiner Form Self-Tracking betreiben, noch nicht einmal alle Anhänger der QS-Bewegung, sind forschend aktiv (vgl. auch Klinge und Krämer in diesem Band). Vielmehr spielt sich der Massenmarkt im Bereich Monitoring und Optimierung ab, in dem primär keine Erkenntnisziele verfolgt werden. Allerdings gibt es umgekehrt auch erste technische Angebote, die die Hemmschwelle für Personal Science insofern senken, als sie dem Nutzer kaum noch etwas abverlangen. So lässt sich zum Beispiel mit der App *Whatify* auf einfachste Weise ein randomisiertes Selbstexperiment aufsetzen, mit dem der Nutzer herausfinden kann, welchen Effekt eine Variable auf eine andere hat. Gleichwohl ist auch hier fraglich, wie massentauglich solche Angebote sind.[7]

Mit Blick auf die vorgestellten empirischen Beispiele lässt sich auch kritisch fragen, ob die durch Personal Science erzielten Erkenntnisse nicht etwas trivial sind und, wenn überhaupt, am Ende nur Allgemeinwissen bestätigen. Tatsächlich wurde an anderer Stelle bereits „eine erstaunliche Banalität, Erwartbarkeit und Trivialität der durch Self-Tracking erlangten Erkenntnis" festgestellt (Duttweiler und Passoth 2016, S. 28). Allerdings scheint mir, dass hier falsche bzw. überzogene Maßstäbe angelegt werden. Natürlich sind die Erkenntnisse in der Regel nicht derart, dass sie die jeweilige wissenschaftliche Fach-Community in Erstaunen versetzen werden. Das ist aber auch nicht der Anspruch. Die forschenden Selbstvermesser streben ja nach erstens selbstbezogenen und zweitens für sie handlungspraktisch relevanten Erkenntnissen. Für sie ist es also schon ein Gewinn, wenn sich eine allgemein als richtig anerkannte Aussage als auf sie zutreffend erweist. Nichts Anderes verspricht das moderne Leitbild einer personalisierten oder individualisierten Medizin und in diesem Sinne argumentiert auch der Selbstvermesser des oben angeführten vierten Beispiels. Im Übrigen ist es oft die Crux an Allgemeinplätzen (wie z. B. Kaffeekonsum beeinflusst den Schlaf), dass weder Bestätigung noch Gegenevidenz als überraschend wahrgenommen werden. Insofern scheint die erkenntnisleitende Frage, wie es sich bei einem selbst verhält oder inwiefern etwas auf einen selbst zutrifft, sowohl legitim als auch offen und daher einer Bearbeitung mit methodisch kontrollierten Mitteln wert. Für die Allgemeinheit oder die Wissenschaft muss die Antwort nicht von Relevanz sein.

Allerdings ist es durchaus denkbar, dass durch Personal Science gewonnene Erkenntnisse für die Wissenschaft von Interesse sind. Ein Self-Tracker zum Beispiel, der seine Aktivitäten auf der QS-Konferenz 2015 in San Francisco vorstellte, fand heraus, dass seine Herzfrequenzvariabilität – ein Indikator für Gesundheit und Leistungsfähigkeit bzw., falls eingeschränkt, ein Risikofaktor für diverse Krankhei-

---

7 Das instruktive Werbevideo zur App *Whatify* ist mittlerweile jedenfalls nicht mehr verfügbar, war es aber bis 2016 unter https://www.youtube.com/watch?v=tkCAd_tQ850.

ten – mit den Jahreszeiten zusammenhängt, und fragte sich, ob die Überprüfung dieses Zusammenhangs nicht eine relevante Forschungsaufgabe sei. Nun ist dieser Zusammenhang der Wissenschaft bereits bekannt – in der Tat beeinflussen die Jahreszeiten vermittelt über den Hormonhaushalt die Herzfrequenzvariabilität –, einige der befragten Wissenschaftler/innen und Mediziner/innen können sich gleichwohl gut vorstellen, dass forschende Selbstvermesser auf Zusammenhänge stoßen, die in der Wissenschaft so noch nicht thematisiert worden sind, aber den Anstoß für professionelle Forschung geben könnten. Eine Funktion von Personal Science für die Wissenschaft könnte also in der Hypothesengenerierung oder Forschungsanregung liegen (vor allem in den Bereichen Bewegung, Schlaf und Ernährung).

In der Geschichte der Wissenschaft, insbesondere der Medizin, gibt es natürlich genügend Beispiele, in denen Wissenschaftler bzw. Mediziner Selbstversuche durchgeführt haben (vgl. Altman 1987; Solhdju 2011). Im Gegensatz zu den forschenden Selbstvermessern waren diese allerdings in der Regel berufsmäßig mit ihrer Forschung befasst, dabei nicht selten Pioniere in ihrem Feld. Ein Berufswissenschaftler – der mit der QS-Bewegung sympathisierende, mittlerweile verstorbene Psychologe Seth Roberts – hat es auch unter den gegenwärtigen Bedingungen moderner Wissenschaft geschafft, die Ergebnisse seiner Selbstexperimente in peer-reviewten Fachzeitschriften zu veröffentlichen (Roberts 2004, 2010). Dazu passt, dass im Zuge des an Bedeutung gewinnenden Leitbilds einer personalisierten oder individualisierten Medizin auch sogenannte „N-of-1 clinical trials", also klinische Studien an Einzelpersonen als methodische Option diskutiert werden (Bains 2008; Lillie et al. 2011), und zwar auch in renommierten Zeitschriften wie *Nature* (Schork 2015). Es scheint also, als zeige sich die Wissenschaft prinzipiell offen für Erkenntnisse aus selbst- oder einzelpersonenbezogener Forschung – an sich keine schlechten Voraussetzungen für Personal Science, um in der Wissenschaft Beachtung zu finden.

Vor diesem Hintergrund ist es dann doch etwas erstaunlich zu sehen, wie wenig Resonanz die Forschungsaktivitäten und Erkenntnisse von Selbstvermessern bisher in Wissenschaft und Medizin hervorgerufen haben. Von einem Transfer von im Zuge der QS-Bewegung produziertem Wissen in Wissenschaft und Medizin kann (bislang) jedenfalls keine Rede sein, schon gar nicht in Deutschland.[8] Eine im Herbst 2015 durchgeführte internationale Literaturrecherche und -analyse konnte keinen einzigen lebenswissenschaftlichen oder medizinischen Fachartikel

---

8 Dass es zu einem solchen Wissenstransfer kommen könnte, war ein Gedanke, der am Anfang des Forschungsprojekts stand, aus dem hier berichtet wird (vgl. Brüninghaus und Heyen 2014).

identifizieren, der auf durch QS-Aktivitäten gewonnenes Wissen rekurrierte.[9] Mit initiiert von Akteuren aus der QS-Bewegung gab es Ende 2016 immerhin einen ersten einschlägigen Call for Papers einer wissenschaftlichen Fachzeitschrift: *Methods of Information in Medicine* rief zur Einreichung von Beiträgen für das Fokusthema „Single Subject Research" auf. Im Call heißt es:

> „This focus theme of 'Methods of Information in Medicine' on single subject research encourages submission of original articles describing data processing and research methods using a 'N-of-1' design *where the questions and analysis are guided by the interests and participation of the subject.*" (Drangsholt et al. 2016; Herv. von mir)

Das Heft erschien Ende 2017 (Groot et al. 2017). Tatsächlich finden sich darin auch „Personal Science Reports", allerdings sind diese und alle anderen Beiträge von Berufswissenschaftler/innen verfasst. Zwar kam nach (persönlicher) Auskunft der Herausgeber des Schwerpunktheftes ein Drittel der Einreichungen von forschenden Selbstvermesser/innen, es gelang in der Folge aber nicht, die inhaltlich interessanten Beiträge der Self-Tracker in eine den wissenschaftlichen Standards der Fachzeitschrift entsprechende Form zu gießen, was die Herausgeber selbst bedauerlich fanden.

Was den direkten Kontakt zwischen QS-Bewegung und Wissenschaft anbelangt, ist vor allem das 2012 gegründete *Quantified Self Institute* an der niederländischen *Hanze University of Applied Sciences* in Groningen zu nennen, das sich explizit zur QS-Bewegung bekennt und auch in die Herausgabe des erwähnten Schwerpunktheftes involviert war. Natürlich spielt diesbezüglich auch die Gründungs- und Koordinierungsstelle der QS-Bewegung in Kalifornien, die *Quantified Self Labs*, eine Rolle, etwa indem sie regelmäßig Public Health Symposien unter Beteiligung von Wissenschaft und Medizin organisiert. Insgesamt gesehen gibt es aber (bisher) kaum institutionalisierte Formate für den Austausch zwischen forschenden Selbstvermessern, den Personal Scientists, und professionellen Wissenschaftlern. Die (zwei-)jährlich in San Francisco oder Amsterdam stattfindenden globalen QS-Konferenzen

---

9   Das bedeutet nicht, dass QS und digitale Selbstvermessung kein Thema in der lebenswissenschaftlichen und medizinischen Fachliteratur wäre. Sie sind es aber vor allem in den Diskussions- und Kommentarrubriken, seien es einfache Kommentare, überblickshafte Vorstellungen des QS-Feldes, die Diskussion anstehender Regulierungsfragen oder der Entwurf von Forschungsprogrammatiken. Genuiner Forschungsgegenstand sind die (intendierten) Effekte der Nutzung von QS-Technologien sowie die Erfahrungen der Nutzer/innen im Alltag und in der klinischen Praxis (z. B. beim Self-Monitoring). Beobachtbar ist zudem die Nutzung von QS-Daten sowie der Einsatz von QS-Technologien und -Methoden zur Datenerhebung. Schließlich gibt es einen technikwissenschaftlichen Diskurs über die Entwicklung und Qualitätsprüfung neuer Sensoren, Systeme, Algorithmen, Plattformen und Apps im Bereich QS.

werden zwar auch von neugierigen bis interessierten Wissenschaftlern aufgesucht, ein Austausch scheint jedoch eher zufällig und sporadisch zu erfolgen.

In diesem Zusammenhang fällt auf, dass in der QS-Bewegung bislang keine Wissensakkumulation zu erkennen ist, sich also (noch) kein gemeinschaftlicher Wissensbestand entwickelt hat. Allenfalls im Hinblick auf Self-Tracking-Methoden und technische Angebote ließen sich womöglich erste Ansätze identifizieren, nicht aber beim selbstbezogenen Wissen. Dabei wäre auch das durchaus denkbar. Wenn immer mehr Selbstvermesser bestimmte Zusammenhänge von Bewegung, Schlaf und Ernährung an sich selbst erforschen, warum sollten sich daraus nicht weitere, über den Einzelfall hinausgehende Erkenntnisse ableiten lassen? Womöglich wären diese dann auch wieder von Interesse für Wissenschaft und Medizin. In diese Richtung scheint es aber kaum Ambitionen in der QS-Community zu geben, auch wenn auf der QS-Konferenz 2015 einzelne Selbstvermesser in einer kleinen Diskussionsrunde zum Ausdruck brachten, dass sie einen erkennbaren Fortschritt („progress") der Community insgesamt, kollektive Lerneffekte, eine Art Meta-Level sowie etablierte Standards bei der Vorgehensweise vermissen. In der Regel aber beginnt jede/r Selbstvermesser/in mehr oder weniger von vorn, unabhängig davon, ob ein anderer Self-Tracker schon einmal genau die gleiche Frage bearbeitet und dabei Einsichten gewonnen hat, auf die sich aufbauen ließe. Entsprechend wird in den Präsentationen der Self-Tracking- und Forschungsaktivitäten so gut wie nie auf andere Selbstvermesser und deren Aktivitäten Bezug genommen. Auch insofern ist Personal Science also eine sehr selbstbezogene Angelegenheit.

Selbst wenn die im Zuge der QS-Bewegung entstehenden Wissensbestände in Zukunft zu deutlich mehr Interesse und Resonanz in Wissenschaft und Medizin führen sollten, als dies bislang der Fall ist, so scheint doch absehbar, dass – so wie heute schon – etwas anderes im Zentrum des Interesses stehen wird, nämlich die durch Selbstvermessung produzierten (körper- und gesundheitsbezogenen) *Daten*. Während sich die Medizin davon eine bessere Grundlage für die Diagnostik und Möglichkeiten zur Individualisierung von Therapien verspricht, weil nun potenziell nicht mehr nur ein einziger, im klinischen Setting erhobener Messwert vorliegt, sondern eine ganze Messreihe von täglich und im Alltag der Patient/innen erhobenen Werten, kann die Wissenschaft eine neuartige, weil direkt auf das Alltagsverhalten der Probanden bezogene Datenquelle erschließen, was eine sinnvolle methodische Ergänzung zu Laborstudien oder Befragungen in der Bewegungs-, Schlaf- und Ernährungsforschung darstellt (vgl. auch zu den Implikationen Heyen 2016a, 2018). Sie mag das auf klassischem Wege über das Aushändigen von Selbstvermessungstechnologien an Probanden tun oder aber auf noch wenig erprobten Wegen über die Nutzung der durch digitale Selbstvermessung per se anfallenden Daten, sei es über Daten-Plattformen kommerzieller Anbieter von Geräten und Apps wie

Fitabase, über Initiativen wie Apple's *Research Kit* (einem Open Source Framework für das Installieren von Apps zu Forschungszwecken auf dem iPhone) oder über Health Social Networks wie *PatientsLikeMe*, in die auch Selbstvermessungsdaten eingespeist werden können (vgl. Swan 2009).

In der Masse werden die durch Self-Tracking erhobenen Daten also zunehmend zur Produktion wissenschaftlichen Wissens genutzt. Dem forschenden Selbstvermesser hingegen – das wollte der vorliegende Beitrag zeigen – dienen sie zur (methodisch kontrollierten) Produktion von selbstbezogenem Wissen und tragen so zu seiner Selbstexpertisierung bei. Diese Selbstexpertisierung lässt sich auch als weitere Facette einer zunehmenden Verwissenschaftlichung der Gesellschaft deuten (vgl. Zillien und Fröhlich 2018).[10] Welche Folgen sie für den Einzelnen hat, inwieweit etwa das Selbstwissen zu einem höheren Körper- und Gesundheitsbewusstsein führt und zu einem gesundheitsförderlichen Verhalten beitragen kann, aber auch welche Implikationen eine gedachte Selbstexpertisierung der Gesellschaft im großen Stil hätte, sei es im Hinblick auf die Gesundheit der Bevölkerung oder auf eine politisch gern geforderte Demokratisierung der Wissenschaft (vgl. dazu Dickel und Franzen 2015), sind Fragen, die es weiter zu erforschen und diskutieren lohnt. Was dem Selbstexperten von seinen Forschungsbemühungen in jedem Fall zu bleiben scheint, ist:

„*dass du für dich selber weißt, was für dich gut is oder was nicht gut is.*"
(Selbstvermesser D)

Literatur

Abend, P. & Fuchs, M. (Hrsg.). (2016). Quantified Selves and Statistical Bodies. *Digital Culture & Society 2* (1). Bielefeld: transcript.
Altman, L. K. (1987). *Who Goes First? The Story of Self-Experimentation in Medicine*. Berkeley u. a.: University of California Press.

---

10 Zillien und Fröhlich (2018) sprechen in ihrer – im Übrigen mit dem vorliegenden Beitrag in vielerlei Hinsicht übereinstimmenden – Analyse der digitalen Selbstvermessung ebenfalls von Selbstexpertisierung, verwenden den Begriff aber breiter und haben dabei eher allgemein den Prozess der Expertisierung von Laien im Blick. Neben der hier zentralen Wissenserzeugung zum eigenen Körper und Alltag umfasst der Begriff bei ihnen auch die reflektierte Aneignung wissenschaftlichen Wissens sowie die Entwicklung messmethodisch-technischen Wissens.

Bains, W. (2008). Truly personalised medicine: Self-experimentation in medical discovery. *Medical Hypotheses 70* (4), 714–718.

Blättel-Mink, B. & Hellmann, K.-U. (Hrsg.). (2010). *Prosumer Revisited. Zur Aktualität einer Debatte.* Wiesbaden: VS.

Brüninghaus, A. & Heyen, N. (2014). Wissenstransfer von der Gesellschaft in die Wissenschaft? Formen und Potenziale nicht-zertifizierter Expertise für Lebenswissenschaften und Medizin. *Technikfolgenabschätzung – Theorie und Praxis 23* (2), 63–66.

Collins, H. M. & Evans, R. (2002). The Third Wave of Science Studies: Studies of Expertise and Experience. *Social Studies of Science 32* (2), 235–296.

Dickel, S. & Franzen, M. (2015). Digitale Inklusion: Zur sozialen Öffnung des Wissenschaftssystems. *Zeitschrift für Soziologie 44* (5), 330–347.

Drangsholt, M., Groot, M. de, Martin-Sanchez, F. & Wolf, G. (2016). Call for Papers: N-of-1. http://quantifiedself.com/2016/09/n-1-call-papers/. Zugegriffen 12. September 2017.

Duttweiler, S. & Passoth, J.-H. (2016). Self-Tracking als Optimierungsprojekt? In S. Duttweiler, R. Gugutzer, J.-H. Passoth & J. Strübing (Hrsg.), *Leben nach Zahlen. Self-Tracking als Optimierungsprojekt?* (S. 9–42). Bielefeld: transcript.

Duttweiler, S., Gugutzer, R., Passoth, J.-H. & Strübing, J. (Hrsg.). (2016). *Leben nach Zahlen. Self-Tracking als Optimierungsprojekt?* Bielefeld: transcript.

Epstein, S. (1995). The Construction of Lay Expertise. AIDS Activism and the Forging of Credibility in the Reform of Clinical Trials. *Science, Technology & Human Values 20* (4), 408–437.

Groot, M. de, Drangsholt, M., Martin-Sanchez, F. J. & Wolf, G. (2017). Single Subject (N-of-1) Research Design, Data Processing, and Personal Science. *Methods of Information in Medicine 56* (6), 416–418.

Haklay, M. (2013). Citizen Science and Volunteered Geographic Information: Overview and Typology of Participation. In D. Sui, S. Elwood & M. Goodchild (Hrsg.), *Crowdsourcing Geographic Knowledge: Volunteered Geographic Information (VGI) in Theory and Practice* (S. 105–122). Dordrecht u. a.: Springer.

Heyen, N. B. (2016a). *Digitale Selbstvermessung und Quantified Self. Potenziale, Risiken und Handlungsoptionen.* Karlsruhe: Fraunhofer ISI.

Heyen, N. B. (2016b). Selbstvermessung als Wissensproduktion. Quantified Self zwischen Prosumtion und Bürgerforschung. In S. Selke (Hrsg.), *Lifelogging. Digitale Selbstvermessung und Lebensprotokollierung zwischen disruptiver Technologie und kulturellem Wandel* (S. 237–256). Wiesbaden: Springer VS.

Heyen, N. B. (2018). Mehr Gesundheit durch Quantified Self? Zu den Folgen der digitalen Selbstvermessung, Szenarien für 2030 und Handlungsoptionen. In M. Decker, R. Lindner, S. Lingner, C. Scherz & M. Sotoudeh (Hrsg.), *„Grand Challenges" meistern. Der Beitrag der Technikfolgenabschätzung* (S. 259–270). Berlin: Edition Sigma.

Hitzler, R., Honer, A. & Maeder, C. (Hrsg.). (1994). *Expertenwissen: die institutionalisierte Kompetenz zur Konstruktion von Wirklichkeit.* Opladen: Westdeutscher.

Lillie, E. O., Patay, B., Diamant, J., Issell, B., Topol, E. J. & Schork, N. J. (2011). The n-of-1 clinical trial: the ultimate strategy for individualizing medicine? *Personalized Medicine 8* (2), 161–173.

Lupton, D. (2016). *The quantified self. A sociology of self-tracking.* Cambridge: Polity.

Neff, G. & Nafus, D. (2016). *Self-tracking.* Cambridge: MIT Press.

Prior, L. (2003). Belief, knowledge and expertise. The emergence of the lay expert in medical sociology. *Sociology of Health & Illness 25* (3), 41–57.

Research2Guidance. (2016). *mHealth App Developer Economics 2016. The current status and trends of the mHealth app market*. Berlin: Research2Guidance.

Rettberg, J. W. (2014). *Seeing ourselves through technology. How we use selfies, blogs and wearable devices to see and shape ourselves*. Basingstoke: Palgrave Macmillan.

Roberts, S. (2004). Self-experimentation as a source of new ideas: Ten examples about sleep, mood, health, and weight. *Behavioral and Brain Sciences 27* (2), 227–262.

Roberts, S. (2010). The unreasonable effectiveness of my self-experimentation. *Medical Hypotheses 75* (6), 482–489.

Schmoch, U. (2003). *Hochschulforschung und Industrieforschung. Perspektiven der Interaktion*. Frankfurt/Main: Campus.

Schork, N. J. (2015). Personalized medicine: Time for one-person trials. *Nature 520* (7549), 609–611.

Schütz, A. (1972). Der gut informierte Bürger. Ein Versuch über die soziale Verteilung des Wissens. In ders., *Gesammelte Aufsätze II. Studien zur soziologischen Theorie* (S. 85–101). Den Haag: Nijhoff.

Selke, S. (Hrsg.). (2016a). *Lifelogging. Digitale Selbstvermessung und Lebensprotokollierung zwischen disruptiver Technologie und kulturellem Wandel*. Wiesbaden: Springer VS.

Selke, S. (Hrsg.). (2016b). *Lifelogging. Digital self-tracking and lifelogging – between disruptive technology and cultural transformation*. Wiesbaden: Springer VS.

Sharon, T. & Zandbergen, D. (2016). From data fetishism to quantifying selves. Self-tracking practices and the other values of data. *New Media & Society 8* (1), 1-15.

Solhdju, K. (2011). *Selbstexperimente. Die Suche nach der Innenperspektive und ihre epistemologischen Folgen*. München: Fink.

Swan, M. (2009). Emerging patient-driven health care models: an examination of health social networks, consumer personalized medicine and quantified self-tracking. *International Journal of Environmental Research and Public Health 6* (2), 492–525.

Swan, M. (2012). Health 2050: the realization of personalized medicine through crowdsourcing, the Quantified Self, and the participatory biocitizen. *Journal of Personalized Medicine 2* (3), 93–118.

Willke, H. (2001). *Systemisches Wissensmanagement*. Stuttgart: Lucius & Lucius.

Zillien, N. & Fröhlich, G. (2018). Reflexive Selbstverwissenschaftlichung. Eine empirische Analyse der digitalen Selbstvermessung. In T. Mämecke, J.-H. Passoth & J. Wehner (Hrsg.), *Bedeutende Daten. Modelle, Verfahren und Praxis der Vermessung und Verdatung im Netz* (S. 233–249). Wiesbaden: Springer VS.

Mikrobiomische Selbstwirksamkeit
Nehmen PatientInnen mit chronischen Darmerkrankungen ihre Darmgesundheit mithilfe von DIY Stuhltransplantationen in die eigene Hand?

Dana Mahr

Zusammenfassung

Medizinische, wissenschaftliche, mediale und wirtschaftliche Akteure positionieren das menschliche Mikrobiom als einen zentralen Faktor individualisierter Gesundheitsvorsorge und therapeutischer Praxis im 21. Jahrhundert. Dieser Trend weckt in der Bevölkerung große Erwartungshaltungen, insbesondere bei Betroffenen von chronisch entzündlichen Darmerkrankungen. Praktiken wie die sogenannte Stuhltransplantation, d. h. die Anreicherung oder Ersetzung der Darmflora eines kranken Menschen durch diejenige eines gesunden Menschen, werden in Internetforen und sozialen Gesundheitsnetzwerken emotional aufgeladen diskutiert. Mit ihr werden nicht nur Hoffnungen auf Heilung verbunden, sondern auch die Idee, jenseits von etablierten Gesundheitsinstitutionen und Regulierungsinstanzen die Darmgesundheit mithilfe von DIY-Praktiken in die eigene Hand zu nehmen. Dieser Beitrag untersucht, wie Stuhltransplantationen sowohl in der DIY-Szene als auch in Selbsthilfekontexten diskutiert und praktiziert werden, warum im Fall der Darmgesundheit ein regelrechter DIY-Markt am Entstehen ist und ob die beschriebene Praxis zu mehr gesundheitspraktischer Selbstwirksamkeit führt.

Schlüsselbegriffe

Selbstwirksamkeit, Partizipation, DIY, Stuhltransplantation, Systemmedizin, Mikrobiom, chronisch entzündliche Darmerkrankungen

1 Einleitung

Chronisch-entzündliche Darmerkrankungen wie Morbus Crohn oder Colitis ulcerosa haben in den vergangenen Jahrzehnten immer wieder ihre medizinische Ätiologie und ihr soziales Gesicht gewechselt. Zwischen den 1980er und 1990er Jahren wurden sie als ursächlich psychosomatische Krankheiten verstanden (Helman 1985; Leibig et al. 1985; Aronowitz und Spiro 1988; Greco 1993; Gerson 2002). Diese Charakterisierung ging häufig mit sozialen Stigmatisierungen durch das Umfeld der Betroffenen einher (Gazzard et al. 1978; Mitchel et al. 1988; Probst et al. 1990; Casati et al. 2000). In den späten 1990er und 2000er Jahren wurde die psychosomatische Erklärung durch ein genetisches Erklärungsmodell abgelöst, das nicht nur mit gesundheitlichen Risiken, sondern auch mit der Gefahr des Auftretens sozialer Herausforderungen assoziiert wurde – etwa im Umgang mit etwaigen genetischen Diskriminierungen in der Zukunft (Schreiber et al. 2005; Franke 2008, 2010; Anderson et al. 2011; siehe auch Lemke 2004, 2006a, b). Gegenwärtig tritt eine multifaktorielle Erklärung hinzu, die das Mikrobiom des menschlichen Darms fokussiert und in sozialer Hinsicht eine Reihe neuer Versprechungen macht, aber auch Herausforderungen bereithält (Anderson et al. 2011, 2012; Borody et al. 2013; Brandt und Aroniadis 2013).

Gesundheitssoziologische und bioethische Studien haben gezeigt, dass Patienten die in den 1980er und 1990er Jahren dominante psychosomatische Erklärung nicht selten als eine soziale Zumutung interpretieren, wohingegen sie die seit den 2000er Jahren dominierende genetische Erklärung eher als eine Schicksalslast interpretieren (Rehmann-Sutter und Mahr 2016). In beiden Fällen wird das Leben mit einer chronischen Darmkrankheit nicht selten mit einer Wahrnehmung des Ausgeliefertseins assoziiert – im ersten Fall gegenüber psychotherapeutischen Behandlungsregimen sowie einer als verständnislos empfundenen sozialen Umwelt (Keeton et al. 2015), im zweiten Fall hinsichtlich einer nicht individuell beeinflussbaren sowie nicht alltagsempirisch erfahrbaren, daher mysteriösen, Größe: dem eigenen Genom (Rehmann-Sutter und Mahr 2016). Von der neuen Erklärung, die nun zusätzlich das Mikrobiom integriert – d. h. die Gesamtheit aller den Menschen bewohnenden Mikroorganismen –, versprechen sich PatientInnen hingegen ein höheres Maß an Selbstwirksamkeit – und zwar in Form eines autonomiebefördernden Handlungswissens sowohl gegenüber dem eigenen Körper als auch gegenüber der Medizin und dem Gesundheitssystem sowie ihren klar definierten Rollenerwartungen. Die Idee dahinter ist es – mittels Do-It-Yourself-Praktiken (DIY) und Selbstbeobachtung – die eigene Gesundheit zurück in die eigenen Hände zu nehmen.

Die Gründe hierfür sind vielfältig. Zu ihnen gehören ein nicht abebbender wissenschaftlicher und medialer Hype um das Mikrobiom (vgl. Blech 2013; Bain

2014; Kurlemann 2014; Charisius 2014; Berres 2016), dessen lebhafte Diskussion in Internetforen und Sozialen Gesundheitsnetzwerken (z. B. PatientsLikeMe), ein wiedererwachendes Interesse an DIY-Gesundheitspraktiken für den Hausgebrauch (Iedema und Veljanova 2013; Greene 2016), sowie neue Formen der Wissenschaftspopularisierung etwa im Kontext von sog. FabLabs (siehe Gershenfeld 2005). Diese und weitere Faktoren sollen zu einer neuen Partizipations- und Aneignungskultur im Umgang mit dem menschlichen Darm und seinen Bewohnern als Gesundheitsinstanz führen, wie es immer mehr Personen in Wissenschaft, Medien und Wirtschaft behaupten (Make 2013). Es ist jedoch zu fragen, ob die Referenz auf das Mikrobiom wirklich zu mehr praktischer Selbstwirksamkeit bei PatientInnen und anderen betroffenen Personen führt – oder ob es bei einem medialen Phänomen bleibt.

Um dies zu untersuchen werde ich im ersten Abschnitt dieses Beitrags einen Überblick über den wissenschaftlichen, medialen und auch den von Betroffenen geführten Diskurs zum Mikrobiom des menschlichen Darms geben (2). Im Anschluss werde ich ein Format diskutieren, welches um das Mikrobiom zentrierte Darmgesundheit als individualisierten, partizipativen und proaktiv beeinflussbaren Gegenstand adressiert: die von der DIY-Gesundheitsszene adaptierte, popularisierte und performative Praxis der Stuhltransplantation (3). Im nachfolgenden Schritt werde ich schließlich zeigen, dass DIY-Gesundheitspraktiken – trotz ihres gegenkulturellen Images – einen marktförmigen Charakter angenommen haben (4). Mithilfe der Analyse dieses Beispiels möchte ich einige Aspekte dessen aufzeigen, wie Teilhabe an Gesundheit unter dem Label des Mikrobioms konzeptualisiert wird. Im zusammenfassenden Teil werde ich schließlich die mögliche Implikation meiner Beobachtungen für die Einbettung von DIY-Praktiken in die Gesundheitskultur des 21. Jahrhunderts diskutieren (5).

2 Das Mikrobiom als Diskursgegenstand

Das menschliche Mikrobiom, insbesondere das unseres Darms, ist in den vergangenen Jahren zu einem viel diskutierten Gegenstand avanciert. Wissenschaft, Politik, Medien, Kunst, wirtschaftliche Akteure und nicht zuletzt auch Betroffene von Darmerkrankungen sowie deren Selbsthilfeverbände verhandeln ihn und richten Ziele, Angebote und Praktiken an ihm aus. Im vorliegenden Abschnitt möchte ich knapp darstellen, wie das Mikrobiom insbesondere in der Wissenschaft, in den Medien und von PatientInnen, deren Angehörigen und Selbsthilfegruppen verhandelt und gedeutet wird.

2.1 Wissenschaft

Im Juli 2014 stellte das renommierte *Penn Medicine Magazine der University of Pennsylvania* auf seiner Titelseite die Frage, ob die Erforschung des menschlichen Mikrobioms das *Next Big Thing* im Gesundheitsbereich sei. Die Abbildung auf dem Titel stellte einen künstlerisch aufbereiteten, stilisierten und transparenten menschlichen Darm dar, in dem sich rot, grün und violett eingefärbte Mikroben verteilen: eine um *mikroskopische Mitbewohner* erweiterte Reminiszenz an den *Gläsernen Menschen*, wie er die Hygienediskurse des frühen 20. Jahrhunderts kennzeichnete (Nikolow 2015). Nun aber scheint der Mensch auch dem Blick der systemmedizinischen **Omics* offenbart – dem Zusammenspiel von *genomics, microbiomics, nutriogenomics* etc. (Corella und Ordovas 2005). Der zu Frage und Cover zugehörige Leitartikel wurde von Lisa J. Bain verfasst, einer bekannten Wissenschaftlerin, die an der *Medical University of South Carolina* forscht. Bain stellt voller Superlative mögliche Potentiale des Mikrobioms für die Erforschung und Therapie diverser Krankheiten vor (Bain 2014). Ihre Position ist unter WissenschaftlerInnen kein Einzelfall, denn bereits seit einigen Jahren herrscht bei ihnen Goldgräberstimmung hinsichtlich der Erforschung des Mikrobioms und dessen mutmaßlicher Erklärungskraft für diverse Körperzustände und Krankheiten (Fritz et al. 2013). Das Mikrobiom interagiert im vierdimensionalen systemmedizinischen Paradigma (partizipativ, präventiv, prognostisch, personalisiert) mit anderen **Omics* (Auffray et al. 2009). Mithilfe von modernen Sequenzierungstechnologien und Big Data werden Verbindungen beispielsweise zwischen dem Mikrobiom und dem Genom von Krankheiten des zentralen Nervensystems (Wang und Kasper 2014), dem Mikrobiom und diversen neurologischen Zuständen (Cryan und O'Mahony 2011) sowie dem Mikrobiom und den Schnittstellen zwischen Körperinnerem und Körperäußerem, also den Schleimhäuten und der Haut (Arumugam et al. 2011; Morgan et al. 2012; Grice 2015), hergestellt. In all diesen Fällen werden große Datenmengen generiert und miteinander assoziiert: Lebensführung, genetisches Setup, Mikrobiom, etc.

In dieser Vielfalt stechen der menschliche Darm und seine Bakterienflora gleichermaßen als epistemisches Objekt und Diskursgegenstand hervor. Als epistemisches Objekt insoweit, als dass im Darm circa 99 % unserer Bakterien beheimatet sind, und sich damit nahezu jegliche Forschung am Mikrobiom des Menschen und dessen Rolle für unser Wohlbefinden in irgendeiner Weise mit dem menschlichen Darm beschäftigen muss. Ferner gibt es eine Reihe von chronisch entzündlichen Darmerkrankungen wie Morbus Crohn und Colitis ulcerosa, deren Ätiologie bis heute weitgehend ungeklärt ist und für deren Erforschung die Beschäftigung mit den Mikroben des menschlichen Darms einen vielversprechenden neuen oder komplementären Ansatz darstellt (Kostic et al. 2014).

Das kürzlich am *King's College London* gestartete Projekt *Britishgut* ist eines der größten und ambitioniertesten systemmedizinischen Forschungsvorhaben zum Mikrobiom (Britishgut 2016). Projekte wie *Britishgut* oder das zeitgleich laufende Partnerprojekt *American gut* (American gut 2016) setzen auf crowd sourcing und crowd funding – also dem kollaborativen Zusammentragen von Proben sowie der Schwarmfinanzierung von Forschung. Zugleich machen sie das Versprechen einer individualisierten Medizin und Vorsorge. Potentielle TeilnehmerInnen werden dazu aufgefordert, Stuhlspenden einzureichen und für die Gegenleistung eines *persönlichen Bakterienprofils* einen monetären Beitrag zur Sequenzierung und zum Aufbau einer nationalen Biomdatenbank zu leisten. Das persönliche Bakterienprofil wiederum soll individuelle Gesundheitsentscheidungen im Sinne von Ernährungsevaluationen (Prävention / Linderung) erleichtern. Zugleich werden Projekte wie *Britishgut* auch als *partizipativ* oder gar als biomedizinisches Format der *citizen science* kommuniziert (Del Savio et al. 2016). TeilnehmerInnen wird darüber hinaus in Aussicht gestellt, dass sie mehr Handlungsoptionen gegenüber dem eigenen Darm erreichen können. Zugleich wird ihnen für ihre Spende das Deutungsangebot gemacht, dass es sich um ein Format der Partizipation an wissenschaftlicher Erkenntnisproduktion handelt. Es wird das Bild generiert, dass freiwillige Datenspender immer auch *Mit-Forschende* sind.

Darüber hinaus wird seit circa 2012 diskutiert und erprobt ob die sog. *Stuhltransplantation*, also die Ersetzung eines *kranken* oder aus dem *Gleichgewicht* geratenen Mikrobioms durch das eines gesunden Menschen zu Therapieerfolgen führt (Anderson et al. 2012, Borody et al. 2013; Vrieze et al. 2013; Smits et al. 2013; Colman und Rubin 2014; van Nood et al. 2014; Cui et al. 2015). Trotz großem Forschungsaufwand konnten signifikante Verbesserungen der Symptome von PatientInnen bisher nur bei einigen einfachen Durchfallerkrankungen wie einer Infektion mit dem Bakterium Clostridium difficile (C. diff.) sowie bei sehr leichten Verlaufsformen von Colitis ulcerosa erreicht werden. Der Erfolg bei schweren chronisch entzündlichen Erkrankungen wie Morbus Crohn ist hingegen vergleichsweise bescheiden (Colman und Rubin 2014). Dennoch ist die Stuhltransplantation in vielen Kontexten zu einer ikonischen Praxis mikrobiomorientierter Darmtherapien geworden. Hierzu in den weiteren Abschnitten mehr.

2.2 Medien

Das wissenschaftliche Interesse am Mikrobiom, die Rhetorik des unmittelbaren individuellen Nutzens und das Framing von Teilnahme als Teilhabe an der Produktion von Wissen generieren auch ein großes mediales Interesse. Man kann sogar sagen, dass in den vergangenen Jahren ein Medienhype um das Mikrobiom des menschlichen Darms entstanden ist, wie Artikel in Leitmedien wie dem SPIEGEL, der ZEIT, der Süddeutschen Zeitung, der Welt etc. anzeigen (vgl. Charisius 2014; Kurlemann 2014; Hucklenbroich 2014).

Drei miteinander eng verwobene kontextuelle Faktoren begünstigen das mediale Interesse. Der erste Faktor ist die voranschreitende Enttabuisierung aller Themen, die mit dem Darm sowie den menschlichen Ausscheidungen zu tun haben. Dies wurde durch die unermüdliche Öffentlichkeitsarbeit von Selbsthilfevereinigungen wie der *Deutschen Morbus Crohn / Colitis ulcerosa Vereinigung, Crohn's and Colitis UK* oder der *Crohn's and Colitis foundation of America* ermöglicht. Flankierend hinzu tritt eine neue Generation von WissenschaftspopulisatorInnen, die das vernachlässigte, teilweise noch immer mit Tabus behaftete Organ, seine Funktionen sowie seine Bewohner in ein öffentliches Licht rückt. Zu diesen neuen Popularisatoren gehört unter anderem die Medizinstudentin und Science Slammerin Guilia Enders. Mit ihrem Programm *Darm mit Charme* (Enders 2014) gewann sie im Jahr 2012 Preise in Berlin, Karlsruhe und Freiburg. Ihr gleichnamiges Buch wurde seit dem Erscheinen im Jahr 2014 über eine Millionen Mal in Deutschland verkauft und in über 26 anderen Ländern veröffentlicht. In einem Gespräch mit der Reporterin Christina Hucklenbroich der Süddeutschen Zeitung gab Enders an, dass man beim Sprechen über den Darm „(…) die größte Stufe zu nehmen (habe) – (sozusagen) vom Bäh zum Wow" (Hucklenbroich 2014). Viele Menschen würden den Darm jedoch nur ekelig finden, weil sie zunächst an Stuhl und Krankheitserreger denken. Ihr persönliches Ziel sei es daher, die Menschen über die positive Rolle unserer Darmkeime niederschwellig und spielerisch aufzuklären. Hierbei hat sie viel Erfolg, wie es ihre konstante Medienpräsenz sowie der lange Verbleib ihres Buches in den Bestsellerlisten anzeigen.

Ein zweiter kontextueller Faktor, der den medialen Diskurs über das Mikrobiom des Darms befeuert, liegt im Gegenstand selbst. Anders als im Fall unseres Genoms, das uns nicht unmittelbar zugänglich ist, haben wir die Vorstellung, dass wir direkten Einfluss auf unseren Darm nehmen und damit unser Wohlbefinden steuern können. Man denke nur an die Absatzerfolge des als Probiotikum vermarkteten Joghurtgetränks *Actimel* des französischen Nahrungsmittelkonzerns Danone oder die Verwendung von *darmreinigenden Samen* als Hausmittel aus *Großmutters Wissensschatz*. Obwohl einerseits tabuisiert, ist die Darmflora also auch schon länger als beeinflussbare Größe im öffentlichen Bewusstsein verankert und somit relativ leicht medial adressierbar.

Hinzu tritt als ein dritter (fast schon trivialer) Faktor das gewachsene Bewusstsein von ForscherInnen dafür, ihre Forschung in unserer modernen Wissensgesellschaft anschlussfähig zu vermitteln. Dabei tendieren Pressestellen, außeruniversitäre Forschungseinrichtungen sowie viele Wissenschaftsjournalisten dazu, die Anwendungsmöglichkeiten wissenschaftlicher Erkenntnisse in übertriebener Weise darzustellen (Caulfield 2004; Bubela und Caulfield 2004; Nisbet und Scheufele 2009).

Zusammen mit dem Prozess der Enttabuisierung von Darmthemen und dem Faktor der unmittelbaren (uns allen eigenen) Erfahrbarkeit unseres Verdauungssystems ergibt sich hieraus ein konstanter Fluss von Schlagzeilen. In diesen wird die Erforschung des Mikrobioms des Darms als eines der zentralen Gesundheitsthemen der Gegenwart positioniert und häufig mit individuellen Lifestylefragen verquickt, die das Leben der LeserInnen direkt adressieren. Die systemmedizinische Rhetorik von Prävention, Partizipation, Prädiktion und Personalisierung wird dabei gleich mit bedient (Glasdam et al. 2015; Keränen 2015; Vogt et al. 2016). Internationale Leitmedien haben in den vergangenen Jahren beispielsweise die folgenden Artikel veröffentlicht (alle Hervorhebungen durch die Autorin):

- „Bespoke diets based on gut *microbes* could help *beat disease and obesity*" (The Guardian 06/2015),
- „It's a gut reaction: How *other people's bacteria can cure us*" (The Guardian 03/2013),
- „Gut bacteria regulate nerve fibre insulation. Research suggests that gut bacteria may directly affect brain structure and function, *offering new ways to treat multiple sclerosis and psychiatric conditions*" (The Guardian 04/2016),
- „How *dieting will get personal* – and much more *effective*" (The Guardian 01/2016),
- „I had the *bacteria in my gut analyzed*. And *this may be the future of medicine*" (The Guardian 02/2014),
- „uBiome project will sequence the bacteria that share our bodies. *Paying volunteers* will provide samples to *help investigate potential links between 'microbiome' and disease*" (The Guardian 02/2013),
- „Say Hello to the *100 Trillion Bacteria* That Make Up *Your Microbiome*" (New York Times 05/2013),
- „*Our Microbiomes, Ourselves*" (New York Times 12/2011),
- „Can the *Bacteria* in Your Gut *Explain Your Mood*" (New York Times 06/2015),
- „How *Microbes Defend and Define Us*" (New York Times 07/2010),
- „*Fecal Transplants Can be Life-Saving* but How?" (New York Times 07/2016),

- „A Bitter Pill. Josiah Zayner's gut was making his life hell – so he embarks an extreme *DIY fecal transplant*" (The Verge 04/2016),
- „*100 Billionen Freunde*. Bakterien im Darm sind nicht bloß Verdauungshelfer. Wie groß ihr Einfluss auf unsere Gesundheit ist, entdecken wir gerade erst" (Die Zeit 03/2014),
- „Fäkalien-Transplantation: *Ekel-Therapie heilt Darmkrankheiten*" (Spiegel Online 01/2013),
- „Darmbakterium: *Eisige Stuhltransplantation hilft gegen chronischen Durchfall*" (Spiegel Online 01/2016).

Diese Liste ließe sich nach Belieben fortsetzen. Ich glaube aber, dass sie bereits in der vorliegenden Form die erwähnten Spezifika der medialen Rhetorik verdeutlichen und einige neue, weiterführende Aspekte aufzeigen kann. Zuvorderst eine positivistische *Machbarkeitshaltung* gegenüber der medizinischen Wissenschaft des Mikrobioms. Es ist die Rede von neuen Möglichkeiten der Behandlung und Heilung diverser Krankheiten und sogar vom Mikrobiom als *der* Zukunft der Medizin. Ferner werden – wie eingangs bereits erwähnt – systemmedizinische Schlagwörter bedient. *Personalisierung* („your microbiome", „your bacteria", „I have had analyzed my microbiome") trifft auf Kollektivierung („unsere Gesundheit") und amalgamiert sich in Identitätsbehauptungen bezüglich des Einzelnen, des Kollektivs und des Mikrobioms („How microbes defend and define us", „Our Microbiomes, Ourselves"). Lautete die Frage vor einigen Jahren noch „Bin ich meine Gene?" (Klitzman 2012), lautet sie nun „Bin ich mein Mikrobiom?" Damit verbunden wird wiederum ein *partizipatives Element*. Sei es in Bezug auf die Aussicht auf eine *personalisierte Gesundheitsvorsorge* und *Krankheitsprävention* („dieting will get personal"), als Altruismus („other people's bacteria can cure us") oder als Dienst an der Produktion von wissenschaftlichem Wissen („volunteers will provide samples to help investigate potential links between ‚microbiome' and disease"). Interessant ist auch das rhetorische Spiel eines Artikels der *New York Times* mit dem ikonischen Manifest der Frauengesundheitsbewegung. Aus „Our Bodies, Ourselves" (Boston Women's Health Collective 2011 [= 1971]) wird „Our Microbiomes, Ourselves" – ob damit auch der damalige Kerngedanke der Rückeroberung der eigenen Gesundheit verbunden wird, bleibt aber klärungsbedürftig.

Konkret fokussieren die Artikel ein partizipatives Element an medizinischem Handeln und medizinischer Erkenntnisproduktion in zwei unterschiedlichen Praktiken: in der (wissenschaftlich eher irrelevanten aber ikonischen) Stuhltransplantation sowie durch die Spende von Proben zu Forschungswecken oder im hybriden Kontext von Gesundheitskonsum-Startups wie *uBiome*, welche ähnliche Angebote machen wie andere direct-to-consumer Testanbieter.

2.3 Betroffene

Auf Menschen, die von einer chronischen Darmentzündung betroffen sind, machen die von Wissenschaft, Medien und Testanbietern gemachten Versprechungen und Angebote einen großen Eindruck. Anders als von der genetischen Erklärung ihres Leidens, die als Schicksal verstanden wird, versprechen sich viele von ihnen vom mikrobiomischen Erklärungsmodell nicht nur Therapieansätze oder Heilung, sondern auch ein erhöhtes Maß an *gesundheitspraktischer Selbstwirksamkeit*. Mit dem Begriff ist hier eine Praxis von Betroffenen gemeint, an Gesundheitsangeboten oder medizinischen Settings zu partizipieren und zwar mit dem Ziel ein höheres Maß an Deutungshoheit über ihre eigenen Körper oder die öffentliche Wahrnehmung der Körper einer sozialen Gruppe (der sie entweder selbst angehören oder aber potentiell angehören können) zu erlangen. Hiermit kann auch die Gewinnung individueller sozialer Handlungs- oder Einflussoptionen einhergehen. Prominente historische Beispiele sind die Aneignung von medizinischen Praktiken zur Selbstuntersuchung der eigenen Körper durch das *Women's Health Movement* in den 1970er Jahren (Morgen 2002) oder die Aneignung und (forschungs-)politische Verwendung von biochemischen Wissensbeständen durch HIV-Betroffene in den 1980er Jahren (Epstein 1995, 1996). In beiden Fällen bemächtigten sich soziale Gruppen erfolgreich spezifischer Wissenspraktiken, die ihnen zuvor nicht frei zugänglich waren, um die eigene Situation zu verbessern. Die spannende Frage ist, ob Wissen über das Mikrobiom für Betroffene von chronisch entzündlichen Darmerkrankungen (CED) einen ähnlichen Status erlangen kann.

Ein Blick in soziale Gesundheitsnetzwerke wie *PatiensLikeMe* oder andere Web 2.0 Selbsthilfeangebote scheint dies zu bestätigen. Dort diskutieren Menschen mit Darmerkrankungen angeregt darüber, wie der mikrobiomische Ansatz ihnen bei ihren Leiden helfen könnte. Ein besonderes Interesse haben viele Betroffene an denjenigen Praktiken und Angeboten, die auch im medialen Diskurs hervorgehoben werden: Stuhlspenden für Forschungsprojekte wie *Britishgut*, die Angebote kommerzieller Sequenzierungsdienstleister sowie das Thema der *Stuhltransplantation* (Cure Together 2016; PatientsLikeMe 2016). Drei Formen konkreter Handlung werden vor dieser Folie diskutiert: die Möglichkeit gemeinschaftlich an der Ursachenforschung zu diversen Darmerkrankungen teilzunehmen (1), mithilfe des Wissens um die Zusammensetzung des eigenen Mikrobioms die Darmgesundheit proaktiv verbessern zu können, beispielsweise durch eine personalisierte Ernährung (2), oder auch wie man das eigene *kranke* Mikrobiom durch das eines *gesunden* Menschen ersetzen könne (3).

Ein Beispiel: Im Forum der *Deutschen Morbus Crohn / Colitis ulcerosa Vereinigung* wurde Ende 2014 die Praxis der Stuhltransplantation (engl. zutreffender:

„fecal microbiota transplantation" / FMT) angeregt diskutiert. Eine unter Colitis ulcerosa leidende Userin A hatte das Thema aufgebracht und im Forum gefragt, wie sie in Deutschland oder Europa eine Transplantation vornehmen könne. In der Praxis klinge dieses Vorhaben zwar „unlecker" (…), aber „irgendwie denke" (…) sie sich: „ich habe ja nichts zu verlieren" (…), was sicherlich auf viele andere im Forum auch zutreffen würde (DCCV-Forum 11/2014). Ein regelmäßiger Nutzer im Forum – User B – antwortete ihr, es gäbe zwar diverse klinische Studien, die Praxis sei aber noch hoch umstritten. Die *US Food and Drug Administration* (FDA) erlaube sie beispielsweise nur in besonderen Fällen (vgl. hierzu Young 2014). Sein Blick in amerikanische Gesundheitsnetzwerke und Foren, wo StudienteilnehmerInnen ihre Erfahrungen anderen Betroffenen mitteilten, habe ergeben, dass „es bei CU [Colitis ulcerosa – DM] Remissionsraten von 50 % (gäbe) (…)" (Young 2014). Dies passe auch in das Bild einer neuen Forschungsstudie, die der Transplantation auch bei einigen Formen von Colitis Erfolg zuspreche. Dabei referiert er auf eine Studie von Atarashi K. et al. mit dem Titel „Induction of colonic regulatory T cells by indigenous Clostridium species", die zwar von Erfolgen spricht, allerdings beschränkt auf ein Mausmodell (Atarashi et al. 2011). User B verweist aber auch darauf, dass in Europa bisher nur zwei MedizinerInnen in Hamburg und Zürich eine Transplantation anbieten würden. Daher rät er der Threaderstellerin, sich auf dem Portal *thepowerofpoop.com* weitere Informationen zu beschaffen: einem Portal, das neben Informationen zur Durchführung von Stuhltransplantationen durch MedizinerInnen und Hinweisen auf laufende Studien auch Anleitungen für eine Stuhltransplantation in den eigenen vier Wänden bereitstellt (The Power of Poop 2016). Eine weitere Nutzerin C ergänzt den Beitrag von B und teilt mit, dass sehr wohl bereits einige „kurze Veröffentlichungen von FMT / Stuhltransplantationen innerhalb Deutschlands (vorliegen) (…), z. B. am SRH Kurpfalzkrankenhaus, (…) an Klinikum Links der Weser in Bremen, am Universitätsklinikum Jena" (DCCV-Forum 2014). Aber auch sie schränkt ein, dass im deutschsprachigen Raum die Kliniken meist über Behandlungen von C. diff. Infektionen berichten und entsprechende Angebote machen. Aber die „CED Szene" in Deutschland würde mit Spannung verfolgen, wie sich diese Therapieform bei Colitis ulcerosa oder sogar Morbus Crohn etablieren könne. Im gleichen Forum habe es dazu bereits kontroverse Diskussionen gegeben. Daraufhin meldet sich ein Nutzer D am folgenden Tag zu Wort. Er hätte bereits vor einiger Zeit im Forum nachgefragt, ob es Personen gäbe, die konkrete Erfahrungen haben. Die damalige Diskussion hätte aber ergeben, dass es in Kontext der Deutschen Morbus Crohn / Colitis ulcerosa Vereinigung wohl noch keine Patienten gäbe, die eine Stuhltransplantation an sich hätten vornehmen lassen. Er führt dies darauf zurück, dass seines Wissens bei neuen Therapieformen in Deutschland immer zunächst die Ethikkommissionen der Kliniken zustimmen müssten. Diese seien in seinen Augen aber immer sehr träge, was Innovationen betrifft. Kurze Zeit später postet der Nutzer E den folgenden Beitrag:

> „Hi, Ich starte in den nächsten Wochen einen Selbstversuch nach der DIY-Anleitung. Zwar habe ich MC [Morbus Crohn – DM] (…) aber einen Versuch ist es Wert. Der Aufwand ist gering und so ist es auch mit den Kosten. Am Do habe ich einen Termin bei meinem Gastro der den Spender testet (Blut und Stuhlprobe). Sobald die Ergebnisse da sind, beginne ich mit der Transplantation. Anfang März hab ich einen Termin bei einem anderen Gastroenterologen der mir auf meine Anfrage zur FMT, folgendes geantwortet hat: ‚Sehr geehrter Herr *****, können wir machen, aber dann als Privatleistung. Sie müssten sich aber erst einmal zu einem Vorgespräch vorstellen.' Der Arzt hat bereits Erfahrung bei der Behandlung von C.difficile mit FMT. Wenn Interesse besteht, kann ich kurz berichten, wie es bei mir läuft." (DCCV-Forum 2014)

Die Ankündigung eines ärztlich begleiteten Selbstversuchs erzeugt weitere Diskussion im Forum. Zwei Positionen dominieren diese. Einerseits gibt es Personen, die auf die mangelnde Evidenz für einen Erfolg bei Morbus Crohn hinweisen und sich zugleich skeptisch bezüglich der Sicherheit des Verfahrens zeigen (Verunreinigungen, Infektionen etc.). Der weitaus größere Teil von Forumsteilnehmern zeigt sich aber sehr aufgeschlossen und interessiert. Die meisten freuen sich auf einen Erfahrungsbericht vom "1. Anwender hier im Forum". Auch wird Nutzer E gefragt, wer die Spende bereitstellen würde. Er antwortet auf diese Frage, dass seine Mutter den Spenderstuhl stelle und dass er sich bewusst sei, dass im Fall von Morbus Crohn die Lage für einen Erfolg nicht gut sei. Allerdings habe er auf der internationalen PatientenInnenplattform *healingwell.com* auch von einigen positiven Fallberichten gelesen.

Dieser kurze Ausschnitt aus einem deutschsprachigen Forum für Personen mit chronisch-entzündlichen Darmerkrankungen verdeutlicht sehr gut den Umgang von vielen Betroffenen mit den Deutungsangeboten, die Wissenschaft und Medien bezüglich des Mikrobioms des menschlichen Darms machen. Die von Wissenschaft und Medien gehypten Themen finden auch in ihren Diskussionen Widerhall. Sie sind kollektiv gut informiert, zeigen sich neuen Wissensbeständen und Praktiken gegenüber aufgeschlossen und sind auch dazu bereit, am eigenen Körper zu experimentieren, wenn im vorliegenden Fall auch unter ärztlicher Begleitung. Dabei treten sie als selbstbewusste ExpertInnen ihrer eigenen Krankheitserfahrungen auf und werden auch in ihrer Interaktion mit MedizinerInnen proaktiv tätig. Handelt es sich also bereits um gesundheitspraktische Selbstwirksamkeit? Ich denke: Ja und Nein. Die Betroffenen nehmen zwar einerseits ihre Gesundheit in Reflektion auf das neue mikrobiomische Deutungsangebot selbst in die Hand, andererseits handelt es sich (zumindest im bisher diskutierten Beispiel) aber nicht um etwas, dass an den sozialen und epistemischen Verhältnissen im Umgang mit Medizin rüttelt oder sogar alternative Körper- oder Gesundheitsdeutung jenseits des Gegebenen evoziert. Die bisher vorgestellten Akteure aus der Crohn und Colitis-Selbsthilfeszene sind keine Aktivisten, die sich Wissen aneignen, um medizinische oder gesundheitspolitische Praxis infrage zu stellen. Sie entsprechen eher dem Bild eines nach dem individuell besten Weg suchenden *informierten Patienten* (Henwood et al. 2003; Kivits 2004; Wirtz 2004), (Ryan et al. 2006; Lewis 2006; Dubriwny 2013). Doch wie sieht es bei der (kleineren) Gruppe von Betroffenen aus, die zugleich als Mitglieder der DIY-Biologie-Bewegung verstanden werden können oder sich selbst als solche verstehen?

3   Stuhltransplantation@home

Seit circa zehn Jahren können wir den Aufstieg der *DIY-Biologie-Bewegung* beobachten. Dabei handelt es sich um eine globale Bewegung, deren Ziel es ist, biotechnologische Wissensbestände und konkrete Praktiken über traditionelle akademische und industrielle Institutionen hinaus einer allgemeinen Öffentlichkeit zugänglich zu machen. Akteure dieser Bewegung kommen aus allen Sozialschichten und vertreten alle Bildungsniveaus (Tachibani 2011; Keulartz und van den Belt 2016). Es beschäftigen sich Amateure, Enthusiasten, StudentInnen, ausgebildete WissenschaftlerInnen und seit einiger Zeit auch immer mehr Betroffene von chronischen Krankheiten mit DIY-Biologie. Spätestens seit 2014, dem Jahr in dem die *Cleveland Clinic Foundation* in Ohio (USA) sie medienwirksam in die Top 10 der medizinischen Innovationen des frühen 21. Jahrhunderts aufgenommen hat, experimentiert die DIY-Biologie-Bewegung mit der Praxis der Stuhltransplantation (Jeffries 2014).

Den Hintergrund hierfür bildet ein komplexes Setting von regulatorischen, sozialen und technischen Rahmenbedingungen. Als medizinische Praxis für die Behandlung von chronischen Darmkrankheiten beim Menschen ist die Stuhltransplantation nämlich noch immer umstritten (van Nood et al. 2014) – und das trotz der wissenschaftskommunikativen Superlative, die ich weiter oben behandelt habe. Denn ihr praktischer Nutzen ist aus der Perspektive der Entzündungsforschung und Pflegepraxis derzeit auf vergleichsweise einfache Erkrankungen (oder milde Verlaufsformen) beschränkt. Demgegenüber steht der Prüfaufwand, der mit jeder Spende einhergeht. Schließlich muss eine Infektion des Empfängers mit diversen Erregern, beispielsweise für HIV oder Hepatitis C ausgeschlossen werden, wobei sich nach innermedizinischen Kriterien nur drei Prozent aller Spenden für eine Transplantation eignen (Duhaime-Ross 2016). Daher hält sich unter anderem die FDA in den USA mit einer Freigabe der Praxis für Hausärzte oder bei der Erteilung von Zulassung von Startups, die *Homekits* anbieten, zurück. In der systemischen Logik der Medizin sind Fäkalien, sobald sie in medizinischen Kontexten verabreicht werden, Pharmazeutika, auch deshalb ist die Praxis der FMT in den USA nur für C. Diff. als Therapie zugelassen. Für Forschungszwecke wurde jedoch am MIT in Massachusetts im Februar 2014 die Stuhlbank *OpenBiome* sowie etwas später Forschungsprogramme wie *American gut* eingerichtet.

Komplementär hierzu verhält sich der aufgeladene öffentliche Diskurs, der im Mikrobiom des menschlichen Darms sowie der konkretisierten Form der Transplantation von Stuhl eine medizinische Revolution erblickt. Aus diesem Grund ist das Thema für Betroffene von chronischen Darmkrankheiten auch stark mit Hoffnung aufgeladen, wie wir es in der Diskussion des Forums der *Deutschen Morbus Crohn / Colitis ulcerosa Vereinigung* sehen konnten. Man könnte auch sagen, es gibt in einigen Teilen der Population ein regelrechtes soziales Verlangen nach Stuhltransplantationen, welches durch das regulative medizinische System nicht bedient wird. Stuhltransplantationen sind aber zugleich technisch recht einfach realisierbar, weshalb immer mehr Menschen sie in die eigenen Hände nehmen wollen. So schreibt beispielsweise die Bloggerin Adrianne Jeffries bezüglich der geschilderten Diskrepanz folgendes:

> "Fortunately, fecal transplants are so easy, you can do them yourself at home. Like many unconventional cures FMT has found a cult following outside the mainstream. That means plethora of supportive forums and Facebook groups like Fecal Bacteriotherapy is The Bomb, as well as a number of websites explaining how to prepare your at-home poop enema" (Jeffries 2014)

3.1 Der FMT Kult und die DIY-Biologie-Bewegung

Diesem *Kult*, der sich der freien Verfügbarmachung von FMT für Jedermann auch jenseits der Diagnose C. diff. verschrieben hat, möchte ich im Folgenden nachspüren. Er speist sich (zu einem großen Teil) aus der heterogenen DIY-Biologie-Szene. Ein schier unerschöpfliches Repositorium des Austausches für diesen Personenkreis ist neben *Reddit*, *Facebook* und den Sozialen Gesundheitsnetzwerken die Video- Plattform *Youtube*. Hier stellen Menschen, die sich selbst als Biohacker bezeichnen, aber unter anderem auch Mütter von schwer am Darm erkrankten Kindern sowie andere Betroffene ihre eigenen Stuhltransplantationspraktiken vor. Sie diskutieren Sicherheitsrisiken und bemühen sich darum, anderen das nötige

Wissen für eigenes Handeln bereitzustellen. Dieses pädagogische Ziel spiegelt die sozio-epistemische Haltung und das Ethos der DIY-Biologie-Bewegung generell wieder (Delfanti 2013). In meinen Augen findet sich in ihr auch die größte Nähe des hier betrachteten Phänomens zum *Women's Health Movement* der 1970er und 1980er Jahre. Wo damals Frauen wie Jane Pincus Praktiken zur heimischen Selbstuntersuchung der weiblichen Cervix in den unzähligen Nachbarschaften der US-amerikanischen Speckgürtel demonstrierten, zeigen die heutigen Akteure ihrem vor dem Rechner sitzendem Publikum, wie sie mithilfe ihrer Moulinette und anderen Küchengeräten ein Stück Wissen und eventuell auch ein Stück der eigenen Darmgesundheit selbstbestimmt wiedergewinnen können. Das häufig aufgerufene Video „Fecal Transplant (FMT)" der Nutzerin HomeFMT legt hiervon beredt Zeugnis ab (HomeFMT 2014). Im Video sieht man, wie eine Mutter eine Transplantation für ihre zehnjährige Tochter Emma vorbereitet. Emma leidet unter Colitis ulcerosa, befindet sich aber laut ihrer Mutter dank regelmäßiger FMT seit über neuneinhalb Monaten in Remission. Obgleich das Verfahren in den Videos einfach erscheint, gibt es doch viele Dinge, die jenseits einer möglichen Infektion schiefgehen können. Jeffries schreibt zu den möglichen Risiken:

> "There's still plenty to screw up: heat the water too high, for example, and it could kill the bacteria Many FMT advocates maintain the procedure should also be done in conjunction with other medications and treatments as prescribed by a doctor. Obviously, there are dangers when doing fecal transplant at home. You want to make sure the donor is healthy (…). Putting some random person's poop into your body is not recommended, and the process does carry risks. It's recommended that a stool test be done to ensure the donor doesn't have some nefarious enteric pathogens like Salmonella, and you don't use a donor who has recently traveled to a developing country. The donor also should not have used antibiotics in the last three to six month (…) (Jeffries 2014).

Dies alles sind Einschränkungen, die die DIY-Praxis der Stuhltransplantation (mit guten Gründen) an das medizinische System zurückkoppeln und die innersystemische Regulierung erklären. Allerdings gibt es in der jenseits dieses Systems operierenden Szene der DIY-Biologie auch Akteure, die einen anderen Weg verfolgen. So beispielsweise der *Biopunk* Josiah Zayner, der (entgegen des Rates vieler MedizinerInnen) im Jahr 2015 einen totalen *Overhaul* (Überholung) seines Mikrobioms vornahm und sich dabei von der Verge Journalistin Arielle Duhaime-Ross und dem Fotografen Vjeran Pavic begleiten ließ (Duhaime-Ross 2016). Im Stil klassischer NaturwissenschaftlerInnen der vorinstitutionellen Zeit nahm er damit an sich selbst ein extremes Selbstexperiment vor, dass neben individuellen Gesundheitszielen – nämlich die Kontrolle über die eigene Darmflora zurückzugewinnen – auch ein epistemisches Ziel hatte: den Beweis zu führen, dass eine komplette Transplantation, d. h. auch an allen anderen Oberflächen des menschlichen Körpers, prinzipiell möglich sei.

3.2 DIY-Stuhltransplantationen als Performance von Selbstwirksamkeit

Josiah Zayner bezeichnet sich selbst als einen *Biohacker / Biopunk*, der sich vom medizinischen sowie wissenschaftlichen Betrieb gleichermaßen enttäuscht zeigt. Seit seiner Kindheit leidet er unter schweren (jedoch keiner eindeutigen Diagnose zugeführten) Darmbeschwerden, die ihn sowohl im Privat- als auch im Berufsleben stark einschränken (Duhaime-Ross 2016). Medizinische Behandlungsregime schlugen bei ihm nie im gewünschten Ausmaß an. Daher wurde er im Laufe der Jahre kritisch gegenüber MedizinerInnen. Nicht nur, dass diese keine „echte Diagnose" stellen konnten, sondern auch dem Fakt gegenüber, dass sie mit ihren Ratschlägen trotzdem in seine Lebensführung eingreifen wollten. Vor dieser Folie entwickelte er nach und nach gegenüber der Medizin eine Art eklektische Dienstleistungsmentalität, welche in dem Maße zunahm, wie er sich aus Enttäuschung und Wissensdurst gleichermaßen selbst Körperwissen aneignete. Duhaime-Ross zitiert ihn mit den folgenden Worten: „I'll take their advice if there's something I can't fix myself, but otherwise, if what they say goes against what I know, I'm not going necessarily believe them or trust them, right?" (Duhaime-Ross 2016). Gegenüber dem Wissenschaftsbetrieb ist Zayner, der selbst einen Ph. D. als Biophysiker hat und einige Jahre für die NASA arbeitete, ebenfalls enttäuscht. Der institutionelle Wissenschaftsbetrieb operiere noch immer wie vor 40 Jahren und halte mitunter Wissen und Know-how vor der allgemeinen Bevölkerung zurück (Duhaime-Ross 2016). Daher habe er sich für ein Leben als Biohacker und Entrepreneur für mehr Offenheit entschieden. So leitet er derzeit zwei Unternehmungen, die sich dem Ziel verschrieben haben, Instrumente zur Wissensaneignung für die allgemeine Bevölkerung bereitzustellen: Auf *Indiegogo* (einer Crowdfunding Plattform) unterstützt er z. B. die Entwicklung von Low-Cost-CRISPR-Baukästen zur Alterierung von bakterieller DNA. Zugleich betreibt er *ODIN*, ein Unternehmen, das Labormaterialien und Second-Hand-Geräte für die DIY-Biologie-Szene im Angebot hat.

Trotz dieser Selbstermächtigung gegenüber dem Gesundheitssystem versetzte ihn sein Darmleiden, sein eigener Körper, immer wieder in Ohnmacht. Obgleich er nie eine eindeutige Diagnose erhalten hat (ÄrztInnen changierten zwischen Reizdarmsyndrom und einer chronisch-entzündlichen Erkrankung) hatte er in seinem 35. Lebensjahr die Idee, endlich auch selbstwirksam gegenüber seinem eigenen Darm zu werden (Duhaime-Ross 2016). Der Diskurs um das menschliche

Mikrobiom als beeinflussbare Größe sowie die darauf rekurrierende Praxis der *Stuhltransplantation* versprachen ihm genau dies. Zugleich zeigte die regulatorische Praxis, was in seinen Augen im medizinischen und wissenschaftlichen Betrieb noch immer schieflaufe. Um ein Zeichen gegen diese Art des Umgangs mit Wissen zu setzen, überlegte sich Zayner im Jahr 2015 nicht nur eine einfache Transplantation vorzunehmen, sondern diese mit einer Art *Kunst-Wissenschafts-Performance* zu verbinden.

Dies bot die intentionale Grundlage für das bereits weiter oben erwähnte Selbstexperiment. Die Idee war es, das komplette Mikrobiom seines Körpers (Darm, Nase, Mund, Achselhöhlen und Haut) mithilfe diverser Antibiotika auszuschalten und in einer sterilen Umgebung durch dasjenige eines Freundes zu ersetzen. Ein Projekt, welches in der Wissenschaft noch nie vorgenommen wurde und welches von allen ExpertInnen, die Zayner in der Vorrecherche konsultierte, als hochgradig gesundheitsgefährdend eingestuft wurde (Duhaime-Ross 2016). Dennoch entschloss er sich zu dessen Durchführung – und das obwohl sich kein Mediziner in den USA dazu bereit erklärt hätte, das Stuhlsample seines Freundes für das Unterfangen auf Krankheitskeime etc. zu testen. Lediglich eine Sequenzierung des Microbioms *post hoc* ist in Laboren sowie mithilfe von *direct-to-consumer* Testanbietern wie *uBiome* möglich. Denn die Regulierung sieht vor, nur Spenden auf Pathogene zu prüfen, die auch in Banken wie *OpenBiome* gelagert werden (OpenBiome 2016). Nichtsdestotrotz zeigte sich Zayner gegenüber Duhaime-Ross als risikobereit: "(…) the risk I need to be able to take to inspire people to take their health in their own hands" (Duhaime-Ross 2016).

An einem Donnerstag im Februar 2016 war es schließlich soweit. Zayner startete sein Experiment nach einem selbst entworfenen Protokoll von fünf Punkten. Zwei der Punkte hatte er bereits im Vorfeld bearbeitet. Er hatte für spätere Analysen Proben des Mikrobioms aller seiner Körperoberflächen sowie seines Stuhls genommen (gleiches gilt für seinen Freund) und die Ausschaltung des eigenen Immunsystems mithilfe einer zweitägigen extremen Einnahme von Antibiotika eingeleitet. Die Antibiotikapräparate hatte er bei *Alibaba* und *Ebay* – also ebenfalls vorbei am Gesundheitssystem – erstanden (Duhaime-Ross 2016). Als dritten Schritt vollzog er eine komplette Reinigung seiner Körperoberfläche mithilfe eines Antibiotikapulvers, welches er unter anderem auch auf seine Schleimhäute aufbrachte. Schließlich begann er mithilfe von Open Source-Anleitungen die eigentliche Transplantation. Er rieb die Oberflächenbiome seines Freundes auf seiner Haut ein und führte schließlich die Fäkaltransplantation durch (Schritt vier). Gegen Ende des Tages war er – nach eigenen Aussagen – komplett mit dem Mikrobiom seines Freundes überzogen (Duhaime-Ross 2016). Als letzten Schritt verbrachte er etwas mehr als sechzig Stunden in einer Art Isolation um die Gefahr von Verunreinigungen zu minimieren (Duhaime-Ross 2016).

Einige Wochen nach dem Experiment meldete sich Zayner bei Duhaime-Ross zurück. Er könne nunmehr ganz normale Dinge, auch fettige Mahlzeiten wie etwa frittiertes Huhn, zu sich nehmen. Die Darmbeschwerden vom Durchfall bis zu den Darmkrämpfen seien weitgehend verschwunden. Es ginge ihm mit dem transplantierten Mikrobiom großartig. Ferner habe er zu Vergleichszwecken und Dokumentierung seines Erfolges Vorher- und Nachherproben zur Sequenzierung und statistischen Auswertung in ein Labor gesandt und warte nun die Ergebnisse ab (Duhaime-Ross 2016). Wieder einige Wochen später berichtete er in einem Skype-Gespräch mit der Reporterin von den Ergebnissen der Sequenzierung. Die bakterielle Zusammensetzung seiner Darmbakterien sei nun wesentlich näher an derjenigen seines Freundes als sein eigenes Sample vor dem Experiment. Allerdings habe sich das Mikrobiom des Freundes auf seiner Haut nicht vollständig und dauerhaft durchsetzen können. Dies führte dazu, dass Zayners Mikrobiom sich nach und nach seiner ursprünglichen Form wieder annäherte (Duhaime-Ross 2016). Es ist anzunehmen, dass damit schließlich auch seine Überempfindlichkeiten und Allergien zurückgekehrten – wenn auch in einem abgeschwächten Maße.

Obgleich das Experiment von Zayner sicherlich nicht den üblichen wissenschaftlichen Qualitätskriterien entspricht, da beispielsweise keine Vergleichsfälle hinzugezogen wurden oder eine Langzeitevaluation erfolgte, stellt es sich aus der Perspektive der Schaffung individueller Selbstwirksamkeit gegenüber dem Gesundheitssystem und den gewonnenen Handlungsspielräumen im Umgang mit dem eigenen Körper als ein Erfolg dar. Es gelang Zayner zu zeigen, dass eine Transplantation auch bei ätiologisch unklaren chronischen Darmbeschwerden Hoffnung bieten kann und dass die Durchführung der FMT (trotz etwaiger Risiken) selbst ein Akt performativer gesundheitlicher und körperlicher Selbstbestimmung werden kann.

4 DIY-Business

Das bisher Geschilderte hat auch eine kapitalistische Seite. Diese gewinnt zunehmend an Bedeutung. Personen wie Zayner, bei denen der DIY-Umgang mit dem Mikrobiom ein ausgeprägtes gegenkulturelles Momentum besitzt, sind bei genauerer Betrachtung der Szene eher die Ausnahme. Wo Zayner beispielsweise dezidiert auf *Open-Source-Anleitungen* setzt, sind viele andere Personen gesundheits-opportunistische Grenzgänger. Exemplarisch hierfür ist der weiter oben bereits vorgestellte Nutzer E, der im Forum der *Deutschen Morbus Crohn / Colitis ulcerosa Vereinigung* im Jahr 2014 einen Selbstversuch ankündigte. Nicht nur re-integriert er sein Vorhaben in den Kontext des medizinischen Systems, indem er die Transplantation zumindest in Teilen durch professionelle MedizinerInnen begleiten lässt, auch ist das von ihm erwähnte und verwendete Manual des Portals *The Power of Poop* keinesfalls frei oder offen. Sie ist vielmehr Teil der Geschäftsstrategie einiger US-amerikanischer Kliniken und diverser Gastroenterologen, die mithilfe von kostenpflichtigen DIY-Anleitungen sowie der Popularisierung von FMT mittels *Success Stories* (The Power of Poop 2013) einen Markt an der Regulierung der *Federal Drug Agency* (FDA) und dem *National Institute of Health* (NIH) vorbei geschaffen haben. Für sie sind *Online-Informierte-PatientInnen* letztlich auch sich selbst regulierende KundInnen.

Auch *direct-to-consumer* Testanbieter wie das kalifornische Startup *uBiome* adressieren informierte PatientInnen und DIY-EnthusiastInnen als potentielle KundInnen. Das Unternehmen, das im Jahr 2012 von Jessica Richman und Zachary Apte gegründet wurde, kommuniziert es als sein erstes Ziel, Individuen Zugriff zu Sequenzierungstechnologien zu verschaffen, um ihre individuellen Mikrobiome zu sequenzieren, mit denjenigen anderer Personen zu vergleichen und selbstbestimmte Gesundheitsentscheidungen auf dieser Grundlage zu treffen. Hierfür werden diverse Samplingkits, ein individuelles Bioprofil sowie ein soziales Gesundheitsnetzwerk bereitgestellt (uBiome 2016). Darüber hinaus kollaboriert das Unternehmen mit diversen universitären und außeruniversitären Forschungseinrichtungen sowie kommerziellen Unternehmen und bietet sich als Aggregator für die Gewinnung von StudienteilnehmerInnen an. Beispielsweise hat das Unternehmen in der Partnerschaft mit dem Gesundheits-Management / Self-tracking Anbieter *PicnicHealth* eine Studie zu chronisch entzündlichen Darmerkrankungen angeboten und mit der weiter oben bereits erwähnten staatlich geförderten Biombank *Openbiome* ein Survey zu Stuhltransplantationen durchgeführt. Für diese Studien werden entweder NeukundInnen geworben oder aber es werden KundInnen, die ihr Biom bereits haben sequenzieren lassen, gefragt, ob sie ihre Daten und ihr Sample für die Studien bereitstellen wollen.

Bemerkenswert ist, dass das Unternehmen all dies unter den Stichworten *Selbstwirksamkeit* und *Partizipation* kommuniziert (Del Savio et al. 2016) – und dass obgleich scheinbar informierte PatientInnen teilweise mehrere hundert Dollar für Sequenzierungen bezahlen. Mit *uBiome* hat sich also ein neuer Wertschöpfungsakteur zwischen PatientInnen, GesundheitsenthusiastInnen und Forschung geschoben. Wissenschaftsförderung liegt in Zeiten der *Omics nicht mehr nur in der Hand von staatlichen und aus Steuergeldern geförderten Institutionen. Denn nunmehr werden auch KundInnen von direct-to-consumer Angeboten zu individuellen

Förderern, indem sie für Sequenzierungen ein zweites Mal zur Kasse gebeten werden – und dass teilweise nur, weil sie beispielsweise über die Zusammensetzung ihres Mikrobioms zwecks *DIY-Stuhltransplantation* Bescheid wissen möchten. Eine Entwicklung, die auch in staatlich geförderten Forschungszusammenhängen adaptiert wird, wie das Beispiel des Projekts *Britishgut* zeigt. Individueller Lifestyle, gesundheitliche Selbstsorge, Konsum und Forschung verschmelzen so im zweiten Jahrzehnt des 21. Jahrhunderts.

5 Zusammenfassung

Wie ist also vor diesem Hintergrund die eingangs gestellte Frage zu beantworten, ob Wissen über das eigene Mikrobiom sowie DIY-Praktiken wie die Stuhltransplantation zu mehr gesundheitspraktischer Selbstwirksamkeit führen? Eine angemessene Antwort hierauf ist komplex und in gewisser Weise auch ernüchternd. Denn obwohl es mit Personen wie Josiah Zayner Individuen gibt, die dem gegenkulturellen Ethos der Biohacker folgen und mit ihrem Mikrobiom selbstbestimmt – mitunter auch riskant –, aber immer performativ umgehen, tritt auch eine viel größere Gruppe von Personen in Erscheinung, für die das eigene Mikrobiom ein neuer Gesundheitstrend ist. Diese Gruppe bettet die DIY-Praktiken in gegebene institutionelle und ökonomische Kontexte ein.

In Kontrast zu den sozialen Gesundheitsbewegungen der 1970er und 1980er Jahre (wie etwa dem *Women's Health Movement* oder der HIV-Bewegung *ActUP*), bei denen es nicht nur um die Heilung individueller Beschwerden ging, sondern um den Wandel der gesellschaftlichen Wahrnehmung der Körper und Gesundheit ganzer Sozialgruppen, verstehen sich die meisten heutigen Mikrobiom-Enthusiasten überwiegend als individuelle KundInnen, PatientInnen oder beides. Ihr handlungsleitendes Interesse ist auf sie selbst gerichtet. Sie lassen (teilweise monatlich) bei Anbietern wie *uBiome* die Zusammensetzung ihres Mikrobioms im Darm testen, um zu sehen ob der neuste Diättrend bei ihnen wirkt. Sie wollen aber auch wissen, ob die Zu- oder Abnahme spezifischer Darm-Pathogene mit Lebensstilentscheidungen assoziiert werden kann, um ggf. selbstsorgend und optimierend an ihrer (Darm-)Gesundheit arbeiten zu können. In diesem eingeschränkten Sinne kann also von Selbstwirksamkeit gesprochen werden – nicht gegenüber dem medizinischen System, wohl aber gegenüber dem eigenen Körper. Sie nimmt dabei allerdings die Form einer marktkompatiblen Selbstverwaltung an, die das medizinische Wissen und die soziale Praxis der Medizin nicht herausfordert, sondern sich – im Gegenteil – nahezu nahtlos mit dieser verschränkt.

Folglich lassen sich gesundheitsbezogene DIY-Praktiken, die auf eine Beeinflussung des individuellen Mikrobioms zielen, mehr als eine Affirmation des medizinischen Systems, seiner Logiken sowie seiner vielfältigen wirtschaftlichen und politischen Verknüpfungen beschreiben, denn als ein radikales Gegenüber. Selbstwirksamkeit wird so zu einem biopolitischen Werkzeug im Kontext der entstehenden 4P-Medizin, die sich seit den 2010er Jahren (u. a. aus Kostengründen und Effizienzerwägungen) um Begriffe wie Personalisierung, Partizipation, Prävention und Prädiktion herum formiert.

Literatur

American Gut (2016). http://americangut.org/. Zugegriffen: 30. Juli 2016.
Anderson, C. A., Boucher, G., Lees, C. W., Franke, A., D'Amato, M., Taylor, K. D., Lee, J. C., et al. (2011). Meta-analysis identifies 29 additional ulcerative colitis risk loci, increasing the number of confirmed associations to 47. *Nature Genetics* 43 (3), 246–252.
Anderson, J. L., Edney, R. J., & Whelan, K. (2012). Systematic Review: Faecal Microbiota Transplantation in the Management of Inflammatory Bowel Disease. *Alimentary Pharmacology & Therapeutics* 36 (6), 503–516.
Aronowitz, R., & Spiro, H. M. (1988). The Rise and Fall of the Psychosomatic Hypothesis in Ulcerative Colitis. *Journal of Clinical Gastroenterology* 10 (3). http://journals.lww.com/jcge/Fulltext/1988/06000/The_Rise_and_Fall_of_the_Psychosomatic_Hypothesis.13.aspx. Zugegriffen: 06. Oktober 2017.
Arumugam, M., Raes, J., Pelletier, E., Le Paslier, D., Yamada, T., Mende, D. R., Fernandes, G. R., et al. (2011). Enterotypes of the human gut microbiome. *Nature* 473 (7346), 174–180.
Atarashi, K., Tanoue, T., Shima, T., Imaoka, A., Kuwahara, T., Momose, Y., Cheng, G. et al. (2011). Induction of Colonic Regulatory T Cells by Indigenous Clostridium Species. *Science* 331 (6015), 337–341.
Auffray, C., Chen, Z. & Hood, L. (2009). Systems medicine: the future of medical genomics and healthcare. *Genome medicine* 1:2.
Bain, L. J. (2014). „Microbiomics: The Next Big Thing?" *Penn Medicine* 16. http://news.pennmedicine.org/inside/2014/07/microbiomics-the-next-big-thing.html. Zugegriffen: 06. Oktober 2017.
Berres, I. (2016). Darmbakterium: Eisige Stuhltransplantation hilft gegen chronischen Durchfall. *SPIEGEL ONLINE*. http://www.spiegel.de/gesundheit/diagnose/chronischer-durchfall-stuhltransplantation-auch-gefroren-a-1071572.html. Zugegriffen: 06. Oktober 2017.
Blech, J. (2013). Fäkalien-Transplantation: Ekel-Therapie heilt Darmkrankheiten. *SPIEGEL ONLINE*. http://www.spiegel.de/gesundheit/diagnose/stuhl-transplantation-faekalien-heilen-chronische-darmpatienten-a-878156.html. Zugegriffen: 06. Oktober 2017.
Borody, T. J., Paramsothy, S., & Agrawal, G. (2013). Fecal Microbiota Transplantation: Indications, Methods, Evidence, and Future Directions. *Current Gastroenterology Reports* 15 (8), 337.

Boston Women's Health Book Collective (Hrsg.) (2011). *Our bodies, ourselves*. 40th anniversary Touchstone ed. New York: Simon & Schuster.

Brandt, L. J., & Aroniadis, O. C. (2013). An Overview of Fecal Microbiota Transplantation: Techniques, Indications, and Outcomes. *Gastrointestinal Endoscopy* 78 (2), 240–249.

Britishgut (2016). http://britishgut.org/. Zugegriffen: 30. Juli 2016.

Bubela, T. M., & Caulfield, T. A. (2004). Do the print media "hype" genetic research? A comparison of newspaper stories and peer-reviewed research papers. *Canadian Medical Association Journal* 170 (9), 1399–1407.

Casati, J., Toner, B. B., de Rooy, E. C., Drossman, D. A., & Maunder, R. G. (2000). Concerns of Patients with Inflammatory Bowel Disease: A Review of Emerging Themes. *Digestive Diseases and Sciences* 45 (1), 26–31.

Caulfield, T. (2004). Biotechnology and the Popular Press: Hype and the Selling of Science. *Trends in Biotechnology* 22 (7), 337–339.

Charisius, H. (2014). 100 Billionen Freunde. Bakterien im Darm sind nicht bloß Verdauungshelfer. Wie groß ihr Einfluss auf unsere Gesundheit ist, entdecken wir gerade erst. *Die Zeit*. http://www.zeit.de/2014/12/mikrobiom-bakterien-darm/seite-2. Zugegriffen: 06. Oktober 2017.

Colman, R. J., & Rubin, D. T. (2014). Fecal Microbiota Transplantation as Therapy for Inflammatory Bowel Disease: A Systematic Review and Meta-Analysis. *Journal of Crohn's and Colitis* 8 (12), 1569–1581.

Corella, D., & Ordovas, J. M. (2005). Integration of Environment and Disease into ‚Omics' Analysis. *Current Opinion in Molecular Therapeutics* 7 (6), 569–576.

Cryan, J. F., & O'Mahony, S. M. (2011). The Microbiome-Gut-Brain Axis: From Bowel to Behavior: From Bowel to Behavior. *Neurogastroenterology & Motility* 23, 187–192.

Cui, B., Honggang Wang, C. F., Wang, M., Peng, Z., Li, P., Huang, G., et al. (2015). Fecal Microbiota Transplantation through Mid-Gut for Refractory Crohn's Disease: Safety, Feasibility, and Efficacy Trial Results: Fecal Microbiota Transplantation. *Journal of Gastroenterology and Hepatology* 30 (23), 51–58.

CureTogether (2016). http://curetogether.com. Zugegriffen: 30. Juli 2016.

DCCV-Forum. Thema Stuhltransplantation (2014). https://forum.dccv.de/viewtopic.php?f=3&t=1806. Zugegriffen: 30. Juli 2016.

Del Savio, L., Prainsack, B., Buyx, A. (2016). Crowdsourcing the Human Gut. Is crowdsourcing also ‚citizen science'? *Journal of Science Communication* 15 (3). https://www.academia.edu/24601801/Crowdsourcing_the_Human_Gut._Is_crowdsourcing_also_citizen_science. Zugegriffen: 30. Juli 2016.

Delfanti, A. (2013). *Biohackers: the politics of open science*. London: Pluto Press.

Dubriwny, T. N. (2013). *The vulnerable empowered woman: feminism, postfeminism, and women's health. Critical issues in health and medicine*. New Brunswick, N.J: Rutgers University Press.

Duhaime-Ross, A. (2016). In search of a healthy gut, one man turned to an extreme DIY fecal transplant. *The Verge*. http://www.theverge.com/2016/5/4/11581994/fmt-fecal-matter-transplant-josiah-zayner-microbiome-ibs-c-diff. Zugegriffen: 30. Juli 2016.

Enders, G. (2014). *Darm mit Charme: alles über ein unterschätztes Organ*. Berlin: Ullstein.

Epstein, S. (1995). The Construction of Lay Expertise: AIDS Activism and the Forging of Credibility in the Reform of Clinical Trials. *Science, Technology, & Human Values* 20 (4), 408–437.

Epstein, S. (1996). *Impure science: AIDS, activism, and the politics of knowledge*. University of California Press.

Finney Rutten, L. J., Hesse, B. W., St. Sauver J. L., Wilson, P., Chawla, N., Hartigan, D. B., Moser R. P., Taplin, S., Glasgow, R., & Arora, N. K. (2016). Health Self-Efficacy Among Populations with Multiple Chronic Conditions: The Value of Patient-Centered Communication. *Advances in Therapy* 33 (8), 1440-1451.

Franke, A., McGovern D: T. B., Barrett, J. C., Wang, K., Radford-Smith, G. L., Ahmad, T., Lees C. W., et al. (2010). Genome-Wide Meta-Analysis Increases to 71 the Number of Confirmed Crohn's Disease Susceptibility Loci. *Nature Genetics* 42 (12), 1118–1125.

Franke, A., Balschun, T., Karlsen, T. H., Hedderich, J., May, S., Lu, T., Schuldt, D., et al. (2008). Replication of signals from recent studies of Crohn's disease identifies previously unknown disease loci for ulcerative colitis. *Nature Genetics* 40 (6), 713–715.

Fritz, J. V., Desai, M. S., Shah, P., Schneider, J. G., & Wilmes, P. (2013). From meta-omics to causality: experimental models for human microbiome research. *Microbiome* 1:14.

Gazzard, B. G., Price, H. L., Libby, G. W., & Dawson, A. M. (1978). The social toll of Crohn's disease. *British Medical Journal* 2 (6145), 1117–1119.

Gerson, M.-J. (2002). Psychosomatics and Psychoanalytic Theory: The Psychology of Ulcerative Colitis and Crohn's Disease. *Psychoanalytic Psychology* 19 (2), 380–388.

Gershenfeld, N. A. (2005). *Fab: The coming revolution on your desktop – from personal computer to personal fabrication*. New York: Basic Books.

Glasdam, S., Oeye, C., & Thrysoee, L. (2015). Patients' Participation in Decision-Making in the Medical Field – 'projectification' of Patients in a Neoliberal Framed Healthcare System: Patients' Participation in Decision-Making. *Nursing Philosophy* 16 (4), 226–238.

Greco, M. (1993). Psychosomatic Subjects and the 'duty to Be Well'. Personal Agency within. *Economy and Society* 22 (3), 357–372.

Greene, J. A. (2016). Do-It-Yourself Medical Devices — Technology and Empowerment in American Health Care. *New England Journal of Medicine* 374 (4), 305–308.

Grice, E. A. (2015). The intersection of microbiome and host at the skin interface: genomic-and metagenomic-based insights. *Genome research* 25 (10), 1514–1520.

Helman, C. G. (1985). Psyche, soma, and society: The social construction of psychosomatic disorders. *Culture, medicine and psychiatry* 9 (1), 1–26.

Henwood, F., Wyatt, S., Hart, A., & Smith, J. (2003). 'Ignorance is bliss sometimes': constraints on the emergence of the 'informed patient' in the changing landscapes of health information. *Sociology of Health & Illness* 25 (6), 589–607.

HomeFMT. FECAL TRANSPLANT (FMT) (2013). https://www.youtube.com/watch?-v=xLIndT7fuGo. Zugegriffen: 30. Juli 2016.

Hucklenbroich, C. (2014). ‚Darm mit Charme' von Giulia Enders: Vom Bäh zum Wow. *Frankfurter Allgemeine Zeitung*. http://www.faz.net/aktuell/wissen/giulia-enders-hat-einen-bestseller-ueber-darmhygiene-geschrieben-12891303.html. Zugegriffen: 06. Oktober 2017.

Iedema, R., & Veljanova, I. C. (2014). Editorial: Lifestyle Science: Self-Healing, Co-Production and DIY. *Health Sociology Review* 22 (1), 2–7.

Jeffries, A. (2014). The World of Do-It-Yourself Fecal Transplants (Thanks, YouTube!). *Motherboard*. http://motherboard.vice.com/read/a-guide-to-do-it-yourself-fecal-transplants-thanks-youtube. Zugegriffen: 31. Juli 2016.

Keeton, R. L., Mikocka-Walus, A., & Andrews, J. M. (2015). Concerns and Worries in People Living with Inflammatory Bowel Disease (IBD): A Mixed Methods Study. *Journal of Psychosomatic Research* 78 (6), 573–578.

Keränen, L. (2015). Biopolitics, Contagion, and Digital Health Production: Pathways for the Rhetoric of Health and Medicine. *Communication Quarterly* 63 (5), 504–509.
Keulartz, J., & van den Belt, H. (2016). DIY-Bio – Economic, Epistemological and Ethical Implications and Ambivalences. *Life Sciences, Society and Policy* 12:1.
Kivits, J. (2004). Researching the 'Informed Patient. *Information, Communication & Society* 7 (4), 510–530.
Klitzman, R. (2012). *Am I my genes? Confronting fate and family secrets in the age of genetic testing.* New York: Oxford University Press.
Kostic, A. D., Xavier, R. J., & Gevers, D. (2014). The Microbiome in Inflammatory Bowel Disease: Current Status and the Future Ahead. *Gastroenterology* 146 (6), 1489–1499.
Kurlemann, R. (2014). Wie Bakterien im Darm unsere Gesundheit steuern. *Die Welt Online.* http://www.welt.de/gesundheit/article133542884/Wie-Bakterien-im-Darm-unsere-Gesundheit-steuern.html. Zugegriffen: 30. Juli 2016.
Leibig, T., Wilke, E., & Feiereis, H. (1985). Zur Persönlichkeitsstruktur von Patienten mit Colitis ulcerosa und Morbus Crohn, eine testpsychologische Untersuchung während der Krankheitsremission. *Zeitschrift für Psychosomatische Medizin und Psychoanalyse* 31 (4), 380–392.
Lemke, T. (2004). Disposition and determinism–genetic diagnostics in risk society. *The Sociological Review* 52 (4), 550–566.
Lemke, T. (2006a). Genetic responsibility and neo-liberal governmentality: Medical diagnosis as moral technology. In A. Beaulieu & D. A. Gabbard (Hrsg.), *Michel Foucault and power today. International multidisciplinary studies in the history of the present* (S. 83–91). London: Lexington Books.
Lemke, T. (2006b). Lebenspolitik und Biomoral: Dimensionen genetischer Verantwortung. In K. Kerlof (Hrsg.), *Die Verfasstheit der Wissensgesellschaft* (S. 333–345). Münster: Westfälisches Dampfboot.
Lewis, T. (2006). DIY Selves? Reflexivity and Habitus in Young People's Use of the Internet for Health Information. *European Journal of Cultural Studies* 9 (4), 461–479.
Make (2013). The uBiome Citizen Science Project Interview: DIY Projects and Ideas for Makers. http://makezine.com/2013/01/29/the-ubiome-citizen-science-project-interview/. Zugegriffen: 31. Juli 2016.
Mitchell, A., Guyatt, G., Singer, J., Irvine, E. J., Goodacre, R., Tompkins, C., Williams, N., & Wagner, F. (1988). Quality of Life in Patients with Inflammatory Bowel Disease. *Journal of Clinical Gastroenterology* 10 (3), 306–310.
Morgan, X. C., Tickle, T. L., Sokol, H., Gevers, D., Devaney, K. L., Ward, D. V., Reyes, J. A., et al. (2012). Dysfunction of the intestinal microbiome in inflammatory bowel disease and treatment. *Genome biology* 13 (9), 1.
Morgen, S. (2002). *Into our own hands: the women's health movement in the United States, 1969-1990.* New Brunswick, N.J: Rutgers University Press.
Nikolow, S. (Hrsg.) (2015). *Erkenne Dich selbst!: Strategien der Sichtbarmachung des Körpers im 20. Jahrhundert.* Schriften des Deutschen Hygiene-Museums Dresden, Bd. 11. Köln: Böhlau Verlag.
Nisbet, M. C., & Scheufele, D. A. (2009). What's next for Science Communication? Promising Directions and Lingering Distractions. *American Journal of Botany* 96 (10), 1767–1778.
OpenBiome. (2016). http://www.openbiome.org/about/. Zugegriffen: 06. Oktober 2017.

PatientsLikeMe (2016). My data is going to empower the next person. https://www.patientslikeme.com/forum/plm/topics/142607?utm_medium=email&utm_source=newsletter&utm_campaign=general_newsletter_20160427. Zugegriffen: 31.Juli 2016.

Probst, B., von Wietersheim, J., Wilke, E., & Feiereis, H. (1990). Soziale Integration von Morbus Crohn-und Colitis ulcerosa-Patienten: Studie zur Wechselwirkung somatischer, psychischer und sozialer Faktoren. *Zeitschrift für Psychosomatische Medizin und Psychoanalyse* 36 (3), 258–275.

Rehmann-Sutter, C., & Mahr, D. (2016)., The Lived Genome. In A. Whitehead & B. Woods (Hrsg.), *Edinburgh Companion to the Critical Medical Humanities* (S. 87-103). Edinburgh: University Press.

Ryan, H. (2013). Finally, an Accurate Look Back at AIDS Activism in 'Why We Fight'. http://www.thedailybeast.com/articles/2013/12/15/finally-an-accurate-look-back-at-aids-activism-in-why-we-fight.html. Zugegriffen: 31. Juli 2016.

Schreiber, S., Rosenstiel, P., Albrecht, M., Hampe, J., & Krawczak, M. (2005). Genetics of Crohn disease, an archetypal inflammatory barrier disease. *Nature Reviews Genetics* 6 (5), 376–388.

Smits, L. P., Bouter, K. E. C., de Vos, W. M., Borody, T. J., & Nieuwdorp, M. (2013). Therapeutic Potential of Fecal Microbiota Transplantation. *Gastroenterology* 145 (5), 946–953.

Tachibani, C. (2011). We are all biologists. *Life Sciences Insight* 1 (1), 42–45.

The Power of Poop (2013). The Power of Poop. Promoting safe accessible fecal transplant. http://thepowerofpoop.com. Zugegriffen: 31. Juli 2016.

uBiome (2016). Sequence Your Microbiome – Gut Flora, Microbiota. http://ubiome.com. Zugegriffen: 31. Juli 2016.

Van Nood, E., Speelman, P., Nieuwdorp, M., & Keller, J. (2014). Fecal Microbiota Transplantation: Facts and Controversies. *Current Opinion in Gastroenterology* 30 (1), 34–39.

Vogt, H., Hofmann, B., & Getz, L. (2016). The New Holism: P4 Systems Medicine and the Medicalization of Health and Life Itself. *Medicine, Health Care and Philosophy* 19 (2), 307–323.

Vrieze, A., de Groot, P. F., Kootte, R. S., Knaapen, M., van Nood, E., & Nieuwdorp, M. (2013). Fecal Transplant: A Safe and Sustainable Clinical Therapy for Restoring Intestinal Microbial Balance in Human Disease? *Best Practice & Research Clinical Gastroenterology* 27 (1), 127–137.

Wang, Y., & Kasper, L. H. (2014). The Role of Microbiome in Central Nervous System Disorders. *Brain, Behavior, and Immunity* 38, 1-12.

Wirtz, M. (2004). Ist der informierte Patient auch ein mündiger Patient?" *Patienteninformation und -betreuung bei Multipler Sklerose in der Rehabilitation.* Masterarbeit im Studiengang Consumer Health Care an der Charité–Universitätsmedizin Berlin. http://www.selbsthilfe-kontaktstellen.de/data/Fachpublikationen/2005/DAGSHG-Jahrbuch-05-Wirtz.pdf. Zugegriffen: 03. Dezember 2017.

Young, K. A. (2014). Of Poop and Parasites: Unethical FDA Overregulation. *Food & Drug Law Journal* 69 (4), 555–563.

Die Erfindung des Anlageträger-Screenings
Von der Selbsthilfe-Initiative zum *Direct-to-consumer*-Angebot

Peter Wehling

Zusammenfassung

Bei erweitertem Anlageträger-Screening (*Expanded Carrier Screening, ECS*) werden Paare mit Kinderwunsch daraufhin untersucht, ob beide Partner, ohne es zu wissen, die genetische Anlage für die gleiche rezessiv vererbbare seltene Erkrankung tragen. In diesem Fall bestünde für Kinder des Paares eine erhöhte Wahrscheinlichkeit, diese Krankheit zu bekommen. Der Beitrag beleuchtet zwei Aspekte in der Entwicklung und Vermarktung dieser neuen, bisher nur als kommerzielle „*Direct-to-consumer*"-Angebote verfügbaren Tests: Zum einen bezieht die sozio-technische Vision eines bevölkerungsweiten und vorschwangerschaftlichen Screenings (wird schon vor einer Schwangerschaft getestet, bestehen mehr „Optionen", die Geburt eines kranken Kindes zu vermeiden) ihre Plausibilität aus den Selbsthilfe-Initiativen spezifischer Betroffenengruppen, die sich aber kaum auf heterogene Bevölkerungen übertragen lassen. Zum anderen stützen sich die *Direct-to-consumer*-Angebote für ECS auf die Idee und Rhetorik einer personalisierten Medizin. Doch genetisches Wissen kann das Versprechen einer individuell maßgeschneiderten Präzisions-Medizin nur sehr begrenzt erfüllen und weist zudem eine „trans-individuelle" Dimension auf, die schnell in normative Konflikte führen kann.

Schlüsselbegriffe

Anlageträger-Screening; seltene Krankheiten; genetisches Wissen; sozio-technische Imagination; Selbsthilfe-Initiativen; personalisierte Medizin; Direct-to-consumer-Gentests.

1 Einleitung: Genetisches Screening als personalisierte Medizin und Bürgerforschung

„We all carry something – which is why we all need carrier screening." (Sequenom 2016) Es mag auf den ersten Blick paradox erscheinen, ausgerechnet ein genetisches Screening mit personalisierter Medizin oder „persönlicher Gesundheitsforschung" in Zusammenhang zu bringen. Denn medizinisches Screening wird, wie in der zitierten Aussage des US-amerikanischen Genlabors *Sequenom*, zumeist verstanden als eine organisierte Praxis, die sich unterschiedslos an alle Menschen aus einer mehr oder weniger großen sozialen Gruppe oder sogar einer ganzen Bevölkerung richtet. Differenziert wird dabei allenfalls nach sehr allgemeinen und „unpersönlichen" Kriterien wie Alter oder Geschlecht (Armstrong und Eborall 2012, S. 162). Zudem sind es häufig zentrale staatliche oder medizinische Institutionen, die solche tendenziell „großformatigen" Untersuchungen initiieren und organisieren, weshalb auch eine Verbindung mit Bürgerforschung (oder „Citizen Science") zunächst überraschend wirken mag. In diesem Beitrag möchte ich jedoch zeigen, dass sich dieser erste Anschein bei der „Erfindung" und Entwicklung einer in mehrfacher Hinsicht neuartigen Screening-Technologie, des erweiterten Anlageträger-Screenings (oder *Expanded Carrier Screening*), nicht bestätigt. Sehr kurz gesagt werden dabei Paare mit Kinderwunsch daraufhin getestet, ob beide Partner die genetische Anlage für die gleiche rezessiv vererbte Krankheit tragen, woraus für Kinder des Paares eine erhöhte Erkrankungswahrscheinlichkeit resultieren würde.

Diese genetische Diagnostik weist durchaus einige Berührungspunkte sowohl zur Idee einer personalisierten, individuell „maßgeschneiderten" Medizin als auch zu den Aktivitäten nicht-wissenschaftlicher Betroffenen-Gruppen auf: Zum einen ist *Expanded Carrier Screening* (*ECS*) bisher fast ausschließlich als kommerzielles „*Direct-to-consumer*"-(*DTC-*)Angebot über das Internet verfügbar. Diese Angebote bedienen sich nicht nur der Rhetorik der personalisierten Medizin, sondern zielen darüber hinaus – bemerkenswerterweise gerade aufgrund der Ausweitung ihrer Zielgruppe auf *alle* Menschen im reproduktionsfähigen Alter – auf individualisiertes, individuell relevantes Gesundheitswissen. Zum anderen stellt erweitertes Anlageträger-Screening nicht lediglich eine neue medizinische Technik im engeren Sinn dar, sondern impliziert auch neuartige *sozio-technische Nutzungsvisionen und -praktiken*. Bei der in den letzten rund zehn Jahren zu beobachtenden Herausbildung von *ECS* als spezifischer sozio-technischer Imagination haben Betroffenen- und Selbsthilfegruppen in unterschiedlicher Weise und in unterschiedlichen Phasen der Entwicklung eine nicht zu unterschätzende Rolle gespielt.

Im Folgenden möchte ich zunächst verdeutlichen, worin die Besonderheiten des bisher in der Öffentlichkeit wie in den Sozialwissenschaften noch kaum bekannten

Anlageträger-Screenings bestehen (Kap. 2) und wie sich dieses genetische Testverfahren seit den 1970er Jahren – unter Beteiligung auch von Selbsthilfe-Initiativen und Betroffenen-Gruppen – hin zum heutigen *DTC*-Angebot entwickelt hat (Kap. 3). Im 4. Kapitel werde ich genauer beleuchten, welche Berührungspunkte und Überschneidungen bestehen zwischen erweitertem Anlageträger-Screening einerseits, das sich gleichsam „flächendeckend" an alle Menschen oder Paare mit Kinderwunsch richtet, sowie personalisierter Medizin und individualisiertem Gesundheitswissen andererseits. In einem kurzen Fazit (5.) möchte ich zwei Aspekte hervorheben: Die marktgetriebene, individualisierende Etablierung von *ECS* macht die gesellschaftliche und politische Auseinandersetzung über den Nutzen und die Gefahren einer potentiell so folgenreichen Technologie keineswegs überflüssig, sondern, ganz im Gegenteil, zwingend notwendig. Überdies lässt das Beispiel Anlageträger-Screening sehr klar die Ambivalenzen, Grenzen und blinden Flecken einer vorgeblich personalisierten Medizin und eines persönlichen Gesundheits- und Körperwissens erkennen, das sich hauptsächlich auf genetische Analysen und Daten stützt.

2 Erweitertes Anlageträger-Screening: Konturen und Besonderheiten eines neuen genetischen Testverfahrens

Genetisches Anlageträger-Screening soll Paaren mit Kinderwunsch Kenntnis davon verschaffen, ob beide Partner, ohne dies zu wissen und in der Regel auch ohne ein eigenes Erkrankungsrisiko zu haben, Träger der genetischen Anlage für die gleiche, zumeist seltene, rezessiv vererbbare gesundheitliche Beeinträchtigung sind. In diesem Fall bestünde für jedes Kind des Paares eine 25-prozentige Wahrscheinlichkeit, von beiden Elternteilen jeweils die krankheits(mit)bedingende Mutation zu erhalten und mit, je nach Krankheit wiederum variierender Wahrscheinlichkeit, auch die Symptome zu entwickeln.[1] Die Geschichte dieser medizinischen Technologie reicht mehrere Jahrzehnte zurück: In den späten 1960er Jahren wurden erste Anlage-

---

1 Bei rezessivem Erbgang erkrankt eine Person nur dann, wenn sie auf *beiden* Chromosomensätzen die entsprechende genetische Mutation trägt, wenn sie diese also vom Vater *und* der Mutter „geerbt" hat. Dagegen haben sogenannte „heterozygote" Anlageträgerinnen und Anlageträger, die nur auf einem Chromosom die rezessive Mutation aufweisen, üblicherweise keine Krankheitssymptome und wissen deshalb meistens nicht, dass sie diese Anlage tragen. Auch „homozygote" Personen (mit zwei genetischen Mutationen) müssen jedoch nicht zwangsläufig erkranken; bei nicht wenigen Erkrankungen treten nur bei einer Minderheit auch der Homozygoten Symptome auf.

trägertests für einzelne rezessiv vererbte Krankheiten entwickelt; in der Folgezeit begann man in verschiedenen Ländern oder Bevölkerungsgruppen, auf bestimmte Anlageträgerschaften zu testen, für die bei einer Person oder einem Paar aufgrund der familiären Vorgeschichte oder ethnischen Zugehörigkeit eine erhöhte Wahrscheinlichkeit bestand (vgl. unten Kap. 3). Etwa seit dem Jahr 2009 können jedoch aufgrund technischer Weiterentwicklungen in der Gen- und Genomanalyse mehrere Hundert genetische Anlagen für seltene rezessiv vererbbare Krankheiten zu relativ geringen Kosten in einem einzigen Testvorgang erfasst werden. Dieses *erweiterte (expanded)* Anlageträger-Screening wird derzeit fast nur von kommerziellen Unternehmen über das Internet angeboten; allerdings ist 2016 in den Niederlanden ein erster Modellversuch gestartet worden, bei dem ECS als öffentliche Gesundheitsdienstleistung zur Verfügung gestellt wird (Plantinga et al. 2016).

Kennzeichnend für erweitertes Anlageträger-Screening ist eine dreifache markante Expansion bisheriger Modelle und Routinen vorgeburtlicher genetischer Diagnostik:

- Erstens werden *alle* Paare mit Kinderwunsch, auch ohne Hinweise auf erhöhte oder schon bekannte Risiken, zur Zielgruppe genetischer Überprüfung und Risikokontrolle (Wehling 2014): „We all carry something" – anscheinend ist fast jeder Mensch, in der Regel ohne davon zu wissen, Anlageträgerin oder Anlageträger für mindestens eine von geschätzt mehreren Tausend rezessiv vererblichen Erkrankungen. Deshalb besteht bei *jedem* Paar ein wenngleich statistisch zumeist relativ geringes Risiko, dass beide Partner die Anlage für die *gleiche* Krankheit oder Behinderung tragen. Ob dies der Fall ist, kann durch Anlageträger-Screening festgestellt oder ausgeschlossen werden (wobei ein „Restrisiko" aufgrund der niemals vollständig zu beseitigenden Testungenauigkeit bestehen bleibt). Damit das Screening aussagekräftig ist, müssen der Mann und die Frau getestet werden oder – bei gleichgeschlechtlichen Paaren mit Kinderwunsch – jeweils der Samenspender beziehungsweise die Eizellspenderin.
- Zweitens wird die genetische Risikovorsorge und -verantwortung in bisher ungekannter Weise auf die Zeit schon *vor* einer Schwangerschaft ausgedehnt. Auf die rezessiven genetischen Anlagen soll aus Sicht der Medizin wie auch der Bioethik idealerweise bereits vorschwangerschaftlich („präkonzeptionell") getestet werden. Dies verspreche dem Paar bei einem positiven Screening-Befund mehr „reproduktive Optionen", um das Risiko vermeiden zu können, ein Kind mit einer rezessiv vererbten Erkrankung zu bekommen.[2] Zu diesen Optionen

---

2 Selbstverständlich kann ein positives Screening-Ergebnis von dem betroffenen Paar auch zur Vorbereitung auf eine mögliche Erkrankung seines Kindes und die dann

gehören (neben der Trennung des Paares): der Verzicht auf Kinder, Adoption, Samen- oder Eizellspende sowie In-vitro-Fertilisation mit anschließender Präimplantationsdiagnostik (PID) und Einsetzung eines genetisch nicht-beeinträchtigten Embryos. Bei einem Screening erst während einer Schwangerschaft ist dagegen „nur" Pränataldiagnostik (PND) des Fötus mit eventuell folgendem Schwangerschaftsabbruch möglich. An dieser Stelle wird bereits deutlich, dass Anlageträger-Screening nicht nur eine neue genetische Technologie darstellt, sondern auch neue soziale Praktiken, vor allem spezifische Organisationsformen und Modelle des Testens impliziert: Wann soll getestet werden, und wie erreicht und motiviert man die Individuen oder Paare schon vor einer Schwangerschaft? In welcher zeitlichen Abfolge wird getestet: Mann und Frau gleichzeitig – oder zunächst nur eine der beiden Personen (wenn ja, welche?) und erst bei einem positiven Ergebnis (also einer festgestellten Anlageträgerschaft) auch die jeweils andere? Wie soll das Ergebnis mitgeteilt werden: Soll jede Person individuell über alle ihre Anlageträgerschaften in Kenntnis gesetzt oder lediglich das Paar darüber informiert werden, ob beide Partner eine *gemeinsame* Anlageträgerschaft haben? Im Hinblick auf diese Fragen haben Selbsthilfe-Initiativen eine wichtige Rolle gespielt, indem sie „funktionierende" soziale Praktiken und Modelle entwickelt und so, wenn auch nicht unbedingt beabsichtigt, Vorstellungen von der gesellschaftlichen „Machbarkeit" von *ECS* befördert haben (vgl. Kap. 3).

- Drittens wird der Interventionsbereich medizinischer Prävention und Selektion (zumindest potentiell) auf eine sehr große Zahl von genetischen Anlagen und Erkrankungen ausgeweitet. Die derzeit umfassendsten auf dem Markt verfügbaren Screening-Angebote testen auf die rezessiven Anlagen für mehr als 600 unterschiedliche Krankheiten oder Behinderungen. Darunter sind nicht nur sehr schwere, früh ausbrechende und bisher unheilbare Erkrankungen, sondern auch zahlreiche variabel und relativ milde verlaufende oder gut behandelbare oder erst im Erwachsenenalter auftretende gesundheitliche Beeinträchtigungen, so etwa Hämochromatose und Phenylketonurie.[3] Es ist nicht überraschend,

---

einzuleitenden therapeutischen Maßnahmen genutzt werden. Wie Erfahrungen aus anderen Bereichen vorgeburtlicher Diagnostik, etwa die Untersuchung auf Trisomie 21 („Down-Syndrom"), erwarten lassen, würden viele Elternpaare vermutlich jedoch präventive Maßnahmen ergreifen. In welcher Weise ihre Entscheidung durch die Art, Schwere und medizinische wie mediale Darstellung der prognostizierten Erkrankung beeinflusst werden würde, ist für viele der im Screening erfassten Gesundheitsbeeinträchtigungen bisher kaum vorhersehbar.

3   Hämochromatose (Eisenspeicherkrankheit) ist eine überwiegend erst im vierten Lebensjahrzehnt auftretende Störung des Eisen-Stoffwechsels, die häufig relativ mild oder sogar ganz ohne Symptome verläuft und mit regelmäßigen Blutentnahmen gut

dass dies eine ganze Reihe offener politischer, normativer sowie rechtlicher Fragen und Streitpunkte aufwirft, auf die ich in diesem Beitrag nicht detailliert eingehen kann (vgl. dazu Wehling 2014). Hierzu gehört vor allem die Frage, ob die Liste der zu testenden Anlagen begrenzt werden kann und soll, und falls ja, nach welchen Kriterien und von welchen Institutionen. Außerdem stellen sich komplizierte organisatorische Probleme, etwa wie angesichts der enormen Zahl von erfassten Erkrankungen eine angemessene medizinisch-genetische Beratung bereits *vor* dem Test (als Bedingung einer „informierten Zustimmung") gewährleistet werden könnte. Andererseits kann der Umfang eines Screening-Panels ein wichtiges Vermarktungs- und Verkaufsargument darstellen, denn je mehr Anlagen getestet werden, desto mehr *„carrier"* und *„carrier couples"* werden identifiziert – und desto größer ist bei einem *negativen* Befund scheinbar der Gewinn an Sicherheit für ein Paar. Deshalb ist keineswegs auszuschließen, dass manche Anbieter die Zahl der im Screening erfassten Anlagen zukünftig sogar noch erhöhen werden.

Schon diese knappen Erläuterungen machen deutlich, dass und inwiefern erweitertes Anlageträger-Screening in verschiedener Hinsicht über die bisherigen Praktiken vorgeburtlicher genetischer Testung hinausgeht. Die durch diese neue genetische Diagnostik aufgeworfenen Fragen sind nicht nur medizinischer und im engeren Sinne technischer Natur (Zuverlässigkeit der Tests etc.); sie bergen vielmehr nicht zu unterschätzende gesellschaftliche Konfliktpotentiale. So kann die Frage nach dem Zeitpunkt des Screenings (*vor* oder *während* der Schwangerschaft?) von erheblicher politischer Brisanz sein. Dies zeigt die Ablehnung von *Carrier Screening* in Teilen der US-amerikanischen Bevölkerung, die mit dem Argument begründet wird, die Zahl der Schwangerschaftsabbrüche könnte in die Höhe getrieben werden. Die dadurch motivierten Widerstände waren anscheinend so stark, dass der Genetiker Stephen Kingsmore, der maßgeblich an der Entwicklung eines sehr umfassenden Anlageträger-Screenings beteiligt war (vgl. Kap. 3), sich inzwischen von diesem Vorhaben distanziert hat und den entsprechenden Test nur noch postnatal zur Aufklärung unklarer Krankheitssymptome bei Kindern einsetzt. In einem Interview im September 2012 erklärte Kingsmore: „Nun, in Kansas-City, wo ich jetzt arbeite, wäre für die Bevölkerung kein medizinisches Verfahren akzeptabel, das zu einer Abtreibung führen könnte. Das wäre ja möglich, wenn die Paare erst nach der Zeugung, aber noch vor der Geburt von ihren Erbanlagen erfahren." (Kingsmore 2012)

---

behandelt werden kann. Phenylketonurie (PKU), ebenfalls eine Stoffwechselstörung, ist in vielen Ländern ins Neugeborenen-Screening einbezogen und kann durch eine Spezialdiät praktisch symptomfrei therapiert werden.

3 Die Erfindung des Anlageträger-Screenings und die Rolle von Selbsthilfe-Initiativen

Die Technologie und sozio-technische Vision des (erweiterten) Anlageträger-Screenings hat sich seit den 1970er Jahren, nicht zuletzt unter Beteiligung von Selbsthilfe-Initiativen, schrittweise herausgebildet. Bevor ich dies näher erläutere, möchte ich in aller Kürze einige Bemerkungen zur Rolle von Patienten- und Selbsthilfegruppen in und für die medizinische Forschung und Technikentwicklung vorausschicken, sowohl um einem verkürzten Verständnis von Bürgerforschung und *Citizen Science* vorzubeugen als auch um die Besonderheiten und Ambivalenzen der Beteiligung zivilgesellschaftlicher Gruppierungen im Fall des Anlageträger-Screenings deutlich zu machen.

Auch (und vielleicht sogar gerade) in der neuerdings „boomenden" Diskussion um *Citizen Science* wird der (als legitim geltende) Beitrag von Selbsthilfeorganisationen oder einzelnen Bürgerinnen und Bürgern zu Forschung und Technikentwicklung häufig noch immer auf die Bereitstellung von zusätzlichen Daten oder ergänzendem lokalem Faktenwissen verengt. Insektenzählung durch „Laien" oder die Freigabe von Patientendaten oder -testmaterialien (Blut-, Gewebeproben etc.) für die „professionelle" Wissenschaft können als das Ideal dieser Auffassung von bürgerschaftlicher oder zivilgesellschaftlicher „Forschungs"-Aktivität gelten (vgl. Finke 2014, S. 15ff.; Dickel und Franzen 2015, S. 337ff.). Doch diese instrumentelle, untergeordnete Zuarbeit stellt nur einen, oft sogar marginal bleibenden Aspekt von zivilgesellschaftlichen Forschungen und wissenschaftspolitischen Aktivitäten dar. Gerade im Bereich der Medizin können Patientenorganisationen und Selbsthilfegruppen eine weit darüber hinausgehende Bedeutung für die Entwicklung und Ausrichtung, aber auch die Kritik und Begrenzung medizinischer Forschung und Technikentwicklung gewinnen. Solche Gruppierungen spielen oft eine wichtige Rolle bei der Formulierung von Forschungsfragen und -prioritäten, beim Aufdecken von Wissenslücken, bei der Initiierung und Finanzierung von (nicht selten unorthodoxen und eigenständigen) Forschungsprojekten, bei der normativen Bewertung und epistemischen oder methodischen Kritik von Forschungen und Forschungszielen sowie bei Bestrebungen zur „Medikalisierung" oder „Demedikalisierung" bestimmter gesundheitlicher Beeinträchtigungen, Verhaltens- und Lebensweisen (vgl. Frickel et al. 2010; Wehling et al. 2015b sowie die Fallstudien in Hoffman et al. 2011; Brown et al. 2012; Wehling et al. 2015a). Das Verhältnis zwischen wissenschaftlich engagierten Betroffenen-Gruppen und der etablierten Wissenschaft ist dementsprechend keineswegs immer durch Harmonie und Konsens bestimmt, sondern oft von Konflikten und grundlegendem Dissens geprägt – ohne dass dies, anders als der etablierte Diskurs um *Citizen Science* suggeriert (z. B. BMBF 2016), den Wert und die Legitimität zivilgesellschaftlicher Wissenschaftsaktivitäten *per se* beeinträchtigen würde (Hess 2011; Wehling und Viehöver 2015).

Am Beispiel des Anlageträger-Screenings wird ein weiterer wichtiger Aspekt und Effekt zivilgesellschaftlicher Aktivitäten in Forschung und Technikentwicklung sichtbar. Hier lässt sich beobachten, wie Selbsthilfeinitiativen betroffener sozialer Gruppen, teils eher unbeabsichtigt, teils bewusst, zur gesellschaftlichen „Einbettung" und Etablierung einer neuen biomedizinischen Technologie beitragen. In erster Linie stellen sie dabei den Akteuren sowohl der medizinischen Forschung als auch deren praktischer Umsetzung differenzierte soziale oder sozio-technische Praxismodelle zur Verfügung. Erst diese lassen eine erfolgreiche gesellschaftliche, auch kommerzielle, Nutzung der technologischen Neuerung, in diesem Fall der enorm erweiterten Möglichkeiten von Gen- und Genomanalyse, überhaupt denkbar und realisierbar erscheinen.

Das medizinische Wissen um rezessive Vererbung und heterozygote Anlageträgerschaft ist nicht neu; doch erst seit den späten 1960er Jahren erlaubte es die Entwicklung von ersten Testverfahren in den USA, bei Menschen die genetische Anlage für eine bestimmte rezessiv vererbte Krankheit bereits vor der Geburt eines daran erkrankten Kindes festzustellen. Weil die Eltern selbst keine Symptome aufwiesen und aufgrund der Seltenheit der meisten rezessiv vererbten Krankheiten auch nur in wenigen Fällen Hinweise aus der Familiengeschichte existierten, konnte bis dahin lediglich „nachträglich" aus der Geburt eines betroffenen Kindes erschlossen werden, dass beide Elternteile die entsprechende genetische Anlage tragen. Mit der Verfügbarkeit von Testverfahren wurden Anlageträger und Anlageträgerinnen (oder „Heterozygoten") als eine neue soziale Personenkategorie konstituiert (Wailoo 2003). Es war vor allem ihr Reproduktionsverhalten, das zum Thema von Medizin und Gesundheitspolitik wurde. Schon bald wurden erste Screening-Verfahren entwickelt und erprobt, sie zielten auf Bevölkerungsgruppen, in denen bestimmte rezessiv vererbte Erkrankungen, und damit auch die entsprechenden Anlageträgerschaften, vergleichsweise häufig waren. Dies galt vor allem für Juden mittel- und osteuropäischer Herkunft (Ashkenazi-Juden), unter denen die Anlageträgerschaft für die bis heute unheilbare und tödlich verlaufende Tay-Sachs-Krankheit (*Tay-Sachs Disease, TSD*) relativ verbreitet ist (ungefähr jede 30. Person ist *Carrier*), sowie für Afro-Amerikaner vor allem ursprünglich westafrikanischer Herkunft, unter denen rund jede zehnte Person die Anlage für die äußerst schmerzhafte Blutkrankheit Sichelzell-Anämie (*Sickle Cell Disease, SCD*) trägt.[4] In beiden Fällen spielten Selbsthilfe-Initiativen innerhalb der betrof-

---

4 Auf Zypern (sowie in anderen Mittelmeer-Ländern) wurde einige Jahre später ein für heiratswillige Paare mehr oder weniger obligatorischer Test auf Anlageträgerschaft für

fenen Gruppen eine wichtige Rolle für die Initiierung und/oder Gestaltung der Screening-Programme, die gleichwohl einen höchst unterschiedlichen Verlauf nahmen. Die Anfänge des Screenings auf die Anlageträgerschaft für *SCD* in den frühen 1970er Jahren wurden wesentlich durch die „Black Panther Party" geprägt, eine radikale afro-amerikanische Emanzipationsbewegung (vgl. Duster 2003; Nelson 2011). Diese thematisierte die Sichelzell-Anämie als bis dahin von der etablierten Medizin und Gesundheitspolitik weitgehend vernachlässigte „schwarze" Krankheit und bot sowohl medizinische Aufklärung als auch selbstorganisiertes, kostenloses Anlageträger-Screening für potentiell Betroffene an. In der Folgezeit griffen staatliche Institutionen sowie („weiße") Wohltätigkeitsorganisationen diese Initiative auf und legten eigene Screening-Programme auf. Einige US-Bundesstaaten machten das Screening für Schwarze sogar obligatorisch, und teilweise wurden bereits sechsjährige Schulkinder auf die *SCD*-Anlage getestet (Duster 2003, S. 47ff.). Auch war zu diesem Zeitpunkt noch keine Pränataldiagnostik für *SCD* verfügbar, so dass ein Schwangerschaftsabbruch als Möglichkeit ausschied, die Geburt eines kranken Kindes zu verhindern. Nicht selten wurden die afro-amerikanischen Anlageträger daher aufgefordert, aus Gründen der Prävention ganz auf Kinder zu verzichten, was von vielen Schwarzen als rassistische Diskriminierung empfunden wurde (vgl. Wailoo 2001, S. 226f.). Nicht zuletzt aufgrund der an diesen Punkten aufbrechenden politischen Konflikte scheiterten die Ansätze zu einem umfassenden *SCD*-Screening, ein Scheitern, das umso mehr die Bedeutung eines akzeptierten, tragfähigen Sozialmodells unterstreicht.

Das ebenfalls um 1970 begonnene Screening-Programm für die Tay-Sachs-Anlageträgerschaft unter der ashkenazi-jüdischen US-Bevölkerung war hingegen grundsätzlich freiwillig und wurde in enger Kooperation mit den jüdischen Gemeinschaften entwickelt und umgesetzt. Die Beteiligung der Zielgruppe, vor allem junge Paare im reproduktionsfähigen Alter, war trotz (und gerade wegen) der Freiwilligkeit sehr hoch. Anders als bei *SCD* existierte zudem die Möglichkeit zur pränatalen Diagnostik und damit zum Schwangerschaftsabbruch, falls der Fötus von den Eltern zwei krankheitsauslösende Mutationen erhalten hatte. In der Folge konnte die Zahl der mit TSD geborenen Kinder unter der ashkenazi-jüdischen Bevölkerung in den USA (und später auch in anderen Ländern) um rund 90 Prozent reduziert werden. Später wurde der Test auf bis zu 19 Krankheiten ausgeweitet, deren Anlageträgerschaft unter Ashkenazi-Juden verbreiteter ist als in der Gesamtbevölkerung.

---

die dort recht weit verbreitete Blutkrankheit Beta-Thalassämie eingeführt (Beck 2006; Cowan 2009; Hadjiafxenti und Neitzke 2017).

Das *TSD*-Screening unter den Ashkenazi-Juden (und in geringerem Maß auch das Screening auf Beta-Thalassämie auf Zypern) gilt bis heute als erfolgreiches Modell und Vorbild für andere Screening-Verfahren; es hat erheblich dazu beigetragen, dass die Idee erweiterter, bevölkerungsweiter Anlageträger-Tests überhaupt plausibel erscheinen konnte. Bemerkenswerterweise war dieses Screening-Modell jedoch für einen bestimmten Teil der Zielgruppe, nämlich die ultra-orthodoxen Juden, nicht praktikabel, da Schwangerschaftsabbrüche für diese Gruppe aus religiösen Gründen nicht zu akzeptieren sind. Deshalb wurde in den 1980er Jahren, zunächst wiederum in den USA, unter dem Namen *Dor Yeshorim* von Betroffenen ein eigenständiges Screening-Programm entwickelt, das in besonderer Weise auf die sozialen Praktiken und religiösen Auffassungen der Ultra-Orthodoxen zugeschnitten ist. Die Anlageträger-Tests werden zumeist noch während der Schulzeit an Jugendlichen und jungen Erwachsenen vorgenommen, das Ergebnis wird ihnen jedoch nicht mitgeteilt, sondern bei der *Dor Yeshorim*-Organisation mit einer Code-Nummer versehen und gespeichert. Bei ultra-orthodoxen Juden werden Ehen in der Regel durch einen Heiratsvermittler (*matchmaker*) angebahnt und von den Familien arrangiert. Dabei wird – idealerweise zu Beginn des Prozesses – bei *Dor Yeshorim* abgefragt, ob das vorgesehene Paar auch genetisch „zusammenpasst". Auch jetzt werden den beiden potentiellen Ehepartnern nicht ihre individuellen Anlageträgerschaften bekannt gegeben, vielmehr wird „nur" darüber informiert, ob eine Heirat nach Abgleich der Screening-Ergebnisse „empfehlenswert" oder (wenn beide die gleiche Anlage tragen) „nicht empfehlenswert" ist. Im letzteren Fall kommt die geplante Verbindung in aller Regel nicht zustande, und die beiden Beteiligten beziehungsweise deren Familien beginnen, nach neuen Partnern Ausschau zu halten. Auch wenn die Heirat empfohlen wird, schließt dies somit nicht aus, dass einer der beiden Partner dennoch die Anlage für Tay-Sachs (oder eine andere Krankheit) trägt. Es wird jedoch nicht mitgeteilt, ob dies der Fall ist und wenn ja, wer von beiden betroffen ist. Das Motiv dafür, lediglich über die genetische „Kompatibilität" des Paares, nicht aber über die individuellen Screening-Befunde zu informieren, liegt in dem Bemühen, Anlageträgerinnen und Anlageträger vor Stigmatisierung und Diskriminierung zu schützen.[5]

---

5   Auch bei *Dor Yeshorim* scheint allerdings die tatsächliche soziale Praxis in wichtigen Punkten von dem vorgesehenen Ablauf abzuweichen (Raz und Vizner 2008; Raz 2009). So wird die Abfrage der genetischen „Kompatibilität" häufig erst dann vorgenommen, wenn alle übrigen Aspekte der Eheschließung bereits abgeklärt sind. Kommt die Verbindung dann doch nicht zustande, kann schnell der Verdacht einer genetischen Anlageträgerschaft oder Erkrankung in den beiden Familien aufkommen und – gegen die Absicht der Organisation – in Diskriminierung und Stigmatisierung münden.

Unabhängig davon, wie man dieses Screening-Verfahren bewerten mag,[6] lässt sich nicht bestreiten, dass es hervorragend auf die spezifischen Lebensformen und kulturell-religiösen Normen der Ultra-Orthodoxen abgestimmt ist. Die Beteiligung liegt dementsprechend bei mehr als 95 Prozent, und seit Beginn des Programms werden kaum noch Kinder mit *TSD* oder anderen im Screening erfassten Krankheiten geboren (Raz 2009, S. 115). *Dor Yeshorim* ist das wohl prägnanteste Beispiel dafür, wie entscheidend ein „funktionierendes" Sozialmodell für den medizinischen „Erfolg" von Anlageträger-Screening ist – aber auch dafür, wie komplex und voraussetzungsreich ein solches Modell sein kann. Zudem ist es, neben dem Beta-Thalassämie-Programm auf Zypern, der wohl konsequenteste Versuch, das Screening bereits vor einer Schwangerschaft und sogar schon vor einer Eheschließung zu organisieren. Vermutlich hat *Dor Yeshorim* deshalb, trotz aller offensichtlichen kulturellen Einzigartigkeit, die Vorstellung von der grundsätzlichen „Machbarkeit" eines *vorschwangerschaftlichen* genetischen Screenings in nicht geringem Maße mit beeinflusst.

Ein sehr kontrovers diskutierter und nicht zuletzt für die Frage nach dem persönlichen Gesundheitswissen bedeutsamer Aspekt von *Dor Yeshorim* ist die Praxis der restriktiven Ergebnismitteilung an die Betroffenen, die sich als eine Politik des selektiven Wissens und Nichtwissens charakterisieren lässt. Einige sozialwissenschaftliche Beobachterinnen erkennen hierin eine begrüßenswerte Abkehr von der bislang dominierenden individualisierenden Zuschreibung genetischer Verantwortung sowie die Herausbildung des Paares als neuer „Handlungseinheit" im Umgang mit reproduktiven genetischen Risiken: „genetic couplehood" statt „genetic self-hood" (Prainsack und Siegal 2006). Rechnung getragen werde dabei auch dem Umstand, dass das *individuelle* Wissen über den je eigenen „carrier status" keine medizinische Relevanz habe, weshalb einer Tendenz zum „Zu-viel-Wissen" begegnet werden müsse (Prainsack und Siegal 2006, S. 32). Kritiker heben demgegenüber hervor, gerade durch eine Politik der Geheimhaltung und des Nichtwissens werde die Tatsache der Anlageträgerschaft als etwas Negatives abgestempelt. Dies falle besonders ins Gewicht, wenn der angestrebte Schutz vor Stigmatisierung nicht wirklich gewährleistet werden könne. Dem könne nur durch eine Politik der Offenlegung entgegengewirkt werden, die signalisiere, dass es „nichts Schlimmes" sei, Anlageträgerin oder Anlageträgerin zu sein (Raz und Vizner 2008; Raz 2009). Ohne hier auf diese Kontroverse weiter eingehen zu können, lässt sie in jedem Fall erkennen, wie sehr Art und Ausmaß des „Willens zum Wissen" (Foucault 1977)

---

6 Als problematisch erscheinen beispielsweise der starke soziale Druck zur Teilnahme, die Testung von möglicherweise noch minderjährigen Jugendlichen sowie die direktive Form der Empfehlung an ein heiratswilliges Paar.

sozial und kulturell geprägt sind; offensichtlich wird nicht in allen kulturellen Kontexten im *individuellen, personalisierten* genetischen Wissen der Schlüssel zu Autonomie und Wohlergehen gesehen.

Unübersehbar ist jedoch auch, dass die spezifischen Praktiken und Handlungsmotive von *Dor Yeshorim* schwerlich auf andere Bevölkerungsgruppen oder gar „ganze" Gesellschaften übertragen werden können. In abgeschwächter Form gilt dies auch für das Screening auf Tay-Sachs (und andere rezessive Erkrankungen) unter der „nicht-orthodoxen" jüdischen Bevölkerung. Denn auch hier hat man es mit einer durch Religion, Geschichte und die (unterstellte) gemeinsame ethnische Herkunft verbundenen Gruppe zu tun, die zudem hochgradig motiviert zur Teilnahme am Screening war und ist (vgl. Wailoo und Pemberton 2006). Umso bemerkenswerter, dass die Initiatoren und Protagonisten eines radikal erweiterten, tendenziell auf die gesamte Bevölkerung ausgedehnten Screenings auf Hunderte von rezessiven Erkrankungen als Referenz für die Realisierbarkeit immer wieder auf das erfolgreiche *TSD*-Screening verweisen.[7] Häufig wird suggeriert, die Etablierung eines derart ausgeweiteten, als „universell" oder „pan-ethnisch" bezeichneten Screenings stelle lediglich eine rein quantitative Maßstabsvergrößerung, ein „scaling up" des Tay-Sachs-Programms dar. Eine Autorengruppe des 2007 gegründeten US-amerikanischen Labors *Counsyl*, das 2009 eines der ersten *DTC*-Angebote für erweitertes Anlageträger-Screening auf den Markt brachte, erklärte ganz in diesem Sinne: Der sogenannte „Universal Carrier Test" des Unternehmens „allows the scaling up of the successful campaign against Tay-Sachs disease to screen the general population (...) for a wide variety of preventable genetic diseases. (...) (B)y shifting as much testing as possible to the preconception stage rather than prenatal stage, more preventive options become available. Because preconception testing simultaneously reduces the number of terminations while expanding choice, it has the potential to be a significant milestone for reproductive health and women's rights." (Srinivasan et al. 2010, S. 548). Mit dem letzten Satz des Zitats beziehen sich die *Counsyl*-Autoren faktisch, wenngleich unausgesprochen, auf das Beispiel von

---

7   Wenig überraschend ist dagegen, dass die in mehrfacher Hinsicht gescheiterten Versuche, in den USA ein Screening auf die Anlageträgerschaft für Sichelzell-Anämie zu etablieren, im aktuellen Diskurs um die Möglichkeiten von *ECS* keinerlei Beachtung und Erwähnung finden. Im Jahr 1990, als in den USA die Einführung eines Screening-Angebots auf Mukoviszidose für die gesamte Bevölkerung diskutiert wurde, war hingegen nicht nur der Fehlschlag des *SCD*-Screenings anscheinend noch präsenter (Roberts 1990), es wurden auch skeptische Fragen zur Organisation eines vorschwangerschaftlichen und bevölkerungsweiten Anlageträger-Screenings gestellt, die bis heute unbeantwortet sind: „The goal is to test people before they conceive, while they still have a number of options. But how do you reach them beforehand?" (Roberts 1990, S. 19)

Dor Yeshorim als Modell für vorschwangerschaftliches Testen *und* die gleichzeitige Vermeidung von Schwangerschaftsabbrüchen.[8] Ein „scaling up" sogar dieses kulturell äußerst spezifischen Modells auf die allgemeine Bevölkerung wird damit als möglich und realistisch unterstellt.

Auch für die Idee, das Tay-Sachs-Screening in doppelter Hinsicht auszuweiten, nämlich sowohl auf eine große Zahl von Krankheiten als auch auf die gesamte Bevölkerung, hat eine Selbsthilfe-Initiative wesentliche Impulse gegeben. Die im Jahr 2008 von einem persönlich betroffenen Elternpaar gegründete *Beyond Batten Disease Foundation* (*BBDF*)[9] hat den bereits erwähnten Genetiker Stephen Kingsmore motiviert, einen derartigen Test zu entwickeln, und ihn dabei auch finanziell gefördert. Wiederum werden die gesellschaftlichen Erfolgschancen eines radikal erweiterten Anlageträger-Screenings mit dem Hinweis auf das Tay-Sachs-Programm begründet. In einem Zeitungsartikel aus dem Jahr 2011 erläuterte Craig Benson, einer der Gründer von *BBDF*: „So we established the foundation to raise money for researchers to develop a cure and a test to screen for the genetic mutations that cause Batten disease and more than 600 other serious – and often fatal – conditions that kids can inherit. The hope with the test is to eliminate these devastating diseases in future generations. *This strategy has proved successful on a small scale with Tay-Sachs disease.*" (Ball und Benson 2011 – Hervorhebung hinzugefügt). Diese Initiative persönlich betroffener Eltern hat den Versuchen, ein auf Hunderte von Erkrankungen und auf die gesamte Bevölkerung ausgeweitetes Screening zu entwickeln und zu etablieren, sicherlich zusätzliche Schubkraft sowie eine gewisse soziale und moralische Legitimität verliehen.[10] Der von Kingsmore mit Unterstützung von *BBDF* entwickelte umfassende Carrier-Test ist inzwischen

---

8   Blickt man auf das Beta-Thalassämie-Screening auf Zypern, ergibt sich ein anderes Bild: Zwar handelt es sich auch hierbei um ein vorschwangerschaftliches und voreheliches Screening, doch trägt es nicht *per se* zu einer Reduzierung von Schwangerschaftsabbrüchen bei. Die überwiegende Mehrzahl der zypriotischen Paare heiratet vielmehr auch dann, wenn beide Partner Anlageträger sind; um die Geburt eines kranken Kindes zu vermeiden, wird in der Regel auf Pränataldiagnostik und gegebenenfalls Abbruch der Schwangerschaft zurückgegriffen (Prainsack und Siegal 2006, S. 28ff.; Hadjiafxenti und Neitzke 2017, S. 18ff., S. 68ff.). Die Zahl der Abtreibungen kann durch das voreheliche *Carrier Screening* somit sogar erhöht werden.

9   Bei der fünfjährigen Tochter des Paares war Neuronale Ceroid Lipofuszinose (NCL) oder *Batten Disease* diagnostiziert worden, eine bisher unheilbare und tödlich verlaufende neurodegenerative Erkrankung, die rezessiv vererbt wird und in den meisten Fällen schon im Kindes- oder Jugendalter auftritt.

10 Dass die Aktivitäten und Ziele von *BBDF* (etwa dasjenige der „Eliminierung" rezessiv vererbter gesundheitlicher Beeinträchtigungen) keineswegs gänzlich unproblematisch sind, habe ich an anderer Stelle dargestellt (Wehling 2015a).

zwar im technischen Sinn offenbar einsatzreif, wird aber, wie erwähnt, aufgrund moralisch oder religiös motivierter Widerstände derzeit nicht für präkonzeptionelles oder pränatales Anlageträger-Screening verwendet (Kingsmore 2012).

Dieses Beispiel unterstreicht, dass sich in den USA (und anderswo) bisher kein bevölkerungsweit hinreichend akzeptiertes Nutzungsmodell herausgebildet hat. Es ist deshalb kein Zufall, dass *ECS* derzeit fast nur als kommerzielles *DTC*-Angebot über das Internet verfügbar ist, so dass faktisch der (nur schwach regulierte) Markt als individualisiertes und individualisierendes Sozialmodell für Anlageträger-Screening fungiert: Wer *ECS* nutzen will, ob vor oder während einer Schwangerschaft, kann „frei" und individuell aus den verschiedenen Angeboten wählen und entscheidet damit auch über die Zahl der getesteten Anlagen. Diese variiert je nach anbietendem Labor sehr stark, zwischen weniger als 100 bis zu 600, in der Regel ohne dass medizinische oder andere Kriterien für die Auswahl mitgeteilt würden. Demgegenüber hatten die beiden zuständigen US-amerikanischen medizinischen Fachgesellschaften *American College of Medical Genetics (ACMG)* und *American Congress of Obstetricians and Gynecologists (ACOG)* ein bevölkerungsweites Anlageträger-Screening lange Zeit lediglich für zwei Krankheiten empfohlen, nämlich Mukoviszidose/Cystische Fibrose (*CF*) und Spinale Muskelatrophie (*SMA*) (nur *ACMG*). Durch die kommerziellen *DTC*-Angebote sehen sich die US-Fachgesellschaften ebenso wie die *European Society for Human Genetics* allerdings veranlasst, sich mit möglichen Rahmenbedingungen einer „verantwortlichen Implementation" von *ECS* zu beschäftigen (Edwards et al. 2015; Henneman et al. 2016; ACOG Committee on Genetics 2017).[11] Entscheidende Fragen, wie die Zahl und Auswahl der zu testenden Anlagen, der Sinn bevölkerungsweiter Angebote oder die genetische Beratung potentieller Nutzerinnen und Nutzer, blieben gleichwohl weiterhin offen und umstritten. Solange es den Anbietern primär um Marktanteile und Verkaufszahlen geht, dürfte eine verbindliche Klärung und Festlegung für sie kaum Priorität besitzen. Doch inwiefern weisen *ECS*-Angebote, die auf die *gesamte* Bevölkerung im reproduktionsfähigen Alter zielen, Berührungspunkte zu personalisierter Medizin und individualisiertem Gesundheitswissen auf?

---

11 Mittlerweile hat die Genetik-Kommission von *ACOG* auch erweitertes und pan-ethnisches Anlageträger-Screening als „acceptable" bewertet und sogar ein eigenes *ECS*-Panel entwickelt, das allerdings „nur" 22 Erkrankungen umfasst (ACOG Committee on Genetics 2017).

4 Personalisiertes Gesundheitswissen durch Anlageträger-Screening?

Es sind vor allem zwei eng miteinander verknüpfte Aspekte, anhand derer sich Überschneidungen der *DTC*-Angebote für erweitertes Anlageträger-Screening mit der Idee und Rhetorik personalisierter Medizin erkennen lassen: Zum einen, so wird von *ECS*-Verfechtern vorgebracht, verfehle das bisherige, auf ethnische Zugehörigkeiten und einzelne Erkrankungen zugeschnittene „targeted screening" die singulären, vielschichtigen und uneindeutigen Abstammungsverhältnisse der Individuen in den heutigen multi-ethnischen Gesellschaften (a). Zum anderen soll das Wissen um die je eigenen genetischen Anlageträgerschaften den Individuen und vor allem den Paaren zu ganz „persönlichen", gleichsam maßgeschneiderten Reproduktionsentscheidungen verhelfen (b).

a) In scheinbar paradoxer Weise ist es gerade die „pan-ethnische" *Ausweitung* und *Verallgemeinerung* des Anlageträger-Screenings, die gleichzeitig eine Individualisierung und Personalisierung des genetischen Wissens ermöglichen soll. Denn sowohl die uneindeutig werdende ethnische Zugehörigkeit und damit verbundene Beschränkung auf bestimmte genetische Krankheitsanlagen als auch die bei rezessiven Erkrankungen „trügerische" Familiengeschichte könnten die genetische „Wahrheit" und „Einzigartigkeit" des Individuums verdecken. So argumentieren beispielsweise Gabriel Lazarin und Imran Haque (beide beschäftigt beim ECS-Anbieter *Counsyl*) in einem neueren wissenschaftlichen Beitrag: „Recent demographic changes in the US have created challenges to reliable ethnic identification, consequently leading to increased likelihood of disease occurrence in non-targeted groups. (...) The 2010 Census shows substantial increases in individuals reporting mixed racial ancestry, especially among those of reproductive age and younger. (...) The shift to pan-ethnic offering of any disorder screened can be summarized most simply as an equitable, effective model for an evolving population." (Lazarin und Haque 2016, S. 30). Auch die Stellungnahme der US-amerikanischen Fachgesellschaften aus dem Jahr 2015 erkennt diese (im weitesten Sinn soziologische) Begründung für bevölkerungsweites Anlageträger-Screening an: „Condition-directed carrier screening has focused most often on the assessment of ancestry and on individual conditions. Limitations to this approach include inaccurate knowledge of ancestry in our increasingly multiethnic society, recognition that genetic conditions do not occur solely in specific ethnic groups, and that screening for individual conditions limits the amount of accessible genetic information for participants." (Edwards et al. 2015, S. 653)

Ethnizitäts-basiertes, auf spezifische Krankheiten begrenztes Screening könne sich demnach nicht allein als medizinisch unzureichend und riskant (Auftreten von erblichen Krankheiten auch in „non-targeted groups") sowie der sozialen Realität einer multi-ethnischen Gesellschaft unangemessen erweisen;[12] es schränke darüber hinaus den Zugang der Individuen zum verfügbaren genetischen Wissen ein. Erst die pan-ethnische Ausweitung werde dagegen sowohl der (genetischen) Singularität der Individuen und Paare als auch ihrem (unausgesprochen vorausgesetzten) Wissensdrang gerecht. Gerade das bevölkerungsweite Screening würde demnach den Weg zum „wirklich" individuellen Gesundheitswissen und zur personalisierten Medizin bahnen.

b) Es ist dieses individualisierte Wissen um die eigenen Anlageträgerschaften, das den Kundinnen und Kunden reproduktive Entscheidungen ermöglichen soll, „that feel right for you and your family" (*Counsyl*). Doch obwohl diese Entscheidungen in den meisten Fällen von einem Paar getroffen werden (müssen), werden von den Marketingstrategien der *ECS*-Anbieter in der Regel Individuen – und zwar primär Frauen – angesprochen. Dabei wird das Klischee evoziert und verfestigt, als „potentielle Mütter" besäßen Frauen sowohl einen besonders starken Wunsch als auch eine herausgehobene Verantwortung, alles für die Gesundheit der Kinder relevante und verfügbare Wissen zu erlangen. Stillschweigend angenommen wird in den meisten *DTC*-Webseiten auch, dass zuerst die Frau getestet wird und nur, wenn bei ihr eine Anlageträgerschaft festgestellt wird, auch der männliche Partner einbezogen wird.[13] Diese Adressierung der Frauen als primäre Interessentinnen wird exemplarisch deutlich bei dem Anbieter *Progenity*, der seine Anlageträger-Tests (in widersinniger Weise) als „Women's Health Testing" bewirbt und damit unmittelbar den weiblichen Part der Paare anspricht: „A positive result tells you that you are a carrier of a genetic disorder, and you could be at risk of having an affected child. In most cases, it is important to find out if your partner is also a carrier." (Progenity o. J.)

Doch auch wenn durch die *DTC*-Werbung zunächst Individuen, und in erster Linie Frauen, für *Carrier Screening* motiviert werden sollen, werden sie gleichwohl als Teil eines (heterosexuellen) Paares angesprochen. Das genetische Wissen, das durch das Screening gewonnen wird, soll nicht, wie etwa die sogenannte „Ab-

---

12 Man darf hieraus allerdings keinesfalls den Schluss ziehen, ethnische Kategorisierungen spielten in der Debatte um *Carrier Screening* keine Rolle mehr. Zumindest in den USA hat man es nicht mit Sichtweisen *jenseits* ethnischer oder „rassischer" Zuordnungen zu tun, die ethnische Herkunft bleibt vielmehr stets präsent, verlagert sich aber zu einem Denken in Kategorien von uneindeutiger „mixed racial ancestry".

13 Plausibel ist dieser Ablauf jedoch allenfalls *während* einer Schwangerschaft, weil die Frauen dann ohnehin regelmäßigen Tests unterzogen werden; weshalb bei vorschwangerschaftlichem Screening zuerst (und bei negativem Befund letztlich *nur*) die Frauen getestet werden sollen, ist allein durch geschlechtshierarchische Handlungsroutinen und Stereotype zu erklären.

stammungsgenetik", der (vermeintlichen) individuellen Selbsterkenntnis dienen (Nordgren und Juengst 2009), sondern stellt in erster Linie ein Mittel dar, um informierte und persönlich „richtige" Reproduktionsentscheidungen treffen zu können.[14] Wissen, so die unausgesprochen zugrunde liegende Prämisse, ermögliche *per se* „gute" und „rationale" Entscheidungen (vgl. dazu kritisch Wehling 2015b); verbunden ist dies häufig mit der Annahme, diese Entscheidungen seien umso leichter möglich und umso authentischer, je früher das Screening vorgenommen werde. So behauptet Francis Collins, früherer Direktor des *Human Genome Project* und inzwischen einer der prominentesten Verfechter einer personalisierten (und genetisierten) Medizin: „[Die]Vorgehensweise, Screenings für Merkmalsträger so lange hinauszuzögern, bis die Schwangerschaft bereits begonnen hat, zwingt Paare zu schweren Entscheidungen und beraubt sie der Alternativen, aus denen sie sonst vor einer Empfängnis hätten wählen können." (Collins 2011, S. 56)

Ist die zu treffende Entscheidung tatsächlich weniger schwer, wenn die Paare bereits vor einer Schwangerschaft aus den oben erwähnten Alternativen (Samen- oder Eizellspende, PID, Adoption, aber auch: Verzicht auf Kinder) „wählen" können? Dies mag zwar für solche Paare zutreffen, für die ein Schwangerschaftsabbruch von vorneherein völlig ausgeschlossen ist.[15] Doch nicht nur erscheint keine der vorschwangerschaftlichen Alternativen sonderlich attraktiv, die *grundlegende* Entscheidung für oder gegen ein (möglicherweise) gesundheitlich beeinträchtigtes Kind bleibt davon ohnehin unberührt. Die Alternativ-Optionen stellen „nur" unterschiedliche Mittel dar, um die Geburt eines gesunden Kindes zu ermöglichen beziehungsweise eines von Krankheit bedrohten Kindes zu vermeiden. Hierbei, bei der Wahl der Präventions-Mittel, mögen die jeweiligen Präferenzen der Paare in gewissem Ausmaß zum Tragen kommen, wobei es ihnen allerdings kaum „leicht" fallen dürfte, sich zwischen Adoption, Samenspende oder PID zu entscheiden. Auch sollte man die Bedeutung verschiedener („technischer") Handlungsoptionen

---

14 Höchst problematisch daran ist gleichwohl, dass damit in den *DTC*-Angeboten die möglichen *individuellen* Auswirkungen des Wissens um die eigenen Anlageträgerschaften (z. B. Sorgen um die eigene Gesundheit, Verminderung des Selbstwertgefühls, Schuldgefühle gegenüber eigenen Kindern) völlig ausgeblendet werden. Ebenso wenig angesprochen wird die schwierige Frage, ob man dieses Wissen an nahe Verwandte (vor allem Geschwister) weitergeben darf, soll oder muss.

15 Da auch bei einem positiven Screening-Befund die statistische Wahrscheinlichkeit, dass ein Kind *nicht* von der Krankheit betroffen sein wird, drei zu eins beträgt, könnten manche Paare (ähnlich wie auf Zypern) umgekehrt einer „natürlichen" Schwangerschaft (und gegebenenfalls einem Abbruch nach PND) den Vorzug gegenüber dem prophylaktischen Einsatz aufwändiger und kostspieliger medizinischer Technologien wie der PID geben.

nicht überbewerten, denn vermutlich werden nicht wenige Paare sich dafür „entscheiden, nicht zu entscheiden" („choosing not to choose") (Kelly 2009), das heißt, letztlich *keines* dieser Mittel in Anspruch nehmen und auf Kinder verzichten (vgl. auch Hoeltje und Liebsch 2015, S. 122ff.). Dass die Verfügbarkeit von mehreren Handlungsalternativen komplizierte Entscheidungen *generell* erleichtert, ist ein Trugschluss, der sich der utilitaristisch-rationalistischen Annahme verdankt, Menschen verfügten stets über klare Präferenzen und konsistente Präferenzordnungen. Gänzlich unterbelichtet bleibt in den *DTC*-Angeboten wie in den begleitenden medizinisch-ethischen Diskursen im Übrigen die Möglichkeit von Konflikten *innerhalb* eines Paares über die zu treffenden Entscheidungen.

Ob die betroffenen Paare jedoch bei der grundsätzlichen Entscheidung *für* oder *gegen* ein (potentiell) beeinträchtigtes Kind (und damit für oder gegen die Nutzung von Präventionstechnologien) eine „persönliche" Wahl treffen können, erscheint sehr zweifelhaft. Die implizite oder explizite soziale Erwartung, sich für ein „gesundes Kind" und damit für Techniken der Risikoprävention zu entscheiden, ist in den heutigen Gesellschaften jedenfalls sehr massiv. Durch die Verfügbarkeit von *ECS* wird sie gleichsam performativ noch verstärkt, denn die bloße Tatsache, dass eine bestimmte gesundheitliche Beeinträchtigung in das Screening einbezogen ist, scheint zu signalisieren, dass in diesem Fall der Einsatz präventiver Mittel angebracht ist. An dieser gesellschaftlichen Präformierung der Entscheidungssituation würde das von Collins favorisierte Screening vor der Schwangerschaft allenfalls insofern etwas ändern, als der Zeit- und Handlungsdruck in diesem Fall eine geringere Rolle spielen würde – aber mit dem möglichen Nebeneffekt einer Entscheidungsverzögerung oder völligen -blockade, die in den Verzicht auf Kinder münden würde.

Hinzu kommt: Das durch *Carrier Screening* gewonnene genetische Wissen ist, anders als das Versprechen einer genetisierten und personalisierten Präzisionsmedizin suggeriert, mit hochgradigen Unsicherheiten behaftet. Dies gilt nicht allein für das (keineswegs immer vernachlässigbare) „Restrisiko" der Testungenauigkeit und auch nicht nur für den Umstand, dass Anlageträger-Screening lediglich eine 25-prozentige Erkrankungs*wahrscheinlichkeit* für ein Kind feststellen kann. Wichtiger noch ist, dass sich bei zahlreichen Erkrankungen aus dem Genotyp allein weder ableiten lässt, ob und wann die Krankheit überhaupt ausbricht, noch, welchen Verlauf und welche Ausprägung sie haben würde. Genetisches Wissen, selbst wenn es auf der Analyse des gesamten Genoms einer Person basieren würde, bleibt in wesentlichen Aspekten auf der Ebene von Wahrscheinlichkeiten und statistischen Durchschnittswerten und weist zudem im Hinblick auf sogenannte genetische Varianten „unbekannter Bedeutung" enorme Unklarheiten und Lücken auf (vgl. Grody 2016a). Wie auch immer die entsprechenden Analysen zukünftig differenziert und verfeinert werden mögen, über die jeweils einzigartige Person sowie über die vielfältigen sozialen Lebensumstände, die ihre Gesundheit mit beeinflussen, kann diese Form „personalisierter" Medizin und individuellen Gesundheitswissens nur recht begrenzt Aussagen treffen (Tutton 2012).

5 Fazit: Ambivalenzen „persönlichen" genetischen Wissens und seiner Verbreitung durch den Markt

Die „Erfindung" und gegenwärtig zu beobachtende marktgetriebene Einführung des erweiterten Anlageträger-Screenings ist in mehrfacher Hinsicht von soziologischem (und politischem) Interesse. Im vorliegenden Beitrag habe ich mich auf zwei Aspekte konzentriert:[16] *Erstens* verdeutlicht die vielschichtige und wechselvolle Geschichte des Anlageträger-Screenings seit den 1970er Jahren, in welchem Ausmaß medizinisch-technische Neuerungen auf die „Passung" mit gesellschaftlichen Handlungsmustern und sozialen Praktiken angewiesen – oder andernfalls vom Scheitern bedroht sind. Besonders auffällig an der seit rund zehn Jahren stattfindenden Ausweitung zum *Expanded* Carrier Screening ist, wie stark von den Protagonisten dieses neuen genetischen Testverfahrens teils implizit, teils sogar explizit an äußerst spezifische soziale Praktiken von Selbsthilfe-Initiativen angeknüpft wird, insbesondere an *Dor Yeshorim* als Modell für ein vorschwangerschaftliches Screening *ohne* Zunahme von Schwangerschaftsabbrüchen. Ebenso bemerkenswert ist, dass mit der Rede vom „scaling up" die gesellschaftliche Verallgemeinerung solcher Praktiken von den *ECS*-Verfechtern letztlich als rein quantitatives Problem der Maßstabsvergrößerung (miss-)verstanden wird: Warum sollte, was in kleinem Maßstab (*eine* spezifische Zielgruppe, *eine* oder *wenige* Krankheiten) erfolgreich war, nicht ebenso gut auch mit sehr vielen Krankheiten und faktisch der gesamten Gesellschaft als Zielgruppe funktionieren? Doch während beim Beta-Thalassämie- und Tay-Sachs-Screening, und besonders bei *Dor Yeshorim*, die Nutzung des genetischen Wissens gleichsam „von unten", durch die betroffenen Gruppen, sozial eingebettet worden ist, führt die gegenwärtige marktförmige Verbreitung von *ECS* lediglich zu individualisierten Nutzungsmustern mit bisher kaum vorhersehbaren gesellschaftlichen Effekten.

---

16 Weitere durch *ECS* aufgeworfenen Fragestellungen sind unter anderem, ob sich neuartige „genetische Identitäten" (als Anlageträgerin und Anlageträger) auch bei Menschen ohne eigenes Erkrankungsrisiko herausbilden oder inwieweit sich durch das Screening auf rezessive genetische Anlagen die gesellschaftlichen Vorstellungen von Gesundheit und Krankheit verschieben.

Ungeachtet dessen haben die *DTC*-Angebote das erweiterte Anlageträger-Screening mittlerweile zu einem sozio-technischen Faktum gemacht – allerdings unter „Umgehung" jeglicher gesellschaftlicher Debatte über die Wünschbarkeit, den Nutzen, die Gefahren und Grenzen dieser genetischen Technologie. Nicht zuletzt diese ungeklärten Fragen und unausgetragenen Spannungen stehen hinter der aktuellen, wenngleich bisher sehr verhalten geführten Debatte um die Gestaltung und zukünftige Entwicklung von *ECS* zwischen Mitarbeitern der kommerziellen Labors (vor allem *Counsyl*) einerseits (Haque et al. 2016a, 2016b) und Vertretern der US-amerikanischen akademischen Medizin andererseits (Grody 2016a, 2016b). Noch nicht absehbar ist dabei, ob die Angebote für erweitertes Anlageträger-Screening sich weiterhin unreguliert über den Markt ausbreiten, ob sie in wie auch immer modifizierter Form in eine öffentlich finanzierte medizinische Leistung überführt werden oder ob sich eine gesellschaftliche und politische Debatte entwickeln kann, in deren Verlauf die Expansion von *Carrier Screening* doch noch grundsätzlich zur Diskussion und zur Disposition gestellt wird.

Zweitens zeigt sich, dass die *ECS*-Angebote in verschiedener Weise an die Rhetorik und die Versprechungen personalisierter Medizin anzuknüpfen versuchen. Die Kenntnis der je eigenen rezessiven genetischen Anlagen gilt in diesem Vorstellungshorizont als wichtiger Bestandteil des individuellen (und familiären) Gesundheitswissens (Collins 2011, S. XXV), wenngleich dessen Bedeutung überraschend schnell auf die Frage der möglichen reproduktiven Weitergabe genetischer Risiken verengt wird (Collins 2011, S. 316f.). Von einer „personalisierten", vorgeblich an der einzelnen Person orientierten und interessierten Medizin würde man indessen erwarten, dass sie sich auch damit beschäftigt, wie das Wissen um Anlageträgerschaften auf die jeweils Betroffenen wirkt. Weil sie selbst gesund sind und auch die Familiengeschichte keinerlei Hinweise auf eine „Erbkrankheit" gibt, kommt die Diagnose einer rezessiven Anlage für viele Menschen völlig überraschend. Nicht immer wird dieses potentiell bedrohliche und belastende Wissen allein schon dadurch irrelevant, dass die jeweilige Partnerin oder der Partner nicht die gleiche Anlage trägt und dementsprechend kein Erkrankungsrisiko für die eigenen Kinder besteht.

In zwei weiteren Hinsichten macht das Beispiel *ECS* die Grenzen einer personalisierten Medizin, eines persönlichen Gesundheitswissens deutlich, das sich ausschließlich auf genetische Daten stützt: Zum einen sind, wie schon erwähnt, aus der Kenntnis eines Genotyps nur begrenzt Aussagen über tatsächliche Krankheitssymptome und -verläufe der betreffenden Person ableitbar. Dadurch werden besonders die Möglichkeiten zukünftiger Eltern in Frage gestellt, eine „informierte" Entscheidung für oder gegen reproduktionsmedizinische Präventionsmaßnahmen zu treffen. Verschärft wird dieses Dilemma noch, wenn zukünftig im Zuge von

Genomanalysen immer mehr genetische „Abweichungen" bei den „gescreenten" Personen festgestellt werden, deren mögliche Krankheitsrelevanz für sie selbst wie für ihre Kinder gänzlich ungeklärt ist. Zum anderen ist genetisches Wissen (im Gegensatz etwa zu Daten, die durch „Self-Tracking" gewonnen werden) niemals vollständig individuell, sondern ermöglicht immer auch Aussagen oder zumindest Vermutungen über die genetische Ausstattung naher Verwandter – nicht allein über zukünftige Kinder, sondern auch über Eltern (und deren Geschwister), eigene Geschwister, Cousins und Cousinen: Wenn bei einem Menschen die rezessive Anlage für Mukoviszidose festgestellt wird, folgt daraus für jedes seiner leiblichen Geschwister eine 50-prozentige Wahrscheinlichkeit, ebenfalls diese Anlage zu tragen. In diesem Fall bestünde für Kinder der betroffenen Schwestern oder Brüder (nur) dann ein erhöhtes Erkrankungsrisiko, wenn auch deren jeweilige Partnerinnen oder Partner durch Zufall „*Carrier*" für Mukovizidose wären. Die statistische Wahrscheinlichkeit hierfür liegt in Deutschland bei etwa vier Prozent (bei den meisten anderen rezessiv vererbten Krankheiten allerdings deutlich niedriger). Wie kann und soll mit dieser transindividuellen Dimension des „persönlichen" Wissens um eigene Anlageträgerschaften umgegangen werden? Werden die Betroffenen sich moralisch verpflichtet fühlen, ihre Verwandten zu informieren, und dann möglicherweise in ein Dilemma geraten, weil gleichzeitig deren Recht auf Nichtwissen zu respektieren ist? Solche Fragen sprengen den Deutungsrahmen einer personalisierten, individuell „maßgeschneiderten" Medizin und sind bisher noch kaum überhaupt als problematische Implikation einer genetischen Technologie wahrgenommen worden, die letztlich – wenn auf eine hinreichend hohe Zahl von rezessiven Anlagen getestet wird – die große Mehrheit aller Menschen zu Anlageträgerinnen und Anlageträgern machen wird.

Gleichwohl dürfen diese Überlegungen nicht darüber hinwegtäuschen, dass erweitertes Anlageträger-Screening in bestimmter Hinsicht *tatsächlich* individualisierende und personalisierende Effekte erzeugt: Ein positiver Befund zwingt die Betroffenen zu Entscheidungen, die unabhängig davon, inwieweit sie „informiert", „autonom" und „authentisch" gefällt worden sind, individuell zugerechnet werden und deren Konsequenzen persönlich getragen werden müssen. In dem Maße, wie seltene, rezessiv vererbte Erkrankungen und Behinderungen aufgrund der Verfügbarkeit von *ECS* als „vermeidbar" erscheinen, droht die Verantwortung für die Geburt von Kindern mit solchen Beeinträchtigungen individualisiert und den jeweiligen Eltern zugewiesen zu werden. Welche gesellschaftliche Brisanz dies zukünftig gewinnen könnte, wird erkennbar, wenn etwa der Deutsche Ethikrat (2013, S. 146) im Blick auf Anlageträger-Screenings ein gesellschaftliches Interesse an der „Senkung von Kosten für die Behandlung von Krankheiten", und zwar durch „Vermeidung der Zeugung betroffener Individuen", ins Spiel bringt.

Literatur

ACOG (American Congress of Obstetricians and Gynecologists) Committee on Genetics. (2017). Carrier Screening in the Age of Genomic Medicine. Committee Opinion No. 690. *Obstetrics & Gynecology 129*, e35-40. doi: 10.1097/AOG.0000000000001951.

Armstrong, N. & Eborall, H. (2012). The sociology of medical screening: past, present and future. *Sociology of Health & Illness 34*, 161-176.

Ball, A. & Benson, C. (2011): Family starts foundation, raises money to fight Batten disease. *Austin American Statesman*, 08.05.2011. Online verfügbar unter: http://beyondbatten.org/media-coverage/family-starts-foundation-raises-money-to-fight-batten-disease/ (Zugegriffen am 25.01.2017).

Beck, S. (2006). Enacting Genes. Anmerkungen zu Familienplanung und genetischen Screenings in Zypern. In S. Graumann & K. Grüber (Hrsg.), *Biomedizin im Kontext* (S. 221-237). Berlin: Lit.

BMBF (Bundesministerium für Bildung und Forschung). (2016). Gemeinsam Wissen schaffen. Pressemitteilung 090/2016 (16.08.2016). Online verfügbar unter: https://www.bmbf.de/de/gemeinsam-wissen-schaffen-3240.html (Zugegriffen am 25.03.2017).

Brown, Ph., Morello-Frosch, R., Zavestoski, S. & the Contested Illnesses Research Group (Hrsg.). (2012). *Contested Illnesses. Citizens, Science and Health Social Movements*. Berkeley: University of California Press.

Collins, F. (2011). *Meine Gene – mein Leben. Auf dem Weg zur personalisierten Medizin*. Heidelberg: Spektrum.

Cowan, R. S. (2009). Moving Up the Slippery Slope: Mandated Genetic Screening on Cyprus. *American Journal of Medical Genetics, Part C, Seminars in Medical Genetics 151C*, 95-103.

Deutscher Ethikrat. (2013). *Die Zukunft der genetischen Diagnostik. Von der Forschung in die klinische Anwendung. Stellungnahme*. Berlin: Deutscher Ethikrat.

Dickel, S. & Franzen, M. (2015): Digitale Inklusion. Zur sozialen Öffnung des Wissenschaftssystems. *Zeitschrift für Soziologie 44*, 330-347.

Duster, T. (2003). *Backdoor to Eugenics*. 2. Aufl., London & New York: Routledge.

Edwards J.G., Feldman G., Goldberg J., Gregg A.R., Norton M.E., Rose N.C., Schneider A., Stoll K., Wapner R. & Watson M.S. (2015). Expanded carrier screening in reproductive medicine – points to consider: a joint statement of the American College of Medical Genetics and Genomics, American College of Obstetricians and Gynecologists, National Society of Genetic Counselors, Perinatal Quality Foundation, and Society for Maternal-Fetal Medicine. *Obstetrics & Gynecology 125(3)*, 653-662.

Finke, P. (2014). *Citizen Science. Das unterschätzte Wissen der Laien*. München: oekom.

Foucault, M. (1977): *Der Wille zum Wissen. Sexualität und Wahrheit, Bd. 1*. Frankfurt am Main: Suhrkamp.

Frickel, S., Gibbon, S., Howard, J., Kempner, J., Ottinger, G. & Hess, D. (2010). Undone Science: Charting Social Movement and Civil Society Challenges to Research Agenda Setting. *Science, Technology & Human Values 35*, 444-473.

Grody, W. (2016a). Where to Draw the Boundaries for Prenatal Carrier Screening. *Journal of the American Medical Association (JAMA) 316*, 717-719.

Grody, W. (2016b). Prenatal Carrier Screening – Reply. *Journal of the American Medical Association (JAMA) 316*, 2676-2677.

Hadjiafxenti, Ch. & Neitzke, G. (2017). Genetisches Screening, Thalassämie und Ethik. Eine Interviewstudie mit Betroffenen auf Zypern. Frankfurt am Main: Peter Lang.

Haque, I., Lazarin, G., Kang, H., Evans, E., Goldberg, J., Wapner, R. (2016a). Modeled Fetal Risk of Genetic Diseases Identified by Expanded Carrier Screening. *Journal of the American Medical Association (JAMA) 316*, 734-42.

Haque, I., Lazarin, G., Wapner, R. (2016b). Prenatal Carrier Screening. *Journal of the American Medical Association (JAMA) 316*, 2675-2676.

Henneman, L., Borry, P., Chokoshvili, D., Cornel, M., van El, C., Forzano, F., Hall, A., Howard, H., Janssens, S., Kayserili, H., Lakeman, P., Lucassen, A., Metcalfe, S., Vidmar, L., de Wert, G., Dondorp, W. & Peterlin, B. (2016). Responsible implementation of expanded carrier screening. *European Journal of Human Genetics 24*, e1-e12. doi: 10.1038/ejhg.2015.271.

Hess, D. (2011). To tell the truth: on scientific counterpublics. *Public Understanding of Science 20*, 627-641.

Hoeltje, B. & Liebsch, K. (2015). „Wir kriegen eben halt kein krankes Kind mehr." ‚Reproduktionsverantwortung' im Umgang mit der Vererbung von Cystischer Fibrose. In Th. Lemke & K. Liebsch (Hrsg.), *Die Regierung der Gene* (S. 105-132). Wiesbaden: Springer VS.

Hoffman, B., Tomes, N., Grob, R., & Schlesinger, M. (Hrsg.). (2011). *Patients as Policy Actors*. New Brunswick, NJ & London: Rutgers University Press.

Kelly, S. (2009). Choosing not to choose: reproductive responses of parents of children with genetic conditions or impairments. *Sociology of Health & Illness 31*, 81–97.

Kingsmore, S. (2012). „Eine gewaltige Gelegenheit, die niemand nutzt". (Interview). *Süddeutsche Zeitung, 12.09.2012*. Online verfügbar unter: http://www.sueddeutsche.de/wissen/erbanlagen-im-krankheitstest-eine-gewaltige-gelegenheit-die-niemand-nutzt-1.1465513-2.

Lazarin, G. & Haque, I. (2016). Expanded carrier screening: A review of early implementation and literature. *Seminars in Perinatology 40*, 29-34.

Nelson, A. (2011). *Body and Soul. The Black Panther Party and the Fight against Medical Discrimination*. Minneapolis: University of Minnesota Press.

Nordgren, A. & Juengst, E. (2009). Can genomics tell me who I am? Essentialistic rhetoric in direct-to-consumer DNA testing. *New Genetics & Society 28*, 157-172.

Plantinga, M., Birnie, E., Abbott, K., Sinke, R., Lucassen, A., Schuurmans, J., Kaplan, S., Verkerk, M., Ranchor, A. & van Langen, I. (2016). Population-based preconception carrier screening: how potential users from the general population view a test for 50 serious diseases. *European Journal of Human Genetics 24*, 1417-1423.

Prainsack, B. & Siegal, G. (2006). The rise of genetic couplehood? A comparative view of premarital genetic testing. *BioSocieties 1*, 17-36.

Progenity. (o. J.). Pan-Ethnic Carrier Screening. Online verfügbar unter: https://progenity.com/pan-ethnic-carrier-screening (Zugegriffen am 23.03.2017)

Raz, A. (2009). Can population-based carrier screening be left to the community? *Journal of Genetic Counseling 18*, 114-118.

Raz, A. & Vizner, Y. (2008). Carrier matching and collective socialization in community genetics: Dor Yeshorim and the reinforcement of stigma. *Social Science & Medicine 67*, 1361-1369.

Roberts, L. (1990). To test or not to test? *Science 247* (Jan. 5, 1990), 17-19.

Sequenom. (2016). Will you pass it on? (HerediT Patient Brochure). Online verfügbar unter: https://www.sequenom.com/uploads/collateral/31-20501R3.0-HerediT_Patient_Brochure_091216.pdf (Zugegriffen am 23.03.2017).

Srinivasan, B., Evans, E., Flannick, J., Patterson, A., Chang, C., Pham, T., Young, S., Kaushal, A., Lee, J., Jacobson, J. & Patrizio, P. (2010). A universal carrier test for the long tail of Mendelian disease. *Reproductive Biomedicine Online 21*, 537-551. doi: 10.1016/j.rbmo.2010.05.012.

Tutton, R. (2012). Personalizing Medicine: Futures Present and Past. *Social Science & Medicine 75*, 1721-1728.

Wailoo, K. (2001). *Dying in the City of the Blues: Sickle Cell Anemia and the Politics of Race and Health*. Chapel Hill: University of North Carolina Press.

Wailoo, K. (2003). Inventing the Heterozygote. Molecular Biology, Racial Identity, and the Narratives of Sickle Cell Disease, Tay-Sachs, and Cystic Fibrosis. In D. Moore, J. Kosek & A. Pandian (Hrsg), *Race, Nature, and the Politics of Difference* (S. 235-253). Durham & London: Duke University Press.

Wailoo, K. & Pemberton, S. (2006). *The Troubled Dream of Genetic Medicine. Ethnicity and Innovation in Tay-Sachs, Cystic Fibrosis, and Sickle Cell Disease*. Baltimore: Johns Hopkins University Press.

Wehling, P. (2014). Kinderwunsch als genetisches Risiko? Gesellschaftliche Implikationen erweiterter präkonzeptioneller Anlageträgerscreenings. *medizinische genetik 26*, 411-416.

Wehling, P. (2015a). Partizipation der Betroffenen – ein Weg zu verantwortlicher Innovation? Das Beispiel der präkonzeptionellen Anlageträger-Diagnostik. In A. Bogner, M. Decker & M. Sotoudeh (Hrsg.), *Responsible Innovation. Neue Impulse für die Technikfolgenabschätzung?* (S. 251-259). Baden-Baden: Nomos/edition sigma,

Wehling, P. (2015b). Fighting a losing battle? The right not to know and the dynamics of biomedical knowledge production. In M. Gross/L. McGoey (Hrsg.), *Routledge International Handbook of Ignorance Studies* (S. 206-214). New York & London: Routledge.

Wehling, P. & Viehöver, W. (2015). The virtues (and some perils) of activist participation: the political and epistemic legitimacy of patient activism. In P. Wehling, W. Viehöver & S. Koenen (Hrsg.), *The Public Shaping of Medical Research. Patient associations, health movements and biomedicine* (S. 226-245). New York & London: Routledge.

Wehling, P., Viehöver, W. & Koenen, S. (Hrsg.) (2015a). *The Public Shaping of Medical Research. Patient associations, health movements and biomedicine*. New York & London: Routledge.

Wehling, P., Viehöver, W. & Koenen, S. (2015b). Patient associations, health social movements and the public shaping of biomedical research. An introduction. In dies. (Hrsg.), *The Public Shaping of Medical Research. Patient associations, health movements and biomedicine* (S. 1-20). New York & London: Routledge.

Zukünftige Datendoppel
Digitale Körpervermessungsgeräte in Kohortenstudien

Ute Kalender und Christine Holmberg

Zusammenfassung

Digitale Körpervermessungsgeräte kommen nicht nur in der Quantified-Self-Bewegung, der Sportarztpraxis oder für die private Fitness zum Einsatz. Auch wissenschaftliche Gesundheitsstudien nutzen sie. Doch während die Geräte die gleichen sind, unterscheiden sich die unmittelbaren Ziele ihres Einsatzes: Quantified-Self-Bewegung und Sportarzt geht es um eine Verhaltensänderung der Nutzenden, die aber im Studienkontext zum regelrechten Störfaktor wird. Das Ziel ist eine Datenerhebung, die möglichst keine Auswirkungen auf das Verhalten der Studienteilnehmenden haben soll.

Daraus ergibt sich auch für den sozialwissenschaftlichen Blick auf digitale Körpervermessungsgeräte ein anderes Szenario. Kritische Analysen des digitalen Sozialen greifen zu kurz, wenn sie digitale Körpervermesser allein als Manifestationen einer Kontrollgesellschaft einstufen. Der Beitrag beschäftigt sich mit der Frage, wie der Einsatz von digitalen Körpervermessern im Studienkontext zu bewerten ist und schlägt eine Erweiterung des Begriffs des Datendoppels – um ein *zukünftiges* Datendoppel – vor.

Schlüsselbegriffe

Data Double, Kontrollgesellschaft, Körpervermessung, Kohortenstudien, Public Health, Epidemiologie

1 Einleitung

„Ich soll das Ding da jetzt eine Woche mit mir rumtragen und dann wollen sie mir meine Daten nicht geben!?", echauffiert sich eine Frau. Ein Studienmitarbeiter hatte sie gebeten, für eine Woche ein Bewegungsmessgerät (einen Aktigraphen) zu tragen und ihr mitgeteilt, dass sie die Messwerte aber nicht erhalten werde. Der Ort: ein Studienzentrum einer Beobachtungsstudie, einer sogenannten Kohortenstudie. Der Studie liefert das Gerät Daten über Schlaf- und Wachzeiten sowie über körperliche Bewegungen, um zukünftig mögliche Zusammenhänge zu Erkrankungsrisiken mithilfe statistischer Analysemöglichkeiten herstellen zu können.

Der Unmut der Frau bringt hier eine Problematik auf den Punkt, die – so möchten wir argumentieren – im besonderen Einsatzkontext des digitalen Körpervermessungsgeräts[1] liegt: der Beobachtungsstudie. Es ist eine Spannung zwischen der Hoffnung einer Studienteilnehmerin, Messwerte zu erhalten und ihrer Empörung darüber, dass der praktische Einsatz des Gerätes in der Studie der Studienlogik folgt, und die heißt: möglichst objektive Datensammlung.

Diese Spannung zwischen den verschiedenen Dateninteressen soll Ausgangspunkt sein, um ein kleines Schlaglicht[2] auf die spezifischen techno-sozialen Assemblages rund um die digitalen Körpervermesser einer epidemiologischen Beobachtungsstudie zu werfen. Wir verwenden die momentan in Kultur- und Sozialwissenschaften recht beliebte deleuzianische Metapher der Assemblage (Deleuze und Guattari 1997), weil sie verschiedene analytische Aufmerksamkeiten nahelegt. Erstens geht sie von einer

---

1 Wir sprechen von digitalen Körpervermessungsgeräten und nicht von eHealth-Geräten oder Health-Technologien, weil es im Folgenden gerade um die *unterschiedlichen* Nutzungen, Nutzungsziele und Bedeutungszuschreibungen rund um die Messgeräte gehen soll. Die Bezeichnungen eHealth- und Health-Technologien koppeln digitale Körpervermessungsgeräte unmittelbar mit Gesundheit und deuten an, dass die erfassten Körperfunktionen mit dem Gesundheitszustand von Menschen in Verbindung gebracht werden: Bewegungsabläufe, Schlaf- und Wachzeiten oder Gemütszustände wie Stress- und Entspannungsphasen. Die Körpervermessungsgeräte erfassen Daten nicht nur, sie überführen sie auch in ein digitales Medium. Das kann das Internet oder der Datensatz einer Studie sein (Lupton 2016, S. 2).

2 Der Artikel formuliert erste Gedanken zur Sozialität von digitalen Körpervermessungen in Kohortenstudien, er ordnet sie aber nicht umfassend in aktuelle sozialwissenschaftliche Debatten zur Datenerhebungsthematik in wissenschaftlichen Studien ein. Den Einsatz von digitalen Körpervermessungsgeräten an Diskussionen um Data Double und Kontrollgesellschaft rückzubinden, ist nur eine Möglichkeit. Weitere Anschlusspunkte, die wir teils in anderen Artikeln verfolgen, wären jene zu Wissensgesellschaft (Weingart et al. 2007; Stehr 1994), therapeutic misconception (Applebaum et al. 1987; Nobile et al. 2016), Recruitmentology (Epstein 2008) oder ethnographische Untersuchungen von Teilnahmesituationen (Wadmann und Hoeyer 2014; Svendsen und Koch 2011).

radikalen Heterogenität beteiligter Elemente in einer bestimmten Situation aus: Technologien, Körper, Körperverhältnisse, institutionelle, ökonomische oder globale Elemente gehen eine temporäre mehr oder weniger stimmige, nicht-stimmige, gar offen umkämpfte Verbindung ein, damit bestimmte Ziele erreicht werden. Zweitens schlägt Assemblage ein ‚Bewegungsdenken' vor, in dem die beteiligten Elemente ihre Beschaffenheit, Bedeutungen und Zwecke verändern können; ohne drittens die untersuchten Vorgänge in Beliebigkeit oder Relativismus aufzulösen: Die für die Sozialwissenschaften so wichtige strukturelle Dimension des Zusammenhaltes der Elemente wird nicht aufgegeben. Auch ordnet eine Assemblage das beobachtete Geschehen in umfassendere Gesellschaftszusammenhänge ein: Die interessierenden Vorgänge rund um die Körpervermessungsgeräte werden so nicht allein als individuelle Nutzungsweisen verstanden, sondern auf ihre Verbindung mit weiteren umfassenderen Assemblagen befragt – etwa ökonomisch oder forschungstechnisch nutzbaren Datenpools (Lupton 2016, S. 2).

Techno-soziale Assemblages in einer Studie unterscheiden sich von jenen, die sich rund um und mit dem Einsatz von digitalen Körpervermessern in anderen gesellschaftlichen Kontexten finden. Doch während mittlerweile ein beachtliches sozialwissenschaftliches Korpus über den sozialen Aspekt von digitaler Körpervermessung für Quantified-Self-Bewegung oder Personal Health Science vorliegt (vgl. z. B. Beer und Burrows 2013; Raunig 2015; Rich und Miah 2014; Whitson 2013; sowie die Beiträge in diesem Band), bildet das ‚soziale Leben' von Körpervermessungsgeräten in Studien bislang eine Leerstelle. Unser Beitrag formuliert dazu erste Gedanken basierend auf einer Szene, die wir in einer epidemiologischen Studie beobachtet haben. Wir führen zuerst das Konzept der Kohortenstudie ein und stellen dann eine Situation in einem Untersuchungszentrum dar. Um eine weitgehende Anonymität der Teilnehmenden zu gewährleisten, ist das Beschriebene gänzlich fiktionalisiert. Orte, Namen und Personen sind frei erfunden. Die Fiktionen basieren auf den erhobenen Daten. Davon ausgehend ordnen wir digitale Körpervermessungsgeräte in Ansätze zur Kontrollgesellschaft ein und schlagen den Begriff des zukünftigen Datendoppels vor – eine Erweiterung des in sozialwissenschaftlichen Debatten zur digitalen Körpervermessung prominenten Begriffs des ‚Data Double'.

2 Epidemiologische Kohortenstudien

Das Beispielmaterial für unseren Beitrag stammt aus einem BMBF-finanzierten Forschungsprojekt zu Wissenstransferprozessen, für das wir teilnehmende Beobachtungen in sogenannten Kohortenstudien durchführten. Kohortenstudien bilden ein zentrales Studiendesign der Epidemiologie, deren Aufgabe es ist, sich mit den Ursachen von Krankheiten zu beschäftigen.

Epidemiologische Kohortenstudien werden als Beobachtungsstudien definiert, die eine Gruppe von Menschen ohne die interessierende Krankheit über eine gewisse Zeit ‚betrachtend' untersucht. Zu Beginn der Studie (Baseline) werden Erhebungen von Verhaltensweisen und klinischen Parametern gesammelt. Während des Follow-ups werden ähnliche Erhebungen vorgenommen – der Endpunkt einer Beobachtung ist der Beginn der interessierenden Krankheit. Daher werden Studienteilnehmende gebeten, während des fortgesetzten Follow-up in der Studie zu verbleiben.

Ferner können an der Kohortenstudie nur eingeladene Personen teilnehmen. Sie werden häufig über Zufallsverfahren ausgewählt und dann von Studienzentren angeschrieben oder angerufen. Die dahinterstehende Idee ist, dass das Studiensample mit einer davor festgelegten Population (Bevölkerung) in einigen Schlüsselcharakteristiken vergleichbar ist, zum Beispiel bezüglich Altersverteilung, Geschlecht und soziodemographischer Variablen, um dann über diese Population in ihrer Gesamtheit Aussagen treffen zu können.

Detaillierte Befragungen zu Lebensstilen, anthropometrische Untersuchungen, Bioprobenentnahme, Ultraschalluntersuchungen, Hautscreenings, Laktose- und Lungenfunktionstests oder eben digitale Körpervermessungen können Teil der Studie sein.

In unserem Fall untersuchten wir eine *prospektive* Kohortenstudie. Solche prospektiven – vorausschauenden – Studien stellen eine Gruppe von Menschen zusammen, die sie über einen möglichst langen Zeitraum mit regelmäßigen Befragungen (z. B. alle 5 Jahre) begleiten. Kohortenstudien zielen darauf, Krankheitsursachen zu erforschen und zu quantifizieren. Dafür ist es wichtig, dass der Beobachtungszeitraum beginnt, *bevor* eine Krankheit ausbricht. So soll erfasst werden, welche erhobenen Faktoren die Krankheitswahrscheinlichkeit erhöht haben. Deshalb liegt die Hauptaufmerksamkeit nicht bei einer aktuell kranken Person und ihrer gegenwärtigen Krankheit. Vielmehr sind die Personen in den Untersuchungssituationen einer prospektiven Kohortenstudie per Definition *Noch-Nicht*-Kranke. Die Figur des Probanden unterscheidet sich also von der des Patienten, der sich in einer Untersuchungssituation beim Arzt oder in der Klinik befindet.

Beobachtungsstudien sind zudem nicht-interventionelle Studien. Das, was beobachtet wird – die Bevölkerung –, soll durch die Studie nicht verändert werden. Auch wenn sich Designer und Durchführende einer Beobachtungsstudie darüber im Klaren sind, dass die Nicht-Intervention ein wissenschaftliches Ideal darstellt, soll sich die Studienteilnahme möglichst wenig und nachhaltig auf das Verhalten der Teilnehmenden auswirken. In den Untersuchungszentren manifestiert sich diese Bevölkerung aber über einen lebenden Menschen mit meist eigenen Agenden,

Motivationen und Interessen. Was das im Alltag einer Studie genau heißt, stellen wir im nächsten Abschnitt an einem Beispiel dar.

Wir führten ethnographische Feldforschungen durch inklusive leifadengestützter Interviews und dem beobachtenden Beisitzen bei Untersuchungen. Um tiefgreifende Einblicke in die komplexen Arbeitsabläufe von Kohortenstudien zu bekommen, hospitierten wir zeitintensiv in Untersuchungs-, Call- und Datenverarbeitungszentren der Kohortenstudie. Wir sprachen mit Studienpersonal, mit IT-Arbeitern, mit verantwortlichen Forschern sowie mit Teilnehmenden und Nicht-Teilnehmenden der Kohortenstudie, und wir nahmen an ihren Öffentlichkeitsveranstaltungen und Workshops auf Konferenzen teil. Schließlich verfolgten wir Internetauftritte und mediale Diskussionen rund um die Kohortenstudie. Das gesamte Material werteten wir mit der Grounded Theory aus (Clarke 2011).

3 Eine Untersuchungssituation

Tag 5 der Hospitanz in einem Untersuchungszentrum. Ich befinde mich pünktlich um 8 Uhr morgens im Anmelderaum des Zentrums und warte mit dem Personal auf den ersten Teilnehmer. Es ist auch der Raum, in dem sich die Probanden zwischen den einzelnen Untersuchungen aufhalten. Die Räume sind in unaufdringlichem Lachs, Mintgrün und Sandsteinfarben gehalten. Frisches Obst und Kokos-Chia-Pudding stehen in Plastikschälchen für die Probanden auf Glastischen bereit. Ebenso Avocado-Sandwiches und Smoothies, für die Lektüre gibt es PSYCHOLOGIE HEUTE und eine unwahrscheinliche Men's Health. *So viel Gesundheit, denke ich. Finden die Probanden das penetrant?*

Die beiden Studienschwestern kennen mich bereits, haben mich mit einer kurzen Umarmung begrüßt, wollen wissen, wie ich mir denn die Zeit vertreibe. Bevor ich wirklich antworten kann, erscheint eine Frau an der Tür und federt zum Empfangstresen. „Hallo. Guten Tag." Ihr Name sei Benoit. Sie wäre für „dieses Kohortendings" hier. Die Frau hinter dem Tresen schaut auf die Rechnerfläche: „Ob sie Hildegard heiße? Hildegard Benoit?" „Exakt", antwortet die Frau knapp. Die Schwester will mit dem Abgleich weiterer Personendaten beginnen, fragt nach dem Geburtsdatum. „Hören Sie", unterbricht Frau Benoit, „ich hatte ziemliche Probleme hier einen Parkplatz zu finden. Das Gebäude sowieso." Die Schwester blickt auf. „Ich finde, wenn man hier schon nicht finanziell entschädigt wird, könnte man es einem wenigstens mit der Anfahrt ein bisschen leichter machen."

Stille entsteht. Bevor ich mich entscheiden kann, ob ich die Szene aufregend oder anstrengend finde, bedeutet mir die andere Schwester mitzukommen.

Die Schwester führt mich in Zimmer 2. Dort werden Speichelproben genommen. Das Personal soll die Probanden in diesem Zimmer auch fragen, ob sie nach Abschluss der Untersuchungen einen Aktigraphen mit nach Hause nehmen wollen. Falls die Probanden zustimmen, würde ihnen das Körpervermessungsgerät ein paar Stunden später im letzten Untersuchungszimmer ausgehändigt. Als ich Zimmer 2 betrete, steht dort Marcel, ein weiterer Studienmitarbeiter. Ihn kenne ich bereits aus den Schulungen. Er hat eingeschweißte kleine Etwas in der Hand, Plastikröhrchen, wie ich bei näherem Hinsehen erkenne, sortiert sie konzentriert in Plastikbehälter ein. Blickt auf, als er mich hört: „Ja die Madame wieder. Hallo! Hallo! Immer noch nicht alles gesehen?" Ich lache. Er sortiert weiter, wir unterhalten uns, bis nach etwa 15 Minuten die Frau aus der Anmeldung das Zimmer betritt.

Marcel begrüßt die Frau. Sie sei hier richtig zur Speichelentnahme und dürfe sich schon mal hinsetzen. Er deutet auf einen Stuhl in einer Ecke des Raumes. Frau Benoit geht flink durch den Raum, setzt sich.

Marcel beginnt mit der Einleitung der Aktigraphen-Thematik und fragt, ob sich Frau Benoit vorstellen könne, einen Aktigraphen mitzunehmen. Weil Frau Benoit auf die Frage nicht antwortet, klärt er realistisch über das aufwändige Verfahren auf, das die Mitnahme des digitalen Körpervermessungsgeräts für Frau Benoit zuhause bedeuten würde: Sie müsse sich vorab im Klaren darüber sein, dass das Gerät sieben Tage und sieben Nächte mit einem Gurt um die Hüfte getragen werden solle. Zu der Untersuchung gehört auch eine anspruchsvolle Protokollierung der eigenen Aktivitäten. Die Tage müssten mit Datum festgehalten werden. Wenn Frau Benoit Marathon laufe oder andere extrem anstrengende Sportaktivitäten unternehme, müsse das ebenfalls eingetragen werden. Schlafen, Mittagsschlaf, kurze Nickerchen – alles müsse schriftlich festgehalten werden. Baden, Duschen, Schwimmen – auch das muss eingetragen werden. Und am zweiten Tag sollten jegliche Aktivitäten für die gesamten 24 Stunden festgehalten werden. Falls sie einen Computer zuhause habe.

Marcel blickt Frau Benoit fragend an. „Was tut denn so ein Aktigraph" überhaupt? Misst der aus, wie viel ich mich bewege?", fragt Frau Benoit kühl. Marcel zögert, fährt dann fort: Ja, der erfasse die Beschleunigung jeglicher Bewegung. „Aha. Ok", erwidert Frau Benoit. Sie wirkt weiterhin unbeeindruckt. Nach ein paar Sekunden Stille bohrt sie weiter, was man denn daraus lerne? Also ihnen – der Studie – teile der Aktigraph mit, wie aktiv sie sei, sagt Marcel und lacht, es klingt entschuldigend.

Er müsse allerdings ehrlicherweise dazu sagen, dass sie keinerlei Werte dazu erhalte – noch nicht. Frau Benoit gibt ein ungläubiges Schnauben von sich, hakt nach: "Gar nicht?" Marcel schüttelt den Kopf: Die Messungen seien nur für die Studie. Das wäre aber ein echtes Argument dafür, dass sie den Aktigraphen trage, meint Frau Benoit, jetzt in einem nonchalanten Ton.

Nach einer mühelosen Speichelentnahme hält Marcel den Aktigraphen noch einmal hoch und will abschließend klären, ob sie denn so ein Gerät nun gern mitnehmen möchte. Die Frau antwortet wieder nicht, lacht nur leicht spöttisch. Sie hätte sonst noch bis zum letzten Raum Zeit und könne auch nachträglich noch einwilligen. Marcel blickt die Frau an. Wenn sie eine Auswertung erhalte, dann würde sie das machen, meint sie. Ihre Stimme ist jetzt schneidend, ihr Gesicht fällt in ein spitzfindiges Lächeln.

Was dann folgt, ist eine längere Diskussion über die Dateninfrastruktur der Studie, über die Nicht-Mitteilung der Daten – ein ziemliches Datengerangel. Während Marcel sich von Frau Benoit ab und dem Rechner zuwendet, erläutert er den Einsatz des Aktigraphen, der zu diesem Zeitpunkt keine Auswertung für den individuellen Probanden vorsieht. Er murmelt, dass es "momentan einfach praktisch unmöglich" ist, dass sie eine Auswertung erhalte. "Die Daten können erst in Zukunft interpretiert werden." Sie bekäme einen frankierten Rückumschlag, damit sie ihnen das Gerät wieder zurückschicken könne. Die aufgezeichneten Daten würden in eines der Datentransferzentren der Kohortenstudie geschickt. "Ich habe also gar keine Möglichkeit, darauf zuzugreifen. Im Moment ist das noch nicht-", setzt Marcel an, wird aber von Frau Benoit unwirsch unterbrochen: "Können Sie die Daten nicht einfach ausdrucken?" Marcel gibt sich zunächst verständnisvoll, macht dann aber deutlich, dass er gar nicht wisse, wie er das machen solle. Er könnte gar nicht auf die Werte zugreifen. Er könne die Werte für sie gar nicht visualisieren. Er könne sie im Studienzentrum gar nicht auslesen. Aber er wisse, dass die Daten natürlich Anreize für die Menschen seien, bei der Studie mitzumachen. Ja genau, ihre Daten wolle sie gern haben, beharrt Benoit. Ihre Wangen sind jetzt dunkelrosa, sie spricht sehr laut. Es tue ihm leid, aber das gehe momentan einfach nicht. Sonst würde er ihr das sofort mitteilen. Sie könne ihre Kritik im Feedbackbogen gern einbringen. "Von mir aus: Ich überleg mir das noch mal", sagt sie. Marcel sagt nach kurzer Zeit noch, dass das ihr gutes Recht sei. Dann schweigen wir alle. Er tippt etwas in den Rechner, bedankt sich dann, dass sie bei ihm mitgemacht habe. Es würde nun direkt weitergehen. Marcel öffnet die Tür. Frau Benoit folgt in Richtung weiterer Untersuchungszimmer.

4 Der Aktigraph als Teil einer Kontrollgesellschaft

Die Szene bringt konfligierende Erwartungen auf den Punkt, die mit dem Aktigraphen verknüpft werden. Zunächst zu Frau Benoit: Die Mitteilung der gemessenen Daten wäre für sie ein „echtes Argument", das Körpervermessungsgerät mit nach Hause zu nehmen, dort zu tragen und die aufwändige Körperprotokollierung durchzuführen. Sozialwissenschaftliche Ansätze ordnen solche Wünsche in eine Gesellschaft der Körperüberwachung ein, den Aktigraphen als ihre dingliche Manifestation (vgl. Lupton 2012; Selke 2014, S. 38; Reichert 2016, S. 185).

Ein solches Gesellschaftsverständnis geht auf Michel Foucault zurück, der es vor nunmehr über vier Jahrzehnten in Überwachen und Strafen entwickelte. In modernen Gesellschaften – in sogenannten Überwachungs- oder Disziplinargesellschaften – habe sich die Machtform der Disziplin durchgesetzt. Dem französischen Philosophen zufolge operiert sie eher produktiv und positiv, denn negativ und unterdrückend. Die Disziplin führt nicht nur eine Spaltung zwischen Körper und Selbst ein, sie konstituiert den Körper dabei auch als ein Objekt, den es (kritisch) zu betrachten, zu begutachten und schließlich auch zu optimieren gilt (Foucault 1994). Quantifizierendes wissenschaftliches Wissen und kein Alltagswissen ist für diese körperliche Selbstoptimierung maßgeblich (Haggerty und Ericson 2000, S. 607). Weil Wissen entwickelt aus Statistik oder eben Epidemiologie den Status der Objektivität – des Wahrheitswissens – habe, wirke es mehr als andere Wissensformen normgebend. Genau darin sah der französische Philosoph die Macht am Werk, denn so würden nur bestimmtes Wissen und nur bestimmte Körpervorstellungen als erstrebenswert eingestuft.

Auch basiert die Disziplin auf einem spezifischen *Blick* auf den eigenen Körper. Der Aktigraph macht die in Teilen verborgene, unbewusst ablaufende Körperfunktion ‚Bewegung' zuallererst sichtbar. Praktiken der Selbst- und Körpervermessung sind also „im Kern Visualisierungspraktiken, die etwas sichtbar machen was zuvor – auf diese Weise – nicht sichtbar war" (Duttweiler und Passoth 2016, S. 12). Oder: Frau Benoit unterstreicht, dass gerade ein Wissen um spezifische Körperabläufe einen besonderen Reiz und einen triftigen Beweggrund ausmachen würde, das Körpervermessungsgerät mit nach Hause zu nehmen. Die Auswertungen stellen für sie ein Gesundheitswissen dar, das sie gerne für sich haben und nutzen möchte.

Sozialwissenschaftlichen Ansätzen zufolge trennen Aktivitätsaufzeichner nicht nur visuelle und haptische, berechnete und intuitive Körperwahrnehmung, auch legt sich erste über zweite und entwertet sie zugleich. Die errechnete Normalbewegung übt auf die meisten Menschen eine stärkere Wirkmächtigkeit aus als ihre eigenen Einschätzungen (vgl. Ruckenstein 2014, S. 73; Döring 2011, S. 14). Manche Kritiker bewerten dieses Ungleichgewicht als ein Misstrauen gegen die eigenen Sinne

(Snyder 2002, S. 146), als eine „resignative Begegnung mit den Normen der eigenen Gesellschaft" oder gar als eine „Identitätsstörung" und „subjektive(n) Erfahrung der eigenen Unzulänglichkeit" (Selke 2014, S. 247). Auch wenn solche Pathologisierungen der Nutzenden von digitalen Körpervermessungsgeräten übertrieben anmuten, bildet doch die Absicht, sich selbst und seinen Körper in Bezug auf ein abstraktes numerisches Ideal hin zu verbessern, das Ziel der Körpervermessung.

Mit Foucaults Begriff der Disziplin lassen sich zwar wesentliche gesellschaftliche Machtaspekte von neuen digitalen Körpervermessungsgeräten auf den Punkt bringen, allerdings argumentieren Sozialwissenschaftler, dass Gilles Deleuze mehr Denk-Anschlüsse für die Feinheiten heutiger Gesellschaften bietet – besonders für ihre zunehmende Digitalisierung (vgl. Haggerty und Ericson 2000; Lupton 2012). Bezugspunkt ist ein kurzer Aufsatz, in dem Deleuze in Konversation und freundlicher Abgrenzung zu seinem Gefährten Foucault für das „Ineinanderrinnen" (Raunig 2009) von Disziplin und Kontrolle plädiert und Foucaults Verständnis von modernen Gesellschaften als Disziplinar- hin zu Kontrollgesellschaften erweitert (Deleuze 1993). Mit Deleuze lässt sich noch stärker das Dynamische, Verstreute und Dislokalisierte fassen, was dem Aktigraphen und digitalen Gesundheitstechnologien im Allgemeinen anhaftet. So stehen digitale Körpervermessungsgeräte zweifelsohne in einer langen historischen Linie mit älteren medizinischen Überwachungsgeräten, sie können heute aber überall eingesetzt werden. Ein zentrales Kennzeichen zeitgenössischer digitaler Körpervermessungsgeräte ist ihre mobile Drahtlosigkeit (Lupton 2012, S. 9). Sie sind individuell tragbar und werden daher auch ‚Wearables' genannt. Der Unterschied zwischen dem foucaultschen Machtverhältnis der Disziplin und dem deleuzianischen der Kontrolle ist daher das stärkere Verwischen örtlicher Grenzen (Lupton 2012, S. 12). Die „Offenheit gesellschaftlicher Kreisläufe" ist für Gesellschaften der digitalen Körpervermessung wesentlich. Zwar unterstrich bereits Foucault, dass die Disziplin gerade durch ihre Ablösung aus geschlossenen Institutionen wie dem Krankenhaus oder der Kaserne ihren Charakter als Machttechnologie erhält (Foucault 2000, S. 42). Deleuze geht aber *noch stärker* und *von vorne herein* von Zirkulationsbewegungen aus, die das Gesellschaftliche kennzeichnen. Der disziplinäre Blick kommt dann nicht nur in der Arzt-Patienten-Beziehung in der Sportarztpraxis zum Einsatz, sondern kann als reine Funktion auch zuhause vor dem Flachbildschirm eingesetzt werden. Zur erzwungenen Anpassung in den geschlossenen Institutionen kommen für Deleuze neue Weisen der Körperregierung im total transparenten, offenen Milieu hinzu: Neben die Disziplinierung durch persönliche Überwachung tritt das freiheitliche Antlitz der Kontrolle als freiwillige Körperkontrolle (Raunig 2009). Kontrolle erzwingt dann keine Anpassung mehr, steuert das Verhalten nicht umfassend und in jeder Situation (Peters 2015), sondern schlägt ein weicheres Szenario vor, in dem das

Ideal einer Bereitschaft vorherrscht, sich ständig selbst zu verändern, anzupassen, zu variieren (Selke 2014, S. 239). Der Name, den Deleuze diesem Machtverhältnis gibt, ist Modulation. Die entsprechende Form der Subjektivierung ist die Dividuierung: Die machtgeleiteten und historisch spezifischen Gesellschaftsprozesse, die den Einzelnen zu einem respektablen, handlungsfähigen Subjekt machen, zielen nicht länger auf ein Individuum – ein Unteilbares. Sie gehen unlängst von vorneherein von der Teilbarkeit des Menschen aus (Deleuze 1993, S. 258).

Um die Prozesse der Dividuierung für digitale Körpervermessung präzise zu fassen, haben Denker des Digitalen den Begriff ‚Data Double' (Datendoppel) entwickelt (ursprünglich Haggerty und Ericson 2000; vgl. Lupton 2014; Ruckenstein 2014). Das Datendoppel bildet einen Fluchtpunkt innerhalb von Dividuierungsprozessen, also ein ideales, für den konkreten Menschen möglicherweise niemals erreichbares, in seinem Alltag aber dennoch wirkmächtiges Ziel, das die Ströme der Dividuierung lenkt. Das Datendoppel bezieht sich auf die Ebene des abstrahierten, berechneten Datenkörpers. Bei diesem Körper handelt es sich nicht um einen ‚eigentlichen' gelebten Körper, den Körper von Frau Benoit, wie er vor Marcel sitzt.[3] Datendoppel sind entkörperlicht und dekontextualisiert, „hybride Zusammensetzung von Informationen" (Ruckenstein 2014, S. 71). Deborah Lupton beschreibt Datendoppel daher so:

> „Data doubles are configured when digital data are collected on individuals, serving to configure a certain representation of a person (Haggerty and Ericson, 2000). They have their own social lives and materiality, quiet apart from the fleshly bodies from which they are developed" (Lupton 2014, S. 6).

Ein wesentlicher Aspekt von Datendoppeln ist, dass sie den gewonnenen Rohdaten Bedeutungen hinzufügen, die sie für den Einzelnen *nutzbar* machen. Frau Benoit geht es nicht nur um die Mitteilung der ‚bloßen' Messergebnisse, sie verknüpft mit den Messergebnissen noch etwas Anderes: Sie fragt recht direkt, was man aus den Daten denn *lerne*. Und die Tatsache, dass sie „keinerlei Auswertung" erhalte, führt bei ihr zu einem ungläubigem Schnauben, das zu diesem Zeitpunkt in dem Hin und Her zwischen ihr und dem Untersucher wahrscheinlich Unmut ausdrückt, der dann kurze Zeit später in einem klar artikulierten Tauschangebot kulminiert. Benoit regt an, dass sie sich der aufwändigen Aktigraphen-Untersuchung außer-

---

3 Datendoppel und eigentlicher Körper sollen hier als analytische Kategorien verstanden werden, um die Verkörperungsprozesse rund um den Aktigraphen besser verstehen zu können. Denn Benoits sitzender Körper ist ebenfalls nicht unberechnet oder unabstrahiert, möglicherweise nur weniger stark im Vergleich zum Datendoppel.

halb des Untersuchungszentrums unterziehe, falls sie eine Auswertung zu ihren Daten erhalte.

Zwar wissen wir nicht, ob Frau Benoit mit dem Lernen auch die Möglichkeit auf Verhaltensänderung verknüpft, doch schreibt sie dem Aktigraphen eine Bedeutung zu, die in anderen gesellschaftlichen Feldern durchaus gängig ist: Sie versteht ihn als ein Messgerät, das ihr Auskunft über ihren Körper gibt und ihr eine Selbst- bzw. Körpererkenntnis durch Zahlen ermöglicht. Diese Selbsterkenntnis durch Zahlen würde eine Interpretation darstellen, deren Grundlage die aus ihren gemessenen Bewegungsabläufen gewonnenen Rohdaten sind. Damit der Aktigraph als eHealth-Gerät agieren könnte, müssten Frau Benoits Daten zuallererst mittels ausgetüftelter Algorithmen interpretiert werden. Nur dann könnte sie daraus „etwas lernen" und Rückschlüsse auf ihre Körperfitness ziehen. Werden Aktigraphen zur Steigerung der eigenen Fitness eingesetzt, sind sie so programmiert, dass sie mehr oder weniger präzise Folgerungen auf die Art der Bewegung ziehen. Sie fächern die gemessene Bewegung in einzelne Bestandteile wie Beschleunigung und Rotation auf, wobei manche Aktigraphen die gemessenen Bewegungsvorgänge in Schritte umrechnen, die dann wiederum die Basis für weitere Berechnungen bilden. Für diese weiteren Berechnungen sind Daten zur Person notwendig. Angaben wie Geschlecht, Geburtsdatum, Alter, Größe oder Gewicht werden mit Hilfe einer Anwendung bei Inbetriebnahme des Aktigraphen eingegeben. Ausgehend von den ermittelten Daten schlagen die Anwendungen dann in Datenbanken nach. Welche Schrittweite bildet das Mittelmaß für die eingegebene Körpergröße? Laut Fitness Tracker Test 2017 stammen die zugrunde gelegten Mittelwerte aus nicht näher beschriebenen „Reihenuntersuchungen" und werden „unter Anwendung statistischer Regeln bereinigt" (Fitness Tracker Test 2017). Im Falle von Frau Benoit würde eine Anwendung ermitteln, wie groß die mittlere Schrittweite für eine Frau ihrer Größe ist. Das Ergebnis würde als Ziffern dargestellt oder in Form von Balken oder Kurven visualisiert. Kommt der Aktigraph also zur Verbesserung der eigenen Körperfitness zum Einsatz, ist der Vorgang der digitalen Körperprotokollierung nicht neutral: Er bildet nicht bloß körperliche Prozesse ab. Der Aktigraph führt die gesamte Körperbewegung auch der Normalisierbarkeit zu. Dadurch dass die Messergebnisse des Aktigraphen in eine Beziehung zu Durchschnittswerten gesetzt werden müssen, um interpretierbar zu sein, machen sie auch eine Aussage darüber, ob sich die Bewegungswerte in einem Bereich befinden, der als gut, gesund und *normal* gilt.

Für Sozialwissenschaftler ist ein solcher Vorgang fragwürdig, weil es sich um Dateninterpretationen handelt, die eine bestimmte Richtung festlegen. Sie limitieren den Exzess, den die Fülle von Frau Benoits Körperdaten mit sich bringt, und schlagen ganz gewisse Verhaltensweisen vor, während sie andere in die Bedeutungslosigkeit gleiten lassen:

"The implicit disorder of data collected about an individual is organized, defined, and made valuable by algorithmically assigning meaning to user behaviour – and in turn limiting the potential excess of meaning that raw data offer" (Cheney-Lippold 2011, S. 170).

Möglicherweise werden bei Frau Benoit Bewegungsabläufe gemessen wie ‚auf dem Sofa liegen', die gut für das Wohlbefinden und daher für ihre Gesundheit sein sollen, denen aber vom Algorithmus keine Bedeutung zugemessen wird.

Die dem Datendoppel entsprechenden Bewegungen können als Operationen beschrieben werden, die Körper zunächst in verschiedene Datenströme zerlegen und dann wieder zu *spezifischen* Körperidentitäten zusammensetzen. Datendoppel werden überdies oft als Interventionsziele markiert (Ruckenstein 2014, S. 14). Sie korrespondieren mit Körperkonfigurationen, die zwischen gesunden, fitten, guten, schönen Körpern auf der einen Seite und zwischen widerspenstigen, unkontrollierbaren, unreinen und unregulierten Körpern auf der anderen Seite unterscheiden. Der übergewichtige, obdachlose, verwahrloste, hedonistische oder kranke Körper – ihren Besitzern wird ein Mangel an Körperdisziplin attestiert (Lupton 2012, S. 10).

Dass Frau Benoit den Aktigraphen als ein Gerät einordnet, das ihr Auskunft über ihr Gesundheitsselbst und mögliche konkrete Verhaltensdirektiven gibt, liegt nah, denn als eHealth-Technologie findet es zunehmenden Einsatz außerhalb von Studien und altbekannten Versorgungsorten wie der Hausarztpraxis. Gesellschaftlich stoßen sie auf große Akzeptanz (Selke 2014, S. 201). Die Quantified-Self-Bewegung ist das wohl bekannteste Beispiel für einen breiteren gesellschaftlichen Kontext, in dem ein Verständnis von digitalen Körpervermessern als eHealth-Technologien vorherrscht. Es ist das Label für eine wachsende Anzahl von technikbegeisterten Menschen, die ihren Körper vermessen, ihr Tun durch eHealth-Technologien quantifizieren und sich im Internet aber auch auf Konferenzen darüber austauschen (vgl. Heyen in diesem Band). Kommt der Aktigraph wie andere eHealth-Technologien nun im privaten Bereich, beispielsweise als Fitness-Armband, zum Einsatz, so bleibt das, um was Frau Benoit hier kämpft, implizit, unreguliert und intransparent: Die ausgewerteten Daten werden sofort zum Nutzenden zurückgespielt, der konkrete Vorstellungen darüber erhält, wie ein gutes Gesundheitsverhalten auszusehen hat, ohne die komplexen Rechnungen und notwendigen Werte zu kennen, die im Hintergrund in die Datenauswertung einfließen müssen. Während im deutschen Feuilleton meist ein technologiekritischer Unterton die Debatten bestimmt, zeigen empirische Untersuchungen, dass die digitale Körpervermessung im Dienste der Gesundheit in den meisten Teilen der Gesellschaft akzeptiert ist. Die breite

Resonanz resultiert daraus, dass die eHealth-Technologien genaue Vorstellungen und konkrete Vorgaben liefern, wie richtiges und falsches Gesundheitsverhalten auszusehen hat (Selke 2014, S. 201).

5 Zukünftige Datendoppel

Die algorithmisierte Rückspielung unterbleibt aber im Untersuchungszentrum, was bei Frau Benoit zu offensichtlichen Verstimmungen führt. Die Szene zeigt so einmal mehr, dass Technologien zwar von den ihnen eingeschriebenen kulturellen Orientierungen geprägt (Duttweiler 2016, S. 18), die aber nicht ein für alle Mal festgelegt sind: Die Bedeutungen von Körpervermessungsgeräten sind dynamisch, heterogen und verschieben sich unentwegt – je nach Kontext, in dem sie genutzt werden (Lupton 2012, S. 6). Was in der Sportarztpraxis erwünscht ist, wird in Kohortenstudien zum Störfaktor: Der Aktigraph als Auskunftgeber über ein individuelles Gesundheitsselbst samt möglicher normativer Auswirkungen steht dem ‚Interesse' der Beobachtungsstudie entgegen: Daten zu generieren, ohne das zu verändern, was abgebildet werden soll: die Bevölkerung. Womit wir bei einer weiteren ‚Erwartung' an den Aktigraphen wären, hier durch Marcel vertreten. Der Studienmitarbeiter ist angehalten, das Studiendesign der Nicht-Intervention umzusetzen. Er muss verbalen Einsatz zeigen, damit die Erwartungen, die Frau Benoit mitbringt, nicht das Ziel der Studie gefährden. Diese narrative ‚Abschneidearbeit' von Bedeutungen ist die Vorbedingung dafür, dass die Lebensregungen von Frau Benoit in den Aktigraphen und von dort in den Datensatz der Studie gelangen. Marcel kann, selbst wenn er wollte, der Studienteilnehmerin keine Visualisierungen – das heißt keine ausgewerteten, sinngebenden, direktiven Daten – übermitteln.[4]

Findet der Einsatz des Aktigraphen innerhalb einer Gesundheitsstudie also jenseits einer Kontrollgesellschaft statt? Hat er dort keine soziale Bedeutung? Funktioniert das Körpervermessungsgerät dann als neutrales Gerät der bloßen Datengenerierung? Ja und nein. Der Aktigraph bleibt auch innerhalb der Studie Teil einer Kontrollgesellschaft. Allerdings befindet er sich an einem ganz bestimmten Punkt in ihren dynamischen Flüssen: Der Aktigraph ist ein Kontrollgerät, weil er die Unidirektionalität der kleineren Datenflüsse sichern muss: von Frau Benoits Körper in den Daten-Körper der Studie und nicht zurück zu Frau Benoit. Oder

---

4 Zwar erhalten die Studienteilnehmenden durchaus Briefe, in denen ausgewählte Messergebnisse in einen Normbereich eingeordnet werden, die Aktigraphen-Ergebnisse gehören aber nicht dazu.

besser: Das, was der Studienmitarbeiter hier im Dienste der Studie schafft, ist kein aktuelles, sondern ein *zukünftiges* Datendoppel des Körpers. Das ideale Verhalten, das so ein zukünftiges Datendoppel in der Gegenwart fordert, ist die Unterlassung einer Verhaltensadjustierung. Für den Einsatz von Körpervermessungsgeräten wie dem Aktigraphen in einer Kohortenstudie scheint allerdings keiner der fünf Charakteristika stimmig, die Deborah Lupton als Kennzeichen solcher Geräte herausgearbeitet hat. Sie beziehen sich auf die Gegenwart und

> "include private (for one's own purpose only); communal (sharing data with other self-trackers); pushed (encouraged by others); imposed (foisted upon people); and exploited (where people's personal data are repurposed for the use of others)" (Lupton 2014, S. 2).

Anders ausgedrückt: Der Einsatz des Aktigraphen dient innerhalb der Kohortenstudie erstens nicht dem eigenen privaten Zweck, wie von Frau Benoit eingefordert. Die gewonnenen Daten werden zweitens nicht mit anderen Nutzenden über eine Onlineplattform ausgetauscht. Die Datengabe durch den Aktigraphen wird drittens zwar vom Studienmitarbeiter angefragt, weder Marcel noch übergeordnete Instanzen wie Staat, Versicherungen oder ein Arbeitsgeber drängen oder zwingen Frau Benoit aber dazu. Schließlich ist die direkte kommerzielle Nutzung ihrer aufgezeichneten Daten ebenfalls ausgeschlossen. Die Beobachtungsstudie wird nicht mit dem Ziel durchgeführt, vermarktbare Produkte herzustellen. Pharmaindustrie oder Biotechindustrie stehen nicht in direkter Verbindung mit der Kohortenstudie. Stattdessen ist der Modus der Körperprotokollierung in Kohortenstudien durch und durch zukünftig: Die durch Körpervermessung gewonnenen Daten werden vielleicht in Jahrzehnten noch einmal zu Frau Benoit zurückkehren, vielleicht werden sie auch ‚nur' zu Infrastrukturen für epidemiologische Forschungen (Lupton 2014, S. 2). Das heißt: Das Datendoppel, nach der Frau Benoit hier mehr als aktiv ein Begehren artikuliert, existiert so in den Studienzentren noch nicht. Es wird, wenn überhaupt, erst in Zukunft hergestellt und ist daher ein zukünftiges Datendoppel, ein Datendoppel, das ein Zukunftsversprechen bedeutet.

Danksagung

Wir danken dem Bundesministerium für Bildung und Forschung für die Förderung unserer Studie (Fördernummer: 01GP1301B). Weiterhin den Organisator*innen und Durchführenden der Kohortenstudien, die uns Zugang zu den Studienabläufen ermöglicht haben. Insbesondere möchten wir allen Studienassistenzen und -teilnehmenden danken, die wir durch die Untersuchungen begleiten und interviewen durften. Unser Dank gilt auch der Projektassistentin Anke Desch, die uns in allen unseren Arbeiten unterstützt hat.

Literatur

Applebaum, P. S., Roth, L. H., Lidz, C. W., Benson, P., & Winslade, W. (1987). False hopes and best data: consent to research and the therapeutic misconception. *Hastings Center Report 17*(2), 20-24.
Beer, D., & Burrows, R. (2013). Popular Culture, Digital Archives and the New Social Life of Data. *Theory, Culture & Society, 30*(4), 47-71.
Cheney-Lippold, J. (2011). A New Algorithmic Identity: Soft Biopolitics and the Modulation of Control. *Theory, Culture & Society 28*(6), 164-181.
Clarke, A. (2011). *Situationsanalyse. Grounded Theory nach dem Postmodern Turn.* Wiesbaden: Springer VS.
Deleuze, G. (1993). Postskriptum über die Kontrollgesellschaften. In ders. (Hrsg.), *Unterhandlungen. 1972-1990* (S. 254-260). Frankfurt a. M.: Suhrkamp.
Deleuze, G., & Guattari, F. (1997). *Tausend Plateaus. Kapitalismus und Schizophrenie.* Berlin: Merve.
Döring, D. (2011). *Zeugende Zahlen. Mittelmaß und Durchschnittstypen in Proportion, Statistik und Konfektin.* Berlin: Kadmos.
Duttweiler, S. (2016). Körperbilder und Zahlenkörper. Zur Verschränkung von Medien- und Körpertechnologien in Fitness-Apps. In S. Duttweiler, R. Gugutzer, J.-H. Passoth & J. Strübing (Hrsg.), *Leben nach Zahlen. Self-Tracking als Optimierungsprojekt?* (S. 221-253). Bielefeld: transcript.
Duttweiler, S., & Passoth, J.-H. (2016). Self-Tracking als Optimierungsprojekt? In S. Duttweiler, R. Gugutzer, J.-H. Passoth & J. Strübing (Hrsg.), *Leben nach Zahlen. Self-Tracking als Optimierungsprojekt?* (S. 9-45). Bielefeld: transcript.
Epstein, S. (2008). The rise of 'recruitmentology': clinical research, racial knowledge, and the politics of inclusion and difference. *Social Studies of Science 38*(5), 801-832.
Fitness Tracker Test (2017). Distanz und Kalorienverbrauch. https://www.fitness-tracker-test. info/berechnung-distanz-und-kalorienverbrauch/. Zugegriffen: 6. November 2017.
Foucault, M. (1994). *Überwachen und Strafen. Die Geburt des Gefängnisses.* Frankfurt a. M.: Suhrkamp.

Foucault, M. (2000). Staatsphobie. In T. Lemke, U. Bröckling, & S. Krasmann (Hrsg.), *Gouvernementalität der Gegenwart. Studien zur Ökonomisierung des Sozialen* (S. 68-71). Frankfurt a. M.: Suhrkamp.
Haggerty, K. D., & Ericson, R. V. (2000). The surveillant assemblage. *British Journal of Sociology* 51(4), 605-622.
Lupton, D. (2012). M-health and health promotion: The digital cyborg and surveillance society. *Social Theory & Health* 10(3), 229-244.
Lupton, D. (2014). *Self-tracking cultures: towards a sociology of personal informatics*. Paper presented at the Proceedings of the 26th Australian Computer-Human Interaction Conference on Designing Futures: the Future of Design, Sydney, New South Wales, Australia.
Lupton, D. (2016). You Are Your Data: Self-Tracking Practices and Concepts of Data. In: S. Selke (Hrsg.), *Lifelogging: Theoretical Approaches and Case Studies about Self-tracking* (S. 61-79). Wiesbaden: Springer VS.
Nobile, H., Bergmann, M. M., Moldenhauer, J., & Borry, P. (2016). Participants' Accounts on Their Decision to Join a Cohort Study With an Attached Biobank: A Qualitative Content Analysis Study Within Two German Studies. *Journal of Empirical Research on Human Research Ethics* 11(3), 237-249.
Peters, H. (2015). Die Dialektik von Freiheit und Kontrolle. Zur Aktualität der Kontrollgesellschaft. https://soziopolis.de/erinnern/jubilaeen/artikel/die-dialektik-von-freiheit-und-kontrolle/. Zugegriffen: 6. November 2017.
Raunig, G. (2009). Im Modus der Modulation: Fabriken des Wissens. http://eipcp.net/transversal/0809/raunig/de. Zugegriffen: 6. November 2017.
Raunig, G. (2015). *Dividuum*. Wien, Linz, Berlin, London & Zürich: Transversal Texts.
Reichert, R. (2016). Social Surveillance. Praktiken der digitalen Körpervermessung in mobilen Anwendungskulturen. In: S. Duttweiler, R. Gugutzer, J.-H. Passoth, & J. Strübing (Hrsg.), *Leben nach Zahlen. Self-Tracking als Optimierungsprojekt?* (S. 85-201). Bielefeld: transcript.
Rich, E., & Miah, A. (2014). Understanding Digital Health as Public Pedagogy: A Critical Framework. *Societies* 4(2), 296-315.
Ruckenstein, M. (2014). Visualized and Interacted Life: Personal Analytics and Engagements with Data Doubles. *Societies* 1(4), 68-84.
Selke, S. (2014). *Lifelogging. Wie die digitale Körpervermessung unsere Gesellschaft verändert*. Berlin: Econ.
Snyder, J. (2002). Sichtbarmachung und Sichtbarkeit. In T. Geimer (Hrsg.), *Ordnungen der Sichtbarkeit. Fotografie in Wissenschaft, Kunst und Technologie* (S. 142-171). Frankfurt a. M.: Suhrkamp.
Stehr, N. (1994). *Knowledge Societies*. London: Sage.
Svendsen, M. N., & Koch, L. (2011). In the mood for science: a discussion of emotion management in a pharmacogenomics research encounter in Denmark. *Social Science & Medicine* 72(5), 781-788.
Wadmann, S., & Hoeyer, K. (2014). Beyond the 'therapeutic misconception': Research, care and moral friction. *BioSocieties* 9(1), 3-23.
Weingart, P., Carrier, M., & Krohn, W. (2007). *Nachrichten aus der Wissensgesellschaft: Analysen zur Veränderung der Wissenschaft*. Weilerswist: Velbrück.
Whitson, J. R. (2013). Gaming the Quantified Self. *Surveillance & Society* 11(1/2), 163-176.

II
Prägung und Veränderung

Gesundheitspädagogische Ansprüche des Self-Trackings
Was schreiben EntwicklerInnen in Apps und Geräte ein und wie gehen NutzerInnen damit um?

Denise Klinge und Franz Krämer

Zusammenfassung

Die Genese des Self-Trackings, also das Sammeln und Auswerten eigener Körperdaten, kann zum Teil innerhalb des Aufkommens naturwissenschaftlicher Diskurse der Heilkunde und Physiologie verortet werden. Mittlerweile lässt sich beobachten, dass Self-Tracking alltäglich praktiziert wird. Der Beitrag untersucht einerseits die Entwicklungsprozesse von Self-Tracking-Kleintechniken und -Programmen und andererseits den Umgang der NutzerInnen damit. Ergebnisse narrativer Interviews zeigen: EntwicklerInnen schreiben auf rationalistische Weise wissenschaftlich-medizinisches Wissen fest und orientieren sich bei der Sichtbarmachung und Kontextualisierung von Körperdaten an einem implizit pädagogischen Selbstermächtigungs-Anspruch. NutzerInnen hingegen gehen divers mit diesen Vorgaben und Ansprüchen um, indem einige affirmierend ihren Alltag nach den Maßstäben ausrichten, andere die Gadgets und Programme für eigene Zielsetzungen instrumentalisieren und wieder andere sich von den Gesundheitsnormen der Apps und Geräte abwenden. In der Zusammenschau ergibt sich ein widersprüchliches Verhältnis zwischen der aufklärerisch-rationalistischen Agenda der EntwicklerInnen und den daraus folgenden impliziten gesundheitspädagogischen Ansprüchen einerseits und den Self-Tracking-Praktiken der NutzerInnen andererseits.

Schlüsselbegriffe

Self-Tracking, Quantified Self, eHealth, mHealth, Gesundheitsorientierungen, Technisierung von Gesundheit, Digitalisierung, Personal Health, Quantifizierung, Dokumentarische Methode

1 Self-Tracking: ein Praxisfeld mit diversen Akteuren

Self-Tracking als das Quantifizieren, digitale Dokumentieren und Auswerten von bspw. Schritten, verbrannten Kalorien oder der Schlafqualität erlebt derzeit eine Hochkonjunktur. Nach einer Marktforschungsstudie nutzt in Deutschland bereits jede/r Dritte über 14 Jahren einen Fitness-Tracker oder eine Fitness-App (vgl. BITKOM 2016). Welche Verbreitung und Akzeptanz Self-Tracking mittlerweile erfahren hat, lässt sich bspw. auch daran ablesen, dass Krankenkassen den Kauf von Fitness-Trackern oder den dadurch erbrachten Nachweis von sportlicher Bewegung fördern. Im Rahmen der Entfaltung einer entsprechenden Interessengruppe hat sich die Quantified-Self-Bewegung unter dem Motto „Self Knowledge through Numbers" zusammengeschlossen und hält weltweit in über 120 Städten auch lokale Austausch-Treffen ab (Quantified Self Labs o. J.).

Dieses Phänomen wird bislang eher aus gesellschaftsdiagnostischer und aus BenutzerInnen-Perspektive beforscht (u. a. Belliger und Krieger 2015; Choe et al. 2014; Selke 2014; Swan 2013; Zillien et al. 2015). Das Verhältnis zwischen den Einschreibungen durch die EntwicklerInnen – also das Versehen der Geräte und Programme mit Sinn, Werten und Orientierungsgehalten – und dem jeweiligen Umgang damit durch die NutzerInnen solcher Technologien wurde bisher hingegen wenig thematisiert. Aktuelle Forschungen zum Self-Tracking sind häufig (möglicherweise aus dem naheliegenden Grund, dass die Gadgets der Selbstüberwachung dienen) macht- und gouvernementalitätstheoretisch gerahmt: So wird Self-Tracking machttheoretisch als Dokument für eine diskursiv dominante Vorstellung eines umfassend kontrollierbaren Körpers und seiner Gesundheit (vgl. Lupton 2014; vgl. Lupton 2014a, S. 79) und gouvernementalitätstheoretisch als biopolitische Reg(ul)ierungstechnologie (vgl. Hille 2016), d. h. als eine spezifische Machttechnik „zur Unterwerfung der Körper und zur Kontrolle der Bevölkerungen" (Gehring 2014, S. 231) interpretiert. Lupton sieht bspw. den Trend einer Responsibilisierung von Gesundheit durch Self-Tracking-Apps, den sie als „healthism" (2014b, S. 615) bezeichnet. Die in den Geräten und Apps auffindbaren Maßstäbe und Konstrukte eines ‚richtigen' Gesundheitsverhaltens werden in solchen Perspektiven zwar als Quellen der Normierung mitgedacht; ihre Entstehung durch konkrete Entwicklungs-, Design- und Programmierpraktiken bleiben jedoch empirisch oft unbeleuchtet, vor allem, wenn es hauptsächlich um eine Kritik von Subjektivierungsweisen geht. Dabei ist, wie Jörissen (2015) im Anschluss an Foucault und Butler in Bezug auf das Verhältnis zwischen Design und Subjektivation schreibt, „die machtbedingte Konstitution des Subjekts *als* Subjekt dieser bestimmten Macht […] zugleich Bedingung seiner möglichen De-Konstitution" (Jörissen 2015, S. 226).

Das heißt, dass die Rede von foucaultschen Subjektivierungsprozessen zwar auf die Unterwerfung des Subjekts verweist, aber immer auch auf die Ausbildung produktiver Selbstbezüge. Das wiederum bedeutet, dass produktive Subjektivierungsprozesse das Potential beinhalten, sich bestimmten Unterwerfungsweisen zu entziehen bzw. diese zu übersteigen (vgl. Bublitz 2014), sie also in einem produktiven und nicht reproduktiven Verhältnis zu Macht sehen. Wenn also in der bisherigen Forschung nur Gefahren der Selbstüberwachung und Selbstoptimierung betrachtet werden, so bleiben Möglichkeiten der Unterminierung durch die Praxis im Dunkeln. Denn unter der Bedingung, dass designte Self-Tracking-Dinge erstens nicht kontextlos sind, sondern von EntwicklerInnen innerhalb ökonomisch-technologischer Zusammenhänge entwickelte und nahegelegte Entwürfe von Situations- und Nutzungsmodellen darstellen (vgl. Jörissen 2015, S. 225f.), können diese Entwürfe zweitens eben auch durch bestimmte Nutzungsweisen unterlaufen und verändert werden.

Dies zeigen erste empirische Analysen: Mit den Maßstäben und Werten innerhalb von Self-Tracking-Praktiken wird durchaus divers umgegangen. So ist die numerische Visualisierung bestimmter Körperaspekte (Kalorienverbrauch beim Sport, Tiefschlafphasen, Herzrate während der Arbeitszeit usw.) für die befragten NutzerInnen in der Tat eine „Grundlage der Körpergestaltung" (Zillien et al. 2015, S. 88). Daneben finden sich allerdings auch empirische Hinweise auf reflexive bzw. eher widerständige Bezugnahmen von NutzerInnen, die die generalisierten Maßstäbe der Geräte und Apps als Anfangspunkt ihrer Praktiken nutzen, diese im Verlauf der Nutzung aber überschreiten und reflektieren; wie bspw. das Wechseln einer App, wenn diese für den eigenen Alltag nicht tauglich ist (vgl. Nafus und Sherman 2014, S. 1788f.).

In diesem Beitrag werden daher sowohl die Vermittlungs- als auch Aneignungsformen fokussiert, die sich rund um die Digitalisierung von Körperdaten und den Umgang damit herausbilden. Es wird die Frage gestellt, welche impliziten (gesundheits)pädagogischen Ansprüche und Gesundheitsvorstellungen der EntwicklerInnen in die Technologien eingeschrieben werden und wie NutzerInnen mit solchen Aufforderungen jeweils umgehen: Wie und welche Sinndeutungen und Werte schreiben die EntwicklerInnen innerhalb ihrer Praxis in die Geräte und Programme ein? Welchen Umgang entwickeln wiederum die NutzerInnen mit diesen Sinndeutungsangeboten, Werten und Ansprüchen der Geräte und Apps?

Im Licht dieser praxeologischen Rahmung von Self-Tracking wird ‚Technik' im Anschluss an praxistheoretische Perspektiven (bspw. Rammert 2007) oder auch die Perspektive der Akteur-Netzwerk-Theorie (bspw. Latour 2007) als etwas verstanden, das in unterschiedlichem Maße und mit Menschen im Zusammenspiel agieren kann. Eine solche Sichtweise richtet den Blick nicht auf eine Klassifikation der Beteiligten von Self-Tracking-Phänomenen in Akteure und Technik, sondern betrachtet, wie diese zusammen agieren und was dabei als Handlungspraktiken entsteht. Auf unsere Fragestellung bezogen, lässt sich das beispielhaft folgendermaßen veranschaulichen: An der Entwicklung einer Self-Tracking-App oder eines -Gerätes sind zumeist sowohl inhaltliche als auch technische EntwicklerInnen[1] beteiligt. Dazu werden bereits auf dem Markt bestehende Produkte analysiert, (potentielle) NutzerInnen befragt und ExpertInnen der jeweiligen Gebiete, wie ÄrztInnen, FitnesstrainerInnen, ErnährungsberaterInnen usw. zu Rate gezogen. Zum anderen müssen diese gewonnenen ‚Werte' in Kleintechnik realisiert und algorithmisierbar gemacht werden. Das heißt, dass sich EntwicklerInnen von bspw. einer Selftracking-Entspannungsübung u. a. daran orientieren, wie potentielle NutzerInnen diese App benutzen würden und welche Entspannungspraktiken und -diskurse es schon gibt (wie Meditation, autogenes Training usw.). Die Self-Tracking-Entwicklung, hier die Entspannungs-App, kann also nicht als singulär technisch, abseits menschlicher Akteure betrachtet werden, sondern wird aus bereits bestehenden Praktiken und daran geknüpften Sinndeutungen entwickelt. Auf der anderen Seite müssen diese Praktiken aber auch erst durch Technisierung in bspw. einzelne Handlungsschritte, Codierung und binäre Muster ‚übersetzt' werden, sodass aus der Entspannungspraxis und deren Technisierung[2] etwas Neues entsteht und dadurch wiederum Sinngebungsprozesse ermöglicht werden.

Ähnlich verhält es sich mit dem Gebrauch dieser Entwicklung: Zusammen mit einem Pulsmessgerät und der App absolviert eine Person eine Entspannungsübung. Während der Übung visualisiert und interpretiert die App die gemessenen Daten und macht Vorschläge, wie sich die Person verhalten soll, um die Intensität ihrer Entspannung gemäß dem eingeschriebenen Meditations-Diskurs zu verbessern, bspw. soll sie fünf Mal langsam aus dem Bauch atmen. Die Person passt ihr Verhalten dementsprechend an und erhält konstantes Feedback über ihre algorithmisierten Körperdaten, die sich im Verlauf der Anwendung womöglich verändern, was sie wiederum sofort über angepasste Visualisierungen der App und/oder Rückmeldungen des Pulsmessgerätes erfährt. Auf diese Weise entsteht aus dem, was Mensch, App und Pulsmesser hier gemeinsam tun, eine Entspannungs- bzw. Gesundheitspraktik, die weder allein von den menschlichen Komponenten noch allein von den technischen Komponenten ausgeht. Mit Bruno Latour gesprochen tritt uns hier ein „Hybrid-Akteur" entgegen (vgl. Latour 1998). Im Folgenden werden nach einer

---

1 Unter den Self-Tracking-EntwicklerInnen lassen sich sowohl DesignerInnen, UnternehmerInnen, ProgrammiererInnen als auch IngenieurInnen finden.
2 Zur Technisierung von Wissen und dem Konzept des informierten Wissens siehe Degele 2000.

Skizzierung der Genese von Self-Tracking im Gesundheitskontext (2) Ergebnisse einer dokumentarischen Rekonstruktion von narrativen Interviews vorgestellt, die sowohl mit EntwicklerInnen als auch mit NutzerInnen geführt wurden (3). Am Ende des Beitrages wird gefragt, welche Schlussfolgerungen sich aus dieser Gegenüberstellung von Einschreibungen einerseits und dem Umgang mit diesen durch die NutzerInnen andererseits ziehen lassen (4).

2 Self-Tracking und seine Genese im Gesundheitskontext

Ein Ursprung von heutigen Self-Tracking-Phänomenen kann in historischen Praktiken der Körperuntersuchung gesehen werden: Das Konzept der Iatrotechnik – die Idee des Körpers als Maschine, welche nach komplizierten chemischen und physikalischen Abläufen funktioniert – ebnete den Weg für frühneuzeitliche Messungen rund um den Körper in der Heilkunde: So versuchte Santorio Santorio schon im 16. Jahrhundert als einer der ersten Ärzte, die „Maß und Zahl in die Medizin einführten", die Pulsfrequenz mittels Pendels, oder seine Körperzu- und Körperausfuhr unter dem Paradigma der Humorpathologie (Säftelehre) über eine Waage systematisch zu messen (Winau 1993, S. 24).

Die Sammlung von Messdaten über den Körper im Sinne eines naturwissenschaftlichen Zugangs mittels standardisierter Verfahren kann erst Mitte des 19. Jahrhunderts in der Technisierung der Medizin verortet werden. Diese entwickelte sich als Gegenströmung zur Naturphilosophie und zeichnete sich dadurch aus, dass Diagnosen objektivierbar und Ergebnisse durch technische Hilfsmittel reproduzierbar sein sollten (vgl. Riha 2004, S. 25). Durch das Konzept der Iatrotechnik eingeleitet und durch die Medizin als Naturwissenschaft weitergeführt, verfestigte sich die Idee eines durch den Arzt bestimmten Gesundheits- bzw. Krankheitsbegriffs. In diesem Verständnis können partielle Dysfunktionen des Körpers lokalisiert und durch Normwerte objektiviert werden, um anschließend mittels einer Therapie die ‚körperliche Ordnung' wiederherzustellen (vgl. Riha 2004).

In dieser Strömung der standardisierten Körperbetrachtungen ist Mitte/Ende des 19. Jahrhunderts kulturhistorisch eine Verschränkung von Diskursen der Leibesertüchtigung (in Form von bspw. Sportvereins-Gründungen) und wissenschaftlicher Interessen an den „curiosités physiologiques" (Sarasin 1998) beschreibbar. Physiologen führten Messungen zur körperlichen Leistungsfähigkeit und zum Stoffwechsel bspw. mittels Temperatur, Muskelkontraktion und dem CO_2-Gehalt des Bluts durch, wodurch Einsichten in die „Selbstvervollkommnung" des Körpers gewonnen werden sollten (Sarasin 1998, S. 448). Die Anfänge des Übergangs der medizinisch-technischen Diagnosegeräte für den Privatgebrauch lassen sich Anfang des 20. Jahrhunderts finden, wie u. a. das Aufstellen der Ende des 19. Jahrhunderts eingeführten Personenwaage an öffentlichen Orten wie Bahnhöfen demonstriert (vgl. Aldersey-Williams und Fricker 2013; Robens et al. 2014). Die weitere Verbreitung medizinischer Technik für den Alltagsgebrauch ging auch mit der Verkleinerung und Bedienungsvereinfachung der Geräte einher. So lässt sich bspw. das 1890 vom Drogisten Wilhelm Uebe entwickelte (erstmals vollverkapselte) Fieberthermometer oder die 1965 eingeführte frühe Blutzucker-Testversion nennen, die es DiabetikerInnen ermöglichte, ihre Werte zu Hause zu messen (vgl. Lowy 1998). Privates Self-Tracking, also das Messen von Körperäußerungen, hatte entsprechend seiner Genese weiterhin medizinisch-therapeutische Zwecke: Der Arzt soll zum einen mit zusätzlichen Daten, wie hier regelmäßig erhobener Blutzuckerwerte, versorgt werden, um fundierte Diagnosen und Therapien erstellen zu können und zum anderen kann der Patient seine verordnete Therapie selbstständig anpassen (vgl. Glasziou et al. 2005, S. 647). In einer verhaltensmedizinischen Perspektive soll dieses Self-Monitoring (wie es im Medizinkontext genannt wird) durch einen Teil der Verantwortungsübergabe die sog. Compliance, d. h. die Motivation und Therapietreue der Patienten steigern (vgl. Glasziou et al. 2005).

In jüngster Zeit sind im Zuge von Digitalisierungsentwicklungen im Bereich von Gesundheit und Medizin weitere Möglichkeiten der medizinischen und gesundheitsbezogenen Information, Prävention und Intervention jenseits von Arztpraxen oder Kliniken entstanden. Dazu zählen bspw. Informations- und Selbsthilfeportale wie netdoktor.de, onmeda.de oder patientslikeme.com, aber auch die in den Downloadportalen von Google, Apple und Co zahlreich verfügbaren Gesundheits- und Medizin-Apps und -Gadgets, die oft der Messung von Körperäußerungen dienen, wie bspw. Zykluskalender, Ernährungstagebücher, Blutzuckerjournale, Schrittzähler u. ä. Die Nutzung solcher Gadgets, die Körper- und Umweltdaten umfassend sammeln und algorithmisieren, kann in Anlehnung an Verdezoto und Grönwall (2015) als Teil einer „voluntary and personal health care strategy" (S. 267) bezeichnet werden. Dieses hier als freiwillig attribuierte Gesundheitsmanagement beinhaltet diverse gesundheitsbezogene Praktiken, welche nicht mehr primär auf medizinisch-therapeutische Zwecke ausgerichtet sind, sondern einer Art individuellem Gesundheitsmanagement dienen, das nicht von Experten des Gesundheitswesens explizit nahegelegt, sondern in Eigenregie aufgenommen wurde. Zeitdiagnostisch kann man dieses Phänomen mit gesellschaftlichen Tendenzen der Individualisierung (vgl. Beck 1986) und Responsibilisierung (vgl. Bröckling 2007) in Verbindung bringen, die auch im Bereich der Gesundheit zum Tragen kommen.

Zentral zeigen sich diese Tendenzen am Paradigma der Prävention. Dieses unterbreitet „ein Regime freiwilliger Selbstkontrolle" (Bröckling 2013, S. 29.e2), das Aufklärungsarbeit und Verbote als Präventionsstrategien zunehmend ablöse (vgl. Bröckling 2013, S. 29.e1f.). Apps und Gadgets mit Selbstüberwachungsfunktion können in dieser Perspektive als typische Vehikel der individuellen gesundheitsbezogenen Prävention gesehen werden. Sie speichern die erhobenen Daten über bspw. Blutdruck, Herzfrequenz oder aufgenommene Kalorien, algorithmisieren und visualisieren sie, sodass der/die NutzerIn Informationen darüber erhält, wie es um seine Fitness, Ernährung oder Schlafqualität bestellt ist. Er/sie wird so in die Lage versetzt, vorbeugende Maßnahmen ergreifen *zu können* und, folgt man der These Bröcklings über den unabweisbaren „moralischen Imperativ" (Bröckling 2013, S. 29. e2) der Prävention, dies *sogar* (bei Strafe schuldhafter Selbstschädigung) *zu müssen*.

Insgesamt stellt sich das Phänomen des Self-Trackings als eingebettet in eine umfassend gesellschaftsdiagnostisch beschriebene Quantifizierungs-Tendenz dar, die man nicht nur im beschriebenen Bereich der Gesundheit findet, sondern auch in anderen Bereichen, wie bspw. universitärer Verwertungslogik und organisationaler Selbstbeschreibung (vgl. Schäffer 2015, 2016). Im Bereich gesundheitsbezogenen Self-Trackings lassen sich sowohl Anbieter von medizinischen als auch von sog. Lifestyle-Produkten finden. Ein Unterschied ist, dass Anbieter von Produkten für medizinische Zwecke, also für Diagnostik und Therapie, durch das deutsche Medizinproduktegesetz sich expliziten und strengen Richtlinien beugen müssen, während Lifestyle-Produkte so gut wie keiner Regulierung und damit auch kaum einer Kontrolle unterliegen. Die Anbieter der Produkte sind sowohl internationale Großkonzerne, wie Apple mit seiner Apple Watch, oder Microsoft mit dem Microsoft Band als auch kleine Unternehmen wie Start-Ups oder sogar Einzelpersonen, die Kleintechniken oder Applikationen zum Self-Tracking anbieten. Die EntwicklerInnen der dahinterliegenden Produkte können dementsprechend in großen oder kleinen Teams oder einzeln arbeiten und verschiedene Entwicklungsbereiche abdecken, wie bspw. das Design und/oder die technische Umsetzung. Auf NutzerInnen-Seite gibt es sowohl diejenigen, die auf das Tracken ihrer Gesundheitsdaten angewiesen sind, wie bspw. Diabetiker, oder diejenigen, die eher die Lifestyle-Produkte und Programme nutzen. Einige der NutzerInnen (aber auch EntwicklerInnen) nutzen Treffen der Quantified-Self-Gruppen, um sich über Möglichkeiten und Optimierungen des Self-Trackings zu informieren und auszutauschen, oder aber als Marketingplattform für ihr eigenes Produkt (vgl. Klinge et al. 2018).

3 Ergebnisse der empirischen Untersuchung

Ziel der Untersuchung war es, implizite Wissensbestände der EntwicklerInnen zu rekonstruieren, welche deren Entwicklungspraxis leiten und somit auch in die Geräte und Programme des Self-Tracking eingeschrieben werden. Weiter wurde rekonstruiert, wie NutzerInnen mit den Geräten und Programmen umgehen, inwiefern sie sich also Sinndeutungsangebote aneignen, sie affirmieren, verändern, instrumentalisieren oder unterminieren.

Die Ergebnisse wurden aus einer praxeologisch-wissenssoziologischen Perspektive mittels der dokumentarischen Methode (Bohnsack 2010) gewonnen. Unter der Annahme, dass habituelle Sinndeutungen in das alltägliche Handeln eingelassen sind, steht in so einem Zugang das erzählte Erleben und das darin eingelagerte implizite habituelle Wissen im Vordergrund (vgl. Nohl 2012). Infolge der Fokussierung jenes impliziten Wissens ist demnach im Interesse der Analyse, *wie* EntwicklerInnen in ihrer Entwicklungspraxis mit Wissen umgehen (anstatt etwa nach der fachlichen Korrektheit implementierten Wissens zu fragen). Ebenso steht im Vordergrund, *wie* die NutzerInnen mit den Geräten und Programmen umgehen und damit eine ihrem Habitus entsprechende Handlungspraxis entwickeln (im Gegensatz etwa zu einer Perspektive, die nach subjektiven Motiven und Eigentheorien der NutzerInnen fragt). Für die Analyse wurden dementsprechend sowohl narrative Interviews mit EntwicklerInnen von Self-Tracking Applikationen als auch mit NutzerInnen von Self-Tracking-Applikationen und -Geräten geführt.

Im Folgenden wird zuerst vorgestellt, inwiefern EntwicklerInnen Einschreibungen in die Gadgets vornehmen (3.1). Im Anschluss werden Handlungspraktiken der NutzerInnen mit Blick auf die Ansprüche und Einschreibungen der EntwicklerInnen skizziert (3.2).

3.1 Einschreibungen durch die EntwicklerInnen von Self-Tracking-Programmen

Für die Rekonstruktion der Sinndeutungen von EntwicklerInnen wurden hier exemplarisch zwei Interviews ausgewählt, die einige ähnliche Orientierungen aufzeigen, obwohl die InterviewpartnerInnen unterschiedliche Arbeitshintergründe haben: Pablo[3] arbeitet als Informatiker in einem erfolgreichen Startup ganztags an

---

3   Aus Anonymisierungsgründen sind die Namen der InterviewpartnerInnen erfunden. Die Interviews wurden nach TiQ transkribiert, d.h. Satzeichen sind Zeichen für Intonationen, ein @ steht für Lachen und Dialektisches wurde direkt transkribiert. Die

einer Fitness-App; und Tina hatte im Rahmen eines eigenen Projekts eine Stress-App als Designerin entwickelt, aber aufgrund von Kostenfaktoren nicht auf den Markt gebracht.

3.1.1 Programmierung von medizinischem Expertenwissen und Wissenschaftlichkeit

Innerhalb der Auswertung der narrativen Interviews mit den EntwicklerInnen zeigt sich, dass wissenschaftliche Studien und medizinisches Expertenwissen für die Gestaltung der Applikationen hinzugezogen werden und die Einschreibungen und Handlungsaufforderungen innerhalb der Applikationen mitbestimmen.

So hat die Entwicklerin Tina in einem Design-Projekt...

> *„auch mit Ärzten zusammen gearbeitet [...] die wirklich gesagt haben des is auch echt wissenschaftlich bewiesen dass umso mehr Kontrolle du hast dass deine Genesung tatsächlich auch schneller geht."* (Tina)

Implizit wird hier – widersprüchlich zur angedachten und explizit angesprochenen Mündigkeit des Patienten („damit der Patient halt mündiger wird" (Tina)) – durch die Designpraxis der Befragung des Praxisfeldes die spezifische Hierarchie eines Arzt-Patienten-Verhältnisses konzeptionell in die Entwicklung hineingeholt: Dem/der NutzerIn wird in dieser Konzeption, wie in einem medizinischen Setting, die Aufgabe seiner Genesung bzw. Gesunderhaltung einer normativen Patientenrolle angetragen. Ein ähnliches Vorgehen des Rückgriffs auf die Praxis der Experten lässt sich auch für ein späteres eigenes Projekt von Tina konstatieren. Sie konzeptionierte eine Applikation für die Messung und Visualisierung von Stress, welche allerdings nicht realisiert wurde, weil die technische Umsetzung zu aufwendig gewesen wäre. Für das Design dieser App befragte Tina eine Psychologin und Neurologin, die...

> *„nochmal erklärt hat wie Menschen auch in Stresssituationen reagieren wie unterschiedlich sich des auch auswirken kann und was halt eben auch also es gibt ja unwahrscheinlich viel Stressfaktoren aber was sie eben so in ihrer Praxis erlebt hat und ähm was sie ebent auch glaubt was so sinnvoll is."* (Tina)

So werden hier Erfahrungen von PsychologInnen und ÄrztInnen als ExpertInnen als Ausgangspunkte der Überlegungen genutzt, um für diese Applikation eine umfassende Visualisierung von Stress in Form von Herzratenvariabilität in Kombi-

---

zitierten Interviewpassagen wurden durch Auslassungen von Rezeptionssignalen wie ah, mhm etc. geglättet.

nation mit Lebensereignissen (wie Kalendertermine, auf die die App in der Theorie – weil die Idee nicht umgesetzt wurde – zugreifen kann) zu gestalten. Interessant ist hier das Spannungsverhältnis zwischen dem persönlichen Erfahrungswissen der ExpertInnen und der technischen Umsetzung durch die EntwicklerInnen. Während das Erfahrungswissen auf eine unbestimmte Variabilität von Stressursache und -wirkung verweist („wie unterschiedlich sich des auch auswirken kann" sowie „unwahrscheinlich viel Stressfaktoren" (Tina)), wird in der Technisierung (d.h. hier konkret in der App-Entwicklung) doch versucht, interpretierbare Ursache-Wirkungs-Zusammenhänge für die NutzerInnen sichtbar zu machen:

> „sondern dass man eigentlich eher sagt man entwickelt ne Infografik aus diesen ganzen Sachen und guckt wie des wirklich sinnvoll übereinander gelegt werden kann mit dieser Herzratenvariabilität mit der du nicht alleine Stress bestimmen kannst aber die halt schon große Aussagekraft hat dazu hat. in dem man sich die Kurven alleine anguckt halt sagt ach guck mal immer irgendwie montagmorgens was is'n da." (Tina)

Bevor allerdings weiter auf die Visualisierung von Daten im nächsten Unterkapitel genauer eingegangen wird, folgt noch ein Beispiel dafür, wie nicht nur ExpertInnen aus der Praxis, sondern eine standardisierte internationale Studie als Fundament einer Bewegungsapplikation genutzt wird:

> "This study reveals that between half an hour and one hour of active exercise, it's the best the best way of having healthy life; less than 30 minutes is going to be harmful, is going to make the people having more illnesses in the future." (Pablo)

Hier werden aus einer internationalen Gesundheitsstudie der World Health Organisation (WHO) direkte Konsequenzen für die Entwicklungspraxis im Sinne zu implementierender numerischer Werte gezogen. Gesundheit wird hier unmittelbar mit einem zeitlich klar definierten Bewegungsverhalten in kausalen Zusammenhang gebracht: Bis zu einer Stunde sportliche Bewegung pro Tag ist der beste Weg gesund zu sein, und weniger als eine halbe Stunde pro Tag an Bewegung führt zu Krankheiten. Somit entsteht zum einen ein normativ-medizinisches Gesundheitsverständnis, d.h. der/die NutzerIn muss Rollenerwartungen des selbstverantwortlichen Gesundheitsverhaltens erfüllen, wie sie von den ExpertInnen im Medizin und Gesundheitsbereich angedacht sind. Zum anderen werden durch die Einschreibungen wissenschaftlicher Diskurse Entitäten, wie unmittelbar gesundes und schädliches Bewegungsverhalten, bzw. direkte Ursache-Wirkungs-Zusammenhänge angelegt, die multiperspektivische oder zirkuläre Erklärungen versperren. Als diskrepant und daher problematisch kann dabei gesehen werden, dass das von den EntwicklerInnen erwähnte ‚gesunde Leben' als wünschenswertes Abstraktum fokussiert wird, dessen Erreichen – der rekonstruierten Entwicklungspraxis zufolge – auf eindimensionalem (Faktoren außer Bewegung werden außer Acht gelassen) und konkretistischem (30min bis 1h Bewegung sind positiv) Weg funktioniere. Abseits einer fachwissenschaftlichen Kontextuierung (etwa durch damit befasste WissenschaftlerInnen oder auch thematisch entsprechend praktizierende ÄrztInnen), die einer Verkürzung von medizinischem und gesundheitswissenschaftlichem Wissen entgegenwirken könnte, bekommen die punktuell von den EntwicklerInnen genutzten Studien damit unmittelbare Praxisrelevanz.

In dieser hier angelegten Perspektive ist Krankheit auf selbstverschuldete mangelnde Bewegung zurückzuführen und andere Komponenten wie Krankheitsdispositionen, individuelles Bewegungsvermögen, soziale Bedingungen u. a. werden ausgeblendet. Inwiefern diese Entwicklungspraxis aus einer ‚richtigen' oder ‚falschen' Bezugnahme der Studie entsteht, oder sie einen umfassenden komplexitätsreduzierenden Diskurs aufgreift, kann in diesem Rahmen nicht geklärt werden und steht auch nicht im Interesse der praxeologischen Rekonstruktion. Besonders das letzte Zitat zeigt jedoch, wie sich innerhalb des Designprozesses einer Bewegungs-App und der entsprechenden Technisierung ein einfaches rationalistisches Gesundheitswissen im Rahmen einer binären Ordnung von gesundem und schädlichem Bewegungsverhalten in Form von Zielmarken implementiert. Während Wissen im wissenschaftlichen Kontext eine geringere Halbwertzeit hat und auch immer wieder zur Disposition stehen kann, verlieren hier vermeintliche Erkenntnisse und Befunde ihre Vorläufigkeit und werden durch ihre Technisierung festgeschrieben.

3.1.2 (Selbst-)Ermächtigung durch Datenvisualisierung als Entwicklungsanspruch

Neben dieser Programmierung von Wissenschaftlichkeit ließ sich weiterhin eine Orientierung an der Befähigung der NutzerInnen zur Selbstermächtigung rekonstruieren. So thematisierte bspw. Tina in ihrem Interview die eigenen Körperdaten folgendermaßen:

> *„Der Hintergedanke is dass du halt für deine eigene Gesundheit mehr Verantwortung übernimmst. dazu brauchst du aber einfach auch deine Daten weil des is halt dein Körper deine Gesundheit warum sind die eigentlich bei irgend nem Arzt und nicht bei mir." (Tina)*

Der Hintergrund dafür ist ein Kooperationsprojekt im Krankenhausbereich, in welchem Applikationen für medizinische Kommunikationstechnologien entwickelt werden sollen. Die Entwicklung soll dabei die Mündigkeit der PatientInnen unterstützen, indem diese über ihre Daten technikunterstützt verfügen und die Daten nicht nur, wie in einem ‚ursprünglichen' Patient-Arzt-Setting, in der Verfügung des Experten stehen. In der impliziten handlungsleitenden Logik der EntwicklerInnen wird demnach der institutionalisierte medizinische Umgang (die „Akten", die beim Arzt liegen) einer personalisierten und eher patientenbezogenen Auffassung von Medizin (der selbstverantwortliche Umgang mit den eigenen Körperdaten) gegenübergestellt. Während in den ersten Schritten der App-Entwicklung die Akteure des medizinischen Feldes bezüglich ihrer Erfahrungen befragt werden, wird in der weiteren Designpraxis der EntwicklerInnen die eigenmächtige Handlungsfähigkeit der NutzerInnen durch die App betont. In diesem Verständnis liegt das Besitzrecht bezüglich Körper- und Gesundheitsäußerungen – sichtbar und objektivierbar gemacht als Körperdaten – bei den Produzenten ebenjener. Diese Verfügung über die Daten geschieht explizit über die Visualisierung, wie Tina für ihre Stress-App weiter ausführt:

> *„Dass man dann eben in dem man sich die Kurven alleine anguckt halt sagt ach guck mal immer irgendwie Montag Morgens was is'n da also und dass man eher dann auf die Schiene geht zu dieser Selbsterkenntnis und halt einfach dafür n Hilfsmittel entwickelt." (Tina)*

Dabei soll nicht ein „kleiner Diktator für die Tasche" (Tina) entwickelt werden, welcher Handlungsvorschläge unterbreitet, sondern die Applikation soll demgegenüber Infografiken bereitstellen, welche die Daten der eigenen Herzratenvariabilität als physischen Stressindikator und andere verfügbare Informationen, wie Termine im Kalender, „sinnvoll übereinander" (Tina) legt. Welche Handlungen dann aus der Information folgen, sei dem/der NutzerIn überlassen. Es soll also zu einer durch das Programm ermöglichten Mündigkeit durch eine umfassende Informationsvariation kommen. Das Programm stellt eine Vielzahl von Datenzusammenhängen visuell bereit und der/die NutzerIn soll selbst Handlungsempfehlungen ableiten. In dieser Orientierung ist das Erkennen von Zusammenhängen, gerahmt als „Selbsterkenntnis", das pädagogische Ziel der Applikation. Tina geht davon aus, dass sich Handlungsspielräume oder Möglichkeiten der Selbsterkenntnis eröffnen, wenn Umwelt und Körper datafiziert und somit in sichtbare Wirklichkeit übersetzt werden. Dabei erscheinen besonders in der Sichtbarmachung der Daten eine Kontrollierbarkeit und Bearbeitbarkeit der Welt und des Selbst, und somit Mündigkeit möglich.

Innerhalb des Interviews mit Pablo zeigt sich die gleiche Orientierung. Die entwickelte App mache selbstläufig größere Zusammenhänge sichtbar, wodurch es möglich sei, sich zu verbessern:

"These features can make people, being more active; so you can start measuring yourself, which is very important to improve, it's the key to improve, so we are bringing analytics like the tracking devices we are using to connect so you know what you are doing." (Pablo, Hervorh. durch die AutorInnen)

Das Ziel der App und des Self-Trackings ist es, dass die NutzerInnen (körperlich) ‚aktiver' werden und sich in einem selbstoptimierenden Verständnis ‚verbessern'. Durch die Analyse von Daten der Self-Tracking-Geräte, die mit der App korrespondieren, wird in dieser Orientierung für die NutzerInnen erst sichtbar gemacht, was für sie ohne die Technisierung unsichtbar geblieben wäre: die Auswirkungen ihres Handelns. Die Daten werden von der App für den User erst in einen Kontext gesetzt, nämlich das Ziel der von der App ‚verordneten' Bewegung als richtiges Gesundheitsverhalten. So ist es möglich, dieses Ziel über einen längeren Zeitraum im Blick zu behalten und zu verfolgen („in a weekly basis, monthly basis and yearly basis", Pablo). Eine weitere Visualisierung, welche zur Selbsterkenntnis (der eigenen Leistung) führen soll, ist der Vergleich der eigenen Bewegungsleistungen mit anderen Mitgliedern der Community („so you can know more or less if you are doing great or not", Pablo). Ermächtigung und Selbstoptimierung scheinen hier auf EntwicklerInnen-Seite das pädagogische Ziel des Programmes zu sein. Dies geschieht in diesen Orientierungen über eine *größtmögliche Sichtbarmachung der Daten*, aber insbesondere auch über deren *Kontextualisierung* durch bspw. den Einbezug eines ‚Alltags' (objektiviert und quantifiziert über den Terminplaner) und die *Normierung* dieser Daten, wie hier über enggeführte Gesundheitsverständnisse und den Vergleich mit anderen NutzerInnen. Es wird vorausgesetzt, dass dieses In-Beziehung-Setzen und die damit verbundene Ermächtigung über das Selbst nur durch Technisierung und Algorithmisierung für die NutzerInnen möglich ist.

In den nächsten beiden Abschnitten sollen nun einige Ergebnisse aus der Erforschung der NutzerInnen-Perspektive vorgestellt werden. Diese nehmen einerseits in den Blick, wie NutzerInnen mit solchen Maßstäben in ihrer Self-Tracking-Praxis umgehen und fokussieren andererseits die Frage, inwiefern NutzerInnen sich in ihrer Handlungspraxis ‚ermächtigen'.

3.2 Umgang der NutzerInnen mit den Vorgaben

Bei der Auswahl der folgenden drei Nutzungsbeispiele soll exemplarisch die Spannweite der Handlungen mit und Orientierungen in Bezug auf Self-Tracking aufgezeigt werden, wobei, besonders mit Blick auf als komplementär anzusehende Ergebnisse anderer empirischer Studien zum Umgang mit Self-Tracking (siehe zum Beispiel Duttweiler 2016; Ruckenstein 2014; Zillien et al. 2015), diese Beispiel-Trias ausdrücklich als nicht empirisch gesättigt verstanden werden sollte. Bei Inga handelt es sich um eine 20-Jährige mit mittlerem Bildungsabschluss, die Self-Tracking erst vor kurzem durch ihre ebenfalls self-trackenden Eltern entdeckt hat und dieses mit Hilfe eines Fitnessarmbands betreibt. Sebastian ist ein 29-jähriger Produktmanager, der derzeit in einem Technologie-Start-Up arbeitet und über ein früheres eigenes Self-Tracking-Start-Up zur eigenen Self-Tracking-Praxis kam. Er experimentierte mit unterschiedlichen Self-Tracking-Anwendungen und betreibt derzeit Zeit-Tracking mit Hilfe einer digitalen Kalender-App. Gunnar ist 56 Jahre alt und arbeitet als Buchhalter und Controller. Er ist seit Jahrzehnten Hobbyläufer und begann vor einigen Jahren, dies mit einer Laufuhr zu verfolgen. Derzeit nutzt er eine Fitnessuhr beim Laufen und im Alltag.

3.2.1 Der Umgang mit Zielmarken beim Self-Tracking

Für einige NutzerInnen sind die in den Geräten und Apps fixierten Maßstäbe enorm wichtig, wie an diesem Transkriptausschnitt aus einem Interview mit Inga deutlich wird:

> „Ja. Und wenn ich dann wirklich mal'n Tag habe wo ich sach also meistens in der Woche und ich schaff die zehntausend nich sag ich ok abends ich geh jetz einfach noch ne größere Runde spaziern mit'm Hund als wenn ich da eigentlich würd ich se kleiner machen aber ich will die Schritte vollkriegen. Bloß sonntachs da sag ich dann wirklich mal ok ich muss jetz nich jeden Tag man möchte auch mal'n Tag wo man wirklich nur rumlungert ne aber sonst acht ich eigentlich schon so die guten sechs Tage in der Woche dass ich's schaffe." (Inga)

Inga richtet ihr Handeln an einer 10.000 Schritte-Marke aus. Es handelt sich dabei um eine im Bereich des Self-Trackings populäre Maßgabe täglich zu gehender Schritte, die im öffentlichen Diskurs oftmals mit dem Zweck der Gesunderhaltung in Zusammenhang gebracht wird[4]. Hat Inga das Ziel am Abend nicht erreicht,

---

4 Rosenbaum 2016: https://blog.fitbit.com/should-you-really-take-10000-steps-a-day/

legt sie weitere Schritte zurück, um es doch noch zu erfüllen. An anderer Stelle beschreibt sie ihre Zufriedenheit, wenn sie solche Ziele erreicht hat und dafür App-interne Abzeichen erhält oder wenn sie sieht, dass „auf dem Handy alles grün ist". Die Einschreibungen der EntwicklerInnen in Form der positiv konnotierten grünen Farbgebung, der an Verdienstorden erinnernden Belohnungsabzeichen und des 10.000 Schritte-Ziels werden von Inga nicht infrage gestellt, sondern in Handlungspraxis umgesetzt. Doch die Vereinnahmung ist nicht vollständig: An Sonntagen setzt sie aus. Sie passt ihre Bewegungspraxis demnach einerseits fraglos an Einschreibungen der EntwicklerInnen und andererseits an den Wochenrhythmus des normalarbeitenden Subjekts an, wobei das Schritte-Sammeln genau an dem Tag ruhen darf, an dem auch die Erwerbsarbeit ruht. Ingas Arbeit am eigenen Selbst, an der eigenen Gesundheit erscheint somit als informelle, weil nicht formal in organisationale Abläufe eingebundene und zugleich regelgeleitete und an der Institution des Normalarbeitsverhältnisses orientierte Praxis.

Als Kontrast dazu kann ein Ausschnitt aus einem Interview mit Sebastian dienen:

„Ähm und dann gehste halt irgendwie ich hab des genau so gemacht. Ich bin am Anfang- hab ich auch versucht immer 10.000 Schritte zu gehn. und des Schlimme is ja dass de sagst hey des's ja eigentlich (sackig) viel 10.000 Schritte zu gehn. Des zum einen. Und des andere is jedes Mal wenn ich's nich erreicht hab ich mich schlecht gefühlt und des war'n Zustand den ich abends davor noch nich hatte. Wo ich dann irgendwann gesagt hab hey du kack Ding eigentlich hab ich keinen Bock jetzt abends'n schlechtes Gewissen zu haben wenn ich des nich gemacht hab. Weil mir geht's eigentlich sonst und ich fühl mich gut und ich hatt'n guten Tag (eigentlich brauch ich mich) von ner Sache nich bevormunden lassen wie ich mich zu fühlen hab." (Sebastian)

Auch hier geht es um die 10.000 Schritte-Marke, deren Erfüllung Sebastian täglich anstrebte. Im Gegensatz zu Inga richtete er sein Handeln jedoch nicht daran aus, das Ziel doch noch zu erreichen, wenn sich ein Misslingen ankündigte, nahm jedoch in der Folge eine Unzufriedenheit bei sich wahr. Wie im weiteren Verlauf des Interviews zum Ausdruck kam, veränderte Sebastian seine Tracking-Praxis schließlich so, dass er keinen Schrittzähler mehr verwendete. Dies korrespondiert mit einer generellen Art und Weise des Self-Trackings bei Sebastian, bei der – wie aus dem Interview rekonstruiert werden konnte – das Tracken ein Lösungsinstrument für punktuelle Probleme darstellt. Ist das jeweilige Problem, wie zum Beispiel Rückenschmerzen oder vermuteter Schlafmangel, gelöst oder durch Self-Tracking-Versuche nicht bearbeitbar, verlieren diese an Reiz für NutzerInnen wie Sebastian. Die Einschreibungen der EntwicklerInnen spielen für solche Handlungspraktiken eine untergeordnete Rolle bzw. werden, wie hier deutlich wird, eher widerständig reflektiert als ein „Ding", das ungewollt einen Deutungsanspruch darauf erhebt, wie NutzerInnen sich selbst und ihr eigenes Tun wahrnehmen sollen.

3.2.2 Self-Tracking-Praktiken als Praktiken der Selbstermächtigung?

Dieser Abschnitt widmet sich zusammenfassend und anhand der Ergebnisse der dokumentarischen Interpretation des vorliegenden empirischen Materials der Frage, inwieweit sich NutzerInnen in dem von EntwicklerInnen angedachten Sinn ‚ermächtigen'. Ermächtigung im Sinne der impliziten, die Design- und Entwicklungspraxis leitenden Orientierungen der EntwicklerInnen würde bedeuten, dass NutzerInnen durch Datenanalysen und -visualisierungen zu Selbsterkenntnis befähigt würden. Infolgedessen würden sie in Bezug auf Gesundheit vernunft- und verantwortungsgeleitet, d. h. an den von den EntwicklerInnen implementierten Maßstäben ausgerichtet, handeln (im Gegensatz etwa zu einem widerständigem Überschreiten oder Hintergehen der Maßstäbe, das in der Vorstellung der EntwicklerInnen darüber, was gesundheitsbezogene Ermächtigung ist und wie sie auszusehen hat, nicht als solche gelten könnte). Die empirischen Ergebnisse der vorliegend durchgeführten NutzerInnenforschung verweisen darauf, dass sich dieser Anspruch von gesundheitsorientierter Selbstermächtigung in der Handlungspraxis der NutzerInnen so nicht widerspiegelt.

Einerseits ist für einige NutzerInnen Self-Tracking der Anlass, sich über die Inhalte der Gadgets hinaus mit bestimmten Lerninhalten zu beschäftigen. Eine typische Art und Weise dies zu tun, ist das Ansehen von kurzen Online-Videos zu Sport-, Gesundheits- oder Ernährungsthemen. Allerdings orientieren sich die NutzerInnen hierbei weniger an rationalen Überlegungen zum Thema Gesundheit. Vielmehr ist es so, dass sich die Recherchen der hier befragten NutzerInnen eher sporadisch auf ‚gesundes Verhalten' beziehen, indem sie sich z. B. über gesunde Alternativen zu Tiefkühlpizza oder über die richtige Ausführung einer bestimmten Sportübung informieren. Dieser Wunsch nach situativ gesundem Verhalten wiederum ist eng mit der Orientierung der NutzerInnen an übergeordneten Lebensstilnormen wie Fitness oder gutem Aussehen verbunden. Den Stellenwert, den Gesundheit für die EntwicklerInnen hat, hat sie demnach für diese NutzerInnen nicht. Es kann also hier nicht von gesundheitsbezogener Ermächtigung *im Sinne der EntwicklerInnen* gesprochen werden, wenn NutzerInnen „gesundes Verhalten" in den Dienst eigentlich anderer Ziele stellen.

Eine zweite Art der Handlungspraxis mit Gadgets kann zwar als selbstermächtigend charakterisiert werden, allerdings nicht im Sinne der EntwicklerInnen, sondern eher im Sinne eines Unterlaufens der Normierungen durch das Gadget.

Gesundheitspädagogische Ansprüche des Self-Trackings

Dies zeigt das Beispiel von Sebastian, der sich von einem Haltungskorrektur-Gadget namens Lumo abwendet, weil es Gesundheit in seiner Wahrnehmung unterkomplex bearbeitet. Zuvor im Interview hatte Sebastian davon gesprochen, dass er Lumo aufgrund von Rückenschmerzen ausprobierte:

> *„nachdem ich aber bemerkt hab wenn ich da- wenn des Ding den ganzen Tag vibriert und ich so da sitz komm ich am Abend nach Hause un hab eigentlich mehr Schmerzen als davor un des löst auch nicht des Problem weil des liegt nich nur am gerade Sitzen sondern bei mir lags halt auch daran dass ich mich einfach viel zu wenig so bewegt hab und viel zu wenig Sport gemacht hab des ähm da is halt des Lomo nicht schlau genug mir zu sagen hey du muss ma mehr Sport machen beziehungsweise lass ich mir des au nich von nem Lomo sagen."* (Sebastian)

Indem Sebastian sich also von den implementierten Maßstäben und Ansprüchen abwendet, ermächtigt er sich über diese. Während Selbsterkenntnis und daraus folgende Selbstermächtigung in der Perspektive der EntwicklerInnen allerdings aus Datenanalyse und -visualisierung hervorgehen soll, erfolgen sie bei ihm gerade durch den Makel des Gadgets, die Lebenswirklichkeit eben nicht angemessen komplex in Daten übersetzen zu können.

Drittens gibt es NutzerInnen, die eher intrinsisch an Gesundheit und Bewegung interessiert sind und Self-Tracking weniger für das Erreichen übergeordneter Ziele nutzen. Hier werden Gadgets dazu verwendet, die Bewegungsaktivitäten zu dokumentieren und bestimmte physiologische Parameter zu überwachen. Die von den EntwicklerInnen intendierte Verantwortungsübernahme erfolgt hier allerdings viel früher und nicht durch die Daten der Gadgets, wie folgender Beispielauszug aus einem Interview mit Gunnar zeigt. Gunnar nutzt seit Jahren Puls- und Fitnessuhren und erzählt hier von einem einschneidenden Erlebnis, das gut 20 Jahre zurückliegt:

> *„und hab dann ja mit dreißig mal (ein) Check-Up beim Arzt machen lassen und das war so grausam. Von meinen Werten ja der sachte Sie stehn eigentlich äh kurz äh vor einem Schlaganfall. Hab ich gesacht mhm komisch @ne@ ich fühl mich so eigentlich gar nich so schlecht. Ja das is halt das Fatale daran man merkt's gar nich das kommt aus heiterm Himmel hab dann angefang ja mal'n bisschen drüber nachzudenken gut Ernährung dann auch umgestellt wobei er sachte das kommt ni unbedingt vom Essen dann würden Sie ganz anders rumlaufen ne also @(.)@ ja aber hab dann äh- und hab dann auch richtig mit Sport also mit Laufen eigentlich angefang ne irgendwann im Urlaub."* (Gunnar)

Obwohl Gunnar also intrinsisch motiviert ist, berichtet er im Verlauf des Interviews dennoch auch von einer gewissen Bindung an das von ihm benutzte Gerät und die damit verbundene Tätigkeit des Datensammelns. Diese wendet er reflexiv als Frage danach, ob er nicht schon Sklave des Geräts geworden sei, wenn er sich bspw. darüber ärgere, dass er vergessen habe, den zugehörigen Brustgurt für eine Joggingpartie anzulegen. Hier stellt sich die Frage, ob der programmierte Anspruch des gesundheitsförderlichen Datensammelns im Sinne eines Korrumpierungseffekts möglicherweise etwas ist, was gesundheitsorientierte Praktiken wiederum untergraben könnte.

4 Selbstermächtigung und gesundes Leben als paradoxes Verhältnis

Das Phänomen des Self-Trackings kann als eine Alltagspraxis mit teils großer Nähe zu Medizin- und Gesundheitskontexten bezeichnet werden, an der, wie wir empirisch gezeigt haben, diverse Akteure mit unterschiedlichen Ansprüchen und Interessen beteiligt sind: EntwicklerInnen von Gadgets bringen implizite gesundheitspädagogische Ansprüche in ihre Arbeit ein, die sich als *Ermöglichung von guter Gesundheit* und *Selbstermächtigung über die eigene(n) Gesundheit(sdaten)* und das *Versprechen der Selbstbestimmung* beschreiben lassen. Die von ihnen genutzten Vermittlungsstrategien sind die *Implementierung von wissenschaftlich-medizinischem Expertenwissen* sowie das *Sichtbarmachen und Aufbereiten von Gesundheits- bzw. Körperdaten* der NutzerInnen. NutzerInnen verhalten sich dazu unterschiedlich. Einige *affirmieren gesetzte Werte und Maßstäbe* und richten ihr Alltagshandeln dementsprechend aus, wobei sie zum Teil jedoch *andere als Gesundheitsziele verfolgen*. Andere NutzerInnen möchten sich nicht von einem Gadget vorschreiben lassen, was sie zu tun haben und *instrumentalisieren Self-Tracking-Gadgets* für eigene (nicht unbedingt quantifizierte) Zielsetzungen. Wieder andere NutzerInnen *orientieren sich in ihrer Self-Tracking-Praxis, in Übereinstimmung mit den Ansprüchen der EntwicklerInnen, an den von diesen implementierten Gesundheitsvorstellungen*. Gleichwohl reflektieren sie ihre Tracking-Praxis als etwas, das – wegen des Bestrebens, die eigenen Aktivitäten *vollständig und lückenlos zu tracken – die Orientierung an Gesundheit in der eigenen Bewegungs- bzw. Lebenspraxis konterkariert, weil beide Handlungspraktiken konfligieren.*

In der Zusammenschau lässt sich erkennen, dass es also eher EntwicklerInnen sind, die Self-Tracking programmatisch innerhalb einer, so könnte man dies kondensieren, gesundheitspädagogisch aufgeladenen „personal health care strategy"

(Verdezoto und Grönvall 2015, S. 267) verortet sehen (wollen), während nur ein Teil der NutzerInnen Self-Tracking in dieser Normierung gesundheitsbezogen, jedoch mit widersprüchlichen Handlungsorientierungen betreibt (exemplarisch dafür: Fall Gunnar). Weiter lässt sich herausstellen, dass die Gesundheitsnormen der EntwicklerInnen den Lebensstilnormen der Alltags-NutzerInnen (d. h. der nicht in beruflicher Hinsicht mit Self-Tracking befassten NutzerInnen) gegenüberstehen (exemplarisch dafür: Fall Inga). Diese NutzerInnen setzen die Werte der App um, um abzunehmen oder einen sportlich aussehenden Körper aufzubauen, wobei Gesundheit dem untergeordnet ist. Dabei wird die eigene Handlungspraxis den implementierten Vorgaben der Self-Tracking-Gadgets angepasst, wie dies zum Beispiel Inga mit ihrem Tagesablauf tut, den sie so gestaltet, dass sie zusätzliche Schritte zu sammeln in der Lage ist, falls sie an dem jeweiligen Tag noch nicht genügend Schritte beisammen hat. Und auch als emanzipativ beschreibbare Nutzungsweisen, wie jene von Sebastian, erfüllen nicht die gesundheitspädagogischen Ansprüche der EntwicklerInnen. Aus diesem Befund ergibt sich ein besonderes Verhältnis zwischen den Einschreibungen der EntwicklerInnen und den Umgangsweisen der NutzerInnen mit den Gadgets, das mit Hilfe des von uns bisher eher beschreibend, an dieser Stelle aber auch analytisch verwendeten Begriffs der Selbstermächtigung sichtbar gemacht werden soll. Im Folgenden wird dieses Verhältnis näher expliziert.

Die EntwicklerInnen sehen die Messung von Körper- und Umweltdaten und deren Visualisierungen als geeignete Instrumente, gesundheitsbezogene Selbsterkenntnisprozesse bei den NutzerInnen in Gang zu setzen, die man auch als Reflexionsprozesse beschreiben könnte. Implizit folgen sie damit einer aufklärerisch-rationalistisch orientierten Agenda, in der eine der Idee der Evidenz folgende Erforschung der Welt (hier: des Selbst) als grundlegende Bedingung für solche Reflexionsprozesse angesehen wird (vgl. Böhm 2004, S. 58). Die EntwicklerInnen verstehen Evidenz als empirische Evidenz, die aus der Vermessung von Körperäußerungen gewonnen und, dem aufklärerischen Impetus entsprechend, den Aufzuklärenden über Zahlendiagramme und Statistiken und damit über weithin akzeptierte Weisen des Objektivierens von Sachverhalten (vgl. Wehner et al. 2012, S. 64) vermittelt wird.

Gleichzeitig werden aus wissenschaftlichem Wissen abgeleitete normative Gesundheitsverständnisse in der Entwicklungspraxis der hier befragten DesignerInnen und ProgrammiererInnen anhand von rigiden, zumeist numerisch explizierten Maßstäben in die Gadgets implementiert. Die Erforschung des Selbst erfährt hierdurch bereits vor ihrem Beginn eine Begrenzung. Den durch die EntwicklerInnen hinzugezogenen ExpertInnen kommt dabei die Funktion zu, mit den Maßstäben Narrative zu liefern und zu autorisieren, auf die sich Messungen und die Darstellungen von Messergebnissen berufen können. Dabei fließt aber nicht das Erfahrungswissen der befragten ExpertInnen in die Umsetzung ein (obwohl es in der Konzeptionsphase abgefragt wird), sondern es werden wissenschaftliche ‚Fakten' festgeschrieben und Konstrukte wie Aktivität oder Fitness als Bezugspunkte sozialer Praktiken hergestellt. Der durch unsere Rekonstruktion der Entwicklungspraxis herausgearbeitete Anspruch der Selbsterkenntnis und Selbstermächtigung durch datenbasierte Evidenz steht im paradoxen Verhältnis zu den Handlungsweisen und Reflexionsprozessen der NutzerInnen im Umgang mit diesen rigiden Maßstäben.

Für die nichtsdestotrotz empirisch beobachtbaren emanzipativen Umgangsweisen, wie im Fall von Sebastian, ist charakteristisch, dass sie inhaltlich gerade nicht mit den gesundheitspädagogischen Ansprüchen der EntwicklerInnen übereinstimmen. Eine Erklärung dafür könnte in der beruflichen Situierung solcher NutzerInnen liegen, die womöglich – über den beruflichen Kontakt mit Funktionsweisen und Verwertungsmöglichkeiten von Self-Tracking-Technik – zur Entwicklung widerständiger Orientierungen im Hinblick auf Self-Tracking-Gadgets und die ihnen eingeschriebenen Normen beiträgt. Im Zusammenhang mit einer solchen beruflichen Situierung ist dann auch denkbar, dass die Self-Tracking-Aktivitäten bestimmter Personenkreise (vor allem im Umfeld der Quantified-Self-Bewegung) als – womöglich durchaus emanzipative – „Personal Science" beschreibbar werden, wie dies in einem Modell der Selbstvermessung als Wissensproduktion vorgeschlagen wird (vgl. Heyen 2016 und in diesem Band). Aus Ergebnissen anderer Studien ist zudem ableitbar, dass auch das Setting einer durch (menschliche ExpertInnen) vermittelten Datenpräsentation Reflexionsprozesse zu beeinflussen scheint. So rahmt Ruckenstein (2014) die von ihr in einem solchen Setting empirisch beobachteten reflexiven Umgangsweisen mit Self-Tracking-Daten als eher typisch. Die TeilnehmerInnen hatten ihre Self-Tracking-Daten nicht fortwährend selbst einsehen können, sondern erhielten diese in Coaching-Sitzungen nach der Testphase. Beide Bedingungen – eine entsprechende berufliche Situierung sowie Coaching bei der Datenpräsentation – tragen offensichtlich dazu bei, spezifische Weisen der normierenden Datenpräsentation (wie durch Diagramme und Farbgebung) alternativ rahmen zu können (bspw. als alltagsfremde Normierungen) und sie infolgedessen als eine Normierungs*möglichkeit* unter vielen wahrnehmen zu können. Solche Situationen des „Re-Framings" können u. E. als eine mögliche Bedingung für emanzipative Handlungspraktiken mit Self-Tracking-Gadgets gesehen werden.

In der Entwicklungspraxis sticht der Gegensatz zwischen dem Versprechen individualisierter Gesundheit und der standardisierten Verdatung und Algorithmisierung von Körperäußerungen besonders hervor. Insgesamt erscheint die Orientierung der EntwicklerInnen an gesundem Leben damit als eine Art unhinterfragter Metawert – möglicherweise durchaus im Sinne eines „healthism" (Crawford 1980) –, der der reflektierenden Selbsterkenntnis nicht mehr bedürftig ist. Diese Normierungen sind durchaus anschlussfähig an die eingangs diskutierten frühen standardisiert-naturwissenschaftlichen Diskurse der Medizin, lassen sich aber auch machttheoretisch in neuere, z. T. kapitalismuskritische Diskurse wie um MitarbeiterInnen-Gesundheit (unternehmensseitig firmierend unter dem Stichwort „corporate health") bzw. „Arbeitskraftunternehmer" und um die Optimierung des Selbst einordnen (Bröckling 2007; Pongratz und Voß 2004). Interessant und neu sind im Rahmen der Digitalisierung und Technisierung von Wissen die hier empirisch aufgezeigten Prozesse der Zahlenpraktiken und „Habitualisierung von Kalkulation" (Schäffer 2016, S. 93). Dabei erzeugen vorliegend die EntwicklerInnen durch das Zusammenspiel von Algorithmisierung und Visualisierung Sinn, welchen die NutzerInnen in ihre gesundheitsbezogene Handlungspraktik übernehmen, oder eben auch durch Instrumentalisierung oder Ablehnung unterminieren. In der Analyse von Einschreibungen der EntwicklerInnen und der Self-Tracking-Praxis von NutzerInnen zeigt sich entsprechend, dass es in der Entwicklungspraxis an einem bestimmten Punkt zu eindeutigen und normierenden Einschreibungen kommt (und aufgrund der Technisierung kommen muss). Die hier eingenommene praxeologische Perspektive macht darüber hinaus aber durchaus deutlich – gouvernmentalitätstheoretische Perspektiven erweiternd –, dass die NutzerInnen unterschiedlich mit diesen normierenden Handlungsvorgaben umgehen und jene auch ablehnen oder ihren eigenen Lebensstilnormen unterordnen (können).

Literatur

Aldersey-Williams, H. & Fricker, C. (2013). *Anatomien: Kulturgeschichten vom menschlichen Körper*. München: Carl Hanser Verlag GmbH & Company KG.
Beck, U. (1986). *Risikogesellschaft. Auf dem Weg in eine andere Moderne*. Frankfurt am Main: Suhrkamp.
Belliger, A. & Krieger, D. (2015). Die Selbstquantifizierung als Ritual virtualisierter Körperlichkeit. In R. Gugutzer & M. Staack (Hrsg.), *Körper und Ritual. Sozial- und kulturwissenschaftliche Zugänge und Analysen* (S. 389–404). Wiesbaden: Springer VS.
BITKOM. (2016). Fitness-Tracker und Datenschutz. https://www.bitkom.org/Presse/Anhaenge-an-PIs/2016/Bitkom-Charts-PK-Safer-Internet-Day-E-Tracker-und-Datenschutz-09-02-2016-final.pdf. Zugegriffen 28.07.2017.
Böhm, W. (2004). *Geschichte der Pädagogik. Von Platon bis zur Gegenwart*. München: Beck.
Bohnsack, R. (2010). *Rekonstruktive Sozialforschung – Einführung in qualitative Methoden* (8., durchgesehene Auflage). Opladen & Farmington Hills: Verlag Barbara Budrich.
Bröckling, U. (2007). *Das unternehmerische Selbst. Soziologie einer Subjektivierungsform*. Frankfurt am Main: Suhrkamp.
Bröckling, U. (2013). Der präventive Imperativ und die Ökonomisierung des Sozialen. *Public Health Forum 21* (81), 29.e1-29.e3.

Bublitz, H. (2014). Subjekt. In C. Kammler, R. Parr & U. J. Schneider (Hrsg.), *Foucault-Handbuch. Leben – Werk – Wirkung* (S. 293–296). Stuttgart u. a.: Metzler.
Choe, E. K., Lee, N. B., Lee, B., Pratt, W. & Kientz, J. A. (2014). Understanding quantified-selfers' practices in collecting and exploring personal data. In *Proceedings of the 32nd annual ACM conference on Human factors in computing systems*, 1143–1152.
Crawford, R. (1980). Healthism and the Medicalization of Everyday Life. *International Journal of Health Services 10* (3), 365–388.
Duttweiler, S. (2016). Körperbilder und Zahlenkörper. Zur Verschränkung von Medien- und Selbsttechnologien in Fitness-Apps. In S. Duttweiler (Hrsg.), *Leben nach Zahlen. Self-Tracking als Optimierungsprojekt?* (Digitale Gesellschaft, S. 221–251). Bielefeld: Transcript.
Gehring, P. (2014). Bio-Politik/ Bio-Macht. In C. Kammler, R. Parr & U. J. Schneider (Hrsg.), *Foucault-Handbuch. Leben – Werk – Wirkung* (S. 230–231). Stuttgart u. a.: Metzler.
Glasziou, P., Irwig, L. & Mant, D. (2005). Monitoring in chronic disease: a rational approach. *BMJ (Clinical research ed.) 330* (7492), 644–648.
Heyen, N. B. (2016). Selbstvermessung als Wissensproduktion. Quantified Self zwischen Prosumtion und Bürgerforschung. In S. Selke (Hrsg.), *Lifelogging. Digitale Selbstvermessung und Lebensprotokollierung zwischen disruptiver Technologie und kulturellem Wandel* (S. 237–256). Wiesbaden: Springer VS.
Hille, L. (2016). Kybernetische Biopolitik. *Zeitschrift für kritische Sozialtheorie und Philosophie 3* (1), 94–107.
Jörissen, B. (2015). Bildung der Dinge: Design und Subjektivation. In B. Jörissen & T. Meyer (Hrsg.), *Subjekt Medium Bildung* (Medienbildung und Subjektivation, Band 28, S. 215–233). Wiesbaden: Springer VS.
Klinge, D., Krämer, F. & Schäffer, B. (2018). DIY-Science zwischen Markt, Wissenschaft und Zivilgesellschaft. Über die protoorganisationale Verfasstheit von „Quantified Self"-Initiativen. In A. Schröer, C. Fahrenwald, M. Göhlich & S. M. Weber (Hrsg.), *Organisation und Zivilgesellschaft. Beiträge der Kommission Organisationspädagogik*. Wiesbaden: VS Verlag für Sozialwissenschaften.
Latour, B. (1998). Über technische Vermittlung. Philosophie, Soziologie, Genealogie. In W. Rammert (Hrsg.), *Technik und Sozialtheorie*. Frankfurt am Main: Campus.
Latour, B. (2007). *Eine neue Soziologie für eine neue Gesellschaft. Einführung in die Akteur-Netzwerk-Theorie* (1. Aufl.). Frankfurt am Main: Suhrkamp.
Lowy, C. (1998). Home glucose monitoring, who started it? *BMJ 316* (7142), 1467.
Lupton, D. (2014a). Self-tracking cultures: towards a sociology of personal informatics. *Proceedings of the 26th Australian Computer-Human Interaction Conference on Designing Futures: the Future of Design*, 77–86.
Lupton, D. (2014b). Apps as Artefacts. Towards a Critical Perspective on Mobile Health and Medical Apps. *Societies 4* (4), 606–622.
Nafus, D. & Sherman, J. (2014). This One Does Not Go Up to 11: The Quantified Self Movement as an Alternative Big Data Practice. *International Journal of Communication 8*, 1784–1794.
Nohl, A.-M. (2012). *Interview und dokumentarische Methode – Anleitungen für die Forschungspraxis. 4., überarbeitete Auflage*. Wiesbaden: VS Verlag für Sozialwissenschaften.
Pongratz, H. J. & Voß, G. G. (2004). *Arbeitskraftunternehmer. Erwerbsorientierungen in entgrenzten Arbeitsformen*. Berlin: Ed. Sigma.
Quantified Self Labs. (o. J.). http://quantifiedself.com/. Zugegriffen 07.04.2017.
Rammert, W. (2007). *Technik – Handeln – Wissen. Zu einer pragmatistischen Technik- und Sozialtheorie*. Wiesbaden: VS Verlag für Sozialwissenschaften.

Riha, O. (2004). Die Technisierung von Körper und Körperfunktionen in der Medizin des 19. und 20. Jahrhunderts. *Dresdener Beiträge zur Geschichte der Technikwissenschaften* (29), 21–42.

Robens, E., Jayaweera, S. A. A. & Kiefer, S. (2014). *Balances. Instruments, Manufacturers, History.* Berlin, Heidelberg: Springer.

Ruckenstein, M. (2014). Visualized and Interacted Life: Personal Analytics and Engagements with Data Doubles. *Societies 4* (1), 68–84.

Sarasin, P. (1998). Der öffentlich sichtbare Körper. Vom Spektakel der Anatomie zu den „curiosités physiologiques". In P. Sarasin & J. Tanner (Hrsg.), *Physiologie und industrielle Gesellschaft. Studien zur Verwissenschaftlichung des Körpers im 19. und 20. Jahrhundert.* Frankfurt am Main: Suhrkamp.

Schäffer, B. (2015). Quantifizierung des Humanen. In M. Pietraß (Hrsg.), *Krise und Chance: Humanwissenschaftliche Perspektiven* (Schriftreihe der Universität der Bundeswehr München, Bd. 9, S. 42–47).

Schäffer, B. (2016). Organisationale Selbstbeschreibungen im Medium von Zahlen – Perspektiven dokumentarischer Zahlinterpretation. In S. Amling & W. Vogd (Hrsg.), *Dokumentarische Organisationsforschung – Perspektiven der praxeologischen Wissenssoziologie* (S. 76–96). Leverkusen: Budrich.

Selke, S. (2014). Lifelogging als soziales Medium? Selbstsorge, Selbstvermessung und Selbstthematisierung im Zeitalter der Digitalität. In J. Jähnert & C. Förster (Hrsg.), *Technologien für digitale Innovationen. Interdisziplinäre Beiträge zur Informationsverarbeitung* (S. 173–200). Wiesbaden: Springer VS.

Swan, M. (2013). The Quantified Self: Fundamental Disruption in Big Data Science and Biological Discovery. *Big Data 1* (2), 85–99.

Verdezoto, N. & Grönvall, E. (2015). On preventive blood pressure self-monitoring at home. *Cognition, Technology & Work 18* (2), 267–285.

Wehner, J., Passoth, J.-H. & Sutter, T. (2012). Gesellschaft im Spiegel der Zahlen – Die Rolle der Medien. In A. Hepp & F. Krotz (Hrsg.), *Mediatisierte Welten: Beschreibungsansätze und Forschungsfelder* (S. 59–86). Wiesbaden: VS Verlag für Sozialwissenschaften.

Winau, R. (1993). *Technik und Medizin.* Berlin Heidelberg: Springer.

Zillien, N., Fröhlich, G. & Dötsch, M. (2015). Zahlenkörper. In K. Hahn & M. Stempfhuber (Hrsg.), *Präsenzen 2.0* (S. 77–94). Wiesbaden: Springer Fachmedien Wiesbaden.

Entscheidungsmaschinen
Die epistemischen Überholmanöver ‚intelligenter' Lebensassistenten

Stefan Selke

Zusammenfassung

Der Beitrag lotet langfristige und unterschwellige Veränderungen im Verhältnis von Mensch und ‚intelligenten' Maschinen aus, mit denen neue Wissenspartnerschaften eingegangen werden. Dazu wird das Funktionsprinzip kognitiver Computer kurz erläutert, die hier Entscheidungsmaschinen genannt werden. Aus der Darstellung verschiedener Heuristiken über Subjekt-Objekt-Verhältnisse gehen zwei Problematisierungen hervor: Erstens die These der assistiven Kolonialisierung, die davon ausgeht, dass ‚intelligente' Computer in Denken, Fühlen und Handeln eindringen. Und zweitens die These des epistemischen Überholmanövers, die besagt, dass eine zunehmende Orientierung an den Angeboten von Entscheidungsmaschinen erfolgt, was zu entgrenzten Selbstbildern, der Veränderung gesellschaftlich geteilter Subjektivität und von sozialer Integration führt. Im Extremfall einer einseitigen Ökonomisierungsperspektive auf das Soziale kommt es zur Einrichtung ethischer Freihandelszonen, die auf dem Primat eines gesellschaftlichen Konsenses über die Maxime der Effizienz basieren.

Schlüsselbegriffe

Künstliche Intelligenz, Big Data, Self-Tracking, Lifelogging, Assistive Kolonialisierung, Konvivialität, Shifting Baselines

1 Gewöhnung an Entscheidungsmaschinen

Technologien digitaler Selbstvermessung werden mittlerweile intensiv besprochen.[1] In der Diskursarena sind alle nur denkbaren Positionen (von affirmativ bis gegen-affirmativ) vertreten. Dabei werden jedoch schleichende Grenzverschiebungen normativer Bezugsrahmen vernachlässigt oder sogar wissend unterschlagen, vor allem dann, wenn es um Künstliche Intelligenz (KI) geht. Systeme, wie z. B. IBM Watson, bei denen KI für klinische Diagnosen eingesetzt wird, nenne ich *Entscheidungsmaschinen*. Entscheidungsmaschinen sind gesellschaftliche „Trojaner", deren Wirkungen – die Erosion von Entscheidungsautonomie und Urteilskraft – sich erst langfristig zeigen werden. Genau das aber erfordert eine Analyseeinstellung, die auf schleichenden Wandel fokussiert und die seismographische Beobachtung des gerade Entstehenden erfordert. Der weit verbreiteten Auffassung, dass sog. „disruptive" Technologien in kürzester Zeit die kulturelle Matrix[2] verändern, wird deshalb eine Verzeitlichungsperspektive gegenübergestellt, die sich an der Theorie der ‚shifting baselines' (Schneidewind 2008; Welzer 2009; Rost 2014) orientiert.[3]

Schleichend gewöhnen wir uns an immer neue digitale Gadgets, Trackingarmbänder und Gesundheitsapps, die sich auf dem Markt etablieren. Diese arbeiten zunehmend „autonom", d. h. sie entlasten bei Entscheidungen oder treffen diese selbst. Innerhalb, aber auch außerhalb der Wissenschaften, stellen sich in der Folge neue Fragen:[4] Wie wirken sich ‚intelligente' Technologien der Selbstvermessung für eine kommende Gesellschaft aus? Und was geht möglicherweise dabei verloren?

---

1 Vgl. dazu z. B. Duttweiler et al. (2016) oder Selke (2016a) und Selke (2016b).

2 Die kulturelle Matrix (Jensen 2000) besteht aus Normen, institutionellen Vorschriften, Verordnungen, Gesetzen und Werten einer gegebenen Gesellschaft. Vereinfacht gesagt ist darunter die Summe aller Spielregeln zu verstehen, nach denen sich die Mehrheit der Mitglieder einer Gesellschaft richtet.

3 Unter ‚shifting baselines' wird dabei das Phänomen verstanden, dass sich der kulturelle Orientierungsrahmen (eben die Grundorientierung daran, was üblicherweise für ‚normal' gehalten wird) über lange Zeiträume und meist unterhalb der Wahrnehmungsschwelle verändert. Zwei der wichtigsten Erklärungsansätze für schleichenden Wandel lassen sich am Beispiel der digitalen Transformation beobachten: Ausgangspunkt ist erstens eine Sachzwanglogik, die die Alternativlosigkeit von Entwicklungen suggeriert. Zweitens kommt es zu einer Stabilisierung von Ansichten, Deutungsmustern und Wahrheitsansprüchen innerhalb von Bezugsgruppen.

4 Vgl. dazu exemplarisch die dreiteilige Serie über Künstliche Intelligenz (KI) im Magazin *National Geographic* von Juli bis September 2017. Auffallend ist hierbei, dass sich die Beispiele meist auf Roboter („Dr. med. Robot") beziehen und somit eigentlich zwei Themen verknüpft werden. In dieses Muster passen auch Beispiele wie jene des „dirigierenden

Dieser Beitrag setzt bei der Paradoxie an, dass für die *qualitative* Intensivierung des Lebens immer häufiger auf die Vermessung von *Quantitäten* abgezielt wird. Die Übernahme von Entscheidungen durch maschinelle ‚Intelligenz' ist an die intensive metrische Erfassbarkeit von Lebenszuständen gebunden. Die Kulturgeschichte der (Selbst-)Vermessung ist dabei voll von Beispielen, die zeigen, wie diese Intensität geradezu in eine Obsession kippen kann.[5] Das Phänomen ist also nicht neu, es hat bloß die Ausdrucksform gewandelt. Die Zone der Selbstvermessung hat sich ausgeweitet, ohne dass technische Hürden erkennbar wären. Damit gehen letzte Zonen der Intransparenz (oder klassisch: des Geheimnisses) endgültig verloren und das Ideal des optimierten und zugleich intensiven Lebens wird zum Selbstzweck privatisierter Kontingenzreduktion (Selke 2014, 2015b), weil Angst vor Unordnung, Maßlosigkeit und zukünftigem Unheil am Anfang jeglicher Quantifizierung steht. Digitale Protokolle spielen hierbei eine zentrale Rolle: „Die Technologie verspricht uns sogar, wenn schon nicht diese Intensitätsvariationen, so doch wenigstens ihre physiologischen Auswirkungen mit Statistiken zu messen und zu untersuchen." (Garcia 2017, S. 11) Die digitalen Protokolle reichen dabei vom Anlesen der Werte eines einfachen Fitnesstrackers bis hin zu konsultativen Wissenspartnerschaften mit komplexen Simulations- und Prognoseprogrammen, die Verfahren Künstlicher Intelligenz nutzen.

Zunächst wird in diesem Beitrag daher das Funktionsprinzip kognitiver Computer kurz erläutert, um zu verstehen, worauf sich die neuen Wissenspartnerschaften begründen (2). Danach wird die These der assistiven Kolonialisierung entwickelt (3) und untersucht, wie und warum kognitive Computer in Denken, Fühlen und Handeln ‚eindringen'. Auf dieser Basis kann dann gefragt werden, wie sich das Subjekt-Objekt-Verhältnis zu den neuen Wissensobjekten überhaupt darstellen lässt (4), um dann abschließend nach Beispielen für daraus resultierende soziale und kulturelle Entgrenzungen (5) und – im Sonderfall einseitiger Präferenz für

---

Roboters", der als Veranschaulichung von KI Popularität erlangte (vgl. http://nerdist.com/robot-conductor-yumi-orchestra/, letzter Zugriff am 29. September 2017).

5 So sind etwa Tagebücher Zeugnisse der Selbstsorge und Dokumente darüber, ob die eigenen Verbesserungsbemühungen eines Lebens als Dauerübung (Sloterdijk 2011) auch fruchten. Immer wieder entstanden neue Formen der obsessiven Erfassung von Details, anhand derer sich Selbstsorge festmachen konnte. Um 1900 frequentierten übungswillige Menschen Sanatorien, die als liminale Räume der Disziplinierung des eigenen Körpers betrachtet wurden. In Max Bircher's Klinik „Lebendige Kraft" bei Zürich wurden sogar die Kalorien der dort offerierten Mahlzeiten auf eine Stelle nach dem Komma (!) genau vermessen (Wirz 2001), um die eigene Lebensführung noch besser rationalisieren zu können.

eine ökonomische Sichtweise auf das Soziale – nach ethischen Freihandelszonen (6) zu fragen.

2 Neue Wissenspartnerschaften mit kognitiven Computern

Was macht die Differenz zwischen ‚intelligenten' Technologien und ‚smarten' Technologien aus? Unter *kognitivem* Computing wird die Simulation menschlicher Denkstile für komplexe Problemlösungen verstanden (vgl. im Folgenden BITKOM 2015). Zunehmend findet eine Gewöhnung an ein imaginäres *Corpus Callosum* statt, also an die Vorstellung von einer nicht-biologischen Form der Intelligenz. Die dabei angestrebte Simulationsleistung wird durch die Verbindung statistischer Methoden, verschiedener Ansätze maschineller Intelligenz sowie skalierbarer Applikations- und Dateninfrastrukturen erreicht.[6] Im Kontext der Informations- und Wissensgesellschaft (Weingart et al. 2015) kann die Verbreitung des kognitiven Computing in äußerlich vollkommen verschiedenen Anwendungsfeldern[7] übergreifend als ein gesamtgesellschaftliches „Realexperiment" (Groß et al. 2005) zur *Steigerung der Effizienz von Wissensarbeit* betrachtet werden. Gesellschaft wird damit zum Labor und Forschung selbst zu Politik (Beck 1990).

Die Attraktivität kognitiver Computer resultiert zunächst aus deren *Interaktivität*, d. h. für Nutzer ist es möglich, in natürlicher Sprache auf sehr einfache Weise mit ‚intelligenten' Geräten zu kommunizieren.[8] Darüber hinaus sind kognitive Systeme *adaptiv*, d. h. sie passen sich an veränderte Zieldefinitionen und Anforderungen an. Sie sind weiterhin *iterativ*, weil sie „nachfragen" und Statusabfragen tätigen können. Und sie sind *kontextuell*, weil sie (in unterschiedlicher Ausprägung) mit Mehrdeutigkeit umgehen können und kontextuelle Elemente (Bedeutung, Syntax, Zeit, Ort, …) ‚verstehen'. Grundsätzlich werden in diesem Zusammenhang

---

6 An dieser Stelle kann im Detail nicht auf die Unterscheidung von Künstlicher Intelligenz (KI), künstlichen neuronalen Netzen (KNN) und den Verfahren des maschinellen Lernens („deep learning") eingegangen werden. Vgl. dazu Mainzer (2014, 2016).

7 Kognitive Computer finden sich im Bereich sozialer Medien (Chatbots), im Bereich der Mobilität (autonomes Fahren), des Finanz- und Gesundheitswesen sowie weiteren Feldern, insbesondere des Militärs und der automatisierten Kriegsführung.

8 Beispiele dafür sind SIRI (Apple) oder ALEXA (Amazon). Welche bizarren Effekte die intuitive Sprachsteuerung möglich macht, ist Gegenstand des Films HER, der zeigt, wie schnell und intensiv sich ein Nutzer emotional an das kognitive Betriebssystem binden kann.

deklarative und *explorative* Systeme unterschieden: Deklarative Systeme suchen domänenspezifische Antworten auf vorgegebener Fragen. Die Antworten ergeben sich aus der Faktenlagen und einer Hypothesenprüfung. Damit deklarative Systeme effizient arbeiten, benötigen sie kuratiertes (vorsortiertes, vorgeprüftes) Trainingsmaterial, um mit diesem zu ‚lernen'. Explorative Systeme hingegen suchen Neues und Unbekanntes. Sie erzeugen Wissen ohne deklarative Regeln, z. B. durch eine sich selbstorganisierende Mustererkennung oder assoziative Speicher.[9]

Die Vorteile kognitiver Systeme liegen in der schnellen und umfassenden Erschließung von Quellen- und Faktenlagen, z. B. der Suche von Informationen in medizinischen Datenbanken. Neben der reinen Rechenleistung wird der Hauptvorteil in der Neutralität und Ideologiefreiheit einer maschinellen Objektivität gesehen, die sich radikal von möglichen subjektiven Perspektiven (von Experten) sowie deren möglicher Befangenheit unterscheidet. Zusammengefasst ergeben sich Effizienzgewinne durch schnelle Rechenleistung und Zentralisierung von Entscheidungen sowie Qualitätsgewinne durch die iterative Verbesserung der Zielgenauigkeit bei der Urteilsfindung.

Als größter Nachteil gilt die Kapselung („Black-Boxing") der Rechen- *und* Entscheidungsprozesse. Selbst Experten können nach einer gewissen Zeit nicht mehr nachvollziehen, wie ein kognitives System zu einer Lösung gekommen ist. Eine weitere Herausforderung sind Mängel im Umgang mit Unzulänglichkeiten bei Zieldefinitionen. Dies wird in den Ausdrücken „sensible" oder „faire" Algorithmen deutlich, weil es letztlich immer darum geht, gesellschaftliche Werte und Normen in Programme einzubauen. Bei deklarativen Systemen stellt sich (zumindest im Moment) noch die Frage, ob der Wirkungsgrad (also das Verhältnis von Trainingsaufwand zu Anwendungsnutzen) groß genug ist und wie mit Effekten einer sich selbst verstärkenden Diskriminierung umgegangen wird. Letztlich ermöglichen die gegenwärtigen und zukünftigen Rechenkapazitäten eine Verlagerung der Ressourcen hin zu einer *digitalen Hermeneutik*. Während beim klassischen Daten-Retrieval rund 80 Prozent der Ressourcen in die Datenaufbereitung und nur 20 Prozent in die Datenanalyse investiert werden, kehrt sich dieses Verhältnis beim kognitiven Computing fast um: nur 30 Prozent des Aufwandes werden für Datenaufbereitung und -analyse verwendet, dafür 70 Prozent für die Daten*interpretation*. Diese neuen Möglichkeiten einer Zusammenarbeit von Mensch und Maschine konvergieren in

---

9   Als Spezialfall muss noch die *generelle* KI genannt werden, ohne im Detail darauf eingehen zu können. Darunter wird eine KI verstanden, die sich soweit selbst weiterentwickelt, dass sie keine Menschen mehr benötigt. Dieser Punkt wird als technologische Singularität bezeichnet. Prominente wie Stephen Hawking, Elon Musk und weitere warnten 2015 in einem offenen Brief vor der unkontrollierten Entwicklung von KI, weil die Folgen der Singularität irreversibel sind.

der *These einer nachhaltigen Wissenspartnerschaft*. Noch stecken die Technologien in einer semantischen Sackgasse, was sich vor allem an der Nutzung des Begriffs ‚Intelligenz' zeigt. Vor dem Hintergrund dieser möglichen Funktionalitäten stellt sich erstens die Frage, wie sich KI sozial und ethisch einordnen lässt, und zweitens, welche langfristigen Dilemmata damit verbunden sind. Es geht also darum, die aktuelle Debatte um digitale Selbstvermessung um eine Dimension zu erweitern und nach den ethischen, sozialen und kulturellen Entgrenzungen von KI (im Gesundheitswesen) zu fragen.[10] Die Kernthese dieses Beitrages besteht darin, dass die Erweiterung von Technologien der digitalen Selbstvermessung durch KI zu einer weiteren Konvergenz von Maschinen- und Gesellschaftsprogrammen führen wird, wobei ethische Freihandelszonen in Kauf genommen werden müssen, in denen Transparenz- und Effizienzgewinne als wertvoller erachtet werden als Menschenwürde. Kognitive Computer erweisen sich zwar als attraktive Wissenspartner, ihre Nutzung führt jedoch zu einem epistemischen Takeover, der Verlagerung von Erkenntnisfähigkeit und Urteilskraft.

3 Assistive Kolonialisierung

Der skizzenhafte Vergleich verschiedener Perspektiven auf Subjekt-Objektverhältnisse soll hier die Arbeit an einem bislang fehlenden Analyserahmen für kognitives Computing zumindest vorbereiten.[11] Der Referenzpunkt ist dabei die Idee der *Vita Activa*. Mit diesem Begriff umschreibt Hannah Arendt die Tatsache, dass sich die Bedingungen menschlicher Existenz *unmittelbar* aus den Dingen ergeben, mit den Menschen in Berührung kommen (Arendt 2015, S. 19). Werden ‚intelligente' Technologien immer selbstverständlicher, kann von assistiver Kolonialisierung gesprochen werden (Selke 2017a). Dabei werden einerseits immer mehr Lebensbereiche durch Semantiken, Systeme und Strukturen der Assistenz überformt, andererseits stellt sich die Frage, *mit was genau* Menschen dann eigentlich in Berührung kommen. Jürgen Habermas (1988) geht bei seiner Kolonialisierungsthese davon aus, dass die zweckrationale Sphäre der Systemwelt eine Überbelichtung gegenüber der kommu-

---

10 Die zukünftige Entwicklung digitaler Selbstvermessung ist dabei nur ein Sonderfall der Diskussion über „Medizin 4.0" (Einhäupl 2017) im Kontext der Digitalisierung.

11 Dieser Beitrag entsteht vor dem Hintergrund des vom Bundesministerium für Gesundheit geförderten Forschungsprojekts „VALID – Digitale Vulnerabilität zwischen Inklusion und sozialer Robustheit. Diversitätssensitive und risikoethische Abschätzung digitaler Selbstvermessung" (Laufzeit 2017-2020).

nikativen Sphäre der Lebenswelt erfährt, dass also zielgerichtetes, erfolgsorientiertes und instrumentelles Handeln in allen Lebensbereichen zur Norm wird und sich dadurch die Chance minimiert, noch auf gemeinsame Situationsdefinitionen und eine gemeinsam geteilte Lebenswelt zu stoßen. Wissen wird – als Grundlagen von Handeln – nicht mehr der Lebenswelt entnommen. Dadurch verschiebt sich der Ort der Wissensproduktion (und damit der Selbstreproduktion und Selbstinterpretation der Gesellschaft) in die technische Sphäre hinein. Habermas arbeitet weiter heraus, dass vermehrt strategische und zweckrationale Handlungsimperative handlungsleitend werden und in der Folge kommunikative und deliberative Verständigungsprozesse zurückgedrängt werden. Grund dafür seien die zahlreichen Rationalisierungsprozesse der Moderne. Derart würden sich Pathologien wie Sinnverlust, Entfremdung und Entsolidarisierung erklären. Lebensbedingungen und -ziele, sowie Formen der Lebensführung werden immer weniger in der Lebenswelt ausgehandelt, sondern durch die Sinn- und Organisationsstruktur der Systemwelt vorgegeben. Die These der assistiven Kolonialisierung führt diesen Gedanken insofern fort, als davon ausgegangen werden kann, dass digitale Selbstvermessung – vor allem wenn diese um die Dimension Künstlicher Intelligenz erweitert wird – zu sozialstrukturellen Verschiebungen führt, die mit digitalen Gewinnern und Verlieren verbunden sind.[12] Im Folgenden werden vier verschiedene Heuristiken vorgestellt, die gleichwohl ähnliche Kernaussagen beinhalten.

4 Epistemische Einordnung „intelligenter" Technologien

Um den Wandel der materiellen Kultur in modernen Gesellschaften kritisch zu beleuchten, unterscheidet der Philosoph Albert Borgmann in seiner Ontologie zwischen *Dingen* und *Geräten* (Borgmann 2003).[13] Dinge, so Borgmann, vermitteln Sinn auf der Grundlage innewohnender Eigenschaften. Geräte gehorchen den sich

---

12 Vor diesem Hintergrund ist auch folgende Aufforderung zu verstehen: „Ein Dialog zwischen Gesellschaft und Wissenschaft ist zwingend notwendig, um Digitalisierungsverlierer zu vermeiden." (Sandra Naumann, Leiterin der Geschäftsstelle Wissenschaftsforum Ruhr e. V. im Kontext des Projekts „Urbane Digitale Produktion", Fraunhofer UMSICHT Oberhausen, im Jahresbericht des Instituts).

13 Selbstverständlich stehen diese Arbeiten in einer langen Tradition der Beschreibung und Analyse von Subjekt-Objektbeziehungen, wie etwa Jean Baudrillard mit *Das System der Dinge* (Baudrillard 2001) sowie Mihaly Csikszentmihalyi und Eugene Rochberg-Halton mit *Der Sinn der Dinge* (Csikszentmihalyi und Rochberg-Halton 1995).

wandelnden Bedürfnissen des jeweiligen Nutzers. Borgmann verbindet damit die These, dass es zu einer Verdrängung herrschender Wirklichkeiten und dem Vormarsch austauschbarer Wirklichkeiten kommt. Als Beispiel wählt er das Feld der Musik. Musikinstrumente sind Dinge mit einem verständlichen und erkennbaren Wesen, die von Menschen verlangen, dass dieser aktiv, gekonnt und wissend mit ihnen umgeht. Der Umgang mit einem Ding erfordert Verständnis und Übung. Geräte hingegen (z. B. ein iPod, mit dem sich Musik abspielen lässt oder eine Gesundheitsapp), fordern zum Konsum einer austauschbaren Wirklichkeit auf. Eine Stereoanlage oder ein iPod sind wesentlich anspruchsloser, dafür aber augenblicklich verfügbar. Das Gerät verleiht durch diese ad hoc-Verfügbarkeit eine gefühlte Autonomie, die gleichwohl zu hinterfragen ist. Dinge, die wissend benutzt werden, führen zu (positiv konnotierter) Sozialität. Sie bündeln die Welt und strahlen einen Sinn aus. Geräte sorgen für Unterhaltung und Ablenkung. Dinge werden benutzt, mit Geräten „hantiert" man.[14] Geräte zeugen vom Triumph einer instrumentellen Rationalität, während Dinge einen sozialen Sinn bewahren. Die Unterscheidung in Ding und Gerät macht deutlich, wie fragil sich das Spannungsverhältnis zwischen gestaltendem Handeln einerseits und zerstreutem Konsum andererseits darstellt.

Aus einer psychoanalytischen Motivation heraus trifft Wolfgang Schmidbauer eine ganz ähnliche Unterscheidung (Schmidbauer 2015). Trotz der schlichten Wortwahl werden mit der Unterscheidung zwischen *dummen* und *schlauen* Dingen essentielle Differenzkriterien im Umgang mit Objekten benannt. Dumme Dinge zeichnen sich dadurch aus, dass sie bei der Produktion aufgewertet wurden, bei der Nutzung aber zu Abwertungen führen. Sie haben bei der Herstellung so viel Intelligenz verzehrt oder verbraucht, dass „schließlich dem Benutzer gar keine Gelegenheit mehr bleibt, seine Intelligenz einzusetzen" (Schmidbauer 2015, S. 11). Dumme Dinge sind zwar gut gemeint, letztlich aber nur Pseudoverbesserungen. Sie sind in der Anwendung komfortabel und bequem, ihre Funktion ist darauf ausgerichtet, dem Nutzer etwas Lästiges zu ersparen. Dabei sind sie jedoch in der Nutzung undurchschaubar, sie schaffen und steigern Abhängigkeiten. Ihre wesentliche Eigenschaft besteht darin, dass sie das Denken und Lernen abnehmen, entsinnlichen, trivialisieren und zu regressivem Verhalten führen. Dumme Dinge schaffen lediglich symbolische Nähe, gefühlte Sicherheit oder gefühltes Wissen. Schlaue Dinge sind hingegen lernorientiert, sie fördern eigene aktive Übung und regen zu informellen Lösungen an. Schlaue Dinge motivieren zu progressiven Lebensformen und schaffen echte soziale Interaktionen. Dumme Dinge assistieren, führen aber zur Unselbständigkeit. Der Unterschied zwischen dummen Dingen

---

14 Vgl. den Begriff des hantierenden, gebrauchenden Besorgens bei Martin Heidegger (2006, S. 66).

und schlauen Dingen ist einer zwischen komfortablen Technologien und übenden Technologien (Schmidbauer 2015, S. 225).

Auch die Unterscheidung des Philosophen und Theologen Ivan Illich in *konviviale* und *manipulative* Technologien (Illich 2009 bzw. 1975) führt zu ähnlichen Unterscheidungen. Dabei ist Lebensdienlichkeit (Konvivialität) ein ethisch-praktischer Leitgedanke, der sich auf drei Kriterien bezieht: Lebensdienliche Technologien erweitern erstens den persönlichen Aktionsradius, schaffen zweitens Leistungen, *ohne* die persönliche Autonomie zu zerstören, und verhindern drittens soziale Abhängigkeiten oder Hierarchien. Zwar steigern digitale Technologien der Selbstvermessung Aktionsradien, Leistung und Effizienz. Gleichzeitig schaffen sie aber auch neue Abhängigkeiten (von Märkten und deren Marktteilnehmern, von Programmierern, von „Updates" etc.) sowie neue soziale Hierarchien (z. B. zwischen verantwortungsvollen und vulnerablen Konsumenten). Die Forderung Illichs nach einer konvivialen Erneuerung von Gesellschaft ist so aktuell wie nie. „Es stellt sich (…) heraus, dass Maschinen nicht machen, was wir wollen und das man Menschen nicht auf ein Leben im Dienste von Maschinen abrichten kann" (Illich 1975, S. 27). Menschen brauchen keine Werkzeuge, die ihnen die Arbeit abnehmen, sondern solche, mit denen sie arbeiten und gut leben können. Werkzeuge, die diesen Anspruch erfüllen, nennt Illich *konviviale* Technologien. Sie bieten die Freiheit, Dinge selbst kreativ zu erschaffen und sie nach ihrem eigenen Geschmack zu gestalten. Konviviale Technologien sind das Gegenteil von industriell erzeugter Produktivität – sie ist manipulativ. Manipulative Technologien übersetzen qualitative Vorgänge des Lebens in abstrakte Quantitäten. Sie konditionieren Menschen durch programmierte Werkzeuge, die selbst auf Programmen beruhen. Algorithmische Programme, in die soziale Programme eingehen, programmieren Menschen. Für Illich ist das letztlich destruktiv: „Bestimmte Werkzeuge sind destruktiv, wem auch immer sie gehören. (…) Destruktive Werkzeuge führen zwangsläufig zu mehr Reglementierung, Abhängigkeit, Ausbeutung oder Ohnmacht" (Illich 1975, S. 48)

Karin Knorr-Cetina führte schließlich den Begriff der *Wissensobjekte* ein (Knorr-Cetina 1998), der sich als sehr hilfreich erweist. Er ermöglicht, die Ko-Existenz mit digitalen Werkzeugen sowie die Ko-Produktion von Wissen zwischen Menschen und ‚intelligenten' Maschinen als eine *neue soziale Form* einzuordnen. In der Sozialität mit Objekten erkennt die Soziologin die „unbeachtete Hälfte" der Individualisierungs-, Prekarisierungs- und Vereinzelungsthesen zu zeitgenössischen Gesellschaften. Im Kern behauptet sie, das Objekt-zentrierte Sozialität eine neue Qualität sozialer Beziehungen in post-traditionalen Wissensgesellschaften darstellt. Damit übernehmen ‚smarte' Dinge und ‚intelligente' Technologien eine kompensatorische Einbettungsfunktion angesichts des zunehmenden Verlusts menschlicher Beziehungen. Die *These der Objektualisierung* geht davon aus, dass nichtmenschliche Objekte die Rolle und Funktion menschlicher Beziehungspartner in post-sozialen Lebensverhältnissen übernehmen (können). Es geht ja gerade um jene Qualitäten, die die Grundlage dafür sind, dass sich kognitive Computer anders zu den Bedingungen menschlicher Existenz in Beziehung setzen als andere Objekte. Eine post-soziale Ordnung benötigt eine erweiterte Konzeption von Sozialität, die eben auch ‚intelligente' Objekte einschließt.

Wissensobjekte erinnern an den Begriff der „epistemischen Dinge", die von „technologischen Objekten" unterschieden werden können (Rheinberger 2006). Ersteres sind Fragen-hervorrufende Forschungsobjekte, Letztere lediglich industriell hergestellte, unproblematische *Instrumente* oder Waren. An dieser Stelle zeigt sich, wie schwierig die Einordnung smarter Technologien letztlich ist. Zeitgenössische digitale Technologien sind *sowohl* benutzbare Gegenstände (mit Smartphones lässt sich sogar telefonieren!) als auch prozesshafte Erkenntnisgeneratoren. Einerseits lösen sie epistemische Prozesse aus, andererseits verändern sie durch permanente „Updates" dynamisch die Wissensbasis.

Wissensobjekte unterscheiden sich von *Instrumenten*, also Gegenständen, die als Werkzeuge innerhalb der Logik instrumentellen Handelns und im Kontext einer Zweck-Mittel-Relation funktionieren. Und sie unterschieden sich von *Waren*, die in Prozessen der Kommodifizierung[15] entstehen und innerhalb von Tauschsystemen platziert werden. Werkzeuge und Waren sind gebrauchs- und handelsfertig. Epistemische Dinge wie Wissensobjekte sind offen, Fragen-generierend und komplex. Sie sind „entfaltbar" (Knorr-Cetina 1998, S. 99), d. h. sie erlangen ständig neue Eigenschaften, man begegnet ihnen mit ständig neuem Interesse, somit lässt sich mit Wissensobjekten – anders als der Name suggeriert – niemals endgültiges oder verlässliches Wissen erzeugen. Wissensobjekte sind einerseits materielle Gegenstände, aber sie „mutieren" andererseits ständig in etwas anderes, das neue Fragen, Wünsche, Sorgen und damit vor allem Suchbewegungen erzeugt. Durch diese prinzipielle Unabgeschlossenheit perpetuieren Wissensobjekte paradoxerweise sogar den Mangel an Wissen, anstatt diesen zu eliminieren. Sie zeigen, wo man weitersuchen oder was als Nächstes eintreffen könnte.

Assistive Kolonialisierung hat zur Folge, dass die permanente Ko-Existenz mit diesen epistemischen Dingen oder Wissensobjekten nicht nur zu neuen post-sozi-

---

15 Kommodifizierung bedeutet, dass soziale Phänomene mit Ding-artigen Qualitäten ausgestattet und in ökonomische Kalkulationen eingerahmt werden. Behandeln sich Menschen selbst (freiwillig) als Ware im Hinblick auf einen Markt, für den sie ihr Profil erstellen oder berechnen Menschen ihren Wert im Hinblick auf vorgegebene Normen und Maximalwerte, dann kann dies als Kommodifizierung aufgefasst werden. Der eigene Wert ist dann das Statussymbol. Von Kommodifizierung zu unterscheiden sind Kommerzialisierung und Ökonomisierung. Vgl. Braun-Thürmann (2010).

alen Bindungen, sondern auch zu neuen Formen der Reflexivität und der (Selbst-)Identifikation führt. In post-sozialen Beziehungen erhält sich ein Subjekt *durch ein Objekt* aufrecht (Knorr-Cetina 1998, S. 100). Diese neuen Objektbeziehungen gehen zwangsläufig einher mit Entgrenzungen bisheriger Macht- und Herrschaftsverhältnisse. Die distinktive Ethik des „Always-On" erzeugt vermehrt schleichende Abhängigkeiten in den Bereichen Kommunikation, Interaktion und Konsumption.[16] Die Herrschaft der gierigen datensammelnden Institutionen („greedy institutions") ist eine „Herrschaft durch Algorithmen" (Egger de Campo 2015, S. 192). So beklagt etwa der Sachverständigenrat für Verbraucherfragen (SVRV) die wettbewerbsverzerrende Marktmacht neuer oligopolistischer Strukturen.[17] Diese neuen Verhältnisse bestehen darin, dass ein Subjekt nun „die Bedürfnisse des Objekts übernimmt – als Struktur des Wünschens wird das Subjekt durch das Objekt definiert." (Knorr-Cetina 1998, S. 104) Dieses *epistemische Takeover*, d. h. die Übernahme des (menschlichen) Denkens durch die (künstliche Intelligenz) des Wissensobjekts, kennzeichnet den Wandel von der obsessiven Quantifizierung ‚smarter' Objekte zur digitalen Hermeneutik ‚intelligenter' Entscheidungsmaschinen.

5 Entgrenzungsarenen

Der Vergleich der Heuristiken zu Subjekt-Objekt-Verhältnissen zeigt zumindest ansatzweise, dass es zahlreiche Sollbruchstellen in den Dimensionen Sinnvermittlung, Wirklichkeitsbezug, Selbstwirksamkeit sowie Kognitivität und Sozialität gibt. Von den zahlreichen damit verbundenen Entgrenzungen können hier nur einige skizziert werden.

Letztlich lassen sich post-soziale Beziehungsformen mit Wissensobjekten, hier also die Ko-Existenz mit kognitiven Computern (jenseits alarmistischer Szenarien) nur verstehen, wenn von der schleichenden *Auflösung der Demarkationslinie zwischen Mensch und Maschine* ausgegangen wird. KI selbst kann als „boundary object" (Star und Griesemer 1989) betrachtet werden, in das beliebig viele und be-

---

16 Nur vor diesem Hintergrund ist auch die grobe Rhetorik der „digitalen Entgiftung" (Digital Detox) zu verstehen, die letztlich eine Homologie zum Ausstieg aus Sekten aufweist. Vgl. Ott (2016).

17 „Allerdings besteht systematisch und dauerhaft ein großer Wissensvorsprung der Anbieterseite bezüglich der Daten. Wenn diese die ‚neue Währung' in der digitalen Welt sind, dann spricht dies nicht für eine Angleichung der beiden Marktseiten auf Augenhöhe. Die Informations- und Machtasymmetrie in Bezug auf Schlüsselressourcen scheint sich eher zu verstärken." (SVRV 2016, S. 18)

liebig komplexe Rationalitätsmythen projiziert werden können. Die Frage, ob sich Menschen an Maschinen anpassen oder umgekehrt, ist eigentlich falsch gestellt. Demarkationslinien zwischen Natur und Kultur, Subjekten und Objekten sowie Menschen und Maschinen sind schon längst überschritten, daher wird besser von Metamorphosen oder Hybriden gesprochen (aktuell dazu Latour 2017). Bereits Knorr-Cetina stößt an die Grenzen der bisherigen soziologischen Begriffswelt: „Klar ist, dass der Begriff einer Objekt-zentrierten Sozialität eine Erweiterung der soziologischen Phantasie sowie unseres Vokabulars erfordert (Knorr-Cetina 1998, S. 84).[18] Bruno Latour weist in seiner „Soziologie der Assoziationen" eindringlich auf die Revision althergebrachter (soziologischer) Begriffe hin (Latour 2010). In Zukunft wird die Ko-Evolution von Mensch und ‚intelligenter' Maschine vor allem von der *Präzision von Zielvorgaben* abhängen. Dabei stellt sich nicht nur die Frage, wie diese (normativen) Zielvorgaben entstehen. Es wird zu einer doppelten Inversion der Perspektive kommen: Menschliche Nutzer müssen ihr ‚intelligentes' Rüstzeug trainieren und sie werden dabei selbst trainiert.

Der Wert einer Entscheidungsmaschine ermisst sich an der kognitiven und statistischen Kompetenz des Nutzers. Genau an dieser Stelle entsteht eine weitere Entgrenzung. Noch verfügen wir über eine *mangelnde kulturelle Reaktionsmöglichkeit auf korrelative Macht*. Wie der Philosoph Peter Bieri überzeugend darstellt, beruht das Symbolsystem unserer Sprache auf kausalen Machtverhältnissen, die vorstellbar und ontologisch klassifizierbar sind. „Weil wir auf kausale Macht nun mit einem System von Symbolen reagieren können, wird sie zu einer verständlichen Welt, die wir uns gedanklich anzueignen vermögen." (Bieri 2017, S. 44) Die korrelativen Machtverhältnisse, auf der die Mustersuche in partizipativen, personalisierten, präventiven und prädiktiven Daten beruht, ist intuitiv nicht mehr nachvollziehbar und sprachlich nicht angemessen repräsentierbar. Dies führt dann in der Folge auch zu Befürchtungen wie Entscheidungsverlust[19] oder dem Verlust der freien Willensentscheidung.[20] Damit ließe sich argumentieren, dass Entscheidungsmaschinen ambivalent sind. Einerseits sind es komfortable, manipulative Technologien: eine Wahl aus vorgegebenen Alternativen ist noch längst keine Entscheidung. Andererseits ist die notwendige digitale Hermeneutik, also

---

18 Mit dem Begriff der „Postmedialität" habe ich selbst versucht, auf diese Entgrenzung aufmerksam zu machen: „Es geht um nicht weniger als um die Re-Systematisierung soziologischen Wissens" (Selke 2009, S. 13).
19 Vgl. hierzu exemplarisch: „Algorithmen verdrängen zunehmend Entscheidungen, die direkt von Menschen getroffen werden und verlagern Verantwortung in Code." (Pasquale 2015)
20 Vgl. hierzu exemplarisch: „Je mehr Algorithmen über uns ‚wissen', desto unwahrscheinlicher werden ‚freie' Willensentscheidungen." (SVRV 2016)

die Deutung und Interpretation von Daten immer unabgeschlossen und bezogen auf soziale Kontexte. Eine angemessene digitale Hermeneutik kann nicht allein im Medium der Daten erfolgen, sondern braucht dauerhaft externe Referenzpunkte. Für die dabei entstehenden Übersetzungsleistungen ist eine *doppelte Kompetenz* notwendig, die bislang gesellschaftlich (noch) nicht ausreichend vorliegt.

Abzulesen ist diese Entwicklung bereits am *Aufstieg neuer Autonomie-, Wissens- und Kompetenzbegriffe*. Der Begriff der Autonomie entpuppt sich bei näherem Hinsehen als Mythos der Moderne (Rössler 2017). Die hier nur angedeutete Entwicklungslinie reicht von der Vorstellung aufgeklärter Subjekte über die Annahme kollektiver Schwarmintelligenz hin zur Verbreitung kybernetischer Entscheidungsmaschinen. Wird Autonomie als Summe von Zielsetzungskompetenz, Mittelwahlrationalität und Folgenverantwortlichkeit verstanden, dann wird sehr schnell deutlich, dass kognitive Computer alle drei Dimensionen berühren.

Exemplarisch können diese Verhältnisse an der *Präventionslogik im Kontext der Diskurse um technisierte Selbstsorge* dargestellt werden. Diese Entwicklung ist gegenwärtig spezifisch für den Gesundheitsbereich und zeigt, wie technologische und soziale Rationalitäten korrespondieren. Technikunterstützte Selbstbeobachtung auf der Basis ‚smarter' oder ‚intelligenter' Werkzeuge und der Diskurs über die Responsibilisierung des Individuums harmonieren bestens (Kuhn 2014; Knoepffler und Daumann 2017). Die weitreichenden Möglichkeiten zur numerischen Erfassung von Körperzuständen verändern sowohl die individuelle als auch die gesellschaftliche Sprachfähigkeit über Gesundheitshandeln und Gesundheitsnormen. Was passiert also, wenn datenbasierte Wettbewerbsfähigkeit zur Zielgröße des Sozial- und Gesundheitswesens wird?

Gerade im Gesundheitswesen drückt sich die Durchsetzung des dominierenden gesundheitsökonomisch-bürokratischen Vernunftstils in der Definition von Risikoparametern und Grenzwerten (für fast alles) aus und mündet in einer schon fordistischen Anrufung an das „präventive Selbst" (Lengwiler und Madarász 2010). Auffallend ist hierbei, wie stringent dabei die existentielle Letztverantwortung des Individuums betont wird. Diese Verlagerung von Sorge zu Selbstsorge im Gewand von Prävention kann als Ausdruck einer neosozialen Versorgungslogik gedeutet werden (Lessenich 2008), ist weitgehend politisch gewollt und findet breiten Konsens. Risiken bzw. Ängste werden individualisiert und instrumentalisiert und müssen dann unter anderem innerhalb von Selbstvermessungspraxen verarbeitet werden. Aber die Realitäten des Lebens lassen sich durch Selbstvermessung nur bedingt einfangen. Verkannt wird, dass „viele Bestandteile sozialer, materieller und physiologischer Realität kontingenten Prozessen ausgesetzt sind und sich insofern leicht der Kontrolle entziehen." (Mathar 2010, S. 216) Gleichwohl wird Gesundheit immer mehr mit Aktivsein und präventivem Verhalten gleichgesetzt, was sich vor allem in Aktivierungs- und Selbstverantwortungsimperativen ausdrückt.[21] Damit werden (nach und nach) sowohl *neue Normalitätsfiktionen* als auch ein *neues Menschen- und Gesellschaftsbild* begründet. Unter dem Deckmantel einer marktkonformen Selbstoptimierung wurde die Grundlage für die Subjektivierung und Ökonomisierung von Gesundheit gelegt.[22]

Besondere Aufmerksamkeit erlangt dieser Aspekt im Rahmen des Aufstiegs neuer Kompetenzbegriffe (Health Literacy bzw. eHealth- oder mHealth-Literacy). Zu beachten ist hierbei das Spannungsfeld zwischen datenbasiertem *Empowerment* einerseits und *Subjektivierung* von Gesundheit andererseits. Indem eHealth-Literacy sinnbildlich Normvorstellungen der Gesundheitswissenschaften abbildet, wird digitalen Gesundheitsangeboten einerseits das Potential zugesprochen, Menschen in ihrer Gesundheitskompetenz zu stärken. Andererseits sind damit neue Entgrenzungen verbunden. Digitale Daten wirken immer desintegrierend *und* disziplinierend zugleich.[23] Technisierte Selbstsorge ist besonders in Krisenzeiten als eine neue Strategie der Mobilisierung für Prävention hochwillkommen. Denn Subjekte lassen sich leichter beeinflussen als Systeme. Menschen sind ‚lästig', weil sie nicht fähig (und willens) sind, ein prä-stabilisierendes Verhältnis zu ihrer Umwelt aufzunehmen. Als Alternative bietet sich daher der unmittelbare Zugriff auf die Subjekte selbst an. Da die Mitmachbereitschaft der Menschen eine sehr begrenzte Ressource ist, muss sie immer wieder erneuert werden – zum Beispiel durch den Einsatz ‚intelligenter' digitaler Technologien der Selbstvermessung.

Eine kleine „Archäologie" des Präventionsbegriffs (Brockhaus 1890) verdeutlicht gleichwohl die Ambivalenz des Präventionsgedankens. Hierbei ist vor allem das kirchenrechtliche Verständnis instruktiv. Prävention wird dort als ein Recht des höheren Geistlichen verstanden, „in die Befugnisse des Untergebenen einzugreifen" (Schülein 1983, S. 13ff.). Unter der präventiven Wende lässt sich daher ein „gesell-

---

21 Schönheitshandeln, Körperarbeit und die Investition in sog. korporales Kapital (Schröter 2009) sind Ausdruck der Bedeutungszunahme symbolischer Gesundheit als Indikator eines neuen Gesundheitsverständnisses.

22 Selbstvermessung wird zu einem Element biopolitischer Regierung durch Selbststeuerung, einer modernen Form der Technologien des Selbst (Foucault 1993). Gesundheit als eine Komponente des „unternehmerischen Selbst" (Bröckling 2007) wird Gegenstand der Selbstregierung von Individuen und wirkt sich auf die soziale Positionierung von Subjekten aus.

23 So spiegeln Normen, die an Gesundheit, Gesundheitshandeln und die gesundheitliche Versorgung angelegt werden, meist Standards, die die Perspektive *vulnerabler* Gruppen nur unzureichend berücksichtigen. Präventionsangebote oder Präventionstechniken spiegeln sehr selten die tatsächliche Heterogenität der Bevölkerung wieder, sondern repräsentieren eher ein digitales Abbild eines Norm-Menschen. Aus der Perspektive des Verbraucherschutzes ist dies durchaus kritisch zu bewerten. Vgl. Selke (2017b).

schaftssanitäres Projekt" (Schulz und Wambach 1983) verstehen, bei dem nach und nach alltags- und lebensweltliche Strukturen nach der normativen Maßgabe einer Elite durchrationalisiert werden. Statt repressiver Kontrolle von oben erfolgt die schleichende Etablierung einer Präventionspolitik mit repressivem Charakter, dies aber im Gewand der ‚smarten' neuen Welt. Setzen sich die korrespondierenden Praxen von Selbstvermessung und Prävention weiter unhinterfragt durch, müssen Langzeitfolgen bilanziert werden. So wird zum Beispiel die flexible Anpassungsfähigkeit der Subjekte an Präventionslogiken und -ziele latent überfordert. Gerade weil wissenschaftlichen Rationalität die Grundlage von Präventionsimperativen darstellt, erhöht sich der Druck auf Individuen, den Notwendigkeiten des Präventionsgedankens nachzukommen. Der appellative Charakter von Interessensverzichten (‚Wohlstandsaskese') nimmt zu, während gleichzeitig algorithmenbasierte Entscheidungsarchitekturen („Big Nudging") immer tiefer in die Routinen des Alltagshandelns eingreifen.

Letztlich kommt es zur einer *Kreolisierung des Sozialen durch eine neue Wissensmatrix*. Wie bereits Peter Berger et al. für die vor-digitale Ära herausgearbeitet haben (Berger et al. 1974), zerlegt das moderne Selbst zur Minimierung seiner Problemzonen soziale Realität in separate Komponenten, die einzeln mess-, behandel- und beeinflussbar sind. Diese Form der Zweck-Mittel-Separierung greift derzeit als neuer kognitiver Stil bzw. als Rationalitätsmythos der Rationalisierung und Effizienzsteigerung um sich und erzeugt komponentenhafte Identitäten,[24] was langfristig mit Entfremdungserscheinungen sowie der Abnahme von Sinnvermittlungskapazitäten einhergehen wird.

Weder kommt es jedoch zu einer totalen Entfremdung noch zu einer Gesellschaft der Singularitäten, auch wenn das immer wieder gerne behauptet wird (Reckwitz 2018). Vielmehr liegt die Lösung des Problems in der Veränderung der Sozial- und Beziehungsstruktur.[25] Die Automatisierung von Leistungen und der Ersatz personalisierter Dienstleistungen macht bisherige Sozial- und Beziehungsstrukturen teilweise überflüssig und ersetzt diese durch Informationsstrukturen (vgl. klassisch Lash und Urry 1994). Bislang bekannte soziale Beziehungen verändern sich oder verschwinden. Bereits jetzt wurde die Last der Verantwortung fast vollständig auf Individuen abgewälzt, während gleichzeitig der Staat immer häufiger aus der Verantwortung entlassen wird. Einerseits nehmen also subjekt-orientierte Strukturen zu. Andererseits werden soziale Beziehungen durch Sozialität mit (digitalen)

---

24 Wird diese Sichtweise kulturpessimistisch weiter überhöht, landet man schließlich beim „fraktalen Selbst" (Baudrillard 1989).

25 Dieses Argument setzt voraus, dass es das „Soziale" gibt, was Autoren wie Bruno Latour massiv bestreiten und daher lieber von „Assoziationen" sprechen (Latour 2010).

Wissensobjekten ersetzt. Kurz: Die *Desozialisierung* wird durch *Datensozialisierung* aufgefangen.

Hier passt das Bild der Kreolisierung für die Vermischung zwischenmenschlicher und objektbezogener Sozialformen (Knorr-Cetina 1998, S. 90ff.). Kreolisierung ist die Folge der Mischung aus Expertenwissen, Selbstwissen und Informationen, die durch Wissensobjekte selbst erzeugt werden. Kreolisierung des Sozialen durch einen Wissensmix kann positiv konnotiert als Ausdrucksform einer Samplingkultur oder DJ-Culture (Hartmann 2000) und typisch für „experimentelle Gesellschaften" (vgl. Böschen et al. 2017) aufgefasst werden. Mit dem Auftreten künstlicher Intelligenz ändert sich die Voraussetzung für gerade diese Kreolisierung. Die Expansion intransparenter Wissensproduktionsprozesse verändert nicht nur die Artikulationsbedingungen, sondern auch die Interpretationsbedingungen von Wissen und die Möglichkeit zu Reflexionspausen: *Entscheidungen werden zu Reaktionen auf Alternativangebote*. Dabei besteht die Gefahr, dass Wissensobjekte zu mehr oder weniger selbständigen und selbstbezüglichen Wissensproduktions- und Wissensinterpretations-Prozessen führen können. In einer post-sozialen Gesellschaft wird die Verflüssigung jeglicher hermeneutischen Kompetenz schleichend immer normaler. Die zunehmende Orientierung an den Angeboten der Entscheidungsmaschinen entgrenzt Selbstbilder, gesellschaftlich geteilte Subjektivität und soziale Integration. Im Sonderfall kommt es zur Einrichtung ethischer Freihandelszonen, die auf einem gesellschaftlichen Konsens über die Maxime der Effizienz basieren.

6 Ethische Freihandelszonen

Noch immer gilt: Unsere Gestaltungsmacht übersteigt das Folgewissen (Beck 1986). Eine Technik, die sich von ethischen Prämissen abgekoppelt hat, wird sich nicht mehr beschränken lassen. Wenn es stimmt, dass sich überall dort, wo kognitives Computing sich als Simulation (oder Ersatz) menschlicher Intelligenz verbreitet, neue Räume der Effizienz und Effektivitätssteigerung eröffnen und etablieren, dann wird das Gesundheitssystem davon massiv betroffen sein. Der Ruf nach Kosteneinsparungen gehört dort zum Standardrepertoire an der systemischen Klagemauer. Wortungetüme wie „Kompression der Morbidität" zeugen nicht nur vom Einzug neoliberalen Denkens im Sinne einer schleichenden Revolution (Brown 2015) in das Gesundheitswesen, sondern eröffnen völlig neue ‚ethische Freihandelszonen'.²⁶ Wem es darum geht, die Zeitspanne kostenintensiver Krankheiten mittels technologischer Lösungen möglichst kurz zu halten, der schreckt auch nicht vor dem hemmungslosen Einsatz von KI im Kontext individueller End-Of-Life Entscheidungen zurück. Dieses Szenario ist keine Dystopie, sondern bereits Realität.

Die Start-up-Firma *Aspire Health*²⁷ versucht mittels digitaler Technologien verlässlich zu ermitteln, wie lange Schwerkranke noch leben, welche Kosten deren Behandlung und Pflege kosten wird, ob und wie lange es sich also noch „lohnt", deren Leben zu verlängern. Die dabei zur Anwendung gelangende digitale Hermeneutik – also die Auslegung und Interpretation von Daten – verstärkt auf ethisch bedenkliche Art und Weise digitale Vulnerabilität, also die Verletzbarkeit schutzloser Menschen. Der Algorithmus durchforstet ärztliche Indikationen nach Diagnosen wie kongestives Herzversagen oder Krebs im Endstadium und gleicht die Krankheitsbilder mit Mustern häufiger Behandlungen ab. Ziel des Programms ist es, den Wirkungsgrad von Behandlungen in der Restlebenslaufzeit unter primär ökonomischen Gesichtspunkten angeben bzw. Pflege- und Behandlungskosten einsparen zu können. Für jeden Patienten wird also ein „medizinisches Ablaufdatum" errechnet, das ihn als Risikopatienten oder hoffnungslosen Fall ausweist. Der ‚intelligente' Algorithmus bestimmt, wie (gut und intensiv) jemand ärztlich versorgt wird. Es geht darum „Hoffnung" (Aspire) und einen „Plan" zu berechnen sowie „Ziele" zu definieren. Mehr noch: Aspire Health will den Tod vorhersagen. Sprache ist verräterisch: Aspire Health weist auf der Webseite darauf hin, dass 25 Prozent der Kosten im Gesundheitsbereich im letzten Lebensjahr entstehen. Letztlich führt die Kombination aus Berechenbarkeit durch Algorithmisierung und ökonomischem Kalkül dazu, Menschen primär als Wartungs- und Verwertungsobjekte in den Blick zu nehmen.²⁸

Neu ist diese Perspektive allerdings nicht. Lange vor der Ära der Digitalisierung lotet der Schriftsteller Elias Canetti in Form eines phantastischen Gedankenex-

---

26 Der Begriff ‚ethische Freihandelszone' ist gerade kein *terminus technicus* der Ethik, sondern ein Begriff, der dazu anregen soll, öffentliche Debatten über die zugrundeliegenden Wertefragen zu führen.

27 Finanziert wird das Start-up von „GV", der Wagniskapital-Tochter von Alphabet (Google-Mutter). Vgl.: http://aspirehealthcare.com (Letzter Zugriff am 30. September 2017).

28 Das prädiktive Aussortieren fehler- und störanfälliger Menschen (Selke 2015a) reicht dabei weit über den Gesundheitsbereich hinaus. Ethische Freihandelszonen entstehen überall dort, wo es um Kostenvermeidung und die Fragen eines „return of investment" geht, also z. B. an Arbeitsplätzen, in Beziehungen, der Schule oder Hochschule. Zahlreiche literarische Dystopien gehen noch einen Schritt weiter, indem sie Umstände vorstellbar machen, unter denen weniger privilegierte Menschen als „Ersatzteillager" für privilegierte dienen. Vgl. Holmquist (2011) und Ishiguro (2005).

periments über die Bedeutung der Sterblichkeit die Frage aus, wie sich das soziale Verhalten ändert, wenn es keine Zonen der Intransparenz mehr gäbe.[29] In seinem Drama *Die Befristeten* (entstanden 1952) beschreibt Canetti die Ungleichverteilung von Wissen in einer Gesellschaft, in der allen der eigene Todeszeitpunkt bekannt ist. Bei der Geburt wird dieser in einer versiegelten Kapsel mitgeteilt, die jedem Neugeborenen wie ein Kruzifix um den Hals gelegt wird. Jeder weiß, wie alt er oder sie werden wird, aus dem Alter wird sogar der Name des Menschen gebildet. Aber niemand weiß vom anderen, wie alt dieser ist, wie lange er oder sie also noch zu leben hat. Diese Form der Wissensasymmetrie ändert alles.

> „Niemand kann dir vorschreiben, was du mit dir tust. Denn niemand weiß, wieviel Jahre du noch zu leben hast. Du aber weißt es und kannst nach deinen Verhältnissen leben. Mit einem bestimmten Kapital Leben kommt man zur Welt. Es nimmt nicht ab, es nimmt nicht zu. Man kann dir nichts davon rauben, es ist unveräußerlich auf deinen Namen geschrieben. (…) Du musst einfach wissen, was du mit deiner Zeit kaufst. Es ist deine Schuld, wenn du es dir schlecht einteilst." (Canetti 1976, S. 209)

Humankapital ist hier Lebenskapital und dieses Lebenskapital ist extrem ungleich verteilt. Die Diktatur des letzten Augenblicks, in der völlig intransparent bleibt, wie die Lebenszeit verteilt ist, ist das genaue Gegenteil der total transparenten Gesellschaft. Während in der Gesellschaft der Befristeten Nachfragen als indiskret und subversiv gelten, wird das Nachforschen in der transparenten Gesellschaft der Daten zum Selbstzweck erhoben. Das Wissen über den eigenen Todeszeitpunkt der Befristeten vergiftet das eigene Leben und das gemeinsame Zusammenleben. Gewissheit erodiert alle menschlichen Sozialformen wie Zuneigung, Solidarität oder Würde. Das Drama ist eine Sozialdystopie. Canetti konnte von den Potenzialen Künstlicher Intelligenz und Möglichkeiten der prädiktiven Nutzung von Daten nichts wissen. Ungewissheit wird auch gegenwärtig immer weniger akzeptabel, weil zum kulturellen Widerspruch gegen den Tod nun das technologische Versprechen seiner Vorhersagbarkeit kommt. Wirkt sich dieses Wissen konstruktiv oder destruktiv aus? Wenn der Kapselan (der Überwacher der Todesaugenblicke) im Stück von Canetti behauptet, dass die Menschen erkannt haben, „dass fünfzig sichere Jahre mehr wert sind als eine unbestimmte Anzahl unsicherer" (Canetti 1976, S. 199), dann muss diese Aussage für unsere Gegenwart neu übersetzt werden. Als sehnsuchtsbesetztes Bild lässt Canetti zwei junge Herren von der Tradition

---

29 Auch die Journalistin Lisa Breit bezieht sich in ihrem Zeitungsartikel über digitale Selbstvermessung auf Anregung des Autors dieses Beitrags auf das Gedankenexperiment Canettis, das Menschen zu berühren scheint. Vgl. https://derstandard.at/2000062565550/Die-Lust-an-der-Selbstkontrolle (Letzter Zugriff am 30. September 2017)

der Duelle sprechen, ein Bild für die Kontingenz des Lebens: „Ja, das muss schön gewesen sein", sagt der eine. „Du wusstest nie, was geschehen wird. Nichts war sicher. Vielleicht trifft's dich, vielleicht trifft es den anderen", ergänzt der andere (Canetti 1976, S. 216). Wird der Wert der Unsicherheit vielleicht bald wieder eine Renaissance in einer Welt erfahren, in der versucht wird, alles vorherzusagen, zu automatisieren und zu vereinheitlichen? Im Drama *Die Befristeten* kommt es zu einem Aufstand. Vielleicht würde es für unsere Epoche schon reichen, zu begreifen, dass Leben mehr ist als regelmäßige Zellteilung und pünktliches Erscheinen am Arbeitsplatz.

Literatur

Arendt, H. (2015). *Vita Activa oder Vom Tätigen Leben*. München: Piper.
Baudrillard, J. (1989). Videowelt und fraktales Subjekt. In A. Electronica (Hrsg.), *Philosophien der neuen Technologien* (S. 144-155). Berlin: Merve.
Baudrillard, J. (2001). *Das System der Dinge. Über unser Verhältnis zu den alltäglichen Gegenständen*. Frankfurt a. M.: Campus.
Beck, U. (1990). Praxis als Forschung. Wer die Gesellschaft zum Labor macht, öffnet die Wissenschaft für die Mitbestimmung. *Forschungsjournal Neue Soziale Bewegungen, 1*, S. 12-20.
Beck, U. (1986). *Risikogesellschaft. Auf dem Weg in eine andere Moderne*. Frankfurt a. M.: Suhrkamp.
Berger, P. L., Berger, B., & Keller, H. (1974). *The Homeless Mind. Modernization and Consciousness*. New York: Vintage Books.
Bieri, P. (2017). *Wie wäre es gebildet zu sein?* München: Komplett-Media.
BITKOM (Hrsg.) (2015). *Kognitive Maschinen – Meilenstein in der Wissensarbeit*. Berlin: BITKOM – Bundesverband Informationswirtschaft, Telekommunikation und neue Medien e. V.
Borgmann, A. (2003). *Power Failure. Christianity in the Culture of Technology*. Grand Rapis: Brazos Press.
Böschen, S., Groß, M., & Krohn, W. (Hrsg.) (2017). *Experimentelle Gesellschaft. das Experiment als wissensgesellschaftliches Dispositiv*. Baden-Baden: Nomos.
Braun-Thürmann, H. (2010). Wandel der Wissensproduktion. In D. K. Simon, A. Knie, S. Hornbostel (Hrsg.), *Handbuch Wissenschaftspolitik* (S. 71-88). Wiesbaden: VS.
Brecht, B. (2017). *Leben des Galilei*. Frankfurt a. M.: Suhrkamp.
Bröckling, U. (2007). *Das unternehmerische Selbst. Soziologie einer Subjektivierungsform*. Frankfurt a. M.: Suhrkamp.
Bröckling, U. (2017). *Guten Hirten führen sanft. Über Menschenregierungskünste*. Frankfurt a. M.: Suhrkamp.
Brown, W. (2015). *Die schleichende Revolution. Wie der Neoliberalismus die Demokratie zerstört*. Berlin: Suhrkamp.

Canetti, E. (1976). *Dramen (darin: Die Befristeten)*. München: Hanser.
Csikszentmihalyi, M., & Rochberg-Halton, E. (1995). *Der Sinn der Dinge. Das Selbst und die Symbole des Wohnbereiches*. München: Psychologie Verlags Union.
Duttweiler, S., Gugutzer, R., Passoth, J.-H., & Strübing, J. (Hrsg.) (2016). *Leben nach Zahlen. Self-Tracking als Optimierungsprojekt?* Bielefeld: Transcript.
Egger de Campo, M. (2015). Zur Aktualität des Konzepts der gierigen Institution. In ders., *Gierige Institutionen. Soziologische Studien über totales Engagement* (S. 166-210). Frankfurt a. M.: Suhrkamp.
Einhäupl, K. M. (Hrsg.) (2017). *Medizin 4.0 – Zzur Zukunft der Medizin in der digitalisierten Welt*. Berlin: Hanns Martin Schleyer-Stiftung.
Foucault, M. (1993). Technologien des Selbst. In L. H. Martin (Hrsg.), *Technologien des Selbst* (S. 24-62). Frankfurt a. M.: Fischer.
Garcia, T. (2017). *Das intensive Leben. Eine moderne Obsession*. Frankfurt a. M.: Suhrkamp.
Groß, M., Hoffmann-Riem, H., & Krohn, W. (2005). *Realexperimente. Ökologische Gestaltungsprozesse in der Wissensgesellschatt*. Bielefeld: Transcript.
Habermas, J. (1988). *Theorie des kommunikativen Handelns. Zur Kritik des kommunikativen Handelns. Band 2*. Frankfurt a. M.: Suhrkamp.
Hartmann, F. (2000). *Medienphilosophie*. München: Fink.
Heidegger, M. (2006). *Sein und Zeit*. Tübingen: Niemeyer.
Holmquist, N. (2011). *Die Entbehrlichen*. Frankfurt a. M.: Fischer.
Illich, I. (1975). *Selbstbegrenzung. Eine politische Kritik der Technik*. Reinbek b. Hamburg: Rowohlt.
Illich, I. (2009). *Tools for Conviviality*. London: Boyars Publishers.
Ishiguro, K. (2005). *Alles, was wir geben mussten*. München: Blessing.
Jensen, S. (2000). Gute Gesellschaft? In J. Allmendinger (Hrsg.), *Gute Gesellschaft? Verhandlungen des 30. Kongresses der Deutschen Gesellschaft für Soziologie in Köln 2000* (S. 279-298). Opladen: Westdeutscher Verlag.
Knoepffler, N., & Daumann, F. (2017). *Gerechtigkeit im Gesundheitswesen*. Freiburg i. Br.: Alber.
Knorr-Cetina, K. (1998). Sozialität mit Objekten. Soziale Beziehungen in posttradionellen Gesellschaften. In W. Rammert (Hrsg.), *Technik und Sozialtheorie* (S. 83-120). Frankfurt a. M.: Campus.
Kuhn, J. (2014). Daten für Taten. Gesundheitsdaten zwischen Aufklärung und Panopticum. In B. Schmidt (Hrsg.), *Akzeptierende Gesundheitsförderung. Unterstützung zwischen Einmischung und Vernachlässigung* (S. 51-61). Weinheim/Basel: BeltzJuventa.
Lash, S., & Urry, J. (1994). *Economies of Signs and Space*. London: Sage.
Latour, B. (2010). *Eine neue Soziologie für eine neue Gesellschaft*. Frankfurt a. M.: Suhrkamp.
Lengwiler, M., & Madarász, J. (Hrsg.) (2010). *Das präventive Selbst. Eine Kulturgeschichte moderner Gesundheitspolitik*. Bielefeld: Transkript.
Lessenich, S. (2008). *Die Neuerfindung des Sozialen. Der Sozialstaat im flexiblen Kapitalismus*. Bielefeld: Transkript.
Mainzer, K. (2014). *Die Berechnung der Welt. Von der Weltformel zu Big Data*. München: C.H. Beck.
Mainzer, K. (2016). *Künstliche Intelligenz – Wann übernehmen die Maschinen?* Berlin: Springer.
Mathar, T. (2010). *Der digitale Patient. Zu den Konsequenzen eines technowissenschaftlichen Gesundheitssystems*. Bielefeld: Transcript.
Ott, D. (2016). *Digital Detox. Wie Sie entspannt mit Handy & Co. leben*. Wiesbaden: Springer VS.

Pasquale, F. (2015). Die Black Box knacken. *Luxemburg. Gesellschaftsanalyse und linke Praxis, 3*, S. 94-99.
Reckwitz, A. (2018). *Die Gesellschaft der Singularitäten*. Frankfurt a. M.: Suhrkamp.
Rheinberger, H.-J. (2006). *Experimentalsysteme und epistermische Dinge*. Frankfurt a. M.: Suhrkamp.
Rössler, B. (2017). *Autonomie. Ein Versuch üer das gelungene Leben*. Frankfurt a. M.: Suhrkamp.
Rost, D. (2014). *Wandel (v)erkennen. Shifting Baselines und die Wahrnehmung umweltrelevanter Veränderungen aus wissenssoziologischer Sicht*. Wiesbaden: Springer VS.
Schmidbauer, W. (2015). *Enzyklopädie der dummen Dinge*. München: oekom.
Schneidewind, U. (2008). ‚Shifting Baselines' – zum schleichenden Wandel in stürmischen Zeiten. http://oops.uni-oldenburg.de/860/1/url85.pdf. Zugegriffen: 09. Januar 2018.
Schröter, K. (2009). Korporales Kapital und korporale Performanzen in der Lebensphase Alter. In H. Willems (Hrsg.), *Theatralisierung der Gesellschaft* (S. 163-181). Wiesbaden: Springer VS.
Schülein, J. A. (1983). Gesellschaftliche Entwicklung und Prävention. In M. M. Wambach (Hrsg.), *Der Mensch als Risiko. Zur Logik von Prävention und Früherkennung* (S. 13-28). Frankfurt a. M.: Suhrkamp.
Schulz, C., & Wambach, M. M. (1983). Das gesellschaftsanitäre Projekt. Sozialpolzeiliche Erkenntnisnahme als letzte Etappe der Aufklärung? In M. M. Wambach (Hrsg.), *Der Mensch als Risiko. Zur Logik von Prävention und Früherkennung* (S. 75-88). Frankfurt a. M.: Suhrkamp.
Selke, S. (2009). Die Spur zum Menschen wird blasser. Individuum und Gesellschaft im Zeitalter der Postmedien. In S. Selke & D. Ulrich (Hrsg.), *Postmediale Wirklichkeiten. Wie Zukunftsmedien die Gesellschaft verändern* (S. 13-57). Hannover: Heise.
Selke, S. (2014). *Lifelogging. Wie die digitale Selbstvermessung unsere Gesellschaft verändert*. Berlin: ECON.
Selke, S. (2015a). Lifelogging oder: Der fehlerhafte Mensch. *Blätter für deutsche und internationale Politik, 5*, S. 79-86.
Selke, S. (2015b). Rationale Diskriminierung. Neuordnung des Sozialen durch Lifelogging. *Prävention. Zeitschrift für Gesundheitsförderung 3*, S. 69-73.
Selke, S. (Hrsg.) (2016a). *Lifelogging. Digital Self-Tracking between disruptive technolgy and cultural change*. Wiesbaden: Springer VS.
Selke, S. (Hrsg.) (2016b). *Lifelogging. Digitale Selbstvermessung und Lebensprotokollierung zwischen disruptiver Technologie und kulturellem Wandel*. Wiesbaden: Springer VS.
Selke, S. (2017a). Assistive Kolonialisierung. Vom ‚Vita Activa' zum ‚Vita Assistiva'. In P. Biniok (Hrsg.), *Assistive Gesellschaft* (S. 99-119). Wiesbaden: Springer VS.
Selke, S. (2017b). Precious People. How digital alchemy transforms us into vulnerable consumers. In C. Bala & W. Schuldzinski (Hrsg.), *The 21st Century Consumer. Vulnerable, responsible, Transparent?* (S. 113-125). Düsseldorf: Verbraucherzentrale NRW.
Sloterdijk, P. (2011). *Du mußt dein Leben ändern*. Frankfurt a. M.: Suhrkamp.
Star, S. L., & Griesemer, J. R. (1989). Institutional Ecology, ‚Translations' and Boundary Objects: Amateurs and Professionals in Berkeley's Museum of Vertebrate Zoology, 1907-39. *Social Studies of Science, 19/3*, S. 387-420.
SVRV (Sachverständigenrat für Verbraucherfragen) (2016). *Digitale Welt und Gesundheit. eHealth und mHealth – Chancen und Risiken der Digitalisierung im Gesundheitsbereich*. https://www.bmjv.de/DE/Ministerium/Veranstaltungen/SaferInternetDay/01192016_

Digitale_Welt_und_Gesundheit.pdf?__blob=publicationFile&v=3. Zugegriffen: 04. Januar 2018.

Treibel, A. (2004). *Einführung in die soziologischen Theorien der Gegenwart*. Wiesbaden: VS.

Weingart, P., Carrier, M., & Krohn, W. (2015). *Nachrichten aus der Wissensgesellschaft. Analysen zur Veränderung von Wissenschaft*. Weilerswist: Velbrück.

Welzer, H. (2009). *Klimakriege. Wofür im 21. Jahrhundert getötet wird (darin: Shifting Baselines. S. 212ff.)*. Frankfurt a. M.: Fischer.

Wirz, A. (2001). Sanitarium, nicht Sanatorium. Räume für die Gesundheit. In A. Schwab & C. Lafranchi (Hrsg.), *Sinnsuche und Sonnenbad. Experimente in Kunst und Leben auf dem Monte Verità* (S. 119-138). Zürich: Limnat.

Zwischen Sorge, Normierung und Expertise
Personal Health Knowledge im Feld der Gendiagnostik und die Bedeutung des Affektiven

Katharina Liebsch

Zusammenfassung

Mit dem Einzug der Gendiagnostik, die auch das Risiko zukünftiger Erkrankungen bei bislang gesunden Menschen sowie bei Ungeborenen ermittelt, wird Potenzialität zu einem zertifizierten Bestandteil von Gesundheitswissen. Die damit verbundene Erweiterung professioneller Expertise, beispielsweise in der Beratung, gilt auch für die Betroffenen, die in der Gendiagnostik aufgefordert sind, medizinisches Wissen, Gefühle der Beunruhigung und Handlungsanforderungen zusammen zu bringen. Dieses Konglomerat alltäglicher Wissensarbeit als Bestandteil eines Begriffs von *Personal Health Knowledge* wird unter Einbeziehung einer affekttheoretischen Perspektive in den Blick genommen.

Schlüsselbegriffe

Kulturelle und affektive Praktiken, Prädiktion und Prävention, Handlungssicherheit, Generierung von Wissen, Gendiagnostik, Cystische Fibrose

1 Einleitung

Schon seit Längerem wird eine Expertisierung von Laien im Feld der Medizin konstatiert (Giddens 1997, S. 138f.; Williams/Calnan 1996, S. 263) und mittlerweile ist sie zu einer normativen Anforderung im Umgang mit individuellem Gesundheitswissen geraten. Dies zeigt sich in diversen Formen von „Selbstsorge" (Foucault 1989) – reichend von einem Fitness- und Wellness-Boom über das Anwachsen von Ratgeberliteratur zu Gesundheitsfragen bis hin zu einschlägigen Portalen und Foren im Internet – oder auch im Anwachsen diverser Angebote zur „Prävention" (Hafen 2002), die Selbst-Expertisierung gleichermaßen voraussetzen wie anstreben. Derartige Veränderungen von Status und Funktion des medizinischen Wissens sogenannter Laien fordern dazu auf, die Verschiebungen und Unterscheidungen zu den herkömmlichen Verständnissen von Expertise zu verdeutlichen sowie die Bandbreite von Anlässen, Prozessen und Mechanismen einer Selbst-Expertisierung von Laien in den Blick zu nehmen. Und so soll in diesem Beitrag zunächst der Begriff des Expertenwissens in der Medizin betrachtet werden, um dann an einem ausgewählten Beispiel, nämlich der Gendiagnostik zu Cystischer Fibrose, Facetten der Wissensgenerierung von Laien zu veranschaulichen. Das Beispiel illustriert, wie das neue Wissen, das mit der Gendiagnostik in den Alltag einzieht, von den Beteiligten angeeignet und umgearbeitet wird und dass es eine Art von Selbst-Expertisierung produziert, in der medizinisches Wissen, Affekte, Gefühle und Handlungsanforderungen bewältigt werden. Dieses Konglomerat alltäglicher Wissensarbeit ist, wie abschließend affekttheoretisch begründet werden soll, Bestandteil eines Begriffs von „Personal Health Knowledge".

2 Wissen, Expertise und Expertisierung im Feld der Medizin

Der Wissenssoziologe Alfred Schütz unterscheidet grundlegend drei Typen von Wissen, nämlich das des Experten, das des Mannes auf der Straße und das des gut informierten Bürgers. Er schreibt:

> „Das Wissen des Experten ist auf ein beschränktes Gebiet begrenzt, aber darin ist es klar und deutlich […]. Der Mann auf der Straße hat ein funktionierendes Wissen auf vielen Gebieten, die aber nicht notwendig miteinander zusammenhängen müssen. Er hat ein Wissen von Rezepten, die ihm sagen, wie er in typischen Situationen typische Resultate mit typischen Mitteln zustandebringen kann […]; (der gut informierte) Bürger hat seinen Ort zwischen dem Idealtypus des Experten und dem des Mannes

auf der Straße. [...] Gut informiert zu sein bedeutet ihm, zu vernünftig begründeten Meinungen auf den Gebieten zu gelangen, die seinem Wissen entsprechend ihn zumindest mittelbar angehen, [...] es ist der gut informierte Bürger, der sich als durchaus qualifiziert betrachtet [...], um zu entscheiden, wer ein kompetenter Experte ist, und darüber zu befinden, wer ein Experte ist, und der sich sogar entscheiden kann, nachdem er die Meinungen des opponierenden Experten gehört hat" (Schütz 1972, S. 87f.).

Für das soziale Feld der Medizin erinnert diese Differenzierung daran, dass Experten-Wissen auf die Abgrenzung und Klassifikation von Arealen und Bereichen angewiesen ist, in denen diese Expertise sich als Sachkenntnis und Spezial-Kompetenz entfalten kann. Dies zeigt sich beispielsweise darin, dass der Erwerb und die Ausbildung von medizinischer Expertise eng mit der Professionalisierung des Heilens und mit den Gesundheitsberufen verbunden sind (Ackerknecht 1986). Gleichermaßen gibt es aber auch medizinische Expertise ohne Professionalisierung, z.B. wenn ehrenamtlich Tätige im Bereich von Rettung, Krankenhaus und Pflege nicht über die Ausbildung und Qualifizierung der professionalisierten Experten verfügen, aber ähnliche Arbeit leisten. Derartige Phänomene zeigen, dass die Nutzung von Expertenwissen sowie Expertisierung zum Zwecke der Kompetenzerweiterung nicht zwingend an das Mitwirken professioneller Expert_innen gebunden ist. Das macht auch Alfred Schütz deutlich, indem er das Fehlen eines bestimmten Sonderwissens nicht als laienhaft oder unzureichend deklariert, sondern positiv hervorhebt, dass es für relevante Probleme umfangreiches und detailliertes situationsbezogenes Handlungswissen sowie lebensweltliches Wissen gibt. Wenn man beschreibt, wer darüber verfügt, wie es erworben wurde, woran man es erkennen kann und wann es zweckmäßig ist, sich dieses Wissens zu bedienen, werden je eigene Wissensformen sichtbar. Dabei, so hat Walter Sprondel in Anlehnung an die Schütz'sche Differenzierung ausgeführt, organisiert sich jede der drei Wissensformen im Bereich der Medizin als Verhältnis von spezialisiertem Sonderwissen und Allgemeinwissen in dem institutionellen Setting zwischen Ärzt_in und Patient_in (Sprondel 1979, S. 148). Dementsprechend haben Studien zur Ärzt_innen-Patient_innen-Kommunikation gezeigt, dass das auf die Überlegungen von Talcott Parsons zurückgehende Modell eines sich in komplementären Rollen und Verhaltenserwartungen kommunikativ stabilisierenden „Arzt-Patient-Verhältnisses" als Dichotomie von „Experte und Laie" (Parsons 1959) keinesfalls allgegenwärtig ist. Vielmehr zeigt sich in der konkreten Interaktion zum einen eine wechselseitige Zuschreibung von Expertise und Kompetenz zwischen den Beteiligten, und zum zweiten, dass Patient_innen über ein Sonderwissen verfügen, das für Behandlung und Behandlungserfolg durchaus von Bedeutung sein kann (Tuckett et al. 1985; Willems 1992; Gülich 1999; Küchenhoff 2005).

Dies gibt Anlass zu der Frage, wie Wissen und Expertisierung zu gesundheitlichen Fragen nicht nur von professionellen Experten generiert, sondern darüber hinaus auch in Koproduktionsprozessen mit den Wissenstypen des „Mannes auf der Straße" und des „gut informierten Bürgers" entstehen. Diese Frage unterscheidet sich von Forschungen aus der Wissens- und Medizinsoziologie, die herausgearbeitet haben, inwiefern alltagsnahe Wissenstypen sich vom wissenschaftlichen Wissen unterscheiden und warum das von Laien produzierte persönliche Gesundheitswissen nicht unmittelbar an die Erzeugung wissenschaftlichen Wissens oder auch an die Herstellung von „Personal Health Science" (vgl. Heyen und Dickel in diesem Band) anschlussfähig ist. So sieht zum Beispiel Ronald Hitzler den bedeutenden Unterschied zwischen wissenschaftlichem Wissen und Alltagswissen darin, dass wissenschaftliche Expertise Wissenselemente und Wissensarten vielfältig und routinisiert vernetze, während sich die sog. Laien an als ‚konkret' geltenden Fakten orientierten und das verfolgten, was sie für ‚praktische' Interessen halten (Hitzler 1994, S. 23). Auch Alois Hahn markiert eine Besonderheit des Laienwissen: die „habitualisierte(n) Alltagsvorstellungen als Zugangsweisen zu dem Phänomen Krankheit" (Hahn et al. 1999, S. 77) und sieht in der zumeist offenen und unklaren Krankheitssituation, in der Patient_innen Sinnfragen stellen, die Ärzt_innen eben genau nicht beantworten können, einen grundlegenden Unterschied zwischen der einen Wissensform und der anderen.

Demgegenüber macht die medizinische Translationsforschung genau diese systematisch-typologischen Unterschiede des Wissens zum Gegenstand des wissenschaftlichen Nachdenkens mit dem Ziel, die Verbindung und Rückkopplung zwischen Grundlagenforschung und Klinik, zwischen Forschungsergebnissen und Diagnosen, Medikamenten, Therapien und Prävention zu verbessern (Hörig/ Putman 2004); ein Ansinnen, das die Fachgesellschaft wie folgt definiert:

> "An interdisciplinary branch of the biomedical field supported by three main pillars: benchside, bedside and community. The goal of TM [Translational Medicine, K.L.] is to combine disciplines, resources, expertise, and techniques within these pillars to promote enhancements in prevention, diagnosis, and therapies." (Cohrs et al. 2015, S. 86)

Dem Forschungsansatz liegt ein Verständnis von medizinischer Expertise zugrunde, das sowohl Interdisziplinarität als auch lebensweltliche und klinische Settings bei der Produktion von medizinischem und gesundheitlichem Wissen zu berücksichtigen beabsichtigt. Dabei ist von Bedeutung, dass mit der Zusammenschau von Forschung, Klinik, Therapie und der Organisationsstruktur lokaler Gesundheitsversorgung auch solche Interessen, Methoden und Zugangsweisen in den Blick geraten, die dem wissenschaftlichen Qualitätskriterium der Verallgemeinerbarkeit nicht entsprechen. Dies ist beispielsweise der Fall, wenn die medizinische Praxis an der „individualisierten Medizin" oder dem Prinzip des „informed consent" ausgerichtet ist, oder auch wenn Patient_innen eigenwillige Vorstellungen von Ursachen oder Mustern ihrer Krankheitssymptome artikulieren. Da sich in den Bereichen Diagnose, Behandlung/Therapie sowie Versorgung vielfältiges Wissen findet, das die ärztliche Expertise ergänzt, erweitert, korrigiert und konterkariert, ist es für das Verstehen von Gesundheitswissen von Bedeutung zu erfassen, wie sich die Selbst-Expertisierung von Laien organisiert, wie sie voran getrieben und zu einem Bestandteil von Gesundheitswissen wird; oder um es mit den Worten von Alfred Schütz zu sagen und auf die Fragestellung des vorliegenden Sammelbands zu beziehen: wo und wie Laien persönliches Gesundheitswissen produzieren, so dass Erfahrung und Wissen des „Mannes auf der Straße" und des „gut informierten Bürgers" zu einer Art „Personal Health Knowledge" werden.

3 Selbst-Expertisierung im Feld prädiktiver Gendiagnostik

Das Wissen von Laien ist für die Diagnostizierung von Gesundheit und Krankheit von zentraler Bedeutung. Die Selbstbeobachtung von körperlichen Regungen, Veränderungen und Empfindungen setzt nicht selten die gemeinsame Suche von Ärzt_in und Patient_in nach Erklärungen in Gang, an deren Ende eine Diagnose steht. Auch die Erhebung der Krankengeschichte und die Einschätzung der Bedeutung des Lebensstils braucht die aufmerksame Mitarbeit derjenigen, die eine Diagnose erhalten. Und schlussendlich ist es für die Entwicklung und den Stellenwert von Symptomen nicht unerheblich, wie die Diagnose von den Patient_innen verstanden, aufgenommen und in den Alltag integriert wird (Löffler-Stastka et al. 2010). Diese Bedeutung des Laienwissens gilt auch im Bereich von Gendiagnostik, die als relativ neues Verfahren, Krankheiten und Krankheitspotenziale mit Hilfe von Gentests zu diagnostizieren, eine zunehmende Rolle spielt. Gendiagnostik wird zum einen in Form von *diagnostischen Gentests* eingesetzt, um die Ursache eines Symptoms festzustellen und die Beschwerden gezielter behandeln zu können. Zum zweiten findet sie als *prädiktiver Gentest* Anwendung, um Vorhersagen über Erkrankungswahrscheinlichkeiten zu treffen, ein Risikoprofil zu erstellen und daraufhin Vorsorge zu intensivieren. Die prädiktiven Gentests werden auch pränatal eingesetzt oder bei der Familienplanung berücksichtigt, beispielsweise wenn bei werdenden Eltern oder bei einem Paar, das Eltern werden möchte, eine genetische Disposition für eine Erkrankung festgestellt wurde, die sie möglicherweise an ein

Kind weitergeben.[1] Darüber hinaus gibt es noch Gentests, die über das Internet direkt an sog. Laien vermarktet werden. Über deren Nutzung in Deutschland ist wenig bekannt und gleichermaßen wenig Information gibt es zu der Frage, welche Rolle diese Direct-to-Consumer-Gentests in klinischen und therapeutischen Kontexten spielen und wie sie in der Ärzt_innen-Patient_innen-Kommunikation verhandelt werden.

Es ist ein Charakteristikum der Gendiagnostik, dass der Zusammenhang von einer festgestellten Genmutation und dem Verlauf und der Schwere einer Krankheit nicht genau festgestellt werden kann. Vielmehr zeigen Genmutationen eine variable Expressivität, was sich darin zeigt, dass bei Personen mit gleicher Genmutation verschiedene Symptomatiken auftreten können. Und da sogar monogenetische Krankheiten eine unvollständige Penetranz zeigen – nicht alle Genträger werden krank – müssen die Betroffenen diese Uneindeutigkeit der Gendiagnose, die sie erhalten haben, verstehen, deuten und für sich abklären. Sie müssen, so könnte man sagen, eine Art von Expertise entwickeln, die sie dazu befähigt, die Bandbreite von Einflüssen, Faktoren, Unwägbarkeiten und Eventualitäten zusammenzubringen und die Bedeutung der Gendiagnose für sich zu bestimmen.

Im Folgenden sollen am Beispiel einer Fallstudie zur Cystischen Fibrose die Suchbewegungen nach Wissen und Erklärung empirisch veranschaulicht werden, die durch die genetische Diagnostik bei den sog. Laien in Gang gesetzt werden.[2] Von Selbst-Expertisierung kann hier insofern gesprochen werden, als dass die Betroffenen danach streben, Muster und Regelmäßigkeiten zu erkennen, Ursachenforschung betreiben und versuchen, Handlungssicherheit herzustellen. Sie tun dies im Dialog, in Auseinandersetzung und in Abgrenzung zu den sie begleitenden Ärzt_innen, die ihrerseits an den Deutungen und Wissensbeständen der Betroffenen interessiert sind, um ihre Expertise zu erweitern und zu differenzieren.

---

1 Die Anwendung und Verwendung von Gentests wird seit Februar 2010 durch das Gendiagnostikgesetz (GenDG 2009) geregelt, eine rechtliche Bestimmung zum Umgang mit genetischer Information und der Durchführung, Aufklärung und Beratung bei genetischen Untersuchungen und vorgeburtlichen Risikoabklärungen. Das Gesetz zielt vor allem darauf, eine Benachteiligung aufgrund genetischer Eigenschaften zu verhindern, beispielsweise wenn ein einmal erhobener genetischer Befund, ohne Wissen und Zustimmung der betroffenen Person, auch im Zusammenhang mit anderen Fragestellungen abgerufen und genutzt würde.

2 Das empirische Material dieser Fallstudie wurde erhoben im Rahmen des von 2011 bis 2014 durchgeführten Projekts „Genetische Diskriminierung in Deutschland" (Lemke und Liebsch 2015).

3.1 Das Beispiel CF: Auf der Suche nach Erklärung und Verantwortung

Das Krankheitsbild der Mukoviszidose, auch Cystische Fibrose (CF) genannt, ist in Europa eine der häufigsten angeborenen Stoffwechselerkrankungen. In Deutschland kommt auf ca. 2500 Neugeborene ein an CF erkranktes Kind, das zumeist unter massiven Störungen vor allem im Bereich der Atemwege und des Verdauungssystems leidet, weil Verschleimungen nicht abtransportiert werden können. Die Krankheit wird autosomal-rezessiv vererbt. Das bedeutet, dass die Eltern nicht erkrankt sind und dass, wenn beide Elternteile Träger des rezessiven Gens sind, die Wahrscheinlichkeit ein CF-krankes Kind zu bekommen bei 25 % liegt. Die Penetranz wurde lange Zeit mit 100 % angegeben, heute gibt es auch Einschätzungen, die vorsichtiger sind. Die Behandlungsmöglichkeiten sind lediglich symptomatisch. Viele Eltern erfahren von ihrer genetischen Veranlagung erst durch die Geburt eines kranken Kindes (Mohlmann/Peterson 2004; Ratjen 2009).

Die von uns befragten Eltern und Erkrankten bewerten die genetische Diagnostik überwiegend positiv. Hintergrund hierfür ist zumeist die leidvolle Erfahrung mit lebensbedrohlichen Symptomen bei Säuglingen und Kleinkindern, die nicht diagnostiziert, deshalb nicht frühzeitig behandelt wurden, und die sich bei einer auf die Diagnose abgestimmten Behandlung deutlich bessern. Viele sprechen von der Gendiagnose als „Rettung" oder als „Segen". Karin Bergdorf, deren Sohn erst mit 10 Jahren korrekt diagnostiziert wurde, schildert diesen Leidensweg plastisch:

> *„Die Kinderärztin ist aber nicht draufgekommen. [...] der hat Stunden geschrien, es gibt Folgeschäden durch diese ganzen Schmerzen, die er hatte, [...] und durch den Schlafmangel entwickelt sich das Gehirn nicht richtig. [...] er hat wirklich die volle Suppe auslöffeln müssen [...] also die Diagnose ist ‚ne Entlastung"* (Interview Bergdorf, 318f.).

Gleichermaßen finden sich auch Schilderungen von Erfahrungen, die keinen entlastenden, sondern belastenden Charakter haben. So berichten mehrere betroffene Eltern unserer Studie, dass Schwiegereltern entgegen allen medizinischen Fakten die Herkunft des krankmachenden Gens bei der Schwiegertochter verorten. Elisabeth Kahr, 59 Jahre, 2 Söhne, der Ältere erkrankt, erzählt:

> *„[...] Oma wohnte hier ja nebenan. Und dann bin ich rüber und hab ihr das gesagt, dass Dieter halt eine Erbkrankheit hat und dass das nun von beiden. Und da hat meine Schwiegermutter sofort gesagt: ‚Von uns kommt das nicht'"* (Interview Kahr, 667-669).

Von als schmerzhaft erlebten Reaktionen der Schwiegereltern im Kontext der Gendiagnose berichtet auch Helga Stein, 44 Jahre, 2 erkrankte Töchter: „[...] da kamen dann Schuldzuweisungen, [...] trotz Arztfamilie im Haushalt, [...] *Dein Kind ist krank, das hat sie von dir*'" (Interview Stein, 314-316).

Auch Simone Wolf, 46 Jahre, 1 erkrankter Sohn, sagt, dass der Vorwurf ihrer Schwiegermutter, „das wäre nur aus meiner Linie" immer noch ein „wunder Punkt" sei. Gefühle von Verletzung, Wut und Empörung werden während des Interviews so stark, dass sie das Thema wechseln möchte: „Das tut mir heute noch weh. [...], wir müssen aufhören von dem Thema [...]" (Interview Wolf, 305-306).

Auch für die erkrankten Kinder sind diese familialen Auseinandersetzungen belastend, in denen sie selbst zum Anlass und zum Objekt konflikthafter Debatten darüber werden, wer von den beiden Elternteilen „schuld" sei. Henry Klüver, 29 Jahre alt, mit schweren Lungenproblemen und einer durch CF ausgelösten Diabetes, sagt, seine Mutter habe berichtet, dass es von Seiten der Familie seines Vaters geheißen habe: „[...] das kann nur von [...] meiner Mutter kommen" (Interview Klüver, 133). Umgekehrt habe es ähnliche Meinungen in der Familie seiner Mutter gegeben. Deshalb sei er „froh", dass beide Elternteile „Überträger" seien, eine Erleichterung, die sich im Fall einer dominant vererbten Krankheit nicht hätte einstellen können.

Die empirischen Beispiele zeigen, dass das mit der genetischen Diagnose verbundene Wissen Verhandlungen um „genetische Verantwortung" (Kollek und Lemke 2008, S. 223) in den Familien in Gang setzt. Zudem setzt sich das Wissen über die Vererbung, gekoppelt mit den Möglichkeiten von Pränataldiagnostik und Reproduktionstechnologie auch in der weiteren Familienplanung der Eltern fort und schafft ein Bedeutungsfeld, in dem, so zeigt das empirische Material, weitere Kinder als zu vermeidende Existenz markiert werden: „Nicht noch einmal so ein Kind" (Interview Ingeborg Peters, 43 Jahre, 1 erkrankter Sohn, 256). Die befragten Eltern begründen ihren Verzicht auf weitere (möglicherweise kranke) Kinder mit der großen Belastung für die Familie und mit dem Leiden eines weiteren möglicherweise kranken Kindes. Ihre individuelle, selbstregulatorische Entscheidung zu Diagnose, Abtreibung und/oder Reproduktionsverzicht wird zum Bestandteil eines Präventionsregimes, das auf die Leidensverminderung und Lebensverlängerung von Individuen zielt und das nachfolgend veranschaulicht werden soll.

3.2 Das Beispiel CF: Rationalisierung von Reproduktionsentscheidungen

Für Paare und Eltern, die genetische Information über eine Krankheitsdisposition haben, sind Kinderwunsch und Schwangerschaft nicht länger ausschließlich private

Entscheidungen oder Ergebnis privater Bilanzierungen. Sie werden von Ärzt_innen oder genetischen Beratungsstellen über die „Risiken" der Weitergabe ihres genetischen Materials aufgeklärt (BzgA 2012, S. 3) und auch das Gendiagnostikgesetz (GenDG) regelt die Möglichkeiten, Embryonen im Mutterleib wie auch außerhalb des Mutterleibs auf Genschäden hin zu untersuchen. Die vorgeburtliche Diagnostik macht den werdenden Müttern und Paaren Handlungsangebote, bei denen sie divergierende ethische Erwartungen – reichend vom „Schutz des ungeborenen Lebens" über den „Wunsch nach einem gesunden Kind" bis hin zur Frage der „genetischen Verantwortung" – abwägen müssen. Dabei, so schreibt es das Gesetz vor, sollen sie von einer Beratung durch eine_n Gynäkolog_in und/oder Pränataldiagnostiker_in unterstützt werden. Durch diese Beratungspflicht wird die intime Aushandlung zwischen zwei Menschen, die gemeinsam ein Kind in die Welt setzen möchten, institutionalisiert; ihre Wünsche, Abwägungen und Entscheidungen werden reguliert und formalisiert (siehe auch: Hallowell 1999; Samerski 2007).

So berichtet die 43-jährige Ingeborg Peters, dass sie nach der Geburt ihres CF-kranken Sohnes Jan mit ihrem Mann übereingekommen ist, keine weiteren Kinder zu bekommen. Da der Krankheitsverlauf von Jan sich aber weniger dramatisch als angenommen gestaltet, denken Herr und Frau Peters über ein zweites Kind nach und Frau Peters wird wieder schwanger. Aufgrund der durch den Erbgang der Mukoviszidose bedingten 25 %igen Wahrscheinlichkeit, ein krankes Kind zu bekommen, entscheidet das Paar sich für eine vorgeburtliche Untersuchung des Embryos und vereinbart, für den Fall einer positiven Testung, einen Abbruch vornehmen lassen. Frau Peters erzählt:

„In der zweiten Schwangerschaft habe ich eine Chorionzottenbiopsie machen lassen. Ich hab das vorher mit dem Gynäkologen abgesprochen und wir haben auch gesagt, wenn es das auch hat, also nicht Träger ist, sondern krank ist, dann machen wir einen Abbruch. So, und wir beide haben das für uns beschlossen. Da waren wir uns beide auch total einig. [...] Und wir hätten die Untersuchung auf jeden Fall machen lassen. Auch wenn wir uns vorher überlegt hätten, wir machen keinen Abbruch, aber dann um sich da vielleicht auch so ein bisschen drauf vorzubereiten. [...] Aber man weiß ja da nie wenn die Situation dann wirklich da ist, dann weiß man natürlich nicht, ob man es dann wirklich auch gemacht hätte. Vielleicht hätte man dann auch keinen Abbruch gemacht also. Aber ich finde immer, dass es so eine ganz, wichtig ist, dass das Paar sich da einig ist". (Interview Peters, 145ff.)

Hier schildert Frau Peters ihr Schwanken und ihr Abwägen, das Hin und Her verschiedener Optionen, die sie gedanklich vornimmt, obwohl sie mit ihrem Mann eine „Absprache" hat und sich mit ihm, was das weitere Vorgehen angeht, „einig" ist. Auch formuliert sie grundlegend die Ansicht, dass der Konsens *des Paares* bei schwierigen Reproduktionsentscheidungen „wichtig" sei. Die Norm des *einigen Paares* hilft, die mit der bevorstehenden Entscheidung verbundenen Ambivalenzen zu beruhigen. Das Beispiel zeigt, wie genetische Information einen Prozess in Gang setzt, in dem die Chancen abgewogen werden zwischen einer gelingenden Gestaltung privater Beziehungen (zu einem möglichen Kind, mit einem Partner) einerseits und den Risiken einer Weitergabe der möglichen Krankheit an die nächste Generation andererseits. Die jeweiligen Prioritätensetzungen der befragten Frauen und die Art und Weise, mit der sie bei ihren Partnern nach Unterstützung suchen, werden dabei unter der normativen Vorgabe entwickelt, über die Möglichkeit von Abweichung und Andersartigkeit zu entscheiden. Die Konfrontation mit genetischer Information macht die Aushandlung dieser Fragen komplexer, erhöht den Rechtfertigungsdruck und rationalisiert Reproduktionsentscheidungen (siehe auch: Beck 2007).

3.3 Das Beispiel CF: Recodierung von Symptomen

Im Zuge der Auseinandersetzung mit der Gendiagnose kann es auch vorkommen, dass die mit dem genetischen Merkmal korrespondierenden Zuschreibungen dazu führen, dass Krankheitsverständnis und Selbstbilder umgearbeitet werden. Das zeigt das Beispiel von zwei der befragten Mütter, die eigene leibliche Beschwerden („Lungenprobleme") im Lichte der CF-Diagnose ihres Kindes als Symptome für die CF-Mutation in ihren Genen umdeuten. Entgegen der gegenwärtig gültigen medizinischen Aussage, dass CF-Heterozygote nicht an CF erkranken und damit auch keine CF-Symptomatik entwickeln werden, bringen sie die genetische Information mit ihren eigenen gespürten Beschwerden zusammen. Die Interviewpartnerin Maya Ingold identifiziert sich und ihre Familie über leibliche Symptome mit ihrem an CF erkrankten Sohn. Sie meint, dass sich die heterozygote genetische Veranlagung für CF phänotypisch an bestimmten „körperlichen Schwächen" bei ihr selbst und weiteren Familienmitgliedern zeige, sie könnten alle „halbe Mukos" sein:

> *„Und wo ich auch heute noch im Nachhinein behaupte, vermute, dass meine mittlere Schwester Erbträger ist, weil ich immer so sag', wir könnten halbe Mukos sein. Da gibt es so so ja körperliche Schwächen sag ich jetzt mal, die in dieses Bild hineinpassen, sowohl bei meinem Vater als auch bei meiner Schwester, bei meinem Neffen, ja bei uns beiden sowieso. Aber das sind so Sachen, die ich im Laufe der Jahre so herausgefunden habe, wo ich denke, das könnte eventuell*

auch noch an der Genetik liegen" (Interview Maya Ingold, 53 Jahre alt, zwei Kinder, der jüngere Sohn ist 28 Jahre alt und an CF erkrankt, 211).

Auch Elisa Brenzke versteht die genetische Diagnose bei ihrer heute 9-jährigen Tochter (sie wurde diagnostiziert, als sie ein Jahr alt war) als Antwort auf Fragen, die sie sich immer wieder über sich selbst gestellt habe: „Da kommen halt jetzt immer mal so Antworten auf die Fragen für mich jetzt, warum hab ich als Kind immer diese Lungenproblematik gehabt" (Interview Elisa Brenzke, 40 Jahre alt, eine an CF-erkrankte Tochter, 72f.). Zwar konstatiert sie zunächst: „Weil der Ansatz ja war, dass bei Mukoviszidose man als Erbgutgeber quasi nicht krank ist" (Interview Elisa Brenzke, 73), vermutet dann aber, dass „man" als „Träger trotzdem eine gewisse Symptomatik hat" (Interview Elisa Brenzke, 77). Sie habe als Kind häufig und heftig Bronchitis gehabt und sei „der Ansicht", „dass ich manchmal auch so diese Symptomatik auf der Lunge hab" (Interview Elisa Brenzke, 98f.). Diese „Ansicht", von der sie weiß, dass diese dem medizinischen Verständnis der CF widerspricht (heterozygote Merkmalsträger erkranken nicht), erfährt, so berichtet sie, Unterstützung durch eine medizinische Autorität. Bei einer Reha-Maßnahme ihrer Tochter lernt Frau Brenzke einen Arzt kennen, der sie wissen lässt, „es ist denkbar, dass eine Symptomatik auch bei den Trägern da sein kann" (Interview Elisa Brenzke, 113), dazu gebe es neuere Studien. Unterstützt durch diese ärztliche Information kann die genetische Diagnose der Erkrankung ihrer Tochter für Frau Brenzke eine neue Perspektive auf sich selbst erzeugen.

Beide Mütter – die medizinische Plausibilität der Erklärung und die mögliche psychische oder auch biografische Funktion der Aussagen dahingestellt – integrieren das Wissen über die genetische Grundlage der CF-Erkrankung ihrer Kinder und das Wissen über den CF-Erbgang in ihr Selbstkonzept und ihr leibliches Erleben. Es erscheint ihnen als nichts Fremdes, weil sie die Symptomatik – nicht die Weitergabe einer genetischen Mutation – in genealogischer Linie verhandeln. Damit etablieren sie für sich eine Vorstellung von Vererbung, die deutlich konkreter, somatischer und leiblicher ist als die Information des rezessiven Erbgangs, der sie zur Genträgerin, nicht aber zu CF-Erkrankten macht.[3] Da beide Mütter allerdings den medizinischen Wissensstand der Genetik von CF kennen, ist ihr Vererbungskonzept nicht mit Unkenntnis zu erklären, sondern eher als eigenwillige Aneignung

---

3 Dies korrespondiert mit dem von Duden und Samerski 2007 beobachteten Verständnis von Genetik als Weitergabe von Eigenschaften als Familienähnlichkeiten über die Generationen hinweg, dass bereits vor Kenntnis der genetischen Vorgänge existierte und das heute, so die Autorinnen, zunehmend durch molekularbiologische und genetische Wissensbestände ersetzt werde.

der genetischen Information über das unterschiedliche Betroffen-Sein durch CF: Gegen das naturwissenschaftlich-genetische Konzept des Vererbungsweges, das besagt, dass die Mutter, die – heterozygot – die genetische Mutation an ihr Kind zwar weitergegeben hat, aber selbst an CF nicht erkrankt, machen beide geltend: Die Familienmitglieder der mütterlichen Linie seien alle irgendwie „halbe Mukos". Die Abstraktheit der Information über die Existenz der CF-Mutation des Gens auf dem einen der beiden Chromosome Nr. 7, das ein Protein steuert, welches in der Zellmembran als Chloridkanal fungiert, erhält in der Deutung als leibliches Symptom zum einen etwas Physisch-Konkretes und trägt zum zweiten zur Abschwächung der Besonderung des Kindes bei und kann dabei tendenziell entstigmatisierend wirken; das Krankheitsmerkmal tritt auch bei anderen Familienmitgliedern auf und stellt eher eine Gemeinsamkeit denn eine Andersartigkeit dar.

Die beschriebenen Formen von Aneignungen und Translationen der genetischen Information, die mit der Gendiagnostik in die Lebenswelt der Betroffenen einzieht, sind durchzogen von dem Ansinnen, Handlungssicherheit zu erlangen und Verunsicherung und Sorge sowie Verantwortung und Schuld erklärend und bewältigend zu rahmen und zu beruhigen. Die Betroffenen sind darum bemüht, Ordnung herzustellen und die mit der Gendiagnose verbundenen Beunruhigungen und Ängste zu kontrollieren. Es ist deshalb erforderlich, im Begriff des persönlichen Gesundheitswissens auch die affektiven Facetten dieser Wissensform aufzunehmen und sie begrifflich-theoretisch zu konzeptualisieren.

4 Affekte und Affizierungen als Bestandteil von Personal Health Knowledge

Die Rolle und Bedeutung von Körperlichkeit und Gefühlen bei der Konstruktion von Wissen ist in der wissenssoziologischen Theoriebildung ein eher vernachlässigtes Thema. Auf der Suche nach affekttheoretischen Konzepten, die an die Wissensforschung anschlussfähig sind, stößt man schnell auf philosophisch-ontologische Ansätze der Affektforschung in der Tradition von Spinoza und dessen Rezeption durch Gilles Deleuze. Beispielsweise verstehen Erin Manning (2007) und Brian Massumi (2005) Affekte vorrangig als Veränderung von Zuständen, als Übergang oder Schwelle von einer verkörperlichten Verfassung in eine andere. Durch das sich stetig verändernde körperliche (Handlungs-)Vermögen „affizieren" Körper andere Körper. Sie bewegen, reizen, übertragen, signalisieren Objekte und Körper außerhalb ihrer selbst und werden gleichermaßen von diesen affiziert. Dabei fasst die spinozistisch-deleuzianische Affekttheorie ‚Körper' nicht nur als feststehende menschliche Körper, sondern als veränderliche Arrangements, die durch ständige gegenseitige Affizierungen miteinander agieren. Für Brian Massumi sind Affekte daher unpersönlich und a-subjektiv, nicht an ein Subjekt geknüpft. Affekte vollziehen sich, so Massumi, zwischen und durch individuelle und kollektive Körper hindurch, bevor Individuen die Affekte bewusst wahrnehmen, begreifen oder gar benennen können (Massumi 2014, S. 103ff.). Affekte sind deshalb der willentlichen Kontrolle entzogen und werden zumeist erst aufgrund ihrer Auswirkungen bewusst. Den personalisierten und subjektiven Gehalt von Affekten bezeichnet Massumi als Emotion, die als Auswirkungen von Affekten erzählbar, abbildbar, bewusst mitteilbar und benennbar sind. Emotionen sind kulturell geprägt und durch Herrschaftsverhältnisse bestimmt. Sie werden bewertet und bestimmte Emotionen sind mit bestimmten hierarchisierten sozialen Differenzkategorien assoziiert (Massumi 2005, S. 37f.).

Anders als das gängige Verständnis von Gefühlen als Zuständen von Individuen und Eigenschaften im „Inneren" von Personen begründet dieser affekttheoretische Ansatz also ein Verständnis von Affekten als soziale und relationale Aktivität, die als körperlich fundierte Erregung auf Phänomene, z. B. Objekte, Subjekte und Vorstellungen, gerichtet ist wie auch von diesen initiiert wird. Für die Konzeptualisierung eines Begriffs von Personal Health Knowledge ist dieses Verständnis einer wechselseitigen Affizierung verschiedener Körper von Bedeutung, weil damit Kommunikations- und Sinngebungsprozesse unterhalb der Ebene von Symbolisierung und semiotischer Repräsentation thematisiert sowie Fragen von Wirksamkeit und Effektivität jenseits von Personalisierung und Psychologisierung bearbeitet werden können. Der gendiagnostisch untersuchte Körper erscheint aus dieser Perspektive als ein affiziertes und affizierendes „Arrangement", in das individuelle und kollektive Affekte eingeschrieben sind und von dem seinerseits Reize und Signifikationen ausgehen, die als „Emotion" in Erscheinung treten, wahrgenommen und bearbeitet werden, z. B. wie die empirischen Beispiele illustrieren, als Schuld, Kränkung, Verunsicherung oder Aufmerksamkeit. Die in den Beispielen veranschaulichten Formen und Abläufe einer alltagsnahen Wissensaneignung und Wissensgenerierung zeigen unterschiedliche, mit der Gendiagnose verbundene Orientierungen und Grade von Affektivität. Gleichermaßen zeigt sich in dem vorgestellten Material aber auch, dass mit der Gendiagnostik eine spezifische affektive Ordnung von Beruhigung und Sicherheit hergestellt wird; eine Funktion, die auch in der Literatur zur genetischen Diagnostik gut dokumentiert ist (z. B. Clarke 1994; Kollek/Lemke 2008; Heyen 2012; Stern 2012). Gendiagnostik als Institution und Infrastruktur ist deshalb gleichermaßen ein Ort der Erzeugung medizinischen Expertenwissens wie auch ein Ort der Erzeugung von Atmosphären, Affizierungen und Affekten (Thrift 2007).

Um diese mehrfache soziale Funktion der Gendiagnostik für die Erzeugung von Gesundheitswissen zu verstehen, braucht es die Einbeziehung der im Prozess der Wissensentstehung relevanten Verbindungen zwischen Symbolgebrauch, Affekt-Transfer, Imagination, ästhetischen Praktiken, psychischen Dispositionen und Konstruktionen personaler und sozialer Identitäten. Erst so kann sichtbar werden, dass die durch die Gendiagnostik erfolgte neue Rahmung des (affektiven) Körpers nicht nur das Eindringen neuer Bedeutung und Repräsentation in der Form medizinischen Expertenwissens umfasst, sondern gleichermaßen von Prozessen einer technischen Erweiterung der Selbst-Affizierung begleitet ist, die den Beteiligten sowohl ein neues Wissen als auch ein anderes Erleben ihres Selbst verschaffen.

Zudem muss berücksichtigt werden, dass diese Prozesse biopolitisch organisiert und gefasst und durch die Prinzipien Prognose, Prädiktion und Prävention vielfach institutionalisiert und reguliert sind. Emotionen und Affekte im Feld der Gendiagnostik können zum Funktionieren dieser Politiken beitragen. Andererseits verweisen Affekte und Emotionen aber auch auf eine Dimension des Psychischen, die bei der Übersetzung von Wissen und Affizierung in Bedeutung eine eigensinnige und eigenwillige Komponente einbringen kann. Oder anders formuliert: Auch das biopolitische Szenario von Prävention und Verantwortung und seine vielfältigen psychologisch-medizinisch, sozialpolitischen Ansätze, Maßnahmen und Begründungen von Früherkennung, Vorbeugung, Resilienz und Gesundheitsförderung setzen sich nicht reibungslos in die alltägliche Wirklichkeit um. Vielmehr zeigt sich in dem jeweiligen Zusammenhang von kulturellem Verhalten und Affekten auch immer die Diskrepanz zwischen der normativ strukturierten Wirklichkeit, dem Erlebten und dem Angestrebten und Gewünschten.

Da ist zum einen die Suggestivkraft des Prädiktions- und Präventionsgedankens, die mit ihr verbundene Utopie von Planbarkeit. Sie übt eine beruhigende Funktion aus und transportiert eine Art Heilsversprechen, das als kollektives Ideal und Ideologem, als ein Ausdruck der gesellschaftlichen Organisation von Begehren und Angst verstanden werden kann. Sie hilft, Aggressionen zu kanalisieren, Ängste zu binden und sie verspricht durch die Idee von gesundheitlicher Verbesserung auch die illusionäre Teilhabe an der Macht, z. B. Tod und Sterblichkeit zu kontrollieren.

Zum zweiten kann die emotionsregulierende Funktion von sich stetig ausweitenden kulturellen Einflüssen und Institutionen von Prognose, Prädiktion und Prävention als Typologie von Gefühlskulturen analysiert werden. Entsprechend ließe sich in Anlehnung an Ansätze der Philosophie und Soziologie der Technik, wie sie beispielsweise Bernhard Stiegler (2009) oder Günter Anders (1956) vorgelegt haben, das Regime der Prävention als eine Kultur der Vergewisserung konzipieren, die Zweifel und Verdacht zu beruhigen sucht, oder auch als eine Kultur der Kontrolle, die Handlungsoptionen zur Verfügung stellt, um Ohnmacht und Scham aufgrund körperlicher Begrenztheit zu bearbeiten. So gesehen, bieten Prädiktions- und Präventionsangebote Optionen zur Emotionsregulation, beispielsweise indem sie vorzeitig und kontinuierlich den Verlust von Gesundheit imaginieren und damit einer Art projektiver Melancholie Vorschub leisten und so bestimmte habituelle Dispositionen unterstützen, z. B. die einer kommunikativen Vernunft des Mitmachens oder auch einer Logik des geringeren Übels. Eva Illouz hat solche Verhaltensweisen als „therapeutischen Habitus" (Illouz 2009) charakterisiert und Jörg Niewöhner hat schon 2007 den Begriff des „Präventiven Selbst" (Niewöhner 2007) in die Forschungslandschaft eingebracht – eine Bezeichnung, die bis heute auf ihre konzeptionelle Ausarbeitung wartet.

Zum dritten zeigen sich in den Affizierungen der Gendiagnostik und Prävention auch Repräsentanzen und Symbolisierungen individueller, innerer Regungen und Zustände, die in der intersubjektiven Begegnung mit den Objekten, Subjekten, Artefakten und Diskursen nach außen getragen und in das jeweilige Affekt-Konglomerat eingebracht werden. In den Symbolisierungen und Manifestationen grundlegender Gefühle und Impulse, wie Lust, Neugier, Angst, Wut und Trauer (Ciompi 1997), ist deren Ausmaß von Regulation und Grad der psychischen Integration enthalten. Lebensgeschichtlich erfahrene Traumatisierungen, Zurückweisungen und gesellschaftliche Gratifikationsdefizite werden in der Welt der Affekte und in Fantasien bewahrt und diese Chiffren latenter Sinnstrukturen werden stetig umgedeutet und ausgedeutet. Affekte und ihre psychisch-somatisch-emotionale Organisation bestimmen denn auch die je individuelle Art und Weise des Umgangs mit den Angeboten von Diagnose und Vorsorge mit, beispielsweise ob Personen das Rationalitätsschema der prädiktiven Gendiagnostik eher als Zumutung und Zwang erfahren und verstehen oder darin vor allem eine Chance und Rettung sehen.

Dies zeigt, dass die Einbeziehung der verschiedenen und je spezifischen Konfigurationen von Körper, Affekt und Psyche das Verständnis der gesellschaftlichen Erzeugung und Organisation von prädiktivem und präventivem Wissen im Feld von Gesundheit und Medizin differenziert und erweitert. Zudem wird damit eine Aufmerksamkeit für Transversales, für Intensivierungen und Idiosynkrasien erzeugt, die in der klassischen Wissenssoziologie zu „Wissenstypen" (Schütz) abstrahiert sind und in ihrer Widersprüchlichkeit und hinsichtlich ihrer machtvollen und affektiven Komponenten nur selten in den Blick genommen werden. Eine Form von Gesundheitswissen aber, die als Personal Health Knowledge auch die Dynamik solcher Wissensformen zu analysieren beabsichtigt, die von Individuen erzeugt, auf diese bezogen sind und durch sie hindurch transportiert werden, verbliebe ohne die Analyse der machtvollen Prozesse von Affizierung merkwürdig blass.

Literatur

Ackerknecht, E. H. (1986). *Geschichte der Medizin*. Stuttgart: Enke.
Anders, G. (1956). *Die Antiquiertheit des Menschen. Band I: Über die Seele im Zeitalter der zweiten industriellen Revolution*. München: C. H. Beck.
Beck, S. (2006): Enacting Genes – Anmerkungen zur Familienplanung und genetischen Screenings in Zypern. In S. Graumann & K. Grüber (Hrsg.), *Biomedizin im Kontext*. (S. 221–237). Münster: Lit-Verlag.
BzgA Bundeszentrale für gesundheitliche Aufklärung (2012). *Forum Sexualaufklärung und Familienplanung Heft 2: Vorgeburtliche Untersuchungen*. Köln
Ciompi, L. (1997). *Die emotionalen Grundlagen des Denkens. Entwurf einer fraktalen Affektlogik*. Göttingen: Vandenhoeck & Ruprecht.
Clarke, A. (1994). *Genetic counseling. Practice and Principles*. London/New York: Routledge.
Cohrs, R, J., Martin, T., Ghahramani, P., Bidaut, L., Higgins, P.J., & Shahzad, A. (2015). Translational Medicine definition by the European Society for Translational Medicine. *New Horizons in Translational Medicine*, Band 2 (3), S. 86–88.
Duden, B., & Samerski, S.(2007). Pop-Genes. An investigation of „the gene" in popular parlance. In R. Burri & J. Dumit (Eds.), *Biomedicine as culture. Instrumental practices, technoscientific knowledge, and new modes of life* (S. 167–189) London: Routledge.
Foucault, M. (1989). *Die Sorge um sich. Sexualität und Wahrheit 3*. Frankfurt a. M.: Suhrkamp.
GenDG 2009. *Gesetz über genetische Untersuchung bei Menschen (Gendiagnostikgesetz GenDG)* http://www.gesetze-im-internet.de/bundesrecht/gendg/gesamt.pdf
Giddens, A. (1997). *Die Konstitution der Gesellschaft: Grundzüge einer Theorie der Strukturierung*. Frankfurt a. M.: Campus.
Gülich, E. (1999). ‚Experten' und ‚Laien': Der Umgang mit Kompetenzunterschieden am Beispiel medizinischer Kommunikation. In Konferenz der deutschen Akademien der Wissenschaften und der Sächsischen Akademie der Wissenschaften (Hrsg.), *Werkzeug Sprache. Sprachpolitik, Sprachfähigkeit, Sprache und Macht* (S. 165–196). Hildesheim: Olms.
Hafen, M. (2002). Präventionstheorie. Das weite Feld von Prävention und Gesundheitsförderung. *SuchtMagazin* (1): 34–42.
Hahn, A., Eirmbter, W.H., & Jacob, R. (1999). Expertenwissen und Laienwissen. Über Deutungsunterschiede bei Krankheitsvorstellungen. In J. Gerhards & R. Hitzler (Hrsg.), *Eigenwilligkeit und Rationalität sozialer Prozesse. Festschrift zum 65. Geburtstag von Friedhelm Neidhardt* (S. 68–96). Opladen: Westdeutscher Verlag.
Hallowell, N. (1999). Doing the right thing. Genetic risk and responsibility. In P. Conrad, & J. Gabe (Eds.), *Sociological Perspectives on the New Genetics* (S. 97–120). Oxford: Blackwell.
Heyen, N. (2012). *Gendiagnostik als Therapie. Die Behandlung von Unsicherheit in der prädiktiven genetischen Beratung*. Frankfurt a. M.: Campus.
Hitzler, R. (1994). Wissen und Wesen des Experten. In R. Hitzler, A. Honer & C. Maeder (Hrsg.), *Expertenwissen. Die institutionalisierte Kompetenz von Konstruktion von Wirklichkeit* (S. 13–30). Opladen: Westdeutscher Verlag.
Hörig, H., & Pullman, W. (2004). From bench to clinic and back. Perspective on the 1st IQPC Translational Research conference. *Journal of Translational Medicine* (2): 44.
Illouz, E. (2009). *Die Errettung der modernen Seele. Therapien, Gefühle und die Kultur der Selbsthilfe*. Frankfurt a. M.: Suhrkamp.

Kollek, R., & Lemke, T. (2008). *Der medizinische Blick in die Zukunft. Gesellschaftliche Implikationen prädiktiver Gentest.* Frankfurt a. M./New York: Campus.

Küchenhoff, J. (2005). Psychotherapeutische Beziehung und Psychopharmakotherapie. *Schweizer Archiv für Neurologie und Psychiatrie* 156 (1): 13–19.

Lachmund, J., & Stollberg, G. (1995). *Patientenwelten. Krankheit und Medizin vom späten 18. bis zum frühen 20. Jahrhundert im Spiegel von Autobiographien.* Opladen: Leske & Budrich.

Lemke, T., & Liebsch, K. (Hrsg.) (2015). *Die Regierung der Gene. Formen und Felder von Benachteiligung aufgrund genetischer Disposition.* Wiesbaden: SpringerVS.

Löffler-Stastka, H., Springer-Kremser, M., & Schuster, P. (Hrsg.) 2010. *Psychische Funktionen in Gesundheit und Krankheit.* Wien: WUV.

Manning, E. (2007). *Politics of Touch. Sense, Movement, Sovereignty.* Minneapolis: Minnesota UP.

Massumi, B. (2005). Fear (The Spectrum Said). *Positions* 13 (1): 31–48.

Massumi, B. (2014). Keywords for Affect. In ders., *The Power at the End of the Economy* (S. 103–112). Durham: Duke University Press.

Mohlmann Berge, J., & Patterson, J.M. (2004). Cystic Fibrosis and the Family. A review and critique of the literature. *Families, Systems & Health* 22 (1), 74–100.

Niewöhner, J. (2007). Forschungsschwerpunkt Präventives Selbst. *Humboldt-Spektrum* (1): 34–37.

Parsons, T. (1958). Struktur und Funktion der modernen Medizin. Eine soziologische Analyse. In R. König & M. Tönnesmann (Hrsg.), *Probleme der Medizinsoziologie. Sonderheft 3 der Kölner Zeitschrift für Soziologie und Sozialpsychologie* (S. 10–57). Opladen: Westdeutscher Verlag.

Ratjen, F. A. (2009). Cystic fibrosis. Pathogenesis and future treatment strategies. *Respiratory Care* 54 (5): 595–605.

Samerski, S. (2007). The 'decision trap'. How genetic counseling transforms pregnant women into managers of fetal risk profiles. In P. O'Malley & K. Hannah-Moffat (Eds.), *Gendered risks* (S. 55–74). London/New York: Routledge.

Schütz, A. (1972). Der gut informierte Bürger. In Ders., *Gesammelte Aufsätze II* (S. 85–101). Hrsg. von Arvid Brodersen. Den Haag: Nijhoff.

Sprondel, W. M. (1979). ‚Experte' und ‚Laie'. Zur Entwicklung von Typenbegriffen in der Wissenssoziologie. In W.M. Sprondel & R. Grathoff (Hrsg.), *Alfred Schütz und die Idee des Alltags in den Sozialwissenschaften* (S. 140–154). Stuttgart: Enke.

Stern, A. M. (2012). *Telling Genes: The Story of Genetic Counseling in America.* Baltimore: Johns Hopkins University Press.

Stiegler, B. (2009). *Von der Biopolitik zur Psychomacht. Logik der Sorge.* Frankfurt a. M.: edition suhrkamp.

Thrift, N. (2007). *Non-Representational Theory. Space, Politics, Affect.* London/New York: Routledge.

Tuckett, D., Boulton, M., Olson, C., & Williams, A. (1985). *Meetings between Experts. An Approach to Sharing Ideas in Medical Consultations.* London/New York: Tavistock.

Williams, S. J., & Calnan, M. (1996). *Modern Medicine. Lay Perspectives and Experiences.* London/New York: Routledge.

III
Kontexte und Bezüge

Gesundheitsbezogene virtuelle (Selbst)Hilfe und soziale Unterstützung in Laienzusammenschlüssen am Beispiel von Depressions-Online-Foren

Christoph Karlheim

Zusammenfassung

Digital wird der Alltag in den modernen Dienstleistungsgesellschaften immer weiter durchdrungen und es ist keineswegs erstaunlich, dass die sogenannte ‚Mediatisierung' auch in der öffentlichen Aushandlung gesundheitsrelevanter Themen wie auch in der Kommunikation innerhalb der medizinischen, pflegerischen und gesundheitsnahen Professionen voranschreitet. Gerade psychische Erkrankungen sind auf dem Vormarsch und von vielen Nutzern wird das Internet als Informations-, Beratungsquelle und Ort der Produktion des eigenen Standpunkts genutzt. Insbesondere Depressions-Online-Foren sind virtuelle Orte dieses Austausches und der Produktion von Wissen. In diesem Beitrag wird den folgenden Fragen nachgegangen: Welche verschiedenen Sichtweisen haben die Akteure, die in den Depressions-Online-Foren aktiv sind? Welche Form der Unterstützung liegt hier vor? Welche Rolle spielt der Gedanke der Selbsthilfe? Anhand einer empirischen Untersuchung nähern wir uns diesen Fragen und klären die vielschichtigen Zusammenhänge.

Schlüsselbegriffe

Selbsthilfe, Online-Foren, soziale Unterstützung, Depression, Entstigmatisierung, E-Health, E-Mental-Health, ePublic-Health

1 Digitale Durchdringung der Lebenswelten

Digital wird der Alltag in den modernen Dienstleistungsgesellschaften immer weiter durchdrungen und es ist keineswegs erstaunlich, dass die sogenannte „Mediatisierung" (Krotz 2008, S. 44) auch in der öffentlichen Aushandlung gesundheitsrelevanter Themen wie auch in der Kommunikation innerhalb der medizinischen, pflegerischen und gesundheitsnahen Professionen voranschreitet (Baumann und Czerwinski 2015; Fromm et al. 2011; Karlheim 2016a; Karlheim und Schmidt-Kaehler 2012; Rossmann und Karnowski 2014; Zschorlich et al. 2015). Die Umgestaltung der Arzt-Patienten-Kommunikation, virtuelle Formen der Informationssuche(n) wie auch der Laien- sowie Patienten-Beratung, die Einrichtung von sogenannten ‚Gesundheitsportalen' und die Bedienung der Selbstoptimierung durch digitale Applikationen sind nur einige Schlaglichter, die verdeutlichen, dass die Neuen Medien einen immer größer werdenden Einfluss erlangen (Bastian et al. 2010; Berger 2009; Böcken et al. 2009; Fromm et al. 2011; Jähn 2010; Kardorff 2007, 2008; Karlheim 2016a; Karlheim und Schmidt Kaehler 2012; Karlheim und Steffen 2013a, 2013b; Kray 2010; Lenz und Zillien 2008; Rossmann und Karnovwski 2014; Zschorlich et al. 2015).

Einer neueren Studie zufolge (MSL-Gesundheitsstudie 2014) wird das Internet von drei Vierteln der Befragten regelmäßig als Informationsmedium zu Gesundheits- und Krankheitsthemen genutzt. Wichtiges Ergebnis dieser Studie ist, dass die Nutzer sehr unterschiedliche Online-Informationsquellen sowie interaktive Angebote nutzen. Insgesamt wird zwischen 14 unterschiedlichen Online-Quellen unterschieden. Wikipedia (55 %) sowie Seiten von Krankenkassen (51 %) stehen an erster und zweiter Position (MSL-Gesundheitsstudie 2014, S. 5). Auffallend ist, dass sich gerade Online-Foren im Mittelfeld befinden und mit 30 % einen prominenten Platz einnehmen. Viele aktuelle Studien, die sich diesem Feld widmen, fokussieren auf informationale Suche(n) und nehmen interaktive Angebote weder von professioneller noch von Laien-Seite mit auf.[1] Es zeigt sich jedoch, dass es nicht nur starre Informationswebseiten sind, die im Netz aufgesucht werden, sondern vor allem auch Angebote, die den Austausch, die

---

1 Neverla et al. (2007, S. 134f.) zeigen in ihrer Grundlagen-Studie exemplarisch auf, dass das Motto „Wer krank ist, geht ins Netz" sich empirisch bestätigten lässt (Neverla et al. 2007, S. 134). Dies zeigt sich in doppelter Hinsicht: Im Internet finden Nutzer einen nahezu unerschöpflichen Pool an Informationen, die technisch relativ einfach abzurufen und zu bedienen sind. Jedoch zeigt sich verstärkt eine parallele Nutzung verschiedener Informationskanäle über das Internet: ‚interpersonal' im sozialen Netz und ‚medial' im informationalen Sinne des Internets. Auch neuere Studien weisen explizit auf diesen Umstand hin (vgl. Fromm et al. 2011).

Content-Generierung, die Beteiligung und Einbindung sowie die eigene Bezugnahme und Kommentierung der Nutzer ermöglichen.

Im Spektrum Gesundheit und Krankheit existiert mittlerweile eine große Anzahl von Angeboten in den Neuen Medien. Etwa 25 % der Befragten nutzen die Neuen Medien nicht nur zur Informationssuche, sondern auch, um dort E-Mental-Health Angebote aufzusuchen: Stichworte sind hier Online-Communities, E-Therapy-Angebote, Gesundheits-Apps und Online-Beratungsangebote von professioneller wie von Seite der Laien (Galarce et al. 2011; Baumann und Czerwinski 2015). Allerdings verdeutlichen neuere Forschungsergebnisse, dass in Deutschland von den Nutzern meist das persönliche Gespräch mit dem Arzt als erste Quelle gesundheits- und krankheitsrelevanter Informationen benannt wird (Baumann und Czerwinski 2015; Borch und Wagner 2009; Eichenberg et al. 2013).

In Deutschland leidet fast jeder vierte erwachsene Mann und jede dritte erwachsene Frau an einer psychischen Erkrankung, so die Ergebnisse einer Studie von Kurth (2012). Dieser Gruppe gilt besondere Aufmerksamkeit der Forschung. Neuere Zahlen zeigen, dass es in Deutschland – allgemeiner: vor allem in den westlichen Industrienationen – erheblichen Handlungsbedarf seitens des Versorgungssystems gibt. In den letzten fünf Jahren ist ein enormer Anstieg depressiver Erkrankungen zu verzeichnen (Gerste und Roick 2014). Das Krankheitsbild der depressiven Erkrankungen ist gekennzeichnet durch langandauernde, dynamische und komplexe Verläufe. Sie erfordern ein ebensolches Versorgungsgeschehen sowie eine umfassende Unterstützung der Betroffenen und deren Angehörigen. Die aktuelle gesundheitsbezogene Versorgungslandschaft wird den hieraus entstehenden Anforderungen nur ungenügend gerecht (Pohontsch et al. 2017; Karlheim 2016a; Karlheim und Schmidt-Kaehler 2012; Karlheim und Steffen 2013a; Eichenberg et al. 2013; Zschorlich et al. 2015). Depressive Erkrankungen erfordern allerdings ein umfassendes und verknüpftes Versorgungsgeschehen, das bislang kaum vorliegt. So erstaunt es nicht, dass gerade Betroffene psychischer Erkrankungen andere Kanäle der (Selbst-)Versorgung wählen, um Hilfe und Unterstützung zu suchen. Dabei sind Depressionen bzw. depressive Erkrankungen mit am stärksten vertretene Themen in den virtuellen Räumen der Neuen Medien (Döring 2014; Eichenberg et al. 2013; Gaebel et al. 2013; Griffiths et al. 2009b; Hegerl und Kocalevent 2010; Karlheim 2016a). Für die relative Anonymität des Internets gilt, dass sich hier Menschen über Themen informieren, austauschen und beraten lassen können, die im alltäglichen – realen – Leben tabuisiert sind. Online-Communities, wie sie sich in zahlreichen Online-Foren zu psychischen Erkrankungen zusammengefunden haben, stellen in diesem Zusammenhang ein besonderes Datum dar (Karlheim 2016b; Karlheim und Steffen 2013a, 2013b). Vor allem sogenannte Depressions-Online-Foren sind ein besonderes Phänomen. Diese sind in einer großen Zahl vorhanden und haben mithin die größten (aktiven) Nutzerzahlen (Karlheim 2016a, 2016b).

2 Depressions-Online-Foren: eine empirische Betrachtung

Diese virtuellen Räume – Depressions-Online-Foren –, in denen fast ausschließlich Laien den Austausch suchen, stehen im Folgenden im Zentrum der Betrachtungen. Bislang gibt es nur eingeschränkte Erkenntnisse über die internen Abläufe sowie die Themen, die in ihnen verhandelt werden. Zudem wird in der bisherigen Forschung die Perspektive der Betreiber gänzlich ausgeblendet (Griffths et al. 2009a; 2009b; Karlheim und Steffen 2013b; Pohontsch et al. 2017). So kann die Nutzer- nicht auf die Betreiberseite bezogen werden, und zudem wird die Möglichkeit verstellt, einen umfassenden Blick auf dieses Phänomen zu werfen. Von besonderem Interesse ist dabei, welche Ideen und Zielsetzungen hinter den Angeboten stehen, welche Form von Hilfe und Unterstützung in den Online-Foren generiert wird und welche Funktion die Teilnahme an den Online-Foren für die Nutzer hat.

Empirische Grundlage der im Folgenden dargestellten Untersuchung sind asynchrone (zeitversetzte) Online-Gruppendiskussionen[2] mit Nutzern aus zwei deutschsprachigen Depressions-Online-Foren sowie Experteninterviews mit den Betreibern dieser Foren (Karlheim 2016a).

2.1 Die Nutzer-Seite der Depressions-Online-Foren: das Online-Forum als Archiv und Schutzraum

In einem ersten Schritt sollen die Perspektiven der Nutzer auf die Teilnahme an den Depressions-Online-Foren vorgestellt werden. Sie bilden die Grundlage, um,

---

2 Die online durchgeführten Gruppendiskussionen wurden eigens für den Forschungszusammenhang erhoben. Sie stellen eine methodische Innovation dar, da gerade dieser qualitative methodische Zugang bislang kaum genutzt und wenig methodisch reflektiert sowie ausgearbeitet wurde (Karlheim 2016a und 2016b). Die in der Folge zitierten Auszüge aus den Diskussionen mit Nutzern der Depressions-Online-Foren wurden vom Autor moderiert und begleitet, sie fanden in geschützten (nicht öffentlichen) Bereichen innerhalb der Online-Foren statt und waren nicht öffentlich zugänglich (Karlheim 2016a und 2016b). Die weiteren empirischen Ergebnisse sowie die weiterführenden theoretischen Zusammenhänge finden sich in: Karlheim 2016a.

aufbauend darauf, die Perspektive der Betreiber der Foren vorzustellen. In der Folge beschränken wir uns auf eine Auswahl und Fokussierung der Ergebnisse für die hier wichtigen Aspekte auf beiden Seiten (vgl. Karlheim 2016a, 2016b; Karlheim und Steffen 2013b). Die empirischen Ergebnisse der Analysen werden exemplarisch vorgestellt und in Verbindung mit theoretischen Bezügen zur Selbsthilfe und zur sozialen Unterstützung diskutiert.

Die Depressions-Online-Foren werden von den Nutzern aufgesucht, um sich im virtuellen Raum zu positionieren und sich in (ver)schriftlichen Beiträgen innerhalb der Online-Foren darzustellen, sie machen sich mit diesen schriftlichen Zeugnissen sichtbar. Sie sind nicht als ganze – real wirksame – Person im virtuellen Raum präsent, sondern stellen sich durch schriftliche Beiträge innerhalb der asynchronen Kommunikationsstruktur der Online-Foren dar. Besonders in schwierigen und akuten Phasen des Krankheitsverlaufs werden die Depressions-Online-Foren zu einem Zufluchtsort der Gedanken und Gefühle der Betroffenen, die im virtuellen Raum schriftlich gespeichert werden.

„Wenn es mir schlecht geht und ich unbedingt mich mitteilen muss, schreibe ich hier etwas nieder. Es befreit mich, dass ich mir etwas von der Seele geschrieben habe. Umso schöner ist es dann noch, wenn Mitglieder an meinen Gedanken teilnehmen oder mir sogar liebe Worte oder hilfreiche Vorschläge machen" (GDV, Z. 719-722).

Dieser Beitrag eines Nutzers innerhalb der Gruppendiskussionen verdeutlicht die Funktion der Online-Foren in schwierigen Phasen des Krankheitsverlaufs. Das Mitteilungsbedürfnis der Betroffenen ist in diesen Phasen stark erhöht und das Depressions-Online-Forum wird genutzt, um sich anderen Nutzern mitzuteilen. Dieser schriftbasierte Austausch wird zudem als („schön") positiv wahrgenommen, wenn andere Nutzer in Form von „lieben Worten" oder „hilfreichen Vorschlägen" Bezug auf die Anliegen nehmen. Für viele Betroffene sind die Depressions-Online-Foren Orte des „sich etwas von der Seele Schreibens". Hier wird das, was die Betroffenen in den Foren formulieren, für sich selbst wie auch für andere immer wieder lesbar und damit auch erfahrbar. Die Niederschrift der eigenen krankheitsbezogenen Gedanken und Gefühle ist wichtiger Kristallisationspunkt der Nutzung. Dies ist in einem ersten Schritt nicht abhängig von anderen Nutzern und dient zunächst einem Selbstzweck. Erst in einem zweiten Schritt werden die anderen Nutzer einbezogen. Der zitierte Beitrag zeigt dies eindrücklich: „(...) schöner ist es dann noch (...)". Jedoch können auch Beiträge der Nutzer verfasst werden, die den Charakter einer Tagebuchnotiz haben; diese müssen nicht auf andere Nutzer bezogen sein und somit auch nicht das Bezugnehmen anderer einfordern.

"Hinzu kommt noch, dass die Konzentration bei vielen von uns mit der Erkrankung nachgelassen hat, man vieles dann vergißt und so schriftlich im Forum doch immer mal wieder nachlesen kann" (GDII, 13:11h, Z. 709-711).

Dieses zweite Zitat aus den Gruppendiskussionen zeigt an, worin die wahrgenommene Unterstützung der Teilnahme am Online-Forum von den Betroffenen gesehen wird: Das Online-Forum wird als Archiv genutzt. Die Funktion als Archiv unterstützt die Betroffenen, bei den auftretenden Konzentrationsstörungen, die in vielen Fällen mit einer depressiven Erkrankung einhergehen. Das Vergessen ist für Erkrankte in depressiven Phasen ein Problem und wird auch von den Nutzern in den Depressions-Online-Foren benannt. Das Zitat deutet zudem an, dass das Online-Forum gerade für Betroffene eine wichtige Funktion übernehmen kann, da es ihnen dabei hilft, dem Vergessen entgegenzuwirken, indem in schriftlicher Form Informationen und gespeicherte Erinnerungen abgerufen werden können.

Das Online-Forum als ‚Archiv' ist für die Nutzer ein Ort der Erinnerung des eigenen Krankheitserlebens und der eigenen Krankheitserfahrungen. Diese sind wesentlich bestimmt durch die Verschriftlichung im virtuellen Raum und die asynchrone computervermittelte Kommunikation (cvK). Das ‚Nachlesen' ist damit ein zentrales Moment der Krankheitsreflexion. Auf diese Weise ist das Online-Forum als Archiv nicht nur für die spezifische Generierung und das Abrufen von speziellem Wissen von Bedeutung, sondern auch wichtig für die Hinwendung zur eigenen Krankheitsgeschichte. Die Unterstützung, die hier generiert wird, lässt sich auf der einen Seite als informationell bezeichnen, auf der anderen Seite bietet sie die Möglichkeit zur Reflexion. Damit wird das Depressions-Online-Forum zum Ort der Aktivierung der nutzer-eigenen Ressourcen und schließt so an Aspekte der Selbsthilfe an. ‚Hilfe zur Selbsthilfe' lässt sich als ein zentrales Moment benennen, das im weiteren Verlauf noch genauer in den Blick genommen wird. An dieser Stelle bleibt festzuhalten, dass Eigeninitiative, Gruppenprozesse, Struktur und gegenseitige Unterstützungsprozesse wichtige Aspekte der Funktion der Foren und somit der Partizipation ihrer Nutzer sind.

Das Online-Forum als ‚Zufluchtsort' stellt für die Nutzer einen Schutzraum dar. Der Zufluchtsort dient hier vor allem den Gedanken und Gefühlen, die im realen Leben nicht ausgesprochen und offenbart werden können. Aber das Online-Forum ist auch Ort der „Entstigmatisierung" (Karlheim 2016b, S. 133), da im virtuellen Raum des Depressions-Online-Forums offen geschrieben werden kann, was im sozialen Umfeld durch stigmatisierende Effekte verstellt ist. Bei diesem benannten Effekt der Entstigmatisierung geht es vor allem darum, dass, ausgehend von der Stigma-Theorie (Angermeyer 2003; Goffman 1972, 1975), in den Online-Foren eine Ebene der Kommunikation geschaffen wird, bei der die Nutzer sich selbst und die anderen in ihrer Erkrankung und dem Leiden daran annehmen. Sie schaffen einen Raum, in dem das Stigma, an einer psychischen Erkrankung zu leiden, selbst zum Diktum der Teilnahme wird. Durch diese (Um)Deutung werden die Online-Foren zu Orten der Entstigmatisierung; hier spielt die Erkrankung bzw. die ‚Selbst-Betroffenheit' eine wichtige Rolle, jedoch nicht die Ausgrenzung durch sie und auch nicht eine Form der Selbstzuschreibung des Stigmas im Sinne des ‚Selbst-Stigma' (vgl. Angermeyer 2003). Der Zusammenschluss der Nutzer basiert auf der Annahme des jeweils anderen über die Erkrankung selbst. Wir werden diesen Aspekt später noch einmal kurz aufgreifen, wenn es um die Betreiberseite geht, denn sie tragen unmittelbar dazu bei, dass es sich hier um einen Raum der Entstigmatisierung handelt (Karlheim 2016b).

Doch zurück zum Zufluchtsort: Dieser unterstützt die Offenheit des Umgangs der Nutzer untereinander und ihrer Erkrankung insofern, als der Prozess der Aushandlung nicht stigmatisiert und damit eine emotionale Entlastung möglich wird. Hier schließt die Idee des offenen und emotional entlastenden Umgangs mit der Erkrankung an das Konzept sozialer Unterstützung an (Almeida et al. 2010; Bruns 2012; Preiß 2010). Neben der Aktivierung der Ressourcen der einzelnen Nutzer ist der Zufluchtsort ebenso Teil einer über das Online-Forum generierten (Selbst-)Hilfe, die die Nutzer bestärkt und unterstützt. Das Depressions-Online-Forum wird so zu einem virtuellen Ort der Unterstützung der Nutzer, die sich durch ihre Teilnahme, ihren gegenseitigen Kontakt und ihre gegenseitigen Bezugnahmen empowern.

2.2 Die Betreiber der Depressions-Online-Foren: zwischen normativer Vorgabe und freiheitlicher Organisation

Beide Depressions-Online-Foren, aus denen in diesem Beitrag empirisches Material vorgestellt wird, sind Laienzusammenschlüsse und weder einer professionellen Organisation zugeordnet noch durch professionelle Akteure geleitet oder begleitet. Die Online-Foren existieren lediglich im virtuellen Raum und bieten ihren Nutzern Struktur und Unterstützung, haben jedoch keine Anlaufstelle in der realen Welt; fungieren also nicht wie eine Selbsthilfegruppe, die lokal verortet ist.

Die Online-Foren folgen einer klaren hierarchischen Ordnung. Es gibt jeweils die Leitungspersonen der Foren, die gleichzeitig auch die Gründer sind; sie haben die Gestaltungsmacht und sind damit die wirkmächtig(st)en Personen in diesen virtuellen Räumen. Neben ihnen gibt es eine ganze Reihe von Moderatoren. Diese arbeiten ehrenamtlich und unentgeltlich an den Online-Foren mit und sind auf der einen Seite für administrative Vorgänge in den Online-Foren zuständig und auf der anderen Seite für die Unterstützung der Nutzer auf emotionaler und beratender Ebene. Für beide Depressions-Online-Foren gilt, dass sie von den Forumsleitungen ins Leben gerufen wurden, nachdem diese selbst als Erkrankte nach Hilfe, Informationen und Gleichgesinnten im Internet gesucht haben. Damit wird hier der theoretische Gedanke der Selbsthilfe fortgeführt. Die ursprüngliche und grundsätzliche Organisationsform der Selbsthilfe ist die Gruppe. Für diese Selbsthilfegruppen ergibt sich nach Borgetto (2004, S. 15) folgende Definition: Sie sind „(…) freiwillige Zusammenschlüsse von Menschen auf örtlicher oder regionaler Ebene, deren Aktivitäten sich auf die gemeinsame Bewältigung von Krankheiten und/oder psychischen Problemen und deren Folgen richten, von denen sie – entweder selbst oder als Angehörige – betroffen sind".

Die interviewten Leitungspersonen[3] sehen in den Nutzern der von ihnen betriebenen Depressions-Online-Foren erkrankte Menschen, die eine starke Strukturvorgabe benötigen, um mit ihrer Erkrankung zurechtzukommen. Aus der eigenen Krankheitserfahrung heraus steht für sie fest, dass das, was sie subjektiv erlebt haben, auch für alle übrigen Erkrankten gilt. Sie sehen die Nutzer als ‚hilf-lose' erkrankte Menschen, denen durch das Online-Forum Unterstützungsleistungen zuteilwerden, die ihnen helfen, die Krankheit zu bewältigen.

Die Betreiber wollen den Nutzern auf der einen Seite einen virtuellen Raum schaffen, der geschützt ist und in dem sie sich austauschen können. Hier zeitigt sich zum zweiten Mal der Aspekt der ‚Entstigmatisierung', den wir bei den Nutzern schon gesehen haben. Von den Betreibern ausgesehen, soll es den Nutzern der Online-Foren ermöglicht werden, sich frei von Stigmatisierungen im Forum bewegen zu können. Die eigene Betroffenheit der Betreiber spielt hierbei eine wesentliche Rolle, denn auch sie gehören in den Kreis der Teilnehmer und sie reihen sich in die Gruppe ein. So erschaffen sie mit ihrem virtuellen Raum eine Möglichkeit, das Stigma der Erkrankung umzudeuten und mit den Nutzern zusammen eine neue Gruppe im Online-Forum zu schaffen. Dieses Ziel wird konzipiert, nachdem sie die Erfahrung gemacht haben, dass die Teilnahme an einem Online-Forum hilfreich und von positivem Nutzen für Erkrankte sein kann. Auf der anderen Seite steht zudem das altruistische Motiv einer Gründung, die auf sich selbst zurückgeworfen ist, zunächst einmal für sich steht und ‚nur' dem Zweck dient, dass eine erkrankte Person sich selbst eine Plattform schafft, auf der und über die Hilfe, positive Verstärkung und Unterstützung gesucht wird.

---

3   Zusätzlich zu den online durchgeführten Gruppendiskussionen mit den Nutzern wurden Experteninterviews mit drei Leitungspersonen der Online-Foren geführt, um auf diese Weise die Sichtweise der Betreiber mit aufzunehmen und zu analysieren. Die in der Folge zitierten Aussagen sind diesen Interviews entnommen (Karlheim 2016a).

Festzuhalten bleibt, dass es sich um Aspekte handelt, die sich im zeitlichen Verlauf von der Initialzündung der Gründung bis hin zur aktuellen Sichtweise auf die Idee und Zielsetzung der virtuellen Räume geändert haben:

> „Es war eigentlich immer meine Intention, dieses Forum in eine ganz bestimmte Richtung zu bringen: Erstens mal Neuankömmlinge zu motivieren, ihnen klarzumachen: Das ist nicht das Ende, sondern ist der Beginn von was ganz Neuem. Äh ja, Motivation, unter dem läuft dieses Forum eigentlich für mich. Den Leuten ganz pauschal klarzumachen: Es ist deine Lebenssituation, die dich krank macht und wir können dir helfen" (EI I, Z. 459-464).

Die Forumsleitung berichtet im voranstehenden Zitat über die Intention, die hinter dem Engagement steht, das Online-Forum für Erkrankte zu betreiben. „Neuankömmlinge" sollen motiviert werden, sich mit ihrer Erkrankung auseinanderzusetzen. In ihrer neuen Lebenssituation, die durch die Krankheit gekennzeichnet ist, sollen die Nutzer durch die Teilnahme am Online-Forum unterstützt werden („wir können dir helfen").

Obwohl die grobe Vorstellung über die „Richtung" am Anfang der Gründung des Online-Forums schon bestand, ist es erst im zeitlichen Verlauf möglich, die dann eingeschlagene Richtung weiter zu verfolgen und damit einen Prozess anzustoßen, der in der Folge zum von der Forumsleitung gewünschten Ergebnis führt. Der Verweis auf die zukünftige Ausrichtung, in die das Online-Forum erst noch gebracht werden muss, verdeutlicht dies.

Auch beschreiben beide Forumsleitungen ‚ihr' Online-Forum als ‚eigenes Gedankengut', über das sie als Person bestimmen und für das sie Verantwortung tragen. Sie bestimmen über die speziellen Inhalte, die Struktur und Gliederung, haben Einfluss auf die Zusammensetzung der Teams und das „letzte Wort" bei der Auswahl der potenziellen Teammitglieder, sie sind als Privatperson haftbar für die Inhalte der Online-Foren usf. Sie machen mit den beiden Online-Foren jeweils ein spezifisches Angebot, das sie als Leitungen in „(...) eine ganz bestimmte Richtung (...)" bringen wollen. Die Richtung wird von ihnen vorgeben und maßgeblich durch sie bestimmt.

> „(...) wir können euch sozusagen unterstützen, aber Hilfe suchen im Sinne von therapeutische Hilfe oder medizinische Hilfe, die müsst ihr euch woanders suchen" (EI I, Z. 435-438).

Aus Sicht der Leitungspersonen übernimmt das Online-Forum eine motivierende und unterstützende Funktion für die Nutzer. Therapie und medizinische Hilfe(n) werden innerhalb der Depressions-Online-Foren jedoch nicht angeboten und sollen durch die Foren nicht ersetzt werden. Versorgungsstrukturen sollen von den Nutzern in Anspruch genommen werden und werden, welche durch das Online-Forum ergänzt werden.

In diesem Zusammenhang heißt „Hilfe" mehr als nur eine beratende Funktion innerhalb des Prozesses der Bewältigung von Krisen. Die „Hilfe" durch das Online-Forum muss aus Sicht der Betreiber durch „Hilfe" im realen Versorgungssystem ergänzt werden. Diese Sichtweise schließt ein, dass die Nutzer von der Forenleitung potenziell nicht als souverän, sondern als in ihrer Entscheidungsfähigkeit eingeschränkt angesehen werden. Ihnen muss eine Struktur vorgegeben werden, die sie befähigt, zusätzlich professionelle „Hilfe"(n) zu suchen.

Den Betreibern geht es um die Motivation und Unterstützung der Nutzer auf ihrer Suche nach Hilfe(n) im realen Versorgungssystem. Die Einschätzung der Forumsleitungen, dass die Online-Foren keine „therapeutischen Hilfen oder medizinischen Hilfen" leisten, diese jedoch als wichtige Bestandteile einer Behandlung ansehen, zeigt, dass sie ihr Angebot als einen wichtigen Baustein im Prozess der aktiven Suche nach der Wiederherstellung der psychischen Gesundheit sehen. Den Nutzern soll durch die Partizipation am Online-Forum eine positive Sichtweise auf die Erkrankung ermöglicht werden, die gleichzeitig dazu führt, dass sie mögliche Hilfe(n) im realen Versorgungsgeschehen akzeptieren (können).

So zeichnet sich eine Ambivalenz ab: Auch wenn das reale Versorgungssystem als solches anerkannt und die Wichtigkeit der Behandlung in einem therapeutischen bzw. medizinischen Setting gesehen wird, stellen die Forumsleitungen heraus, dass die Krankheit ohne die Unterstützung und Hilfe des Depressions-Online-Forums nicht bewältigt werden kann. So wird die Unterstützungsleistung durch die Teilnahme am Online-Forum und gleichzeitig die Relevanz der Suche nach Hilfe im realen Leben unterstrichen. Die Verbindung zwischen dem Ziel, Menschen zu motivieren, sich Hilfe im realen Versorgungssystem zu suchen und dem Ziel, das Online-Forum als festen Bestandteil in die Begleitung und Unterstützung der Bewältigung der Krankheit zu integrieren und somit die Nutzer im Online-Forum zu halten, kann als zentrales Motiv beider Depression-Online-Foren gesehen werden. Dieses zentrale Motiv lässt sich mit dem Begriff der „Hilfe zur Selbsthilfe" überschreiben und verdeutlicht, dass es hier um die Aktivierung der Nutzer durch die Online-Angebote geht. Die aktive Nutzung wird so zur Unterstützung der Nutzer. Sich anonym und ohne Angst vor Stigmatisierung durch Andere mit Erkrankten austauschen können, soll den Nutzern durch die beiden Online-Foren eröffnet werden, so das zentrale Ziel der Betreiber.

2.3 Zusammenführung der Perspektiven: Selbsthilfe in neuen virtuellen Zusammenhängen

Der Rahmen, der durch die Betreiber der Depressions-Online-Foren geschaffen wird und den virtuellen Ort herstellt, ist relativ starr vorstrukturiert. Wie die empirischen Ergebnisse zeigen, setzen die Betreiber klare inhaltliche Gewichtungen, die den Nutzern der Depressions-Online-Foren einen Rahmen und damit auch Grenzen auferlegen.[4] Durch die Bandbreite an Themen und Unterthemen sprechen die Depressions-Online-Foren eine große Anzahl von Nutzern an. Damit geht ein erhöhter Betreuungsaufwand einher. Ein zentraler Punkt ist die Sicherung und Kontrolle des angebotenen virtuellen Raums. Diese wird von den Betreibern als Ziel formuliert und von den Nutzern als wichtige Eigenschaft benannt, die einen Schutzraum herstellt und sich auf die Qualität der Inhalte auswirkt. Dies setzt voraus, dass die einzelnen Bereiche moderiert und von der Betreiberseite kontrolliert werden; daher müssen sich auch ehrenamtliche Nutzer im Online-Forum engagieren und diese Aufgaben übernehmen.

Auf der Seite der Nutzer zeigt sich eine Präferenz für eine klar vorgegebene Struktur, die sie als hilfreich ansehen. Hier zeigen sich Charakteristika der Spezifik der Erkrankung an einer Depression. Bedingt durch bestimmte Einflüsse einer depressiven Episode, die u. a. durch die Hauptsymptome ‚Anhedonie'[5] und eine erlebte und empfundene schnelle Ermüdung und Energielosigkeit gekennzeichnet sind, wird von den Nutzern gerade die Vorgabe einer festen Struktur für ihre Teilnahme am Depressions-Online-Forum als hilfreich erlebt und geschätzt (vgl. DGPPN et al. 2009; ICD-10-GM 2015). Aber auch die spezifische Symptomatik einer depressiven, gedrückten Stimmung sowie Interessensverlust und Freudlosigkeit an vielem, das zuvor als Freude bringend und entspannend erlebt wurde, spielen als Motive der Nutzung der Online-Foren eine wichtige Rolle (Bermejo et al. 2012; Griffiths et al. 2009a, 2009b; Karlheim 2016b; Wittchen und Hoyer 2011). Die Nutzer ordnen sich einer Struktur unter, die sie unterstützt, gerade bei der Überwindung der Aktivitätseinschränkung, und ihnen hilft im virtuellen Raum des Online-Forums aktiv zu agieren. Die Unterstützung der Nutzer durch eine starre Strukturvorgabe wie einen klar reglementierten Bereich ist eine Form der sozialen Unterstützung,

---

4 Diese „inhaltlichen Gewichtungen" zeigen sich u. a. in einer vorgegebenen Struktur der Inhalte, die im Online-Forum besetzt werden. Ob es ein Unter-Forum zur Thematik „Medikamente" oder „Homöopathie" gibt, entscheiden die Forumsleitungen alleine und strukturieren auf diese Weise die kommunikativen Wege und Möglichkeiten der Nutzer (Karlheim 2016b).

5 Anhedonie bezeichnet einen starken Verlust bzw. eine starke Senkung des Aktivitätsniveaus, das sich auf unterschiedliche Ebenen des aktiven Handelns bezieht.

die sich auf eine instrumentelle Form der sozialen Unterstützung bezieht. Diese Form stellt für die Online-Foren einen weiteren wichtigen Aspekt dar, denn durch die starre Strukturvorgabe befinden sich die Nutzer in einem virtuellen Raum, der zwar eine instrumentelle Unterstützung darstellt, zugleich aber auch durch die Struktur einen leitenden Charakter hat.

In den empirischen Ergebnissen zeigt sich deutlich, dass die asynchrone cvK für die Nutzer eine besondere Rolle spielt, da durch diese erst die besonderen kommunikativen Anschlüsse und Rahmungen ermöglicht werden. Über die asynchrone cvK stellen sich im virtuellen Raum die besonderen sozialen Unterstützungsleistungen her. Betreiber wie auch Nutzer bewegen sich in diesen Rahmungen und stellen durch die Struktur und den Content einen unterstützenden, empowernden, entstigmatisierenden virtuellen Raum her.

Auf den Allgemeinzustand der Nutzer der Depressions-Online-Foren nimmt die asynchrone cvK Einfluss und sie hat Auswirkungen auf die durch die Nutzer empfundene und wahrgenommene Unterstützung (vgl. Beck 2010, 2014; Döring 2014; Preiß 2010). Denn die benannte Archiv-Funktion des Online-Forums stellt sich als wichtiger Aspekt der Teilnahme auf der Seite der Nutzer heraus. Das Depressions-Online-Forum als Archiv ist Ort der Erinnerung des eigenen Leidensweges und der individuellen Krankheitserfahrungen sowie Krankheitserinnerungen, welche erst durch die Verschriftlichung im virtuellen Raum (wieder)erfahrbar werden. Anderen Personen kann über den virtuellen Raum des Online-Forums mitgeteilt werden, wie es aktuell um die eigene Krankheitserfahrung, das Krankheitserleben usw. steht. Die schriftbasierte cvK wird so zu einem wichtigen Bestandteil dieses teilbaren Erfahrungszusammenhangs. Das Nachlesen und Teilen dieser Erfahrungen ist damit ein zentrales Mittel der eigenen Krankheitsreflektion und trägt damit zu einer Stärkung der ‚nutzer-eigenen' Ressourcen – Empowerment – bei.

Das Online-Forum als Schutzraum vor Stigma, aber auch als Zufluchtsort, in dem alles verhandelt werden kann, das die „Echte Welt" nicht verstehen kann, ist wichtiger Bezugspunkt für die Nutzer. Das Forum als Ort im virtuellen Raum gibt nun die Möglichkeit, die Gedanken festzuhalten und „loszuwerden". Im realen sozialen Umfeld können die Gedanken und Gefühle von den Erkrankten nicht in vergleichbarer Form geäußert, mitgeteilt und besprochen werden. Die Anonymität spielt, neben den schon dargestellten wichtigen Eigenschaften des Archivs, und des Schutzraums eine wichtige Rolle, da durch diese die Nutzer sich über das tabuisierte Thema ohne Angst vor Stigmatisierung austauschen können (Entstigmatisierung). Der Zufluchtsort, der von den Betreibern errichtet wird, ist für die Nutzer von besonderer Bedeutung: Sie können sich durch Schutz und Kontrolle in einem Bereich schriftlich äußern, in dem sie keine Angst vor negativen Bezugnahmen haben müssen. Hierin wird (a) instrumentelle Unterstützung den

Nutzern durch das Online-Forum zugänglich und zugleich auf (b) stressauslösende Problemzustände Bezug genommen (vgl. Badura 1981a, 1981b; Badura et al. 1983; Borgetto 2013; Preiß 2010). Die Kontrolle des Raums durch die Betreiber soll den Nutzern einen geschützten Raum bieten, in dem sie sich ‚frei' austauschen können. Durch die schriftbasierte cvK geht es nicht nur darum, dass Nutzer selbst den Inhalt herstellen, indem sie Beiträge im Online-Forum schreiben, sondern sie lesen auch die schriftlichen Beiträge anderer im Forum. Dies kann auch einen negativen Einfluss auf die Nutzer haben. Wie Studien für die reale Selbsthilfe gezeigt haben, kann die ständige und fortwährende Beschäftigung in der Selbsthilfegruppe zu einem „(…) Weg in die Krankheitswelt anstatt der Integration der Krankheit in die Lebenswelt (…)" (Rosenbrock 2001, S. 38) führen (vgl. Rosenbrock 1998; Schafft 1987). Dies gilt in besonderem Maße für Depressions-Online-Foren. Denn obwohl die Betreiber darauf bedacht sind, genau diesen Umstand zu verhindern, ist es in einem Online-Forum nicht möglich zu kontrollieren oder zu überwachen, wer, wann, wo, wie lange liest. Dies kann dazu führen, dass es möglich ist, als Lurker im Forum unterwegs zu sein und ‚nur' Beiträge zu lesen mit dem Ergebnis, dass das Forum zu einer Form des ‚Triggers' wird (vgl. Karlheim und Schmidt-Kaehler 2012; Karlheim und Steffen 2013a). Aber auch die Archiv-Funktion der Depressions-Online-Foren für die Nutzer erscheint aus diesem Blickwinkel nicht nur positiv: Zu jeder Tages- und Nachtzeit nicht nur schreiben, sondern auch seine eigenen Beiträge wieder und wieder lesen zu können, kann einen negativen Effekt auf die Nutzer haben, da sie sich so – fortwährend auf sich selbst zurückgeworfen – ständig mit der eigenen Erkrankung beschäftigen. Hier gibt es bislang nur sehr begrenzte wissenschaftliche Erkenntnisse, welche die Ergebnisse zu realer sozialer Unterstützung mit denen im virtuellen Raum vergleichen (vgl. Karlheim 2016a, 2016b).

3 Gesteuerte (Selbst)Hilfe im virtuellen Raum: Depressions-Online-Foren zwischen sozialer Unterstützungsleistung und normativer Organisation

Anknüpfungspunkt des vorliegenden Artikels sind die Beobachtungen, dass das Internet in Bezug auf gesundheitsbezogene Themen für viele Menschen immer wichtiger wird, dass psychische Krankheiten – allen voran Depressionen – auf dem Vormarsch sind und gerade Online-Foren zu diesen Themen im Internet hoch-frequentierte Räume sind, in denen sich Menschen informell austauschen, informieren und beraten (Baumann und Czerwinski 2015; Eichenberg et al. 2013;

Karlheim und Steffen 2013a, 2013b; Rademacher und Remu 2010; Rossmann und Karnovwski 2014; Zschorlich et al. 2015). Für die Nutzer steht fest: Es bedarf eines gesonderten Ortes, an dem sie ihre Gedanken und Gefühle die Erkrankung betreffend formulieren und aussprechen – oder hier besser ‚ausschreiben' – können. Das Online-Forum ist wesentlicher Schutzraum und Ort der Zuflucht für die Gedanken und Gefühle, die gegenüber den Menschen im realen Leben nicht ausgesprochen und offenbart werden können. Hier findet sich auch einer der Leitgedanken der Selbsthilfe wieder, der sich in der Idee des Schutzraums vor Stigma zeigt: Das Online-Forum als Zufluchtsort.

Vor dem Hintergrund virtueller Unterstützung im Online-Forum lässt sich sagen, dass durch die aufgezeigten Funktionen des Archivs wie auch des Schutzraums die speichernden Eigenschaften der cvK die informationale soziale Unterstützung verändern. Hier eröffnet sich ein großes Feld der virtuell geprägten informationalen Unterstützung, denn in den Online-Foren kann zeit- und ortsunabhängig, in Verbindung mit anderen Nutzern, anonym auf eine große Bandbreite von verschriftlichten Informationen Bezug genommen werden. Die Nutzer agieren hier als eigene Produzenten der Informationen, die sie selbst abrufen (user-generated-content). Das heißt, die virtuell vermittelte soziale Unterstützung hat eigene Dimensionen, die die Face-to-Face Form erweitern. Die Nutzer werden in diesem Sinne zu (Gesundheits-)Wissensproduzenten im virtuellen Raum des Online-Forums, sie stellen durch ihre Beiträge eine eigene Form der Wissensproduktion her, indem sie sich immer wieder auf sich selbst und auf andere Nutzer beziehen. Diese Produktion von krankheits- oder besser gesundheitsbezogenem Wissen zeigt auf der einen Seite, dass ein großes Hilfe-Potential der Laien in diesen Räumen generiert wird und auf der anderen Seite, dass gerade das professionelle System der gesundheitlichen Versorgung hiervon profitieren kann. Denn die Nutzer beziehen' sich mitunter nicht nur auf subjektiv erfahrbare Erkrankungszusammenhänge, sondern auch auf medizinisch und wissenschaftlich relevante Wissensbestände, die durch die Nutzer in einen neuen Kontext gestellt werden.

Dies hängt auch mit dem Krankheitsgeschehen bei Depressionen zusammen, das einige Merkmale aufweist, die eine Nutzung der cvK begünstigen (Barney et al. 2011; Breuer und Baker 2015; Döring 2014; Karlheim und Schmidt-Kaehler 2012; Karlheim und Steffen 2013b). In den virtuellen Laien-Zusammenschlüssen, die sich in den Depressions-Online-Foren konstituieren, bildet sich eine neue Form der informellen Hilfe und Unterstützung heraus, die sich bislang in weiten Teilen neben dem professionellen Versorgungsgeschehen im Internet generiert. Dies spielt sich auch vor der Debatte um die wachsende Bedeutung informeller Hilfen für die formelle Versorgung ab (Abholz und Schmacke 2014; Bermejo et al. 2012; Grieken et al. 2015). Hier kann und muss das Versorgungssystem Anschluss nehmen, um für

Betroffene und Angehörige ein erweitertes (professionelles) Angebot zu schaffen. Die fortschreitende Digitalisierung macht auch vor dem gesundheitlichen Versorgungssystem nicht Halt; hier ergeben sich eine Reihe von möglichen Anknüpfungspunkten zwischen dem Laien-Angebot ‚Online-Forum' und den professionellen Akteuren in der gesundheitlichen Versorgungslandschaft (von stationären Angeboten bis hin zu ambulanten). Bislang gibt es keine einheitlichen Aussagen über die positiven wie negativen Effekte der Teilnahme an Online-Foren für die Nutzer im psychosozialen Bereich (vgl. Barney et al. 2011; Griffiths et al. 2009a, 2009b, 2015; Kardorff 2007, 2008). Die Forschungslage im deutschsprachigen Raum ist in diesem Feld eine sehr dünne und beschränkt sich zu einem großen Teil auf psychologische, soziologische und sprachwissenschaftliche Untersuchungen (Döring 2014; Eichenberg 2010, 2011, 2013; Winkel 2005). Hier steht gerade auch das junge Feld der ePublic Health vor großen wissenschaftlichen Herausforderungen (Karlheim 2016a).

Durch den schnellen technischen Wandel und die sich in einer stetigen Veränderung befindlichen Strukturen der virtuellen Verknüpfung mit den realen Strukturen und deren gegenseitiger Durchdringung ist die wissenschaftliche Forschung aufgefordert, sich diesen Herausforderungen zu stellen und Forschungslücken zu schließen. Viele Konzepte – theoretische wie auch methodologisch und methodische – finden noch nicht ihre Entsprechung für den virtuellen Bereich. In diesem Punkt sind die verschiedenen wissenschaftlichen Disziplinen gefordert, zusammen die gesellschaftlichen Entwicklungen in den Blick zu nehmen und Problemlagen zu identifizieren, um ihnen auf theoretischer und empirischer Basis zu begegnen.

Literatur

Abholz, H.-H. & Schmacke, N. (2014). Patienten mit Traurigkeit und Depression – Prävalenz, Therapie und Versorgung in der Hausarztpraxis. In Klauber, J., Günster, C., Gerste, B., Robra, B.-P. & Schmacke, N. (Hrsg.), *Versorgungs-Report 2013/2014. Schwerpunkt: Depression*. Stuttgart: Schattauer, S. 7-19.

Almeida, J., Subramanian, S. V., Kawachi, I. & Molnar, B. E. (2010). Is Blood Thicker Than Water? Social Support, Depression and the Modifying Role of Ethnicity/Nativity Status. In *Journal of Epidemiology and Community Health* 65 (2), S. 51-56.

Angermeyer, C. (2003). Das Stigma psychischer Krankheit aus der Sicht der Patienten – Ein Überblick. In *Psychiatrische Praxis* 30 (7), S. 358-366.

Badura, B., Bauer, J., Kaufhold, G., Lehmann, H. & Waltz, M. (1983). Herzinfarktrehabilitation und soziale Unterstützung: Erste Ergebnisse der Oldenburger Longitudianalstudie. In Ferber, C. v. & Badura, B. (Hrsg.), *Laienpotential, Patientenaktivierung und Gesundheitsselbsthilfe*. München: Oldenbourg Verlag, S. 191-220.

Badura, B. (1981a). Zur sozialepidemiologischen Bedeutung sozialer Bindung und Unterstützung. In Badura, B. (Hrsg.), *Soziale Unterstützung und chronische Krankheit: Zum Stand sozialepidemiologischer Forschung*. Frankfurt a. M.: Suhrkamp, S. 13-39.

Badura, B. (1981b). Krankheitsbedingte Belastungen und Unterstützungen. In Badura, B. (Hrsg.), *Soziale Unterstützung und chronische Krankheit: Zum Stand sozialepidemiologischer Forschung*. Frankfurt a. M.: Suhrkamp, S. 168-184.

Barney, L. J., Griffiths, K. & Banfield, M. (2011). Explicit and implicit information needs of people with depression. A qualitative investigation of problems reported on an online depression support forum. In *BioMed Central* 88 (11), S. 1-11.

Bastian, H., Waltering, A. & Zschorlich, B. (2010). Gesundheitsinformation.de und Informationsbedürfnisse. Aktueller Stand und Herausforderungen. In *Public Health Forum* 18 (3), S. 11.e1-11.e3.

Baumann, E. & Czerwinski, F. (2015). Erstmal Dr. Google fragen? Nutzung neuer Medien zur Information und zum Austausch über Gesundheitsthemen. In Böcken, J., Braun, B., & Meierjürgen, R. (Hrsg.), *Gesundheitsmonitor 2015: Bürgerorientierung im Gesundheitswesen*. Gütersloh: Verlag Bertelsmann Stiftung, S. 57-79.

Baumann, E. (2006). Auf der Suche nach der Zielgruppe – Das Informationsverhalten hinsichtlich Gesundheit und Krankheit als Grundlage erfolgreicher Gesundheitskommunikation. In Böcken, J., Braun, B. & Landmann, J. (Hrsg.), *Gesundheitsmonitor 2006*. Gütersloh: Verlag Bertelsmann Stiftung, S. 117-153.

Beck, K. (2014). *Soziologie der Online-Kommunikation*. Wiesbaden: Springer.

Beck, K. (2010). Soziologie der Online-Kommunikation. In Schweiger, W. & Beck, K. (Hrsg.), *Handbuch Online-Kommunikation*. Wiesbaden: VS Verlag für Sozialwissenschaften, S. 15-36.

Berger, T. (2009). „Meet the E-Patient". Chancen und Risiken des Internets für das Verhältnis von Gesundheitsfachleuten und ihren Klienten. In Kryspin-Exner, I. & Stetin, B. (Hrsg.), *Gesundheit und neue Medien. Psychologische Aspekte der Interaktion mit Informations- und Kommunikationstechnologien*. Wien: Springer Verlag, S. 73-83.

Bermejo, I., Hölzel, L., Voderholzer, U., Tebartz van Elst, L. & Berger, M. (2012). „Optimal versorgt bei Depression" – Freiburger Modell zur Integrierten Versorgung depressiver Erkrankungen. In *Zeitschrift für Evidenz, Fortbildung und Qualität im Gesundheitswesen* 106 (9), S. 625-630.

Böcken, J., Braun, B. & Landmann, J. (2009). *Gesundheitsmonitor 2009. Gesundheitsversorgung und Gestaltungsoptionen aus der Perspektive der Bevölkerung*. Gütersloh: Verlag Bertelsmann Stiftung.

Borgetto, B. (2013). Gesundheitsbezogene gemeinschaftliche Selbsthilfe – eine soziale Bewegung? In Deutsche Arbeitsgemeinschaft Selbsthilfegruppen e. V. (Hrsg.), *Selbsthilfegruppenjahrbuch 2013*. Gießen (Eigenverlag), S. 129-138.

Borgetto, B. (2004). *Selbsthilfe und Gesundheit. Analysen, Forschungsergebnisse und Perspektiven*. Bern u. a.: Hans Huber Verlag.

Breuer, L. & Barker, C. (2015). Online Support Groups for Depression. Benefits and Barriers. In *Self-Help & Self-Care* 12 (1), S. 1-8.

Bruns, W. (2012). *Gesundheitsförderung durch soziale Netzwerke. Möglichkeiten und Restriktionen*. Wiesbaden: Springer VS.

Deutsche Gesellschaft Psychiatrie und Psychotherapie, Psychosomatik und Nervenheilkunde (DGPPN), Bundesärztekammer (BÄK), Kassenärztliche Bundesvereinigung (KBV), Arbeitsgemeinschaft der Wissenschaftlichen Medizinischen Fachgesellschaften (AWMF),

Arzneimittelkommission der deutschen Ärzteschaft (AkdÄ), Bundespsychotherapeutenkammer (BPtK), Bundesverband der Angehörigen psychisch Kranker (BApK), Deutsche Arbeitsgemeinschaft Selbsthilfegruppen (DAGSHG), Deutsche Gesellschaft für Allgemeinmedizin und Familienmedizin (DEGAM), Deutsche Gesellschaft für Psychosomatische Medizin und Ärztliche Psychotherapie (DGPM), Deutsche Gesellschaft für Psychologie (DGPs), Deutsche Gesellschaft für Rehabilitationswissenscahften (DGRW) (Hrsg.) (2009). *S3-Leitlinie/Nationale VersorgungsLeitlinie Unipolare Depression – Langfassung*.

Döring, N. (2014). Peer-to-Peer-Gesundheitskommunikation mittels Social Media. In Hurrelmann, K. & Baumann, E. (Hrsg.), *Handbuch Gesundheitskommunikation*. Bern: Huber, S. 286-305.

Eichenberg, C., Wolters, C., & Brähler, E. (2013): The Internet as a Mental Health Advisor in Germany: Results of a National Survey. In *PLoS ONE* 8 (11), S. e79206.

Eichenberg, C. (2011). Psychotherapie und Internet. In *Psychotherapeut* 6 (2), S. 468-474.

Eichenberg, C. (2010). Empirische Befunde zu Suizidforen im Internet. In *Suizidprophylaxe* 141 (2), S. 67-74.

Eichenberg, C. (2006). Suizidforen im Internet: Gefahren oder präventiver Nutzen? In Deutsches Forum für Kriminalprävention (Hrsg.), *Internet-Devianz: Kriminalprävention geht uns alle an*. Berlin, S. 137-160. www.kriminalpraevention.de/downloads/as/internet/Internet-Devianz-finalweb.pdf. Zugegriffen: 10. Februar 2017.

Eichenberg, C., Otte, T. & Fischer, G. (2006). Suizidselbsthilfe-Foren im Internet: Eine Befragungsstudie. In *Zeitschrift für Klinische Psychologie und Psychotherapie* 35 (1), S. 30-38.

Fromm, B., Baumann, E. & Lampert, C. (2011). *Gesundheitskommunikation und Medien. Ein Lehrbuch*. Stuttgart: Kohlhammer.

Gaebel, W., Kowitz, S., Fritze, J. & Zielasek, J. (2013). Use of health care services by people with mental illness. Secondary data from three statutory health insurers and the German Statutory Pension Insurance Scheme. In *Deutsches Ärzteblatt International* 110 (47), S. 799-808.

Gerste, B. & Roick, C. (2014). Prävalenz und Inzidenz sowie Versorgung depressiver Erkrankungen in Deutschland – Eine Analyse auf Basis der in Routinedaten dokumentierten Depressionsdiagnosen. In Klauber, J., Günster, C., Gerste, B., Robra, B.-P. & Schmacke, N. (Hrsg.), *Versorgungs-Report 2013/2014. Schwerpunkt: Depression*. Stuttgart: Schattauer, S. 21-54.

Goffman, E. (1975). *Stigma. Über Techniken der Bewältigung beschädigter Identität*. Frankfurt a. M.: Suhrkamp.

Goffman, E. (1972). *Asyle. Über die soziale Situation psychiatrischer Patienten und anderer Insassen*. Frankfurt a. M.: Suhrkamp.

Grieken, R. A. v., Kirkenier, A., Koeter, W., Nabitz, U. & Schene, A. (2015). Patients' perspective on self-management in the recovery from depression. In *Health Expectations* 18 (5), S. 1339-1348.

Griffiths, K., Reynolds, J. & Vassallo, S. (2015). An Online, Moderated Peer-to-Peer Support Bulletin Board for Depression. User-Perceived Advantages and Disadvantages. In *Journal of Medical Internet Research* 2 (2), S. e14/1-11.

Griffiths, K., Calear, A. L. & Banfield, M. (2009a). Systematic Review on Internet Support Groups (ISGs) and Depression (1): Do ISGs Reduce Depressive Symptoms? In *Journal of Medical Internet Research* 11 (3), S. e40.

Griffiths, K., Calear, A., Banfield, M. & Tam, A. (2009b). Systematic Review on Internet Support Groups (ISGs) and Depression (2): What Is Known About Depression ISGs? In *Journal of Medical Internet Research* 11 (3), S. 1-15.

Hegerl, U. & Kocalevent, R.-D. (2010). Depression und Suizidalität. In *Public Health Forum* 66 (18), S. 13.e1-13.e3.

Jähn, K. (2010). Webportale für Gesundheit. In *Public Health Forum* 18 (3), S. 9.e1-9.e3.

Kardorff, E. v. (2010). Zur Diskriminierung psychisch kranker Menschen. In Hommel, U. & Scheer, A. (Hrsg.), *Diskriminierung*. Wiesbaden: VS Verlag für Sozialwissenschaften, S. 279-305.

Kardorff, E. v. (2008). Virtuelle Netzwerke – neue Formen der Kommunikation und Vergesellschaftung? In Willems, H. (Hrsg.), *Weltweite Welten. Internet-Figurationen aus wissenssoziologischer Perspektive*. Wiesbaden: VS Verlag für Sozialwissenschaften, S. 23-55.

Karlheim, C. (2016a). *Hilfe@Depressions-Online-Forum. Eine qualitative Studie zu Unterstützungs- und Hilfebestrebungen in Depressions-Online-Foren im Internet.* Dissertation, Universität Bielefeld.

Karlheim, C. (2016b). Entstigmatisierungstendenzen in Depressions-Online-Foren. In Schulz, M., Schoppmann, S., Hegedüs, A. & Gurtner, C. (Hrsg.), *„Fremdsein überwinden", Vorträge, Workshops und Posterpräsentationen. 13. Dreiländerkongress Pflege in der Psychiatrie in Bielefeld*, S. 133-137.

Karlheim, C. & Steffen, H.-T. (2013a). Die fünfte Welle: Selbsthilfe in Deutschland zwischen ‚realer' und ‚virtueller' Selbstbezogenheit. In *Neue Praxis* 43 (3), S. 263-273.

Karlheim, C. & Steffen, H.-T. (2013b). Neue Medien und die Selbsthilfe: Bürger- und Patientenbeteiligung zwischen Expansion und Kompression? In *Soziale Arbeit* 62 (12), S. 498-505.

Karlheim, C. & Schmidt-Kaehler, S. (2012). Die Internetrevolution – Implikationen für die Patientenberatung. In Schaeffer, D. & Schmidt-Kaehler, S. (Hrsg.), *Lehrbuch Patientenberatung*. Bern: Huber, S. 133-144.

Kray, R. (2010). Achtung: Patientendämmerung online! In Koch, C. (Hrsg.), *Achtung: Patienten online! Wie Internet, soziale Netzwerke und kommunikativer Strukturwandel den Gesundheitssektor transformieren*. Wiesbaden: Gabler, S. 5 18.

Krotz, F. (2008). Kultureller und gesellschaftlicher Wandel im Kontext des Wandels von Medien und Kommunikation In Thomas, T. (Hrsg.), *Medienkultur und soziales Handeln*. Wiesbaden: VS Verlag für Sozialwissenschaften, S. 44-62.

Kurth, B. M. (2012). Erste Ergebnisse aus der „Studie zur Gesundheit Erwachsener in Deutschland" (DEGS). In *Bundesgesundheitsblatt-Gesundheitsforschung-Gesundheitsschutz* 55 (2), S. 980-990.

Lenz, T. & Zillien, N. (2008). Gesundheitsinformationen in der Wissensgesellschaft: Empirische Befunde zur gesundheitlichen Internetnutzung. In Jäckel, M. & Stegbauer, C. (Hrsg.), *Social Software: Formen der Kooperation in computerbasierten Netzwerken*. Wiesbaden: VS Verlag für Sozialwissenschaften, S. 155-173.

MSL Germany (2012). *Wie social ist das Gesundheits-Web? Die MSL-Gesundheitsstudie 2012.* Berlin: MSLGROUP Germany (Eigenverlag).

Pohontsch, N., Müller, V., Brandner, S., Karlheim, C., Jünger, S., Klindtworth, K., Stamer, M., Höfling-Engels, N., Kleineke, V., Brandt, B., Xyländer, M., Patzelt, C. & Meyer, T. (2017). Gruppendiskussionen in der Versorgungsforschung – Teil 1: Einführung und Überlegungen zur Methodenwahl und Planung. In *Das Gesundheitswesen*. doi: 10.1055/s-0043-104379.

Preiß, H. (2010). *Gesundheitsbezogene virtuelle Selbsthilfe – Soziale Selbsthilfe über das Internet*. Aachen: Shaker Verlag.

Rademacher, L. & Remus, N. (2010). Kommunikationsmanagement im Gesundheitswesen. In Koch, C. (Hrsg.), *Achtung: Patienten online! Wie Internet, soziale Netzwerke und kommunikativer Strukturwandel den Gesundheitssektor transformieren*. Wiesbaden: Gabler, S. 41-61.

Rosenbrock, R. (1998). Gesundheitspolitik. In Hurrelmann, K. & Laaser, U. (Hrsg.), *Handbuch Gesundheitswissenschaften*. Weinheim: Juventa, S. 707-751.

Rossmann, C. & Karnowski, V. (2014). eHealth und mHealth: Gesundheitskommunikation online und mobil. In Hurrelmann, K. & Baumann, E. (Hrsg.), *Handbuch Gesundheitskommunikation*. Bern: Verlag Hans Huber, S. 271-285.

Schafft, S. (1987). *Psychische und soziale Probleme krebserkrankter Frauen. Über die Bewältigung einer Krebserkrankung im sozialen Umfeld, der medizinischen Versorgung und in Selbsthilfegruppen*. München: Minerva.

Winkel, S. (2005). *Suizidalität bei Jugendlichen und jungen Erwachsenen. Die Nutzung von Gesprächsforen im Internet*. Dissertation, Universität Bremen.

Wittchen, H.-U. & Hoyer, J. (2011). *Klinische Psychologie & Psychotherapie*. Berlin: Springer.

Zschorlich, B., Gechter, D., Janßen, I. M., Swinehart, T., Wiegard, B. & Koch, K. (2015). Gesundheitsinformationen im Internet. Wer sucht was, wann und wie? In *Zeitschrift für Evidenz, Fortbildung und Qualität im Gesundheitswesen* 109 (1), S. 66-68.

Conceptual and Ethical Considerations for Citizen Science in Biomedicine

Amelia Fiske, Lorenzo Del Savio, Barbara Prainsack and Alena Buyx

Abstract

Patients and healthy citizens are taking part in biomedical research in unprecedented numbers and ways. While the lion's share of participation occurs in a 'traditional' manner where individuals volunteer to be researched, people without professional training are also increasingly contributing to scientific knowledge production as so-called citizen scientists. In many projects, lay participants share decision-making power with professional researchers, jointly setting the research agenda, planing the study, acquiring funding, and selecting the methodology. In some instances projects are led exclusively by 'lay' people who carry out data collection and analyses, and disseminate the results. Despite their diversity, all of these practices are often subsumed under the label of 'citizen science'. While enthusiasm for citizen science is growing, substantive ethical and political analyses of this phenomenon are still scarce. Differentiating among citizen science initiatives according to the main type of task that citizen scientists are expected to contribute, we provide a taxonomy to distinguish between different strands of participatory practices. As citizen science of medicine continues to develop, we predict that self-policing practices of stakeholders are likely to play an increasingly important role. We close by discussing emerging ethical considerations around these initiatives.

Keywords

citizen science; biomedicine; participation; ethics; knowledge production; clinical research; health care

The participation of 'lay' people in biomedical research is currently receiving increasing attention in mass media, scholarly literature, and among government officials (EC 2014). In health care and the life sciences, there has been a wide and diverse array of such patient-centric and participatory initiatives (Kaye et al. 2011; Kelty and Panofsky 2014). The expansion of citizen science into areas of biomedical research – an area dominated by professional experts – has been framed as an important contribution to the democratization of research (Woolley et al. 2016) that adds new perspectives and value to clinical research (Collier and Danis 2017), and to health care more broadly (Topol 2015). Yet, while enthusiasm for citizen science continues to grow, substantive ethical and political analyses of this phenomenon remain scarce. Given that a diverse range of practices are often subsumed under the label of "citizen science," this chapter presents an overview of citizen science projects in biomedicine and discusses ethical aspects for consideration in connection with these initiatives.

1 Citizen science in biomedicine: An overview

Citizen science – understood as the participation of non-professionals at any phase of scientific research – has been widely celebrated for creating creative synergies of lay and expert collaboration, or even making science more democratic (Woolley et al. 2016; Topol 2015). Yet the term 'citizen science' encompasses a tremendous diversity of projects that engage members of the public in scientific activities, ranging from minimally-participatory pursuits such as observation or data recording to more radical initiatives seeking to emancipate biomedical research partly or entirely from its traditional associations. In what follows, we open by sketching the spectrum of practices included within citizen science of biomedical research.

Increasingly, both patients and healthy volunteers are involved in large-scale genomics projects and other studies, whether as donors of samples and data, or as micro-funders. For example, the *American Gut Project* and its transatlantic offshoot, the *British Gut Project*, collect and sequence gut bacteria samples from volunteers who fill out questionnaires about their health and diet, and mail a stool sample to the project for analysis. As participants also contribute financially for this analysis, the projects also include an element of 'crowd-funding'. While initiatives such as these rely on volunteers who knowingly contribute information, samples, or funding as their central objective, in other projects such contributions constitute a by-product of an activity that serves another purpose. For instance, in the health related social networks such as *PatientsLikeMe* or *Curetogether,* platforms to facilitate patient support have been created that also collect large amounts of structured and unstructured data on participant symptoms, comorbidities, drug regimes, side effects, functional changes, and other aspects of lives and diseases that can be employed for research and in business. Yet, the use of citizen science (CS) to improve declining rates of participation in epidemiological studies has also raised questions (Buyx et al. 2017). Some projects facilitate and encourage 'radical' forms of participation in biomedical research (such as self-experimentation), and others rely on selling patient data to companies as their business model (Kallinikos and Tempini 2014; Tempini 2014, 2015). In another vein, there are platforms which encourage people to play online games that help biomedical scientists with complex analytical tasks, e.g. *Eyewire* or *FoldIt* (Khatib et al. 2011), or to participate in the design of clinical trials, either on their own initiative or upon invitation by study organizers, e.g. through the platform *TransparencyLS*. Farther afield, so-called 'Do-It-Yourself biologists' meet to practice molecular biology outside of the confines of established research institutions, which many proponents of 'DIY bio' see as corrupted by commercial interests (Delfanti 2010a; Tocchetti 2012).

As illustrated by this brief overview, this emerging field of research is highly heterogeneous. Citizen scientist practitioners and active online debates have noted the recurring difficulty of, on the one hand, understanding 'citizen science' as a coherent set of shared practices, and on the other, representing the diversity of experiences, activities, and contexts in which it occurs (Eitzel et al. 2017). What links the various projects subsumed under the label of 'citizen science' is the participation of non-professionals in procuring funding, collecting or generating data, analyzing, interpreting, and applying results, or evaluating and disseminating scientific research. It is clear that the nature of participation, and the extent to which 'lay people' lead or contribute to these projects, varies widely. A patient who uploads personal information on her medical condition to a social network ultimately has minimal influence in deciding what will happen with her data. By contrast, a 'biohacker' typically has much more decision-making power about the goals, direction, and results of the projects she engages in (Prainsack 2014a). In addition, while some practices subsumed under the label of CS have only become possible through the advent of digital social media, others have long lineages leading back to the 'amateur science' of the pre-modern era or the 'radical science' movements of the 1970s (Parsons 2003). Thus, while underscoring the heterogeneity of practices at hand, we find that it is still productive to speak of a 'field' – albeit a broad and dynamic one – of citizen science of biomedicine in order to address key ethical and political concerns with this growing area of research.

Amidst celebratory accounts of how citizen science is disrupting allegedly 'traditional' science, it is important to keep in mind that the distinction between academically trained scientists and 'lay people' is relatively recent. Before the professionalization and institutionalization of science, entrance barriers to scientific knowledge production were less formalized than today and many 'amateurs' could participate in cutting-edge scientific debates – although due to socio-economic barriers, science was largely the prerogative of an elite of white, educated, 'gentlemen' (Haraway 1997; Shapin and Schaffer 1989). Partly due to increased professionalization in the 19th and 20th centuries, science started to be perceived as 'foreign' to the preoccupations of common citizens, and instead came to be associated with state and/or corporate organizations pursuing specific objectives (Clifford 2005; Wiggins and Crowston 2015).

In view of historical changes in concept of science and the diversity of participatory phenomena, it is challenging to develop a meaningful typology of CS initiatives in biomedicine. We propose to differentiate CS according to the core feature that sets it apart from established professional science: by the principal task that citizen scientists are expected to contribute (see Table 1). We have outlined different resources, or inputs, that feed into research projects. Citizen scientists can be asked to provide funds (crowdfunding), data or biological samples, and/or their analytic capacities (e.g. in gamified research tasks). These three forms of CS usually do not involve citizens in the design and planning of research: they are plain forms of crowdsourcing tasks determined by professionals (Del Savio et al. 2016). More structured forms of lay participation feature in research projects hosted through patient social networks and in the biohacking movement. The former is also a form of crowdsourcing, but it may also facilitate more patient-driven research projects where participants decide on research questions and direct the course of study (Tempini and Del Savio 2018). Biohacking, on the other hand, is entirely devised by participants who programmatically describe themselves as 'outsiders' to mainstream institutionalized science and resist any form of top-down direction from established research institutions. With an eye to distinguishing between these different, yet sometimes overlapping kinds of labor, we outline some examples for each of these five categories in Table 1.

Tab. 1 Taxonomy of citizen science by type of input

Type of contribution suggested or required by the project	Description	Examples	Sources (websites)
Crowdfunding	Participants contribute to the funding of a research project, often in addition to existing funding from research grants or from other sources of revenue. Usually, top-down. Self-selection of participants.	American Gut Project; British Gut Project; uBiome; crowdfunding platforms (e.g. Experiment)	humanfoodproject.com/americangut; www.britishgut.org; ubiome.com; experiment.com/discover/medicine
Data or specimen collection	Self-selected participants contribute samples and/or data to large-scale data initiatives. Sometimes they share their anonymized data in public domain data sets, or with specific research groups/projects. Usually top-down.	PersonalGenomes; 23&me; Genomera; OpenHumans (portal); American Gut Project; British Gut Project	www.personalgenomes.org; www.23andme.com; genomera.com; openhumans.org;
Social network & sharing platforms	Communities of self-selected patients share experiences with, and descriptions of, symptoms and treatments. Some of these are connected to (public and commercial) data-initiatives and/or to recruitment for research trials. Top-down, sometimes they facilitate bottom-up patient-initiated projects.	PatientsLikeMe; Curetogether; PatientInnovation	www.patientslikeme.com; curetogether.com; patient-innovation.com
Gaming	Complex analytic research tasks – especially visual tasks – are 'gamified' and crowdsourced, i.e. they are set up as problems that can be tackled by online self-selected players. Always top-down.	Eyewire; FoldIt	eyewire.org/signup; fold.it/portal
Biohacking	Meet-ups of self-selected amateur and/or off duty scientists collaborating on research projects independently from corporate and academic science. Often also promoting ideals of peer-to-peer and open science. Usually bottom-up.	Do-It-Yourself biology groups	www.diygenomics.org; diybio.org

Researchers have sought to capture this diversity of participatory practices and their effects (Kelty and Panofsky 2014; Lengwiler 2008), asking if and how CS makes science more socially robust (Prainsack et al. 2014, p. 147–64). Others have argued for a broader understanding of the many characteristics of CS that reflect the heterogeneity of initiatives, citing the potential for citizen science projects to increase the amount of scientific data, expand scientific literacy, build community leadership, level expert and lay inequalities, challenge authority, drive policy change, and advance struggles for justice in addition to concerns about participation (Kimura and Kinchy 2016). While promoters and analysts of CS discuss a variety of benefits that such approaches may yield, ethical and political analyses of this phenomenon are underdeveloped. In view of this, we have systematically analyzed the scholarly literature and CS websites to compile an overview of benefits engendered across this diverse field. Our aim is to contribute to furthering discussion of potential ethical and policy frameworks that are developing around these initiatives, and to ground policy recommendations in the avowed objectives of the actors involved in CS. This research was conducted between December 2014 and March 2015. We employed a search engine for scholarly works in the social sciences (Scopus) and relevant links that could be drawn from internet platforms dedicated to CS (Zooniverse, SciStarter, PatientsLikeMe) and from CS websites.

2 Objectives of citizen science

One of the roots of contemporary uses of the concept of "citizen science" is Alan Irwin's 1995 book titled *Citizen Science*. The book focused on the participation of members of the public in science policy, especially in environmental sciences and sustainable development. Such work in the social studies of science shares its lineage with the 'radical science' movements of the 1970s, when a number of professional scientists and activists started challenging the predominant idea of science as a politically neutral enterprise, as well as the relegation of controversial concerns to the social uptake of science and technology. Another root of current uses of the term 'citizen science' is commonly attributed to the work of ornithologist Rick Bonney at Cornell University. Bonney and colleagues involved amateur ornithologists in filling out bird viewings surveys. Many volunteers subsequently wrote extensively obout their methodologies, calling their projects 'citizen science' (Brossard et al. 2005; Bonney et al. 2009; Shirk et al. 2012; Riesch et al. 2013). Bonney, colleagues, and other analysts reflecting on CS in conservation biology have explored what large numbers of participants can do for biodiversity surveillance, as well as the educational dividend of such projects (Cohn 2008; Kelty et al. 2014).

These two roots of the concept CS are quite different. Within the Irwinian tradition of CS, goals and benefits are mostly discussed in terms of the *democratization of science*; that is broadening the range of people who have a say in what and how science should be conducted and regulated, and thereby enhancing the quality of public deliberation. In the scholarship following Bonney and colleagues, public engagement and *citizen education* feature more prominently. Another discernable difference between these two traditions is in their approach towards knowledge production. In the lineage of Irwin, the focus on democratization emphasizes the contributions that non-professionally trained people make to agenda setting, formulation of research questions, and implementation of scientific projects. Following Bonney, attention to issues of public engagement and education does not disrupt existing hierarchical models of scientific knowledge production. In other words, in the former, volunteers make epistemic contributions and have a say in what values the project should pursue, while the latter retains a more unidirectional flow of power and information from professional scientists to citizen scientists. Scientists *explain science to non-professionals* (i.e. by taking them on board in research projects).

While the Irwinian and the Bonneyan approaches are commonly understood as the principal origins of contemporary understandings of CS, the long-standing tradition of patient activism and ideals of *patient empowerment* is essential for an analysis of participatory approaches in the medical domain. The pioneering work on AIDS-patient activism by sociologist Steven Epstein (1996) is a seminal contribution to the exploration of citizen participation in science and medicine. Although Epstein did not use the term CS, Epstein's work is in line with trends towards more patient inclusion and participation in clinical decision making (e.g. Fox et al. 2008). Similarly, scholarship on patient empowerment and on the shift away from traditional, paternalistic models of medical practice is linked to the adoption of participatory language in the health domain broadly, and in medical research in particular (Crisp 2012). An important set of analyses on CS points to the epistemic value of input from 'lay' people in research, especially patients. In particular, Rabeharisoa et al. (2002, 2013) have identified a form of 'evidence-based activism' among patient groups that have come to be recognized as competent experts in the management of, and research on, their own condition. These epistemic objectives of participation arguably distinguish participation in *scientific projects* from public and patient participation in healthcare more broadly (the latter have resulted, for example, in efforts in the UK to improve Patient and Public Involvement in healthcare and healthcare oriented research). Under approaches that see patient empowerment as a principal goal of CS, we can trace the participation of non-professionals in scientific projects through a shared lineage with earlier forms of patient activism.

Another key development underlying participatory approaches to science that was typically not acknowledged in the literature we analyzed is the spread and increasing power of *networks and information technologies* as an enabler of the current growth and spread of CS. Advances in digital media, portable devices, open-source databases, and social networking have broadened both the scope and speed by which publics can contribute to knowledge production (Prainsack et al. 2014). Many of these initiatives embrace the rhetoric of citizen participation and democratization in communicating their objectives to publics and potential participants. While promises of a 'new economy' founded on the unprecedented capacities of networks are spreading in popular and academic books, parallel imaginaries of networked research are also being published (Nielsen 2011; Parsons et al. 2011). On this basis, there is talk of networks that are 'reinventing discovery' or 'revolutionizing medicine' (Topol 2012; Rank 2012; Basset et al. 2012). In particular, some biomedical researchers argue that IT networks could benefit their disciplines, as well as health care more broadly, either because networks will allow the retrieval of a large amount of individual-level health data for epidemiological studies and surveillance programs (Weber et al. 2014), or because networks permit the mobilization of a variety of *active* contributions to research from laypeople. More generally, approaches to gathering data for research based on the Internet (and especially social media) are sometimes called 'Science 2.0' (Shneiderman 2008); the label 'Medicine 2.0' is also sometimes used for CS projects (Eysenbach 2008). According to a review of patient social networks and online platforms for recruitment in clinical trials carried out in the late 2000s, 'there is a broadly accepted view that *someday* technology will deliver a huge payoff: the ability to integrate and analyse data across the entire healthcare continuum, from basic research through clinical trials and patient care' (Allison 2009). CS is often treated as a part of this promise. This marks an additional goal promoted by CS projects, i. e. capturing the benefits of IT technologies in the biomedical sciences and catalyzing their spread.

In the literature we found that a technological development of great importance for CS in the biomedical domain is the rapid advancement of *next generation genomics*. The establishment of genomic datasets may require active mobilization of citizens, for which CS is seen as a resource (Özdemir et al. 2013; Eriksson et al. 2010). In addition to donating DNA samples, people are invited to fill out questionnaires about phenotypic traits or lifestyle, thereby contributing to the depth and breadth of the dataset held by the service provider (whether a commercial or a not-for-profit one). Talk of 'partnership' and 'data sharing' between participants and researchers, and promises of self-knowledge through genomics are part and parcel of some human genomics data initiatives (Angrist 2010). This is illustrated by the adoption of participatory language and tools in initiatives such as *PersonalGenomes*, which aims to recruit a vast number of data donors and to foster a culture of data sharing and transparency that may bypass concerns about genomic privacy, which are sometimes perceived by researchers as obstacles to their studies. An ambitious picture of participatory genomics is fleshed out by Swan et al. (2010), who suggest that "crowd sourced cohorts of citizen scientists (e. g. patient registries) could be a significant resource for testing multiple hypotheses as research could be quickly and dynamically applied in various populations. Engaged citizen scientists could collect, synthesize, review, and analyse data. They could interpret algorithms, and run bioinformatics experiments." There are few examples of CS projects in genomics that involve citizens in analytic work, likely due to the significant skill set for such complex tasks. However, the need to recruit many participants in large-scale genomic projects remains a prominent goal of participatory research in biomedicine.

Technological developments in genomics are in turn relevant factors for the success of the concept of a *personalized* – or, more recently, *precision medicine* –, an ideal that is seen to structure contemporary biomedicine (Reardon 2011; Prainsack 2017) and supports the spread of CS. Large cohorts of individuals and datasets, including diachronic datasets, are necessary to sustain the vision of an individualized medicine with validated knowledge. Some data infrastructures are already in place, e. g. centralized databases of medical records, biobanks, and health surveillance systems. However, their expansion and use in research may require substantial adaptation for health and research systems. Growing forms of participation and CS are seen to increase this vision (Prainsack 2014a). The online platform 'Openhumans', for example, sets out to link CS projects and large-scale genomic projects that share an ethos of data sharing, openness, and transparency. 'Openhumans' aims to facilitate the exchange of data standards among scientists and increase access to CS projects for potential participants. We also found that emerging lifestyle trends were sometimes seen to align with shifting attitudes towards research, in particular the self-tracking movement and its cognate trend, quantified self (QS). QS promotes an array of methods for personal tracking of vital, biomedical, and psychological signs. The main objective of QS is the promotion of personal health. However, at least some advocates of QS explicitly envision participants as QS-personal scientists who help experts make discoveries and disseminate findings, as observed by Lupton (2015; cf. the introductory chapter and Heyen in this volume). Such contributions from patients and healthy people are taken to enhance the chance of success of personalized medicine (Topol 2015). While some of the initiatives of QS, open data, and personalized medicine activists are contentious, they also delineate another goal of CS: the potential to facilitate the development of databases of longitudinal and individual level information, which could power a more personalized (in the sense of more precise) medicine (Hood and Friend 2011).

Another prominent thread in the literature pertains to the similarities between some CS initiatives with social movements for free software and hackers. Delfanti (2013) has argued that *do-it-yourself biologists* and *biohackers* who fashion themselves as citizen scientists are the heirs of hackers and free software movements. While related concepts, do-it-yourself biologists tend to form part of social movement that engages individuals and community groups in the study of the life sciences outside of traditional institutions, often aligning with open science and maker community ideals. Biohackers, while engaging in similar activities, tend to have a more explicitly political bent to their work, such as the creation of an open-source form of insulin (cf. Open Insulin Project). Groups of do-it-yourself biologists and biohackers translate the ideals and aspirations of peer-to-peer (P2P) movements into biomedical sciences (Tocchetti 2012, 2015; Delfanti 2010a, 2010b, 2013). The key benefits of CS (and open source approaches more generally) according to these organization scholars are: (1) a large quantity of labor input, (2) the access to rare and specialized skills permitted by open recruitment, and (3) the reliance on a greater diversity in knowledge and experience possessed by participants.

While this literature covers the phenomenon of CS where it overlaps with grass-root movements, the engagement of users, consumers, and citizens from the early phases of product development (and policy making) is described as the new normal in management, marketing, and governance theory (cf. for healthcare Robert et al. 2015). Cooper and Waldby (2008) interpret the spread of CS and patient social networks and their connection to the pharmacological industry in this light. Fuzzy distinctions drawn between public education, patient empowerment, and the marketing of a given research or commercial agenda have been flagged as especially problematic in this respect (Woolley et al. 2016; Juengst et al. 2012; Prainsack et al. 2008). Likewise, Lupton has argued that a "digital patient opinion economy" including CS projects is growing on the basis of 'prosumption' (Toffler 1980; Beer and Burrows 2010), a term that indicates the increasingly blurred boundaries in online platforms between consumers and producers (Lupton 2014). While the latter are more critical appraisals of CS, there are several sympathetic reviews of participatory initiatives that aim to harvest the "cognitive surplus" of crowds as well as their unique knowledge (Surowiecki 2005; Shirky 2010). Some participatory platforms are explicit about this inspiration, for instance the crowd-sourced clinical trials platform *TransparencyLS*. Advocates of co-creation and user-led innovation argue that the technology transfer of user-based innovation to industries will speed up the delivery of goods to those in need (von Hippel 2015). For instance, the non-profit university spin-off *Patientinnovation* is a platform for sharing technological solutions devised by patients, their families, and caregivers. Some argue that in the absence of such platforms, users' innovation would have little chance of ever reaching the market, either because they address the needs of a small market niche (rare diseases), or because R&D carried out by companies is unable to gather the individual level-knowledge that only patients and caregivers can access. Thus, cost, time, and epistemic advantages of sharing platforms and social networks as *innovation* systems, are another key benefit for biomedical research that CS is seen to promote.

The final goal of CS that we distilled from the literature pertains to the aim of *cost reduction*. Most literature implicitly understands the untapped human power that can be mobilized by participatory CS projects as a benefit in terms of cost – although there has recently been an effort to quantify the financial value of CS contributions (Sauermann and Franzoni 2015). Critical perspectives on this aspect are otherwise largely absent in the literature we analyzed, although the concern about the distributive consequences of CS emerged in an empirical report dedicated to scientists' perception of CS (Riesch and Potter 2014).

On the basis of this analysis, we developed a map of the goals of CS (see Table 2). Each of the nine categories points to important goods that CS is seen to bring to biomedical research in the literature.

Tab. 2 Mapping the goals of CS

Goal	Description	Reference (e.g.)
Democratization	Enhancing inclusivity of science and citizens' control on over scientific and technological development	Irwin 1995
Education	Increasing scientific literacy of the citizenry	Bonney et al. 2009
Empowerment	Empowering citizen and patients vis-à-vis research and medical personnel	Rabeahrisoa et al. 2013
Networks	Reaping the benefits of IT networks, social networks, social media in the biomedical sciences	Nielsen 2011
Genomics	Scaling up the yield of next generation genomics and other biomedical technologies	Angrist 2013
Personalized medicine	Moving towards a more personalized, precise and data-rich medicine	Prainsack 2014b
P2P science	Fostering peer-to-peer and open science	Delfanti 2010a, 2010b, 2013
Innovation	Fostering innovation, preventing stagnation in biomedical innovation	Cooper and Waldby 2008
Costs	Dealing with increasing costs in research and healthcare.	Sauermann and Franzoni 2015

Our cartography is a point of departure for further explorations, not a comprehensive tableau of all goals and ends that CS may address. There are many normative as well as empirical questions highlighted by our survey that are still unresolved in the literature. The cartography is, however, a starting point for reflections on the development of regulations and policy surrounding CS. One particularly important feature emerges from the important role that heterogeneity plays in CS projects: it should be clear that no 'one-size-fits-all' approach can, or should, be seen to cover the variety of concerns that arise in projects subsumed under the label of "citizen science".

3 Citizen science in biomedicine: Ethical considerations

One starting point for research policy in the biomedical sciences is the ethics of human subject research: in 'traditional' human subject research, individuals, often patients, are experimented upon and/or used as sources of data and samples. Research policy grounded in human subject research ethics aims to protect research subjects from unnecessary and undue risks and harm. It also seeks to protect the subject's autonomy and her interests and rights if, and when, they conflict with the interests of researchers and third parties.

Whether the frameworks used in such a setting can be transposed to contexts where patients or participants are heavily involved in determining research designs and methods is debated; this is what Lisa Rasmussen (2016) calls the "ethics gap" between traditional research and CS. It could be argued that participatory research is one of the positive results of many decades of work towards more patient and participant autonomy in medicine and research. When people actively participate in research and research-related decision making and agenda setting, they exercise their autonomy in immediate ways. Indeed, participatory research holds the potential to address some of the major ethical concerns that typically emerge in the context of biomedical research. O'Connor (2013), for example, argues that the more research is "unmediated" by professionals, clinicians, and other experts, and the more influence that participants have in determining the goals and methods of a study, the lower the risk that the interests of the research subjects are compromised. On this basis, it has been claimed that participatory research represents a fundamental paradigm change, requiring an entirely new way – a new social contract – of assessing and evaluating research (Vayena et al. 2015). Others have argued that forms of citizen ethics reviews should be developed to accompany and facilitate citizen science, that is to say, forms of governance based on self-restraint and self-policing based in the CS community itself (Vayena and Tasioulas 2013a, 2013b).

Such theses are interesting, bold, and instructive, and we agree that there is much that is *prima facie* beneficial and exciting about participatory research. This body of work also prompts the question: should research ethics step aside and let this beneficial phenomenon develop and prosper? Should researchers focus on the many ethical issues in traditional research (e. g., scientific misconduct, fraud, risk assessment, publication bias, conflicts of interest, bad statistics), and leave the field of CS, which looks so much more benign, alone? We believe that in view of the heterogeneity presented in the goals of CS described above, and in order to truly bring forward the various benefits of CS we identified in the literature, the answer to such questions must be a resolute "no" for biomedical CS.

CS initiatives, particularly in the biomedical sphere, bring with them the potential of (sometimes bodily) harm, and thus it is necessary to discuss ethical forms of evaluation for such initiatives. The plurality of interests at play in CS raises the possibility of conflicting aims, and clear analysis is needed to evaluate how these should be resolved. Moreover, it is not self-evident that all the beneficial goals described above are achieved in actuality. Certainly, an emerging field like CS should not be stifled with heavy-handed regulation that is unsuited to capture its many novel aspects. At the same time, however, there are good reasons to require a certain amount of reflection and review in order to preserve the integrity of CS and the trust in the field. An analysis of potential ethical issues of CS projects would not hinder those initiatives that are truly in the spirit of the various goals sketched out above. In sum, we believe that some constraints should be put on CS approaches that could take a lighter-touch approach than governance models of more traditional research setting. Based on recognized principle of research ethics (WMA Declaration of Helsinki, Emmanuel et al. 2000), we discuss a series of ethical considerations for CS.

Social or scientific value

Research involves risks, and to be considered ethical, it must address questions of social or scientific importance; usually the development or improvement of interventions, technologies and treatments to improve health, or the extension of scientific and clinical knowledge. In top-down CS initiatives with scientists in control, the judgment regarding whether social and/or scientific value is high enough to proceed is typically reached in a "traditional" way, as part of mandatory review by the institutional review board (IRB). However, this is not the case for bottom-up CS studies – that is, projects initiated or run by people in their capacity as patients or citizens, outside of research institutions. It could be argued that, in such cases, there is no need to demonstrate social or scientific value, because the fact that citizens decided to run such a project is itself an expression of at least the social value of the endeavor. Moreover, unlike in conventional research, there is no scientific or clinical institution that exposes participants to risks for the institution's benefit. On the contrary, for example in the case of orphan disease research, patients or their family members have initiated studies themselves because they see no other option to access novel and experimental technologies and treatments. In such bottom-up projects, social and scientific value could be generated for those involved in a very direct way.

Nevertheless, it would be problematic if CS initiatives feigned being participant-led in order to avoid having their value examined when their studies are in fact top-down and not controlled by participants. Issues also emerge if the patients or citizens running the project do not provide meaningful information to new participants about the aims and risks of the project. These considerations are particularly important because the assessment of value in conventional research is a necessary precondition to receive funding. Many CS initiatives bypass the need for traditional funding, e. g. by opting for crowdfunding. This could be because it is simply easier to obtain financial support through crowdfunding instead of from established sources, or because the project requires a very wide distribution of data or sample providers, and volunteers are asked to contribute to the costs as well. It could also be the case that a research area is so new, esoteric, or controversial that it would be difficult or impossible to obtain support from traditional funders. If funding is secured through non-traditional routes, the "obstacle" of assessing value as part of IRB approval is removed. This, in turn, is an incentive for initiatives to pretend to be self-organized CS, even when they are not.

Scientific validity

Ethical research ought to be conducted with methodologically rigorous standards and should produce reliable and valid data. By virtue of their organization and structure, CS projects often face difficulties demonstrating that their research is feasible and scientifically rigorous. It has been argued that virtually all research conducted through online platforms has methodological limitations, including small sample size and inadequate data analysis (Jansen and Kraft 2012). Data quality has been considered particularly problematic for CS projects that use self-reported data from users. There are many known biases in self-reported data, including selection biases, detection biases, and the difficulty of removing confounding factors. Some of these limitations are shared with many types of observational studies. Other issues, however, are being exacerbated by online recruitment, or by a lack of expertise of those who run the study. Such problems are likely to be particularly prevalent in self-organized, bottom-up studies run by patients and lay people, who might not have the same training, skills, and facilities available as professional experts conducting conventional research.

Fair subject selection

Research should strive to select representative samples where feasible, not unfairly target vulnerable groups, nor unduly privilege others. Due to their reliance on self-recruitment and web-based tools, bottom-up CS projects regularly have convenience-based samples. In such projects, the proportion of educated and well-off people with digital literacy is often particularly high, as has been observed for CS projects in non-medical disciplines as well as in medicine (Haklay 2015; Del Savio, Prainsack and Buyx 2017). Data resulting from such studies might thus disproportionately represent wealthy and healthy people, bearing the danger of exacerbating existing socio-economic biases in biomedical science participation. Giving a disproportionately strong voice to well-to-do citizens on crowdfunding platforms counteracts optimistic expectations about the positive effects of CS for patient empowerment and inclusion (Schmitt 2013). That said, some bottom-up projects facilitate the representation of patients with rare, stigmatized, or under-researched conditions, because they are initiated by those with a special, often personal interest. This has the potential to improve participation of underrepresented groups, reducing marginalization and improving diversity.

Favorable risk-benefit ratio

In ethical research, potential risks are minimized and potential benefits to individuals or society should be enhanced as much as possible. The latter must be proportionate to the former. Even if participants self-select to contribute to a top-down CS study, they are often still subjected to risks by those leading the study; a constellation which, in conventional research has led to the implementation of mechanisms to protect participants. These, however, might not be in place in top-down CS projects that occur outside of conventional research settings. Top-down CS projects using online self-enrollment, for example, could unwittingly create incentives for vulnerable people to participate and self-subject themselves to risks that have not been sufficiently minimized nor evaluated in light of expected benefits.

Self-selected participants in bottom-up studies can usually be assumed to have some direct benefit from participating. If a participant did not experience the expected benefit, they could stop participating. Compared to conventional research, the thresholds both for signing up and for dropping out are very low in CS studies (Eysenbach 2005). Desperate patients, however, could self-organize studies with uncertain or very significant risks involved. A famous example for a study initiated by (friends and family members of) desperately ill patients is the Lithium study in ALS patients on PatientsLikeMe, carried out on the basis of a report of a small clinical trial (Wicks et al. 2011). There is a danger for future bottom-up CS studies to include severely ill patients without sufficient evaluation of the risks involved. The argument that patients willingly submit to such studies and should therefore automatically be allowed to assume uncertain or greater risks is weak, if participants are not in a position to know and judge the risks, or are desperate enough not to care. Without appropriate knowledge of the risks involved or adequate alternatives, self-selecting participants cannot assess whether they should self-exclude from a study. This places great importance on the transparency and information provision of bottom-up CS projects.

Independent review

Independent IRB review aims to ensure adherence to the principles already mentioned. We have pointed out several ways through which CS projects could attempt to evade this kind of oversight, unwittingly or intentionally. Both top-down and bottom-up CS projects could be reluctant to submit to review for commercial reasons, either because it is administratively demanding and costly for patient initiatives or health start-ups, and/or because it could be seen as hindering discovery, innovation and translation. Unlike in conventional research, where independent review is mandatory, CS studies actually have opportunities to avoid it, if they take place outside of established scientific institutions or if they are self-organized. There are thus obvious, and in many cases understandable, incentives for CS projects to "play up" how participatory they are in order to avoid review.

Informed consent

Meaningful informed consent, a hallmark of ethical research, is difficult to obtain in online and social media-based research (Vayena et al. 2012). Recent studies on genomic and healthcare-embedded databanks also suggest that the relationship between participants and researchers plays a role in shaping what types of consent participants want (Kelly et al. 2015). The particular setting of a study, alongside participant motivation, also influence how broadly patients are willing to consent, and how much feedback on results they wish to receive following participation (Richter 2017). In CS studies that are exclusively mediated online, there is no direct contact between study leaders and participants, and this could be a source of ethical problems. For example, information about the intended usage and storage of data is not always available in CS projects, yet using health data without previous consent could be considered an infringement of privacy (Prainsack and Buyx 2013). Handling of personal data is particularly delicate in health-related research, where data are potentially identifiable and disclosure of such data is therefore potentially risky. Individuals might also be lured into taking part in institutionally or commercially led CS projects that overplay the meaning, actionability, or clinical validity of the results that participants receive. To avoid manipulation, providing reliable information about research rationale, methodology, use of results, and potential benefits and risks for participants is highly important.

Respect for enrolled patients

Initiatives explicitly stating that patient participation and empowerment are important goals of their work should have a particularly strong interest in making sure that participants are kept abreast of new risks and benefits, informed about results, and that they can always withdraw their consent without any negative repercussions – all of which contribute to treating participants respectfully. In bottom-up, self-organized CS projects the organizers and participants have strong incentives to establish corresponding measures of information and withdrawal. However, both in bottom-up and in top-down CS initiatives, it could be a challenge to ensure that respect for participants is actually implemented. Here, the online structure of many CS projects could prove helpful, because communication channels with participants are often already established and can be used to inform them about risks and new developments.

4 Conclusions

The emergence of CS research initiatives has led to enthusiasm about the innovative, empowering, and translational potential of this type of biomedical research (Prainsack 2014b). It offers opportunities for engagement of citizens, satisfies the built-in human interest in sharing information (DeFrancesco 2015), and could lead to the development of innovative technologies and treatments, particularly in under-researched fields (including orphan diseases). Given the range of goals advanced through CS projects that we have reviewed – from democratization to education, empowerment, networks, genomics, personalized medicine, P2P science, innovation, and addressing costs – it is clear that no 'one-size-fits-all' solution can adequately respond to this broad field of participatory endeavors. The necessity of differentiating between the goals, types of participatory labor, and funding mechanisms at work in participatory projects of biomedicine is apparent. At the same time, however, it is clear that further reflection is needed in order to embrace the positive potential of the rapidly emerging phenomenon of CS, while also making sure such studies are ethical.

We have shown that in addition to issues of informed consent and IRB assessment, there are other important requirements that have to be considered and fulfilled before CS studies can be considered ethical. Importantly, there are obvious incentives that make it attractive for CS initiatives to avoid adherence to principles such as demonstrating social and scientific value, proving scientific quality and validity, and disclosing/optimizing the risks and benefits of a planned project. A particular danger in this regard is posed by studies that overstate how much agency and control participants really have, in order to avoid these thorny questions.

While most top-down CS studies will be assessed by IRBs, in virtue of their leadership by physicians or scientists, this is not so for bottom-up CS projects. We recommend that those planning bottom-up CS projects outside of the reach of IRB approval reflect on the considerations outlined here, and work to sufficiently address them. In addition, we recommend the establishment of a regulatory framework to ensure that these ethical requirements are enforced, including mechanisms for preventing untoward projects from being carried out.

Finally, the proposal that citizen science should, as it were, "police itself" prompts questions regarding the critical role of citizen science in relation to what is perceived to be "official science". Such discussions are of relevance beyond the biomedical sciences and human subject research alone. The description of "official science" is inevitably ambiguous and highly contested. Most importantly, it means different things at different times, as the configuration of research (who makes it, who pays for it, what its main avowed goals are, etc.) is constantly evolving. This points to one of the central threads that has emerged through our review of literature of the heterogeneous projects within the field: CS is inherently unstable. It needs to situate itself far enough from "official science" to retain a critical role, and at the same time, must avail itself of the extant mechanisms of science governance. While top-down projects can be valuable for mobilizing further human and material resources for research purposes, the employment of democratizing language and the conflation of the goals of different forms of citizen science remains problematic. Further attempts to set ethical guidelines for citizen science must pay particular attention to the distinction between bottom-up and top-down projects, and perhaps reserve a more accurate label for the latter.

We close by urging policymakers to start addressing the ethical challenges that accompany CS initiatives. A thriving CS community is perhaps the best way to develop appropriate responses to unethical projects. However, given the social value of participatory research, existing institutions can also sustain and complement such self-monitoring. Most of all, we need frameworks which are fluid enough to encompass the heterogeneity of the field, yet rigid enough to enforce and respond to projects which endanger the pro-social motivations that sparked the CS movement to begin with.

Bibliography

Allison, M. (2009). Can Web 2.0 Reboot Clinical Trials? *Nature Biotechnology 27(10)*, 895–902.
Angrist, M. (2010). *Here is a Human Being: At the Dawn of Personal Genomics*. New York: Harper Collins Publishers.
Basset, H., Stuart, D., & Silber, D. (2012). *From Science 2.0 to Pharma 3.0*. Witney, UK: Chandos Publishing.
Beer, D., & Burrows, R. (2010). Consumption, prosumption and participatory web cultures: an introduction. *Journal of Consumer Culture 10(1)*, 3–12.
Bonney, R., Ballard, H., Jordan, R., McCallie, E., Phillips, T., Shirk, J., & Wilderman, C. C. (2009). Public participation in scientific research: defining the field and assessing its potential for informal science education. http://www.birds.cornell.edu/citscitoolkit/publications/CAISE-PPSR-report-2009.pdf/view. Zugegriffen: 20. Februar 2018.
Brossard, D., Lewenstein, B., & Bonney, R. (2005). Scientific knowledge and attitude change: The impact of a citizen science project. *International Journal of Science Education 27(9)*, 1099–1121.
Buyx, A., Del Savio, L., Prainsack, B., & Völzke, H. (2017). Every participant is a PI. Citizen science and participatory governance in population studies. *International Journal of Epidemiology 46(2)*, 377-384.
Clifford, D. C. (2005). *A People's History of Science*. New York: Nation Books.
Cohn, J. P. (2008). Citizen Science: Can Volunteers Do Real Research? *BioScience 58(3)*, 192-197.
Collier, E., & Danis, M. (2017). Participation of Citizen Scientists in Clinical Research and Access to Research Ethics Consultation. *The American Journal of Bioethics 17(4)*, 70–72.
Cooper, M., & Waldby, C. (2008). *Clinical Labour: Human Research Subjects and Tissue Donors in the Global Bioeconomy*. Durham, NC: Duke University Press.
Crisp, N. (2012). Patient power needs to be built on strong intellectual foundations. *The British Medical Journal 345*, e6177.
DeFrancesco, L. (2015). To Share is Human. *Nature Biotechnology 33*, 796–800.
Delfanti, A. (2010a). Users and peers. From citizen science to P2P science. *Journal of Science Communication 9(1)*, 1-5.
Delfanti, A. (2010b). Open science, a complex movement. *Journal of Science Communication 9(3)*, 1-2.
Delfanti, A. (2013). *Biohackers. The Politics of Open Science*. London: Pluto Press.
Del Savio, L., Prainsack, B., & Buyx, A. (2016). Crowdsourcing the Human Gut. Is crowdsourcing also citizen science? *Journal of Scientific Computing 15(03)*, A03.
Del Savio, L., Prainsack, B., & Buyx, A. (2017). Motivations of participants in the citizen science of microbiomics: data from the British Gut Project. *Genetics in Medicine 19(8)*, 959-961.

Eitzel, M. V., Cappadonna, J. L., Santos-Lang, C., Duerr, R. E., Virapongse, A., West, S. E., & Kyba, C. C. M. (2017). Citizen Science Terminology Matters: Exploring Key Terms. *Citizen Science: Theory and Practice 2(1)*.

Emanuel, E. J., Wendler, D. & Grady, C. (2000). What makes clinical research ethical? *Journal of the American Medical Association 283*, 2701-11.

Epstein, S. (1996). *Impure science: AIDS, activism, and the politics of knowledge*. Berkeley, CA: University of California Press.

Eriksson, N. J., Macpherson, J. M., Tung, J. Y., Hon, L. S., Naughton, B., Saxonov, S., Avey, L., Wojcicki, A., Pe'er, I., & Mountain, J. (2010). Web-Based, Participant-Driven Studies Yield Novel Genetic Associations for Common Traits. *Public Library of Science: Genetics 6(6)*, e1000993.

European Commission – Socientize Consortium. (2014). White Paper on Citizen Science for Europe. http://www.socientize.eu/?q=eu/content/download-socientize-white-paper. Zugegriffen: 15. Februar 2015.

Eysenbach, G. (2005). The law of attrition. *Journal of Medical Internet Research 7*, e11.

Eysenbach, G. (2008). Medicine 2.0: Social Networking, Collaboration, Participation, Apomediation, and Openness. *Journal of Medical Internet Research 10(3)*, e22.

Fox, R. C. C., & Swazey, J. P. (2008). *Observing Bioethics*. Oxford, New York: Oxford University Press.

Haklay, M. (2015). *Citizen Science and Policy: a European Perspective*. Washington DC: The Woodrow Wilson Centre. http://www.scribd.com/collections/3840667/Commons-Lab-Science-and-Technology-Innovation-Program-STIP. Zugegriffen: 15. Februar 2015.

Haraway, D. (1997). *Modest_Witness@Second_Millennium.FemaleMan_Meets_OncoMouse: Feminism and Technoscience*. London: Routledge.

Hood, L. & Friend, S. H. (2011). Predictive, personalized, preventive, participatory (P4) cancer medicine. *Nature Reviews Clinical Oncology 8*, 184-7.

Irwin, A. (1995). *Citizen Science: A study of people, expertise and sustainable development*. London: Routledge.

Janssens, A. C. & Kraft, P. (2012). Research Conducted Using Data Obtained through Online Communities: Ethical Implications of Methodological Limitations. *Public Library of Science: Medicine 9*, e1001328.

Juengst, E. T., Flatt, M. A. & Settersten, R. A. (2012). Personalized Genomic Medicine and the Rhetoric of Empowerment. *The Hastings Center Report 42(5)*, 34–40.

Kallinikos, J., & Tempini, N. (2014). Patient Data as Medical Facts: Social Media Practices as a Foundation for Medical Knowledge Creation. *Information Systems Research 25(4)*, 817-33.

Kaye, J., Curren, L., Anderson, N., Edwards, K., Fullerton, S. M., Kanellopoulou, N., Lund, D., MacArthur, D. G., Mascalzoni, D., Shepherd, J., Taylor, P. L., Terry, S. F., & Winter, S. F. (2011). From patients to partners: participant-centric initiatives in biomedical research. *Nature Review of Genetics 13(5)*, 371-6.

Kelly, S. E., Spector, T. D., Cherkas, L. F., Prainsack, B., & Harris, J. M. (2015). Evaluating the Consent Preferences of UK Research Volunteers for Genetic and Clinical Studies. *Public Library of Science: Medicine*. doi:10.1371/journal.pone.0118027.

Kelty, C. & Panofsky, A. (2014). Disentangling Public Participation in Science and Biomedicine. *Genome Medicine*.

Kelty, C., Panofsky, A., Currie, M., Crooks, R. E., Seth Garcia, P., Wartenbe, M., & Wood, S. (2014). Seven dimensions of contemporary participation disentangled. *Journal of the Association for Information Science and Technology 66*, 32330-1643.

Khatib, F., DiMaio, F., Foldit Contenders Group, Foldit Void Crushers Group, Cooper, S., Kazmierczyk, M., Gilski, M., Krzywda, S., Zabranska, H., Pichova, I., Thompson, J., Popović, Z., Jaskloski, M., & Baker, D. (2011). Crystal structure of a monomeric retroviral protease solved by protein folding game players. *Nature Structural & Molecular Biology 18*, 1175-1177.

Kimura, A., & Kinchy, A. (2016). Citizen Science: Probing the Virtues and Contexts of Participatory Research. *Engaging Science, Technology, and Society 2*, 331-61.

Lengwiler, M. (2008). Participatory Approaches in Science and Technology: Historical Origins and Current Practices in Critical Perspective. *Science, Technology, & Human Values 33(2)*, 186–200.

Lupton, D. (2014). The commodification of patient opinion: the digital patient experience economy in the age of big data. *Sociology of Health & Illness 36(6)*, 856-869.

Lupton, D. (2015). *Digital Sociology*. Oxon, UK: Routledge.

Nielsen, M. (2011). *Reinventing Discovery: The New Era of Networked Science*. Princeton, NJ: Princeton University Press.

O'Connor, D. (2013). The apomediated world: regulating research when social media has changed research. *The Journal of Law, Medicine and Ethics 41(2)*, 470-83.

Özdemir, V., Badr, K. F., Dove, E. S., Endrenyi, L., Geraci, C. J., Hotez, P. J., & Milius, D. (2013). Crowd-funded micro-grants for genomics and 'big data': An Actionable Idea Connecting Small (Artisan) Science, Infastructure Science, and Citizen Philanthrophy. *OMICS: A Journal of Integrative Biology 17(4)*, 161-72.

Parsons, K. (2003). *The Science Wars: Debating Scientific Knowledge and Technology*, Amherst, NY: Prometheus Books.

Parsons, J., Lukyanenko, R., & Wiersma, Y. (2011). Easier Citizen Science is Better. *Nature 471*, 37.

Prainsack, B. (2014a). Understanding participation: the 'citizen science' of genetics. In B. Prainsack, S. Schicktanz & G. Werner-Felmayer, *Genetics As Social Practice*. (S. 147-164). Farnham: Ashgate.

Prainsack, B. (2014b). The powers of participatory medicine. *Public Library of Science: Biology 12(4)*, e1001317.

Prainsack, B. (2017). *Personalized Medicine: Empowered Patients in the 21st Century?* New York City: New York University Press.

Prainsack, B., & Buyx, A. (2013). A solidarity-based approach to the governance of research biobanks. *Medical Law Review 21(1)*, 71-91.

Prainsack, B., Reardon, J. B., Hindmarsh, R., Gottweis, H., Naue, U., & Lunshof, J. E. (2008). Personal Genomes. Misdirected Precaution. *Nature 456(7218)*, 34-5.

Rabeharisoa, V. & Callon, M. (2002). The involvement of patients' associations in research. *International Social Science Journal*.

Rabeharisoa, V., Moreira, T., & Akrich, M. (2013). *Evidence-based activism: Patients' organisations, users' and activist's groups in knowledge society*. Paris: CSI Working Papers Series.

Rank, J. (2012). *Connected health. How Mobile Phones, Cloud, and Big Data will Reinvent Health Care*. San Francisco, CA: GigaOM Books.

Rasmussen, L. M. (2016). "Filling the 'Ethics Gap' in Citizen Science Research": A Workshop Report. https://www.niehs.nih.gov/research/supported/translational/peph/webinars/ethics/rasmussen_508.pdf. Zugegriffen: 20. Februar 2018.

Reardon, J. (2011). The 'persons' and 'genomics' of personal genomics. *Personalized Medicine 8(1)*, 95-107.

Richter, G., Krawczak, M., Lieb, W., Wolff, L., Schreiber, S., & Buyx, A. (2017). Broad consent for healthcare-embedded biobanking: understanding and reasons to donate in a large patient sample. *Genetics in Medicine 20(1)*, 76-82.

Riesch, H., Potter, C., & Davies, L. (2013). Combining citizen science and public engagement: The Open Air Laboratories Programme. *Journal of Science Communication 12(3)*.

Riesch, H. & Potter, C. (2014). Citizen Science as Seen by Scientists: Methodological, Epistemological and Ethical Dimensions. *Public Understanding of Science 23(1)*, 107-20.

Robert, G., Cornwell, J., Locock, L., Purushotham, A., Sturmey, G., Gager, M. (2015). Patients and staff as codesigners of healthcare services. *The British Medical Journal 350*, g7714.

Sauermann, H. & Franzoni, H. (2015). Crowd science user contribution patterns and their implications. *Proceedings of the National Academy of Science USA 112 (3)*, 679-84.

Schmitt, D. (2013). Crowdfunding science: could it work? The Guardian. http://www.theguardian.com/higher-education-network/blog/2013/nov/11/science-research-funding-crowdfunding-excellence. Zugegriffen: 23. Juli 2015.

Shapin, S., & Schaffer, S. (1989). *Leviathan and the Air-Pump: Hobbes, Boyle, and the Experimental Life*. Princeton: Princeton University Press.

Shirk, J. L., Ballard, H. L., Wilderman, C. C., Philips, T., Wiggins, A., Jordan, R., McCallie, E., Minarchek, M., Lewenstein, B. V., Krasny, M. E., & Bonney, R. (2012). Public participation in scientific research: a framework for deliberate design. *Ecology and Society 17(2)*, 29.

Shirky, C. (2010). *Cognitive Surplus: Creativity and Generosity in a Connected Age*. London: Allen Lane.

Shneiderman, B. (2008). Science 2.0. *Science 319(5868)*, 1349-50.

Surowiecki, J. (2005). *The Wisdom of Crowds*. New York: Anchor Books.

Swan, M., Hathaway, K., Hogg, C., McCauley, R., & Vollrath, A. (2010). Citizen Science Genomics as a Model for Crowdsourced Preventive Medicine Research. *Journal of Participatory Medicine 2*, e20.

Tempini, N. (2014). Governing social media: organising information production and sociality through open, distributed and data-based systems. http://etheses.lse.ac.uk/1026/. Zugegriffen: 20. Februar 2018.

Tempini, N. (2015). Governing Patients Like Me: information production and research through an open, distributed and data-based social media network. *The Information Society 31(2)*, 193-211.

Tempini, N., & Del Savio, L. (2018) *Get the balance right: data closure and openess in patient-powered networks. Biosocieties*. Forthcoming.

Tocchetti, S. (2012). DIY biologists as 'makers' of personal biologies. How make magazine and maker faires contribute in constituting biology as a personal biology technology. Journal of Peer Production 2. http://peerproduction.net/issues/issue-2/peer-reviewed-papers/diybiologists-as-makers/. Zugegriffen: 15. Februar 2015.

Tocchetti, S. (2015). How did DNA become hackable and biology personal? Tracing the self-fashioning of the DIYBio network. http://etheses.lse.ac.uk/3098/1/Tocchetti_How_did_DNA_become_hackable_and_biology_personal.pdf. Zugegriffen: 20. Februar 2018.

Toffler, A. (1980). *The third wave: The classic study of tomorrow*. New York, NY: Bantam.

Topol, E. (2012). *The Creative Destruction of Medicine: How the Digital Revolution Will Create Better Health Care*. New York: Basic Books.

Topol, E. (2015). *The Patient Will See You Now: The Future of Medicine is in Your Hands*. New York: Basic Books.

Vayena, E., Mastroianni A., & Kahn, J. (2012). Ethical Issues in Health Research with Novel Online Sources. *American Journal of Public Health 102(12)*, 2225-30.

Vayena E., & Tasioulas, J. (2013a). The ethics of participant-led biomedical research. *Nature Biotechnology 31*, 786–787.

Vayena, E., & Tasioulas, J. (2013b). Adapting Standards: Ethical Oversight of Participant-Led Health Research. *Public Library of Science: Medicine 10(3)*, e1001402.

von Hippel, E. (2005). *Democratizing Innovation: The Evolving Phenomenon of User Innovation*. Cambridge, MA: The MIT Press.

Weber, G. M., Mandl, K. D., & Kohane, I. S. (2014). Finding the missing link for big biomedical data. *Journal of the American Medical Association 311(24)*, 2479-2480.

Wicks, P., Vaughan, T. E., Massagli, M. P., & Heywood, J. (2011). Accelerated clinical discovery using self-reported patient data collected online and a patient-matching algorithm. *Nature Biotechnology 29*, 411-414.

Wiggins, A., & Crowston, K. (2015). Surveying the citizen science landscape. *First Monday 20(1)*.

Woolley, J. P., McGowan M. L., Teare, H. J. A., Coathup, V., Fishman, J. R., Settersten, R. A., Sterckx, S., Kaye, J., & Juengst, E. T. (2016). Citizen science or scientific citizenship? Dientangling the uses of public engagement rhetoric in national research initiatives. *BMC Medical Ethics 17:33*.

WMA – World Medical Association (1964). *Declaration of Helsinki – Ethical Principles for Medical Research Involving Human Subjects*. June 1964.

Infrastruktur, Interface, Intelligenz
Zur medientechnologischen Bedingung digitaler Vergesellschaftung

Sascha Dickel

Zusammenfassung

Der Beitrag analysiert die zeitgenössische digitale Partizipationskultur aus dezidiert gesellschaftstheoretischer Perspektive. Diese Kultur ist charakterisiert durch mediale *Infrastrukturen*, die Teilnahme ermöglichen, *Interfaces*, die zur Teilnahme auffordern und maschinelle *Intelligenzen* als neuen Teilnehmern am Sozialen. Unter diesen medientechnologischen Bedingungen lassen sich Prototypen einer *Symmetrisierung* von Sendern und Empfängern, Experten und Laien, Menschen und Maschinen beobachten. Damit erscheint die These einer *Entkopplung* gesellschaftlicher Kommunikation von anwesenden Körpern, von institutionalisierten Rollen und sogar von menschlichen Akteuren plausibel. Phänomene wie „Personal Health Science" machen jedoch darauf aufmerksam, dass digitale Vergesellschaftung nicht als einseitiger Entkopplungsprozess gedacht werden kann: Vielmehr lassen sich zugleich *intensivierte Kopplungen* von Mensch, Technik und Sozialität beobachten, die sich als kontingente Kontrollprojekte realisieren. Dieser Paradoxie wird sich eine Soziologie des Analog/Digitalen zukünftig zu widmen haben.

Schlüsselbegriffe

Digitalisierung, Gesellschaftstheorie, Gesundheit, Künstliche Intelligenz, Nächste Gesellschaft, Partizipation, Symmetrisierung, Technikphilosophie, Techniksoziologie

1 Zeitdiagnosen

Nach dem Aufwachen geht der erste Blick von Yasmin auf die App ihres Smartphones, welche die Schlafdaten ihres Fitnessbandes aufbereitet hat. Dort erfährt sie, wie lange sie geschlafen hat (von 00:04-07:17, 7 Stunden und 13 Minuten), wieviel Tiefschlaf sie hatte (1:22) und wie gut ihr Schlaf im Vergleich zu allen übrigen Nutzerinnen des gleichen Bandes war (leider hatten 81 % aller anderen besser geschlafen). Am Nachmittag loggt Yasmin sich in einer Webplattform für Patientinnen ein und tauscht sich mit ihrem Kontaktnetzwerk darüber aus, wie man seinen Schlafrhythmus verbessern kann. Als Orientierung dienen dabei Daten, welche die Nutzer in den letzten Monaten ausgetauscht und erhoben haben. Nach einem Abgleich der Daten und einer kurzen Diskussion beschließt Yasmin daraufhin, von nun an immer schon um 22:00 Uhr zu Bett zu gehen – etwas, was bei ihren Kontakten in den letzten Wochen zu einer signifikanten Verlängerung der Tiefschlafphasen geführt hatte (+28min). Sie postet den Entschluss sogleich in ihren sozialen Netzwerken, einerseits um sich selbst zu verpflichten, andererseits um sich Feedback von der Crowd einzuholen: vielleicht gibt es ja noch andere Methoden, die man ausprobieren könnte, medizinische Projekte, die Teilnehmerinnen suchen oder einen Open Access-Artikel, den man zu Rate ziehen sollte? Ihre Freundin Sabine hat sich in die Auswertung von Fachartikeln ganz gut eingearbeitet und einen kurzen Leitfaden zur Recherche und Interpretation auf ihrem Blog geteilt (ihre Hausärztin erscheint Yasmin da längst nicht mehr up to date). Hoffentlich, so denkt sich Yasmin, kommen nicht wieder zahllose unerbetene Kommentare von Homöopathie-Anhängern – mit Globuli ist sie seit Jahren durch.

In diesem Moment wird Yasmin von der Vibration ihres Fitnessbandes (das mit dem Kalender ihres Smartphones gekoppelt ist) daran erinnert, dass ihr jüngst gebuchter Yoga-Kurs um 19:30 beginnt. Auch hier hat Yasmin keine blinde Wahl getroffen, sondern besucht den Kurs eines Ayurveda-Meisters, der ein sehr gutes Online-Rating von 4.8 (von 5) Sternen hat. Sie hat Sabine versprochen, bis zum Wochenende einen Testbericht zu verfassen. Vielleicht macht sie daraus sogar eine Video-Rezension. Ihre Follower sind bestimmt daran interessiert, was von dem Kurs zu halten ist...

Vor dem Abendessen geht Yasmin noch eine Runde Joggen. Ein neues Wearable erstellt dabei ein EKG. Das unscheinbare Tool misst laut Hersteller ähnlich genau wie klinische Geräte. Zudem werden ihre Daten konstant in die Cloud gesendet und dort von einer hochspezialisierten Künstlichen Intelligenz ausgewertet, die sie alarmiert, wenn etwas nicht stimmt. Ärzte braucht man heutzutage eigentlich

> nur noch für chirurgische Eingriffe, überlegt Yasmin. Wer kann ansonsten schon mit einer Maschine konkurrieren, die auf abertausende von Daten Zugriff hat, die von den Trägern der Wearables an sie gesendet werden und die mit diesen Menschen zudem ständig in Kontakt steht – verbunden durch einen permanenten Informationsstrom? Und was, wenn Roboter irgendwann sogar besser operieren können als menschliche Ärzte?

Yasmin ist die Protagonistin einer fiktionalen Verdichtung[1] von „Personal Health Science"[2]. Diese führt anhand des Themas Gesundheit exemplarisch vor, was für partizipative Kommunikations- und Wissenspraktiken sich aktuell in Gesellschaften beobachten lassen, die durch Digitalisierung geprägt sind. Akteure im „Social Web" (Schmidt 2008) rezipieren nicht nur das Wissen wissenschaftlich zertifizierter Experten. Vielmehr werden Nutzerinnen digitaler Dienste und Netzwerke selbst zu Produzenten dieses Wissens – und sie werden dies im Rahmen von medialen Strukturbedingungen, welche die Art und Weise der Wissensproduktion und Wissenskonsumtion entscheidend strukturieren. Die Rezeption und Einordung wissenschaftlicher Fachbeiträge schließt dabei die Nutzung von alternativmedizinischen Angeboten nicht aus. Persönliche Erfahrung und Dateninterpretation fließen zusammen – und neue Techniken vermitteln beides. Wearables drängen auf den Gesundheitsmarkt und führen zu neuen Vernetzungen, Plattformen erleichtern den Wissensaustausch in alle Richtungen, Zahlen geben Orientierung und künstliche Agenten werden zu Mitspielern auf dem Feld von Kompetenz, Expertise und Professionalität.

Personal Health Science erscheint vor allem als Folge der Digitalisierung. Doch ist damit letztlich mehr bezeichnet als eine simple, technikdeterministische These? Das hängt davon ab, wie man den Begriff der Digitalisierung fasst und ob man darunter eine technische Innovation versteht, welche außerhalb der Gesellschaft steht und in dieser soziale Konsequenzen kausal hervorruft, oder ob man Digitalisierung vornehmlich als Reflexionsbegriff fasst, der stets nur die eine Seite der Unterscheidung analog/digital (Böhnke & Schröter 2004) bezeichnet.

Der unspezifische Dachbegriff der Digitalisierung verweist jedenfalls, so viel lässt sich konstatieren, auf vielfältige Entwicklungstendenzen, die in ihrer Ge-

---

1 Zum Schreiben fiktionaler Texte in soziologischer Absicht vgl. den aktuellen Diskussionsanstoß der Sociological Review (2016) und die daran anschließenden Blogposts, insbes. Watson (2016). Zur empirischen Grundlage der fiktionalen Verdichtung vgl. z. B. die Beiträge dieses Sammelbandes.
2 Vgl. dazu die Einleitung dieses Bandes.

samtheit tiefgreifende strukturelle Veränderungen des gesellschaftlichen Lebens implizieren. Allein – die genaue Gestalt und Richtung des Wandels scheint mehr als ungewiss. Jens Schröter notiert dazu: „,Digital' ist mittlerweile zum buzzword geworden, das fast jedem Phänomen zugeordnet werden kann. Es konnotiert auf diffuse Weise ‚neu', ‚fortschrittlich' und ‚computer-technisch'. Demgegenüber scheint alles Analoge auf unbestimmte Weise hoffnungslos veraltet" (Schröter 2004, S. 9).

Ich nenne an dieser Stelle drei zeitgenössische Diagnosen, die jeweils bestimmte Dimensionen des Neuen der digitalen Vergesellschaftung auf den Punkt zu bringen suchen[3]. Es sind Diagnosen

1. einer Gesellschaft der digitalen Beteiligungsoptionen, in denen jeder zum Publizisten werden kann,
2. einer Gesellschaft zunehmender autodidaktischer Selbstermächtigung, welche bestehende Rollendifferenzierungen infrage stellt und
3. einer Gesellschaft, die sich in bislang kaum gekannten Maße von Technologien abhängig macht, die ihr zu entgleiten drohen.

Zusammengefasst geht es in diesen drei Diskurssträngen typischerweise um die Frage, wohin sich die Macht verschiebt: von den Wenigen zu den Vielen, von den Experten zu den Laien oder von den Menschen zu den Maschinen?

All drei Diagnosen sind heute zu vernehmen, wenn auch nicht mit gleicher Lautstärke. Vielmehr kann man *grosso modo* festhalten, dass sie ihr maximales Erregungs- und Plausibilitätspotential in einer groben zeitlichen Folge entfaltet haben (nämlich von 1-3, was auch im Folgenden nachgezeichnet wird). Es zeigt sich dabei die Reflexion einer Gesellschaft über ihre eigene „technologische Bedingung" (Hörl 2011), die von einem Modus der Hoffnung und Affirmation stärker auf einen Modus der Befürchtung und Kritik zusteuert.

Ich möchte im Folgenden eine soziologische Einordnung und Erdung dieser Diagnosen vornehmen, welche die neuen technisch-sozialen Verflechtungen der Gegenwart nicht zuvorderst als Machtfragen thematisiert, und die auch nicht in erster Linie von den Möglichkeiten und Grenzen (oder den Chancen und Risiken) von Subjekten spricht, sondern vielmehr rezente digitale Beteiligungsmodi auf der Ebene einer system- und medientheoretisch informierten Gesellschaftstheorie perspektiviert (Luhmann 1997).

Es besteht Grund zu der Vermutung, dass die neuen Phänomene, die jetzt etwa im Fall des Gesundheitsbereichs beobachtbar werden, in der Tat prototypischen Charakter haben könnten, nämlich für potenzielle *Symmetrisierungen* von Sendern

---

3   Zur Struktur von Zeitdiagnosen vgl. grundlegend Osrecki (2011).

und Empfängern, Experten und Laien, Menschen und Maschinen – und zwar durch neue mediale *Infrastrukturen*, die Teilnahme ermöglichen, *Interfaces*, die zur Teilnahme auffordern und maschinelle *Intelligenzen* als neuen Teilnehmern am Sozialen. Dabei wird die These einer gesellschaftlichen Evolutionsdynamik entfaltet, die sich als *Entkopplung* beschreiben lässt: Entkopplung von anwesenden Körpern, von institutionalisierten sozialen Rollen und sogar von der Exklusivität menschlicher Akteure als Teilnehmer des Sozialen.[4]

Die drei oben angeführten Zeitdiagnosen dienen als Ausgangspunkte der folgenden Unterkapitel. In jedem Kapitel wird eine bestimmte Lesart digitaler Medien (Infrastruktur, Interface, Intelligenz) mit einer spezifischen Form der Symmetrisierung (Sender-Empfänger, Experte-Laie, Mensch-Maschine) verknüpft. Zum Schluss des Beitrags wird auf die Grenzen von Symmetrisierungen angesichts bestehender *Asymmetrien* hingewiesen. Zudem zeigt sich, dass digitale Vergesellschaftung nicht als einseitiger Entkopplungsprozess gedacht werden kann: Komplementär lassen sich zugleich intensivierte *Kopplungen* von Mensch, Technik und Sozialität beobachten.

2 Infrastrukturen der Sender-Empfänger-Symmetrisierung

Mit dem neuen digitalen Beteiligungsregime wurde und wird die Erwartung auf ein technikinduziertes *Empowerment* der Öffentlichkeit qua Partizipation verknüpft (vgl. auch Dickel & Schrape 2015; Gaukel 2016). Denn der Begriff der Partizipation impliziert eben stets mehr als eine Bloße Teil*nahme*, sondern vielmehr auch eine Teil*habe*. Partizipation ist damit ein unausweichlich politischer Begriff (Bora 2005). In ihm kommt die Hoffnung auf eine gesamtgesellschaftliche Demokratisierung zum Ausdruck. Dabei werden alle Funktionssysteme (wie Wirtschaft, Wissenschaft, Kunst oder Medizin) im Spiegel des Politischen beobachtet, ja eigentlich werden überall zunächst politische Arenen vermutet, in denen es primär um Macht oder Ohnmacht geht (vgl. dazu Nassehi 2003, 2006). Aus einer gesellschaftstheoretischen Perspektive stellt sich die Lage ungleich nüchterner dar, nämlich als *infrastrukturelle* Entgrenzung von Kommunikation, die Sender und Empfänger symmetrisiert. Um dies im Folgenden zu explizieren, muss zunächst geklärt werden, was unter infrastruktureller Entgrenzung zu verstehen ist.

---

4 Diese Exklusivität kann als Signum moderner Vergesellschaftung betrachtet werden. Tiere, Geister und Gegenstände galten zuvor durchaus als plausible und legitime Kommunikationspartner vgl. Luckmann (1980) und Lindemann (2009).

Das Internet ist eine neue mediale Infrastruktur, die nicht zuletzt die Kommunikation vieler mit vielen (many-to-many) außerhalb von Interaktionen unter Anwesenden (Kieserling 1999) ermöglicht.⁵ In der Frühphase der gesellschaftlichen Verbreitung des Internet waren Zeitdiagnostiker von diesen Partizipationspotentialen der ‚neuen Medien' tief beeindruckt (kritisch dazu Roesler 1997; Wehner 1997). Dabei dienten neben der klassischen face-to-face-Interaktion typischerweise die Massenmedien als Kontrastfolie. Diese ermächtigten ganz bestimmte, ressourcenstarke Akteure zu *Sendern* zu werden, die ein unbegrenztes Publikum erreichen konnten, welches als Empfänger der medialen Botschaften positioniert wurde.⁶ Mit den modernen Massenmedien setzte (zunächst) eine temporäre Asymmetrisierung der Kommunikation ein, die Sender- und Empfängerrollen höchst ungleich verteilte. Eben diese Asymmetrie wird durch das Internet und seine sogenannten ‚sozialen Medien' nun wieder zurückgebaut (Standage 2013). Diese Medien versprechen die asymmetrische Kommunikationsordnung der Massenmedien aufzulösen und alle potentiellen Empfänger zugleich in potentielle Sender zu transformieren. Nicht nur spezifische ‚Sendeanstalten' können im ‚Web 2.0' eine Öffentlichkeit adressieren. Vielmehr werden alle Teilnehmer auf den entsprechenden Plattformen zu potentiellen Publizisten.

Das Internet demonstrierte somit, dass die mediensoziologisch lange geläufige Identifikation ‚der Medien' mit einem spezifischen Medien*system* – nämlich dem der Massenmedien (Luhmann 1996) –, das neben anderen Funktionssystemen existiert, zu begrenzt ist, um die Rolle, die Medien (im Allgemeinen, nicht im Besonderen) in der Gesellschaft spielen, zu verstehen. So beschreibt bereits Luhmann (1997) und im Anschluss an ihn Baecker (2007), dass Gesellschaftsstrukturen in entscheidendem Maße von den medialen Bedingungen der Kommunikation abhängen.⁷ Medientechniken werden dabei als evolutionäre Errungenschaften begriffen, die Sozialität in unhintergehbarer Weise verändern und neue Möglichkeitsräume des Kommunizierens aufspannen (Luhmann 1997, S. 515–516): Luhmann spricht hier von „Verbreitungsmedien" (Luhmann 1997, S. 202–315). Ich wähle den Begriff

---

5   Dies verweist auf eine lange medienhistorische Kontinuität: Mit fortschreitender „Mediatisierung" (Krotz 2007) schärft sich die Unterscheidung von Interaktion (klassisch: unter körperlich Anwesenden) und Gesellschaft (Luhmann 1984, S. 580-584). Damit eröffnen sich nicht nur neue Spielräume des Interaktiven. Zugleich wächst auch die Autonomie der Gesellschaft gegenüber anderen Formen der Ordnungsbildung.

6   Die Reflexion dieser Kommunikationsstruktur offenbarte bald, dass eben diese medientechnologischen Bedingungen (und die in sie eingeschriebene asymmetrische one-to-many-Konstellation) selbst „die Botschaft" – also das eigentlich kultur- und sozialwissenschaftliche Aufregende – der Massenmedien war (McLuhan 2003).

7   Variationen dieser Denkfigur finden sich etwa bei Castells (2010) und McLuhan (1968).

der *Infrastruktur*, um zu betonen, dass es nicht nur um eine bloße Verbreitung kommunikativer Inhalte geht, sondern um eine weitaus tiefgreifendere Formung dessen, was Kommunikation unter bestimmten medialen Verhältnissen überhaupt sein kann. Medien als Infrastrukturen der Kommunikation zu begreifen, rückt ihre Eigenschaft der Ermöglichung, Emergenz und Entgrenzung in den Vordergrund. Wer eine mediale Infrastruktur baut, kann und muss nicht *en detail* vorhersehen, welche Arten und Weisen des kollektiven Austauschs sich dort vollziehen werden, wie Nutzer sich diese Infrastruktur aneignen oder gar welche Botschaften dort als mitteilungs- oder rezeptionswürdig erachtet werden (Stäheli 2012, S. 115–116). Mediale Infrastrukturen wirken somit nicht als Determinanten sondern vielmehr als ökologische Räume, welche den in der Regel kaum bemerkten Unterbau gesellschaftlicher Kommunikation bereitstellen (Edwards 2003, S. 191). Ihre zentrale Funktion: das Senden und Empfangen von Nachrichten von den Beschränkungen lokaler Interaktion, die auf körperlicher Ko-Präsenz beruht, zu befreien. Das Verständnis von Medien als „Extensions of Man" (McLuhan 2003) verweist nicht zuletzt auf diese Loslösung von körperlichen Anwesenheiten qua Mediengebrauch.

Als Infrastrukturen der Kommunikation spielen Medien bei der Konstitution von Gesellschaft also immer eine potentiell transformative Rolle.[8] „Die Einführung der Sprache konstituierte die Stammesgesellschaft, die Einführung der Schrift die antike Hochkultur, die Einführung des Buchdrucks die moderne Gesellschaft und die Einführung des Computers die nächste Gesellschaft", so Baecker (2007, S. 7).

In dieser „nächsten" Gesellschaft, von der Baecker spricht, bleibt es nicht bei einer Veränderung des Mediensystems im engeren Sinne – weg von einem Regime der Massenmedien, hin zu einem Regime der interaktiven Medien: Das Internet hat sich vielmehr zunehmend zu einen Tummelplatz höchst vielfältiger Kommunikationsformen entwickelt, die über Nachrichten, aber auch über Unterhaltung und Werbung[9], weit hinausgehen. So charakterisierte etwa Kevin Kelly in seinem vielzitierten Artikel „We are the web" das ‚Web 2.0' als disruptive Kraft, die dafür sorgen würde, dass der Konsument bald ein Relikt der Vergangenheit sein solle: „[I]n the near future, everyone alive will (on average) write a song, author a book, make a video, craft a weblog, and code a program. [...] What happens when everyone is uploading far more than they download? [...] Who will be a consumer? No one.

---

8   Man könnte gar bestreiten, ob sich vor der Erfindung von Medientechniken, die Kommunikation ohne face-to-face-Interaktion ermöglichten, überhaupt von *Gesellschaft* sprechen lässt, da Interaktion und Gesellschaft noch nicht voneinander unterscheidbar waren (Luhmann 1984).

9   Zu den grundsätzlichen Bereichen typischer massenmedialer Kommunikation vgl. Luhmann (1996).

[…] The producers are the audience, the act of making is the act of watching, and every link is both a point of departure and a destination" (Kelly 2005). Kelly spricht in diesem Zusammenhang vom Aufstieg der *Prosumenten*. Mit diesem Kofferwort (aus Produzent und Konsument) sind Personen bezeichnet, die nicht mehr nur konsumieren, sondern sich selbst produktiv in vielfältiger Weise in gesellschaftliche Teilbereiche einbringen (vgl. bereits Toffler 1989).

In unserer Eingangsgeschichte kommuniziert Yasmin regelmäßig mit einer spezifisch formatierten Öffentlichkeit. Sie positioniert sich dabei gleichermaßen als Senderin wie als Empfängerin von Mitteilungen, die nicht personalisiert sind (one-to-many), sondern ein Publikum adressieren. Sowohl die prinzipiellen Möglichkeiten des Kommunizierens als auch die Konstitution dieser Öffentlichkeit (und die Optionen, diese zu designen) werden durch digitale Infrastrukturen hergestellt.

Die Entgrenzungen des ‚Web 2.0‘, sie beziehen sich nicht nur auf die fortschreitende Entkopplung der Kommunikation sowohl von interaktiver Ko-Präsenz als auch den massenmedial konfigurierten Asymmetrien, sie beziehen sich auch und gerade auf die Unterscheidung von Öffentlichkeit und Privatheit. Mit der Symmetrisierung von Sendern und Empfängern im Social Web wird zugleich die Unterscheidung öffentlich/privat subkutan unterlaufen. Das Publikum in sozialen Medien fungiert als „private Öffentlichkeit" (Dickel 2012): Hier kann Privates zum öffentlichen Thema werden. In digitaler Personal Health Science zeigt sich dies besonders prägnant. Gerade das Privateste – die eigene Gesundheit – wird zur öffentlichen Angelegenheit, die in gesundheitsbezogenen sozial-medialen Plattformen verhandelt wird.

3 Interfaces der Experten-Laien-Symmetrisierung

Zeitdiagnostisch wird mit der Digitalisierung ein Kontroll- und Relevanzverlust etablierter Institutionen der Wissensproduktion und formalisierter Formen von Expertise verbunden. Als entscheidende Treiber gelten dabei die freie Verfügbarkeit von Daten, die Explosion kommunikativer Anschlussmöglichkeiten (Seemann 2014) sowie die neuen Möglichkeiten vernetzter Wissensproduktion jenseits von formalen und hierarchischen Organisation (Benkler 2006). Durch dezentral erzeugte Wissensprodukte verlören – so die Erwartung – zertifizierte Experten nicht nur ihre Rolle als Gatekeeper, sondern auch ihre formal abgesicherte „epistemische Autorität" (Gieryn 1999). Das betrifft nicht mehr nur den Journalismus, sondern hat längst auch Funktionssysteme erfasst, die im noch stärkeren Maße von zertifizierter Expertise (Collins & Evans 2002) abhängen: etwa Religion, Medizin und

Wissenschaft. In all diesen Bereichen radikalisiert sich im Zuge der sozial-medialen Partizipation der bereits seit den 1960er Jahren beobachtbare „Aufstand des Publikums" (Gerhards 2001), welches sich nicht mehr der Rolle des Wissensrezipienten fügt, sondern selbst epistemisch aktiv wird.

Doch wie wird diese Wissensproduktion der Vielen eigentlich medientechnologisch realisiert? Die Transformationen, die mit dem sogenannten ‚interaktiven' und ‚partizipativen' Internet verbunden sind, können durch den Begriff der Infrastruktur alleine konzeptionell kaum gefasst werden. Es bedarf zumindest eines weiteren Begriffes, der verständlich macht, wie ubiquitäre Beteiligung im Netz eigentlich möglich wird und in welcher Art und Weise sie sich vollzieht: den Begriff des *Interfaces*.

Der Begriff des Interface verweist auf eine spezifische Form des Mediengebrauchs. In alle Medien sind Konfigurationen ihres Gebrauchs eingeschrieben, dies galt auch bereits für die (heute) sogenannten analogen Medien. Erst aber mit den digitalen Medien unserer Ära wird offenkundig, wie selbstverständlich sich der sichtbare Gebrauch von der unsichtbaren Medialität des Mediums unterscheidet.[10] Digitalität, jene diskrete Welt der Nullen und Einsen, ist für wahrnehmende Subjekte nicht erkennbar. Alles Digitale muss analog übersetzt werden. Jedes digitale Medium „braucht stets ein ‚human interface'. Erst ein angepasstes Endgerät ermöglicht Eingabe und Ausgabe, macht eine verarbeitete und distribuierte Information hörbar und/oder sichtbar. [...] Jedem Digitalmedium ist stets ein Analogmedium in Funktionseinheit nachgeschaltet" (Schanze 2004, S. 67–68). Das (analoge) Interface bestimmt, wie Mensch und (digitale) Technik füreinander verfügbar werden (Lipp 2017), wie Wahrnehmung und Kommunikation strukturell gekoppelt sind (Baecker 2005, S. 268), wie soziale Entitäten (alter und ego) an Kommunikation teilnehmen, wie sie sich begegnen und was sie füreinander sein können.

Und eben hier zeigt sich die Eigenart digitaler Medien im Kontext des ‚Web 2.0': Partizipativ angelegte Interfaces positionieren Teilnehmende als potentiell kommunizierende Sender, nicht nur (wie die Schnittstellen der Massenmedien) als wahrnehmende Empfänger der Kommunikation anderer. *Diese* Interfaces rufen Personen auf, sich als *Akteure* zu verstehen. Man begegnet nicht mehr nur Schaltflächen, die zu „Klicks" einladen, um daraufhin eine andere Seite des Webs zu sehen. Man begegnet vielmehr offenen Kästen, die zur Beschriftung einladen, zur Produktion von Texten, die dann für andere auf ihren Interfaces sichtbar werden

---

10 In der Luhmannschen Medientheorie wird dies durch die Unterscheidung von Medium und Form zum Ausdruck gebracht. Man liest hier, dass Medien als Medien grundsätzlich unsichtbar bleiben und nur durch die Formen, in denen sie sich konkretisieren, sichtbar werden (vgl. Luhmann 1997).

und dort als zurechenbare Mitteilungen eines Jemand erscheinen – im Kontrast zu den objektivierten Informationen der Massenmedien. Sender und Empfänger erscheinen nun *als* Sender und Empfänger.

In den journalistischen Massenmedien stilisiert sich eine Nachricht als Beschreibung einer objektiven Welt, in den sozialen Medien ist sie weitaus stärker auf Akteure zurechenbar, was zugleich den Verdacht verstärkt, dass jede Mitteilung letztlich nur eine kontingente Aussage, eine Meinung unter vielen ist (Wehner 1997, S. 108–109) oder schlicht die Antwort auf eine Frage, die in das Interface eingeschrieben ist – manchmal sogar ganz wörtlich, wie die Frage „Was machst du gerade?" oder „What's on your mind?" in dem Textfeld für Statusmeldungen auf Facebook (Dickel 2012; Wiedemann 2011).

Die Produktion gesellschaftlicher Realität unter den Bedingungen einer hochdifferenzierten Gesellschaft wurde mediensoziologisch als zentrale Funktion der Massenmedien betrachtet (Luhmann 1996). Bereits die ‚interaktive' Konfiguration der neuen Medienwelt könnte somit in subtiler Form die Konstruktion einer objektiv erscheinenden Realität unterhöhlen und alternativen Realitätskonstruktionen (wie Verschwörungstheorien) einen ungeahnten Auftrieb verschaffen.[11]

Während aber einerseits die Objektivität von Wissen unter sozial-medialen Bedingungen fragil wird, wachsen andererseits zugleich die Möglichkeiten der Vielen, zur gesellschaftlichen Wissensproduktion beizutragen, denn die neuen Interfaces machen dies so leicht wie nie zuvor. Im Modus autodidaktischer Selbstexpertisierung treten nun Laien und Amateure als Wissensproduzenten auf (Knoblauch 2013), welche mit zertifizierten Expertinnen in Austausch und Ko-Produktion treten und/oder diese durch die Formulierung abweichender epistemischer Geltungsansprüche herausfordern. Das wirkmächtigste Symbol dafür ist damals wie heute das Online-Lexikon Wikipedia, das wie keine anderes Online-Format die „Wisdom of Crowds" (Surowiecki 2004) verkörpert.

Die zeitgenössische Diskussion um das post-faktische Zeitalter signalisiert ein Unbehagen an dieser scheinbaren ‚Weisheit' der Vielen, ein Unbehagen an der neuen Kultur digital-partizipativer Öffentlichkeit (kritisch dazu Keen 2007), sofern diese sich zugleich auf Wissensbereiche ausdehnt, die in der Moderne typischerweise von Professionen (wie Priestern, Ärzten und Wissenschaftlern) monopolisiert wurden (Weingart & Guenther 2016).

Auch dazu bietet sich gesellschaftstheoretisch eine nüchterne Lesart an: Was durch digitale Interfaces geschieht, ist offenbar eine Erweiterung funktionssystemischer

---

11 So nachzulesen bei Josef Wehner (1997), der damit den aktuellen öffentlichen Diskurs um Filterblasen (Pariser 2011), Postfaktizität und Fake News in hellsichtiger Weise vorwegnahm.

Operationsdynamiken über die Grenzen hinaus, die bislang durch spezifische mitgliedschaftsförmige Zugehörigkeiten – und damit verbundene Begrenzungen von Leistungsrollen auf organisational institutionalisierte Expertenrollen (Drepper 2003) – gesetzt waren. In einer Gesellschaft der Prosumenten erkunden die Funktionssysteme neue Wege, um Wissensproduktion (als Form funktionssystemischer Leistungserbringung) durch Inklusionsmodi herzustellen, die nicht an formale Mitgliedschaftsstrukturen gebunden sind. Die digitalen Beteiligungsmöglichkeiten erscheinen so als „Optionssteigerung" (Nassehi 1999) der funktionalen Teilsysteme durch die Erweiterung ihres Inklusionsregimes auf Laien und Amateure.

Diese Erweiterung der Inklusionsregime ist insbesondere im Fall der Wissenschaft ebenso brisant wie instruktiv (Dickel & Franzen 2015), erscheint hier doch die Kopplung von Profession und Funktionssystem seit dem 20. Jahrhundert so stark, dass Laien und Amateure lange Zeit praktisch keine Rolle spielten (Schimank 2012, S. 120–121). Die Professionalisierung der Wissenschaft war eine entscheidende Bedingung ihrer Ausdifferenzierung. Wie in allen professionalisierten Bereichen wurde damit zugleich die Unterscheidung von Experten und Laien formalisiert (Weingart 1982, S. 54).

Während Parsons (1978) Professionen noch als definierendes Merkmal moderner Gesellschaften betrachtete, argumentierte Rudolf Stichweh bereits in den 1990er Jahren genau umgekehrt. Er betrachtete Professionen als Übergangsmechanismus auf dem Weg zu Moderne. Professionen ermöglichten die Distanzierung von Wissenssystemen von anderen funktionalen Imperativen (etwa Macht und Geld), aber durch die Popularisierung und Demokratisierung des Wissens wurde die Stellung der Professionen zugleich immer fragiler. Stichweh mutmaßte daher, dass tendenziell alle Systeme mit professionalisierten Kernbereichen zunehmend von Tendenzen der De-Professionalisierung betroffen sein würden. Vertrauen in Professionen müsste somit durch Vertrauen in komplexere und abstraktere Mechanismen ersetzt werden (Stichweh 1997, 2006). Konsequent zu Ende gedacht, würde dies eine Verlagerung epistemischer Autorität von der Sozialdimension auf die Sachdimension implizieren – von der sozialen Rolle des Experten zu technischen Prozeduren (Dickel 2016).

Bezogen auf Wissenschaft haben wir es bei der digitalen Expansion mit einem Phänomen zu tun, das grundsätzlich in einer Kontinuität zur Weingartschen These der *Verwissenschaftlichung* der Gesellschaft steht (Weingart 1983, 2001). Doch ist die Verwissenschaftlichungsthese bislang vornehmlich auf die Kolonialisierung anderer Funktionssysteme durch die Wissenschaft bezogen worden (vgl. bereits Habermas 1969). Bei der digitalen ‚Öffnung' der Wissenschaft geht es aber nicht um eine Erweiterung der Wissenschaft in die Domäne anderer Gesellschaftsbereiche, sondern um eine Erweiterung des Inklusionsraums in Richtung des vormals exkludierten Publikums: also um eine Optionssteigerung hinsichtlich potentieller

Wissensproduzenten. Und eine zentrale Rolle spielen dabei Interfaces, die Teilnahme ermöglichen und Teilnahme kanalisieren, die zur Teilnahme auffordern, und diese Teilnahme zugleich vorstrukturieren und vereinfachen.

Das Feld der Personal Health Science demonstriert, dass Wissenschaft und persönliches Leben in doppelter Hinsicht durch Interfaces verschaltet werden: Zum einen wird das eigene Leben bzw. die eigene Gesundheit zur Datenquelle, zum potentiell wissenschaftlich relevanten Output, zum anderen tritt Wissenschaft als unmittelbar technisch zugänglicher Input in den Alltag, daraufhin zugeschnitten, persönlich verwendet zu werden.

Die Bedeutung von Interfaces als Bedingungen einer entgrenzten Wissensproduktion führt unser fiktionales Beispiel vor: Yasmin tritt in doppelter Weise als Wissensproduzentin (bzw. Wissensprosumentin) auf: Zum einen speist sie medizinische Beobachtungen aktiv in soziale Medien ein – sie löst diese Beobachtungen mittels der technischen Schnittstelle von ihrer eigenen persönlichen Wahrnehmung und Erfahrung ab und macht sie einem Publikum der Wissensrezipientinnen zugänglich. Zum anderen produziert sie Daten, die durch ihr Fitnessarmband erhoben und in die Cloud weitergeleitet werden. Diese Form der Datenproduktion ist deutlich weniger an konkrete Aktivitäten von Yasmin gekoppelt. Das Interface Armband generiert und verarbeitet diese Daten vielmehr *en passant*. Es übersetzt analoge Aktivitäten von Yasmin (wie Joggen) in digitale Daten (etwa ein Elektrokardiogramm).

4 Posthumane Intelligenz: Mensch-Maschine-Symmetrisierung

An eben diesem Aspekt der autonom agierenden Technik setzt der wohl aktuellste Diskurs um die Digitalisierung an. In den Sozial- und Kulturwissenschaften ist von einer zunehmenden Prägung individuellen und gesellschaftlichen Lebens durch das „technologische Unbewusste" (Neyrat 2011) in Form von „generativen Regeln" (Lash 2007) die Rede, welche in die digitalen Infrastrukturen und Interfaces eingeschrieben und den Nutzern kaum reflexiv zugänglich sind. Diese Problematisierung von Technik hat – auch und gerade im öffentlichen Raum – ihren Höhepunkt wohl noch kaum erreicht. Evoziert wird damit das Bild einer Gesellschaft, in denen unerlässlich Daten (auch unbewusst, als Spuren) produziert werden, diese Daten zunehmend (und zunehmend automatisiert) miteinander vernetzt und gelesen werden und sich damit Entscheidungsprämissen herausbilden, die menschlichen Akteuren als Sachzwänge entgegentreten. Damit scheint sich, wenn auch mit einiger Verspätung, Helmut Schelskys Prognose einer technokratischen Kultur zu realisieren, in der

„Entscheidungen mehr und mehr zu Deduktionen aus technisch aufbereiteten Daten werden" (Schelsky 1961, S. 9). In dieser Lesart wirken die digitalen Prosumenten kaum als technisch ermächtigte Subjekte, sondern als Objekte und Zwischenglieder posthumaner Praktiken, die den menschlichen Akteuren nicht mehr transparent sind, geschweige denn von diesen gesteuert werden können (Beer 2009).

Es geht also um nicht mehr und nicht weniger als um die Rolle von Technologien als Teilnehmer an sozialen Prozessen und als prägende Kraft sozialer Verhältnisse. Es geht – so sagt man – um „die stille Revolution" (Bunz 2012) der Algorithmen. Längst hat sich der Begriff des Algorithmus dabei von seiner eigentlichen Bedeutung als formalisiertes Problemlösungsschema gelöst und ist zum Symbol einer Gesellschaft geworden, in der Menschen nicht mehr die Herren im vermeintlich eigenen Haus (der Gesellschaft) sind, seitdem sie sich auf *intelligente* Techniken eingelassen haben (Beer 2009; Lash 2007).

Die Diagnose einer neuen digitalen Partizipationskultur war noch weithin utopisch aufgeladen, die Diagnose einer Amateurisierung der Wissensproduktion zumindest ambivalent. Die Diagnose der rezenten Technologisierung des Alltags mit maschineller Intelligenz wird hingegen vornehmlich kritisch interpretiert.[12] Das typische Interpretationsmuster ist auch hier das einer Machtverschiebung (Lash 2007). Gleichwohl steht hier nicht mehr „nur" eine Machtverschiebung von den Wenigen zu den Vielen oder von den Experten zu den Laien im Fokus, sondern eine Machtverschiebung von den Menschen zu den Maschinen. Befürchtet wird dabei die Genese einer neuen Dimension *technologischer Macht*, die sich hinter dem Rücken der handelnden Subjekte ausbreitet. Die enormen Datenmengen, welche die Gesellschaft in exponentiell steigendem Maße produziert (Mayer-Schönberger & Cukier 2013), entzieht sich dem menschlichen Zugriff – und wird ein zu bearbeitendes Material künstlicher Intelligenz (KI).

Und auch hier gilt: Es geht nicht mehr um Entwicklungen in einer separaten Medienwelt, für die eine spezifische gesellschaftliche Sphäre reserviert ist. Digitale Technologien haben längst den (vermeintlichen) Cyberspace verlassen und wandern in schlichtweg alle Infrastrukturen gegenwärtiger Gesellschaften ein: in Börsen und Fabriken, in Autos und Züge, in das Stromnetz ebenso wie in den Haushalt – und natürlich auch in die Medizin, in die Pharmaka, in den Körper. Während die Erwartung einer ‚starken KI', die analog zum menschlichen Bewusstsein imaginiert wurde, weiterhin ein anthropomorphes Phantasma geblieben ist (vgl. aber Bostrom 2014), haben sich künstliche Intelligenzen, die ganz anders

---

12 Eine äußerst markante Ausnahme stellen Bewegungen von Transhumanisten und Cyborgs dar, welche diese Technologisierung ganz grundsätzlich begrüßen und sie zu beschleunigen suchen, vgl. etwa Becker (2000), Bostrom (2003) und Keller (2007).

(und in hochgradig spezifischen Bereichen: besser) funktionieren als menschliche Intelligenzen, längst in unseren Alltag eingenistet. Diese KI werden nicht nur an eine Gesellschaft angepasst, die vor ihr existierte und eigene Strukturen ausbildete, denen die KI entsprechen muss. Umgekehrt werden auch und gerade gesellschaftliche Strukturen und Infrastrukturen umgestaltet, um für künstliche Agenten verfügbar zu werden (Floridi 2015, S. 190). Diese Form der KI als ‚schwach' zu bezeichnen, weil sie nicht wie ein menschlicher Akteur agiert, zeugt von einer Verkennung der „technologischen Bedingung" (Hörl 2011) von Gesellschaften, die längst als posthumanistische Apparate funktionieren, in denen Menschliches und Nicht-Menschliches zusammenwirkt (Latour 2006) – und über Interfaces miteinander verschaltet ist (Hookway 2014; vgl. auch Lipp 2017).

Die Symmetrisierung von Mensch und Maschine ist nichts, was mit dem aktuellen Digitalisierungsschub gleich einer Naturgewalt über die Gesellschaft hineinbricht. Der technische Ausgangspunkt ist nicht erst die Verbreitung des Internet, sondern bereits die Erfindung des Computers selbst – und der diskursive Ausgangspunkt liegt analog dazu in der Kybernetik (Hagner & Hörl 2008; vgl. auch Hayles 1999).[13] Die Symmetrisierung von Mensch und Maschine wird aber erst jetzt zu einer breiten öffentlichen Angelegenheit, da sie sich eben erst jetzt auch in der gesellschaftlichen Praxis unabweisbar aufdrängt.

In Philosophie und Kulturwissenschaften werden die damit verbundenen Herausforderungen unter dem Stichwort Posthumanismus schon seit längerem thematisiert (Braidotti 2013; Flessner 2000; Gane 2006; Hayles 1999; Irrgang 2005; Miah 2009; Ranisch & Sorgner 2014). In der Soziologie blieb die Thematik hingegen lange randständig und war bis vor kurzem nur Gegenstand einer Spezialsoziologie, nämlich der Techniksoziologie (Rammert & Schulz-Schaeffer 2002). Insbesondere in der Gesellschaftstheorie wurden posthumanistische Entwicklungen bislang eher zögerlich reflektiert – obwohl Luhmann (vgl. auch Baecker 2001; 1997, S. 302–312) selbst spekulierte, dass man von einer Sonderstellung menschlicher Organismen für die Reproduktion von Gesellschaft seit der Erfindung des Computers womöglich nicht mehr ausgehen könnte.

Elena Esposito formulierte sogar bereits 1993 die Überlegung, dass der Computer den Charakter von Medien entscheidend modifizieren würde. Medien wären nun nicht mehr nur möglichst geräuschlose Übermittler von Kommunikation, sondern selbst Quellen der Irritation und Störung. Der Computer ist damit sowohl Medium

---

13 Eine Genealogie dieser Symmetrisierung müsste freilich auch frühere (technik-)philosophische Ideen einer Spiegelung des Menschen in der Maschine (und vice versa) hinzuziehen sowie das breite Feld des Fiktionalen und Imaginären berücksichtigen, vgl. etwa Tabbert (2004).

als auch eine (zunehmend nicht-trivial erscheinende) Maschine. Er wird zum Quell von Störung, von Überraschung, von Unruhe – von Komplexität (Esposito 1993).

Am prägnantesten hat sich Dirk Baecker den Herausforderungen intelligenter Maschinen für die Gesellschaftstheorie gewidmet. Seine These ist, dass die eigentliche Herausforderung der digitalen Gesellschaft im Umgang mit – weithin unsichtbaren – digitalen Maschinen liegt, die nur durch analoge Schnittstellen für uns sichtbar werden: „Digitalisierung als sozialer und kultureller Prozess (zu unterscheiden vom technischen Prozess) ist ein Prozess der rasant zunehmenden Beteiligung ‚intelligenter' Maschinen an Kommunikation, und zwar an Kommunikation, die nicht als Signalübertragung, sondern als selektive Vernetzung subjektiv eigensinniger Akteure (das heißt hinreichend komplexer Einheiten) zu verstehen ist. [...] Die von anderen Teilnehmern an der Kommunikation entsprechend wahrgenommene und zugeschriebene ‚Intelligenz' dieser Maschinen besteht darin, dass sie an der Mensch/Maschine-Schnittstelle Operationen durchführen, die es schwer, wenn nicht unmöglich machen, eindeutige oder gar kausale Beziehungen zwischen einer Eingabe von Information und einer Ausgabe von Information herzustellen" (Baecker 2015a, S. 18). Mit Esposito und Baecker lässt sich festhalten, dass es für die Gesellschaftstheorie auf eben diese sozialen Bedeutungen und Funktionen digitaler Medien ankommt, nicht auf Spekulationen über ein eventuelles Bewusstsein künstlicher Intelligenzen.

Kommen wir noch einmal auf unsere Protagonistin Yasmin zu sprechen. Sie wird von ihrem Smartphone ‚aktiv' an Termine erinnert, ihr Wearable leitet ‚autonom' Daten weiter, sie vertraut darauf, dass eine KI sie auf Gesundheitsprobleme hinweisen würde – und sie spekuliert über die Arten und Weisen, wie maschinelle Akteure Leistungen von Menschen ersetzen können. Dies steht symptomatisch für sich praxeologisch vollziehende Symmetrisierungen, die abseits von epistemologischen und ontologischen Fragen bezüglich Maschinenintelligenz (und ihrer Untiefen) operativ wirksam werden.

5 Prototypen der nächsten Gesellschaft?

Es gibt gegenwärtig wenig Anlass, die beobachteten Symmetrisierungen als Strukturmuster zu erachten, die in der gesellschaftlichen Breite verankert sind. Vielmehr muss man einräumen, dass in allen drei oben angeführten Dimensionen *Asymmetrien* quantitativ klar dominieren. *Erstens* ist massenmediale one-to-many-Kommunikation immer noch eine typische Form des Mediengebrauchs – und prägt auch neuere digitale Angebote wie etwa das Streamen von Musik und Video. Partizipationsdynamiken in den sogenannten neuen Medien werden hingegen typischerweise überschätzt (Schrape 2010). *Zweitens* ist eine De-Professionalisierung in wissensintensiven Funktionssystemen kaum zu beobachten. Neue Beteiligungsformen an der Wissenschaft etwa sind immer noch weithin von zertifizierten Experten dominiert, welche die Spielregeln der Beteiligung (nicht zuletzt durch das Design der Interfaces) selbst definieren (Dickel & Franzen 2015). Und *drittens* gilt trotz aller Technologisierung: Es fällt uns in der Regel immer noch sehr leicht, zwischen Mensch und Maschine zu unterscheiden und wir sind froh, wenn uns im Zweifelsfall ein menschlicher Arzt behandelt statt eine Maschine (Caetano da Rosa 2013).

Was also bedeutet die kleine Geschichte von Yasmin? Wo liegt die gesellschaftstheoretische Relevanz von sozialer Mediennutzung, digitaler Wissensprosumtion und der Vernetzung mit künstlichen Agenten? Es handelt sich, so mein methodologisches Argument, um *prototypische* Phänomene. Der Begriff des Prototyps verweist auf eine in die Zukunft gerichtete Neuerung. Prototypen markieren eine Disruption, ohne dieselbe empirisch bereits vollumfänglich einlösen zu können. Sie präsentieren und inszenieren eine Zukunft in der Gegenwart. Sie führen diese Zukunft sowohl in ihren Selbstbeschreibungen als auch in ihrer Praxis beispielhaft vor (Dickel 2017; vgl. auch Luhmann 1976). Mit anderen Worten: Sie symbolisieren Möglichkeiten der medientechnologischen Verfasstheit einer „nächsten Gesellschaft" (Baecker 2007).

Die Möglichkeiten, die in den skizzierten Symmetrisierungen aufscheinen, erlauben es, eine Gesellschaft zu *denken*, die sich von den konkreten Teilnehmern an Kommunikation noch unabhängiger macht als die moderne Gesellschaft, die wir bislang kennen: eine Gesellschaft nämlich, in der sich potentiell jeder über mediale Infrastrukturen artikulieren kann, anschlussfähiges Wissens über dafür eingerichtete Interfaces produzieren kann und es letztlich sogar kontingent ist, ob man diese Informationsgenerierung nun einer menschlichen oder einer nicht-menschlichen Intelligenz zurechnet.

Phänomene der Personal Health Science weisen uns jedoch darauf hin, dass digitale Vergesellschaftung nicht als *einseitiger* Entkopplungsprozess gedacht werden kann, nicht schlechthinnig als radikalisierter Prozess modernistischer Entbettung zu interpretieren ist. Denn gleichzeitig beginnt sich die „nächste Gesellschaft" (Baecker 2007) als Ordnung zu erweisen, in der *intensivierte* Kopplungen von Körper, Technik und Sozialiät entstehen, die im Rahmen heterogener und kontingenter Kontrollprojekte realisiert werden: „Die nächste Gesellschaft differenziert sich in Kontrollprojekte im Medium des Netzwerks. [...] Teilhabe von Menschen wird jetzt davon abhängig, dass es diesen Kontrollprojekten gelingt, Menschen zu rekrutieren, und umgekehrt Menschen gelingt, sich diesen Projekten anzuschließen" (Baecker 2015b).

Personal Health Science lässt sich als eben solch ein Kontrollprojekt rekonstruieren. In diesem spezifischen Kontrollprojekt werden digitale Technologien stärker als je zuvor mit Körper und Psyche verschaltet. Sie rücken uns als Smartphones und Wearables auf den Leib und verwandeln sich in „intimate technology" (van Est 2014). Dazu schreibt van Est „We let it *into us*; we let it position *between us*. And as a result, the technology increasingly has knowledge *about us* and can even operate *just like us*, that is, mimicking facets of our individual behavior" (van Est 2014, S. 8).

Damit tritt digitale Technologie – als Infrastruktur, Interface und Intelligenz – also immer intimer an *analoge* Körper und ihre konkrete Materialität heran, während sich zugleich die gesellschaftliche Kommunikation als *digitale* Kommunikation weiter von den Grenzen der anwesenden Körper, der definierten Rollen, der Exklusivität menschlicher Akteure löst. Dieser Paradoxie wird sich eine Soziologie des Analog/Digitalen zukünftig zu widmen haben.

Literatur

Baecker, D. (2001). Niklas Luhmann in der Gesellschaft der Computer. *Merkur 55* (627), 597–609.
Baecker, D. (2005). *Form und Formen der Kommunikation*. Frankfurt am Main: Suhrkamp.
Baecker, D. (2007). *Studien zur nächsten Gesellschaft*. Frankfurt am Main: Suhrkamp.
Baecker, D. (2015a). *Ausgangspunkte einer Theorie der Digitalisierung*. https://catjects.files.wordpress.com/2015/06/ausgangspunkte_theorie_digitalisierung.pdf. Zugegriffen: 01. August 2017.
Baecker, D. (2015b). *Partizipation 4.0*. ZHAW Hochschultag „Gesellschaftliche Partizipation", Winterthur. https://catjects.files.wordpress.com/2015/11/partizipation4-0.pdf. Zugegriffen 01. August 2017.
Becker, B. (2000). Cyborgs, Robots und „Transhumanisten". Anmerkungen über die Widerständigkeit eigener und fremder Materialität. In B. Becker & I. Schneider (Hrsg.), *Was vom Körper übrig bleibt. Körperlichkeit – Identität – Medien* (S. 41–69). Frankfurt am Main, New York: Campus.
Beer, D. (2009). Power through the algorithm? Participatory web cultures and the technological unconscious. *New Media & Society 11* (6), 985–1002.
Benkler, Y. (2006). *The wealth of networks. How social production transforms markets and freedom*. New Haven: Yale University Press.
Böhnke, A. & Schröter, J. (Hrsg.). (2004). *Analog/Digital – Opposition oder Kontinuum? Zur Theorie und Geschichte einer Unterscheidung*. Bielefeld: transcript.
Bora, A. (2005). „Partizipation" als politische Inklusionsformel. In C. Gusy (Hrsg.), *Inklusion und Partizipation. Politische Kommunikation im historischen Wandel*. Frankfurt am Main [u.a.]: Campus.
Bostrom, N. (2003). Transhumanist Values. *Review of Contemporary Philosophy 4* (1-2), 87–101.

Bostrom, N. (2014). *Superintelligence. Paths, dangers, strategies*. Oxford: Oxford University Press.
Braidotti, R. (2013). *The posthuman*. Cambridge [u. a.]: Polity Press.
Bunz, M. (2012). *Die stille Revolution. Wie Algorithmen Wissen, Arbeit, Öffentlichkeit und Politik verändern, ohne dabei viel Lärm zu machen* (2. Aufl). Berlin: Suhrkamp.
Caetano da Rosa, C. (2013). *Operationsroboter in Aktion. Kontroverse Innovationen in der Medizintechnik* (Science Studies). Bielefeld: transcript.
Castells, M. (2010). *The Rise of the Network Society. The Information Age: Economy, Society, and Culture Volume I* (2. Aufl.). Chichester: Wiley-Blackwell.
Collins, H. & Evans, R. (2002). The Third Wave of Science Studies: Studies of Expertise and Experience. *Social Studies of Science 32* (2), 235–296.
Dickel, S. (2012). Im Netz der Selbstreferenz. Facebook-Kommunikation als Antwort auf die „Katastrophe" des Internet. In U. Dolata & J.-F. Schrape (Hrsg.), *Internet, Mobile Devices und die Transformation der Medien. Radikaler Wandel als schrittweise Rekonfiguration* (S. 331–356). Berlin: edition sigma.
Dickel, S. (2016). Trust in technologies? Science after de-professionalization. *Journal of Science Communication 15* (5), 1–7.
Dickel, S. (2017). Irritierende Objekte. Wie Zukunft prototypisch erschlossen wird. *Behemoth 10* (1), 171–190.
Dickel, S. & Franzen, M. (2015). Digitale Inklusion. Zur sozialen Öffnung des Wissenschaftssystems. *Zeitschrift für Soziologie 44* (5), 330–347.
Dickel, S. & Schrape, J.-F. (2015). Dezentralisierung, Demokratisierung, Emanzipation. Zur Architektur des digitalen Technikutopismus. *Leviathan 43* (3), 442–463.
Drepper, T. (2003). *Organisationen der Gesellschaft. Gesellschaft und Organisation in der Systemtheorie Niklas Luhmanns*. Opladen: Westdeutscher Verlag.
Edwards, P. N. (2003). Infrastructure and Modernity: Force, Time and Social Organizations on the History of Sociotechnical Systems. In T. Misa, P. Brey & A. Feenberg (Hrsg.), *Modernity and technology* (S. 185–225). Cambridge: MIT Press.
Esposito, E. (1993). Der Computer als Medium und Maschine. *Zeitschrift für Soziologie, 22* (5).
Flessner, B. (Hrsg.). (2000). *Nach dem Menschen. Der Mythos einer zweiten Schöpfung und das Entstehen einer posthumanen Kultur*. Freiburg im Breisgau: Rombach.
Floridi, L. (2015). *Die 4. Revolution. Wie die Infosphäre unser Leben verändert*. Berlin: Suhrkamp.
Gane, N. (2006). Posthuman. In M. Featherstone, C. Venn, R. Bishop & J. Phillips (Hrsg.) Special issue on Problematizing Global Knowledge. *Theory, Culture & Society 23* (2-3), 431–434 [Themenheft]. London: Sage.
Gaukel, C. M. (2016). Interaktion und Partizipation im Social Web. *Journal für korporative Kommunikation* (1), 43–57.
Gerhards, J. (2001). Der Aufstand des Publikums. Eine systemtheoretische Interpretation des Kulturwandels in Deutschland zwischen 1960 und 1989. *Zeitschrift für Soziologie 30* (3), 163–184.
Gieryn, T. F. (1999). *Cultural Boundaries of Science. Credibility on the Line*. Chicago: University of Chicago Press.
Habermas, J. (1969). Verwissenschaftlichte Politik und öffentliche Meinung. In *Technik und Wissenschaft als ‚Ideologie'* (S. 120–145). Frankfurt am Main: Suhrkamp.
Hagner, M. & Hörl, E. (2008). *Die Transformation des Humanen. Beiträge zur Kulturgeschichte der Kybernetik*. Frankfurt am Main: Suhrkamp.

Hayles, K. (1999). *How we became posthuman. Virtual bodies in cybernetics, literature, and informatics*. Chicago: University of Chicago Press.
Hookway, B. (2014). *Interface*. Cambridge: MIT Press.
Hörl, E. (2011). Die technologische Bedingung. Zur Einführung. In E. Hörl (Hrsg.), *Die technologische Bedingung. Beiträge zur Beschreibung der technischen Welt* (S. 7–53). Berlin: Suhrkamp.
Irrgang, B. (2005). *Posthumanes Menschsein? Künstliche Intelligenz, Cyberspace, Roboter, Cyborgs und Designer-Menschen – Anthropologie des künstlichen Menschen im 21. Jahrhundert*. Stuttgart: Steiner.
Keen, A. (2007). *The cult of the amateur. How today's internet is killing our culture*. New York: Doubleday/Currency.
Keller, C. (2007). Utopische Körper, alltägliche Cyborgs. Ein Streifzug durch den Supermarkt der Körper. In B. Sitter-Liver (Hrsg.), *Utopie heute I. Zur aktuellen Bedeutung Funktion und Kritik des utopischen Denkens und Vorstellens* (S. 381–403). Fribourg: Academic Press Fribourg.
Kelly, K. (2005). We Are the Web. *Wired*. http://archive.wired.com/wired/archive/13.08/tech.html. Zugegriffen 01. August 2017.
Kieserling, A. (1999). *Kommunikation unter Anwesenden. Studien über Interaktionssysteme*. Frankfurt am Main: Suhrkamp.
Knoblauch, H. (2013). Wissenssoziologie, Wissensgesellschaft und die Transformation der Wissenskommunikation. *Aus Politik und Zeitgeschichte 63*, 9–16.
Krotz, F. (2007). *Mediatisierung. Fallstudien zum Wandel von Kommunikation*. Wiesbaden: VS Verlag.
Lash, S. (2007). Power after Hegemony. *Theory, Culture & Society 24* (3), 55–78.
Latour, B. (2006). Über technische Vermittlung:. Philosophie, Soziologie und Genealogie. In A. Belliger & D. J. Krieger (Hrsg.), *ANThology. Ein einführendes Handbuch zur Akteur-Netzwerk-Theorie* (S. 483–528). Bielefeld: transcript.
Lindemann, G. (2009). *Das Soziale von seinen Grenzen her denken*. Weilerswist: Velbrück.
Lipp, B. (2017). Analytik des Interfacing. Zur Materialität technologischer Verschaltung in prototypischen Milieus robotisierter Pflege. *Behemoth 10* (1), 107–129.
Luckmann, T. (1980). Die Grenzen der Sozialwelt. In *Lebenswelt und Gesellschaft. Grundstrukturen und geschichtliche Wandlungen*. Paderborn: Schöningh.
Luhmann, N. (1976). The Future Cannot Begin. Temporal Structures in Modern Society. *Social Research 43* (1), 130–152.
Luhmann, N. (1984). *Soziale Systeme. Grundriß einer allgemeinen Theorie*. Frankfurt am Main: Suhrkamp.
Luhmann, N. (1996). *Die Realität der Massenmedien* (2., erw. Aufl.). Opladen: Westdeutscher Verlag.
Luhmann, N. (1997). *Die Gesellschaft der Gesellschaft*. Frankfurt am Main: Suhrkamp.
Mayer-Schönberger, V. & Cukier, K. (2013). *Big Data. Die Revolution, die unser Leben verändern wird*. München: Redline.
McLuhan, M. (1968). *Die Gutenberg-Galaxis. Das Ende des Buchzeitalters*. Düsseldorf: Econ-Verl.
McLuhan, M. (2003). *Understanding media. The extensions of man* (Critical ed). Corte Madera: Gingko Press.
Miah, A. (2009). Posthumanism: A Critical History. In B. Gordijn & R. Chadwick (Hrsg.), *Medical Enhancement and Posthumanity* (S. 71–94). Heidelberg: Springer.

Nassehi, A. (1999): Das Problem der Optionssteigerung. Überlegungen zur Risikokultur der Moderne. In A. Nassehi (Hrsg.): *Differenzierungsfolgen. Beiträge zur Soziologie der Moderne* (S. 29–48). Wiesbaden: Westdeutscher Verlag.

Nassehi, A. (2003). Der Begriff des Politischen und die doppelte Normativität der „soziologischen" Moderne. In A. Nassehi & M. Schroer (Hrsg.), Der Begriff des Politischen. *Soziale Welt*. Sonderband 14. (S. 133–169). Baden-Baden: Nomos.

Nassehi, A. (2006). *Der soziologische Diskurs der Moderne*. Frankfurt am Main: Suhrkamp.

Neyrat, F. (2011). Das technologische Unbewusste. Elemente fur eine Deprogrammierung. In E. Hörl (Hrsg.), *Die technologische Bedingung. Beiträge zur Beschreibung der technischen Welt* (S. 147–178). Berlin: Suhrkamp.

Osrecki, F. (2011). *Die Diagnosegesellschaft: Zeitdiagnostik zwischen Soziologie und medialer Popularität*. Bielefeld: transcript.

Pariser, E. (2011). *The filter bubble. What the Internet is hiding from you*. New York: Penguin Press.

Parsons, T. (1978). *Action theory and the human condition* (3. Aufl.). New York: Free Pr.

Rammert, W. & Schulz-Schaeffer, I. (Hrsg.). (2002). *Können Maschinen handeln? Soziologische Beiträge zum Verhältnis von Mensch und Technik*. Frankfurt am Main, New York: Campus.

Ranisch, R. & Sorgner, S. L. (Hrsg.). (2014). *Post- and transhumanism. An introduction*. Frankfurt am Main: Peter Lang.

Roesler, A. (1997). Bequeme Einmischung. Internet und Öffentlichkeit. In S. Münker & A. Roesler (Hrsg.), *Mythos Internet* (S. 171–192). Frankfurt am Main: Suhrkamp.

Schanze, H. (2004). Gibt es ein digitales Apriori? In A. Böhnke & J. Schröter (Hrsg.), *Analog/Digital – Opposition oder Kontinuum? Zur Theorie und Geschichte einer Unterscheidung* (S. 67–79). Bielefeld: transcript.

Schelsky, H. (1961). Der Mensch in der wissenschaftlichen Zivilisation. In H. Schelsky (Hrsg.), *Der Mensch in der wissenschaftlichen Zivilisation* (S. 5–46). Wiesbaden: VS Verlag für Sozialwissenschaften.

Schimank, U. (2012). Wissenschaft als gesellschaftliches Teilsystem. In S. Maasen, M. Kaiser, M. Reinhart & B. Sutter (Hrsg.), *Handbuch Wissenschaftssoziologie* (S. 113–123). Wiesbaden: Springer VS.

Schmidt, J. (2008). Was ist neu am Social Web? Soziologische und kommunikationswissenschaftliche Grundlagen. In A. Zerfass, M. Welker & J. Schmidt (Hrsg.), *Kommunikation, Partizipation und Wirkungen im Social Web* (S. 18–40). Köln: Halem Verlag.

Schrape, J.-F. (2010). *Neue Demokratie im Netz? Eine Kritik an den Visionen der Informationsgesellschaft*. Bielefeld: transcript.

Schröter, J. (2004). Analog/Digital – Opposition oder Kontinuum? In A. Böhnke & J. Schröter (Hrsg.), *Analog/Digital – Opposition oder Kontinuum? Zur Theorie und Geschichte einer Unterscheidung* (S. 7–30). Bielefeld: transcript.

Seemann, M. (2014). *Das neue Spiel. Strategien für die Welt nach dem digitalen Kontrollverlust*. Freiburg: Orange Press.

Sociological Review (2016). Call for Blog Posts: Fiction and Sociology. *Sociological Review*. https://www.thesociologicalreview.com/blog/call-for-blog-posts-fiction-and-sociology.html. Zugegriffen 01. August 2017.

Stäheli, U. (2012). Infrastrukturen des Kollektiven. alte Medien neue Kollektive. *Zeitschrift für Medien- und Kulturforschung* 3 (2), 99–116.

Standage, T. (2013). *Writing on the wall. Social media, the first two thousand years*: Bloomsbury.

Stichweh, R. (1997). Professions in modern society. *International Review of sociology 7* (1), 95–102.
Stichweh, R. (2006). *Professionen in einer funktional differenzierten Gesellschaft.* https://www.fiw.uni-bonn.de/demokratieforschung/personen/stichweh/pdfs/53_stw-prof.fd.pdf. Zugegriffen 01. August 2017.
Surowiecki, J. (2004). *The wisdom of crowds. Why the many are smarter than the few and how collective wisdom shapes business, economies, societies, and nations.* New York: Doubleday.
Tabbert, T. T. (2004). *Menschmaschinengötter. Künstliche Menschen in Literatur und Technik. Fallstudien einer Artifizialanthropologie.* Hamburg: Artislife Press.
Toffler, A. (1989). *The third wave.* New York: Bantam Books.
Van Est, R. (2014). *Intimate Technology. The battle for our body and behaviour.* Den Haag: Rathenau Instituut.
Watson, A. (2016). Some Thoughts on 'Sociological Fiction'. *Sociological Review.* https://www.thesociologicalreview.com/blog/some-thoughts-on-sociological-fiction.html. Zugegriffen 01. August 2017.
Wehner, J. (1997). Interaktive Medien – Ende der Massenkommunikation? *Zeitschrift für Soziologie 26* (2), 96–114.
Weingart, P. (1982). The Social Assessment of Science, or the De-Institutionalization of the Scientific Profession. *Science, Technology, & Human Values 7* (38), 53–55.
Weingart, P. (1983). Verwissenschaftlichung der Gesellschaft – Politisierung der Wissenschaft. *Zeitschrift für Soziologie 12* (3), 225–241.
Weingart, P. (2001). *Die Stunde der Wahrheit? Zum Verhältnis der Wissenschaft zu Politik, Wirtschaft und Medien in der Wissensgesellschaft.* Weilerswist: Velbrück.
Weingart, P. & Guenther, L. (2016). Science communication and the issue of trust. *Science Communication 15* (5), 1–11.
Werber, N. (2004). Vom Unterlaufen der Sinne. Digitalisierung als Codierung. In A. Böhnke & J. Schröter (Hrsg.), *Analog/Digital – Opposition oder Kontinuum? Zur Theorie und Geschichte einer Unterscheidung* (S. 81–96). Bielefeld: transcript.
Wiedemann, C. (2011). Facebook: Das Assessment-Center der alltäglichen Lebensführung. In O. Leistert & T. Röhle (Hrsg.), *Generation Facebook. Über das Leben im Social Net* (S. 161–181). Bielefeld: transcript.

The manufacturer's authorised representative in the EU is Springer Nature Customer Service Centre GmbH, Europaplatz 3, 69115 Heidelberg, Germany. If you have any concerns regarding our products, please contact ProductSafety@springernature.com

Printed and bound by CPI Group (UK) Ltd, Croydon, CR0 4YY
25/03/2026
02078190-0002